高等學校創新能力提升計劃（2011計劃）
出土文獻與中國古代文明研究協同創新中心

北 京 大 學 出 土 文 獻 研 究 所

西周王朝
軍事領導機制研究

［韓］李裕杓　著

上海古籍出版社

圖書在版編目(CIP)數據

西周王朝軍事領導機制研究 / 李裕杓著. —上海：
上海古籍出版社，2018.12
（北京大學出土文獻與中國古代文明研究學術叢書）
ISBN 978‒7‒5325‒9027‒8

Ⅰ.①西… Ⅱ.①李… Ⅲ.①軍事史‒研究‒中國‒
西周時代 Ⅳ.①E292.4

中國版本圖書館 CIP 數據核字(2018)第 251981 號

北京大學出土文獻與中國古代文明研究學術叢書

西周王朝軍事領導機制研究

［韓］李裕杓　著

上海古籍出版社出版發行
（上海瑞金二路 272 號　郵政編碼 200020）
　(1) 網址：www.guji.com.cn
　(2) E-mail：guji1@guji.com.cn
　(3) 易文網網址：www.ewen.co
啓東市人民印刷有限公司印刷
開本 700×1000　1/16　印張 19.75　插頁 2　字數 303,000
2018 年 12 月第 1 版　2018 年 12 月第 1 次印刷
印數：1—2,800
ISBN 978‒7‒5325‒9027‒8
K·2574　定價：78.00 元
如有質量問題,請與承印公司聯繫

序

在整個西周時期，王朝與王國周圍的非周人族邦、族群的衝突與戰事延綿不斷。周王如何有效地控制與領導其軍事力量贏得戰爭，關乎到王朝的生存與發展。而西周王朝的軍事力量除周王直接控制的王師外，由於當時王朝推行的封建與封賜制度，支撐西周王朝的貴族各自擁有類型、層級不同的政治、經濟及軍事的共同體，並分佈於四土中的不同區域，使王朝對其多種軍事力量的控制、調動與指揮等呈現出相當複雜的局面，與後世集權制下的軍事領導機制呈現出較大差別。也正因此，西周王朝軍事領導機制運作狀況不僅在一定程度上體現出周王軍事領導力的強弱，也折射出王朝封建政治之盛衰。所以，對西周王朝軍事領導機制的研究，不僅是中國古代軍事史，而且也是西周政治史研究的重要課題。對於此課題，學者以專題論文形式或宏觀研究西周軍事制度時均有所涉及，所取得的成果已成爲本書研究的基礎，但像本書這樣專以軍事領導機制爲研究目標，作專門而深入研究的論著尚未有過，所以本書選題確有重要學術意義。

本書作者李裕杓博士，2005 年由韓國成均館大學畢業進入北京大學攻讀碩士學位以來，即專心致力於學業，心無旁騖，從而在有相當難度的中國上古歷史的學術研究上克服許多困難，取得了很突出的成績，這是很不容易的。2015 年 1 月，他在北大獲得歷史學博士學位之後，認真思考參加答辯的諸位專家提出的意見，用三年多的時間又對博士論文做了修改、充實，使其學術水平有了進一步的提高。擺在讀者面前的這本書，便是作者此番訂補的成果。

本書所取得的學術成績與新見，擇其要者似可歸納爲以下幾個方面：

一、在綜合分析西周金文及相關傳世文獻中有關王朝對外戰爭記錄的基礎上，對西周王朝所能調動的軍事力量作了分析，將之歸納爲王師、畿內貴族的族軍、畿外諸侯與封君的軍隊、畿外其他邦國（非受王朝册封的土著族邦所建立的邦國）的武裝四類，對與王朝軍事領導機制相關的軍事武裝體系作了明確的表述，從而也規定了本書所涉及的西周軍事力量之範疇。其結論建立於對史料所作具體、細緻的分析基礎上，其中第二、第四兩類尤爲過去研究之薄弱點。

二、本書對西周王朝軍事領導機制的考察從兩個視角進行：其一，可以説是動態考察，即從西周王朝不同類型的戰爭過程中來檢視周王對各類軍事力量的領導方式，其中，無論是對戰爭類型還是周王領導方式，作者都作了非常具體的分析；其二，可以説是結構分析，即按上述西周王朝不同類型的軍事力量分别考察周王對其控制、領導所采用的不同方式。這種分别從兩個不同視角作研究的框架與體系，使本書的研究能較好地克服研究對象的複雜與涉及史事繁多所造成的困難，使研究具有全面、深刻的特點，因而亦使其結論有較强的可信性。

三、本書重點雖在考察西周王朝的軍事領導機制，但作者非常注意能建立這樣一個機制的原因與背景，因此在上述兩個視角的考察中，不單單正面揭示周王領導、控制諸類軍事力量的具體運作方式及相關制度，而且尤其注意揭示其所以能實行該種方式的政治、經濟背景，因此亦就同時論述了與研究主旨相關的西周時期的册命制度、職官制度及地域性行政管理制度（如對六師、八師兵源及其“兵農合一”特點的研究）、周王與畿外封君的政治關係（包括聯姻關係）等，這樣即對軍事領導機制的形成原由作了多層次的闡釋。而對上述諸種政治制度及相關經濟制度所作研究的本身也是非常有學術意義的。

四、本書第七章在以上對軍事領導機制所作研究的基礎上，對統帥機制的歷時性演變與西周時期周王軍事權力變化的關係，以及與整個王朝政治興衰的關係均作了縱向的斷代論述，有關論述對本書的研究有升華的作用，從軍事角度闡述西周王朝政治史，是未曾深入討論過的，非常有裨益於西周史研究。

五、除以上幾方面外，作者在緒論與第一章都對本書利用的傳世文獻史料，以及西周金文中的資料作了認真的分析，討論了相關文本的不同類型，基於作者、作器者的不同身份所造成的文本記述方式與内容上的寫作差異及特點。而在這一方面,恰恰是比較容易被以往國內的研究者所忽視的,作者借鑒了韓國與西方學者的這種重視文本分析的好傳統,應用在本書中,也使本書對史料的理解、使用有了一個比較科學的、客觀的前提與基礎,這也是值得充分肯定的。

總之,本書取得的上述成果,是對西周史研究的新貢獻,相信會受到學界的關注。

當然,需要指出的是,本書所論"西周王朝軍事領導機制"這個研究課題,與商周史其他課題一樣,都是比較複雜而艱深的,尤其本書所引的許多傳世文獻之文義,所引用的金文等古文字的隸定和解釋,多素有爭議。希望本書付梓之後,作者能持謙虛的態度,注意傾聽同仁專家的批評,使自己的認識不斷深化。也祝願作者在進一步鑽研傳世文獻與出土文獻同時,關注田野考古與古文字資料的新發現,在中國上古史領域不斷有新的學術論著問世。

朱鳳瀚

2018 年 12 月於北京大學

目　　録

序 …………………………………………………………………… 朱鳳瀚　1

緒論 ………………………………………………………………………… 1

第一章　西周戰事銅器銘文的文本分析 ………………………… 24
　　第一節　西周戰事銅器銘文之分類 ……………………………… 24
　　　　一、直接性戰爭銅器銘文 ………………………………… 24
　　　　二、間接性戰爭銅器銘文 ………………………………… 31
　　第二節　記載戰事之器銘中的參戰人物 ……………………… 37
　　　　一、作器者與參戰人物的關係 …………………………… 38
　　　　二、參戰人物的身份及其特徵 …………………………… 44
　　第三節　因作器者的地位不同所造成的記述方式的差別 …… 55
　　　　一、軍隊統帥 ………………………………………………… 56
　　　　二、一般將領 ………………………………………………… 61
　　　　小結 …………………………………………………………… 64

第二章　西周王朝的軍事力量 …………………………………… 67
　　第一節　西周王朝軍事力量的類型 ……………………………… 67
　　　　一、王師 ……………………………………………………… 67
　　　　二、畿内貴族的族兵 ………………………………………… 73
　　　　三、畿外的諸侯與封君 ……………………………………… 78

　　　四、畿外其他邦國軍隊 ·· 84

　　第二節　作戰時軍事力量的構成 ······························ 86

　　　一、各戰役參戰者的構成 ···································· 87

　　　二、戰場上的軍事力量構成及其運作 ···················· 97

　　　小結 ·· 100

第三章　西周王朝的戰爭類型及領導機制 ················· 102

　　第一節　西周戰爭的性質 ······································ 102

　　　一、對外征伐戰 ·· 102

　　　二、對內征討戰 ·· 107

　　　三、戍守戰 ·· 110

　　　四、卻退戰 ·· 112

　　第二節　周王在戰爭中的軍事領導機制 ················· 116

　　　一、軍事命令 ··· 116

　　　二、把握戰況（報告戰況）······························ 122

　　　三、戰功賞賜 ··· 126

　　　小結 ·· 130

第四章　周王對王師的領導機制——以册命銘文爲中心 ········· 131

　　第一節　由册命銘文看六師和八師的性質 ·············· 131

　　　一、六師、八師相關的册命銘文 ······················· 132

　　　二、由受命者的職務看六師、八師的内部情況 ······ 138

　　第二節　對虎臣、走馬的册命 ······························ 140

　　　一、西周器銘所見與虎臣、走馬有關的册命 ·········· 141

　　　二、關於"左右走馬、五邑走馬"的蠡測 ·············· 152

　　第三節　周王册命"冢司馬"及其意義 ··················· 157

　　　一、簡析"周師司馬" ······································ 157

　　　二、從親簋銘文看"冢司馬"之地位 ···················· 164

小結 …………………………………………………………………… 166

第五章　周王對畿內貴族的領導機制 …………………………………… 168

　　第一節　册命畿內貴族的軍事意義 ………………………………… 168

　　　　一、控制畿內貴族私屬武裝的重要性 ………………………… 169

　　　　二、以册命控制畿內貴族之功效 ……………………………… 171

　　第二節　周王對貴族私屬武裝的調動 ……………………………… 176

　　　　一、西周戰爭銅器銘文所見畿內貴族的軍事活動 …………… 176

　　　　二、參戰貴族在王朝中的地位 ………………………………… 184

　　　　三、周王調動貴族私屬武裝的手段舉例 ……………………… 190

　　第三節　周王對畿內貴族私屬將領的領導權 ……………………… 192

　　　　一、西周戰事器銘所見畿內貴族私屬的軍事活動 …………… 193

　　　　二、私屬將領的效忠對象——周王對畿內貴族私屬將領領導權

　　　　　　的局限 ………………………………………………………… 196

　　　　小結 ……………………………………………………………… 201

第六章　西周王朝對畿外諸侯、封君的軍事領導機制

　　　　——兼談周王朝與其他邦國之間的軍事關係 ………………… 203

　　第一節　周王對畿外諸侯的控制 …………………………………… 203

　　　　一、周王對諸侯立儲的介入 …………………………………… 204

　　　　二、從引簋銘文看周王對諸侯的軍事控制 …………………… 209

　　　　三、西周時期的聯姻政策及其影響 …………………………… 215

　　第二節　周王朝控制畿外封君的軍事力量 ………………………… 226

　　第三節　周邦與畿外邦國之間的軍事關係 ………………………… 229

　　　　一、從尚盂銘文看周王與邦國君主之間的關係 ……………… 229

　　　　二、畿外邦國對周王朝的軍事支持 …………………………… 239

　　　　小結 ……………………………………………………………… 245

第七章　軍事領導機制與周王軍事領導權力之關係 …………………… 247

　第一節　西周早中期（武王——孝王）………………………………… 247

　　一、西周王朝的興起與昭王南征 ………………………………… 248

　　二、穆王時期對外戰爭——兼談"荒服不至"的實際 ………… 253

　　三、穆王以後王朝內部矛盾之浮現 ……………………………… 255

　第二節　西周晚期前葉（夷厲時期）………………………………… 259

　　一、周夷王時期，軍事領導力之強化 …………………………… 259

　　二、征伐"南國艮孳" ……………………………………………… 262

　　三、"厲王無道"——內外矛盾的爆發 ………………………… 265

　第三節　西周晚期後葉（宣幽時期）………………………………… 267

　　一、"美宣王"——宣王早期的中興 …………………………… 267

　　二、"刺宣王"——宣王的失政及幽王的敗亡 ………………… 271

　　三、幽王時期的分裂 ……………………………………………… 274

　　小結 ………………………………………………………………… 276

結語 ……………………………………………………………………… 277

參考文獻 ………………………………………………………………… 287

緒　論

一、研究背景

中國學界從 20 世紀 80 年代起受美國人埃爾曼·塞維斯(Elman Service)的影響①,開始研究西周時期的國家性質問題。此時許多學者采用了"早期國家"的概念②,這意味着西周王朝不是現代意義上的"國家(state)"③。換個角度看,西周王朝由周天子之"國"與貴族封君之"家"構成,因此可以稱之爲"國家"。但這與現代意義上的"國家"相差太遠,因此不便使用④。張光直先生曾將現代意義上的"國家"的必要條件歸納成如下兩條:一是血緣關係在國家組織上爲地緣關係所取代;二是合法性武力⑤。西周王朝由"國"與"家"構成,貴族封君都擁有自己的領地、族兵,因此不符合第一個條件。但從西周戰爭史料可見,周王朝往往進行大規模的遠征,這意味着周天子擁有合法性的强大武力。當時,軍事對西周王朝來說是很重要的事,《左傳》成公十三年曰"國之大事,在祀與戎"⑥,這句話就反映了軍事在國家事務中的重要性。軍事是國家發展中擴張領土和保護人民的最爲積極的手段,通過軍事可以擴張周王朝的

---

① 塞維斯把人類社會從原始社會到國家的演進流程共分爲四個階段:遊團(band)、部落(tribe)、酋邦(chiefdom)、國家(state)。1983 年張光直介紹給中國學界,以後被學界廣泛接受。參見 Elman R.Service, *Origins of the State and Civilization: The Process of Cultural Evolution*, New York: W.W.Noton, 1975;張光直:《中國青銅時代》,北京:三聯書店,1999 年,第 87—97 頁。

② 沈長雲:《酋邦、早期國家與中國古代國家起源及形成問題》,《史學月刊》2006 年第 1 期。沈先生在此文中綜述了中國學者對"早期國家"的種種認識。

③ 何茲全:《中國的早期文明和國家的起源》,《中國史研究》1995 年第 2 期。何氏以爲"早期國家"的概念表示它已是國家,也表示它還是早期而不是成熟的國家。

④ 杜正勝:《周代城邦》,臺北:聯經出版事業公司,1979 年,"再版序言"第 3 頁。

⑤ 張光直:《中國青銅時代》,第 87—97 頁。

⑥ 《春秋左傳正義》卷二七,上海古籍出版社影印阮刻《十三經注疏》本,1997 年,第 1911 頁。以下引用《十三經注疏》,用此版本時省略其版本信息。

影響力,也可讓非周勢力見識到周天子的威武,使他們服從於周天子的權威。但值得思考的問題是,周王朝既然尚未具備系統性的地緣性行政體制,那如何獲得合法性武力,如何行使領導權力,如何進行軍事活動呢?

筆者認爲,其關鍵在於當時的軍事體制,以及運作其體制的機制。如果一個"國"或"家"的規模不大,其國君或家長便能夠主宰所有事宜,但若是規模龐大,其國君或家長雖竭盡全力,仍會力不從心,不能處理所有事宜。因此自然而然便會出現分工,如《尚書・牧誓》所見的"千夫長、百夫長"①等,即每百名中選一百夫長,每千名中選一千夫長,這可以說是帶有原始性的軍事體制。在如此體制之下,國君或家長的旨意如何下達到下層組織,與此相應,下層組織的報告如何上達到國君或家長? 那麼,讓這種體制流暢運作的原理機制是什麼,這是本書所要討論的課題。

本書所論的"西周王朝軍事領導機制"有以下重要的學術意義:

關於西周軍事領導機制,過去有過一些研究成果,其中有代表性的是陳恩林、沈載勳先生的研究成果。陳恩林先生認爲周天子握有强大的王室軍,並掌握着組建和指揮地方諸侯國軍隊的權力以及通過"司馬"一職管理和控制全國各級軍隊等,則是西周軍事領導體制一元化的條件和標誌②。後來,韓國的沈載勳先生認爲,西周金文中少見六師、八師的活動,不能輕易斷定周王握有强大的軍事力量,且提出了"重層性私屬關係説",認爲周王可以直接控制畿内貴族、諸侯等,但不能直接控制他們的家臣、諸侯國貴族等,周王能夠率領大規模的軍隊,是周王依靠有效地控制貴族、諸侯而調動他們所擁有的軍隊③。沈先生把關注的重點放在周王的軍事領導機制上,具有很重要的意義。不過,2009年在山東高青陳莊出土的所謂"引簋"銘文(《銘圖》5299),載周王直接任命"齊師"即齊國的軍事長官④。這與沈先生的"重層性私屬關係"之説有相違之處,因此需要重新全面考慮這個問題。本書在陳、沈兩位先生經典的研究成果下,

---

① 《尚書正義》卷一一《牧誓》,第 183 頁:"王曰:'嗟! 我友邦冢君,御事:司徒、司馬、司空、亞旅、師氏、千夫長、百夫長,及庸、蜀、羌、髳、微、盧、彭、濮人。"
② 陳恩林:《試論西周軍事領導體制的一元化》,《人文雜志》1986 年第 2 期,第 71—76 頁。
③ 〔韓〕沈載勳:《金文에나타난 西周軍事力構成과 王權(金文所見西周軍事力構成與王權)》,(韓)《中國史研究》第 41 輯。
④ 其銘文曰:"王若曰:引,余既命女(汝)更乃旻(祖)甿鬴(司)齊自(師)。"

參照近年的新發現成果,進一步討論西周王朝的軍事領導機制問題。這個問題不但在軍事史上有所意義,而且對於瞭解周王如何控制王朝貴族、諸侯方面有政治史的意義,對於周王對王師的統率及與此有關的官僚册命制度也具有行政史的意義。除此之外,通過這番研究,還能夠從新的角度探討西周王朝興亡盛衰之緣由。

二、相關研究成果述評

迄今學界對西周軍事的研究,主要偏重於六師、八師及其相關問題,而關於西周王朝軍事領導機制的研究成果不多。雖然如此,通過分析前賢的研究成果,也可以探知他們對這個問題的一些認識。本書就從六師、八師相關問題談起,回顧一下前賢的研究成果。

(一)

1959 年,徐中舒先生發表《禹鼎的年代及其相關問題》一文,涉及西周王師的性質問題,徐先生談"六師"、"八師"時說道:"此六師、八師皆周代的宿衛軍。西周一代於西土、成周、殷三處皆設有宿衛軍,在西土者稱爲西六師,在成周者稱爲成周八師,在殷故都者稱爲殷八師。"①此說的關鍵在於將六師、八師釋爲宿衛軍。從徐先生的這番研究開始,學界便對六師、八師進行了種種討論,所以此文在學術史上具有不可忽視的重要性。

1964 年,于省吾先生發表《略論西周金文中的"六自"和"八自"及其屯田制》一文,對六師、八師的性質問題,提出了"屯田制説"。六師、八師相關的銅器銘文中可見"家司土"、"司佃事"、"司牧"及"家司馬"等職,可知在軍隊的性質生活供應上,只要取償於軍隊的經常駐在地,便可以自給自足,省却了轉粟輸芻之勞。他認爲這是中國歷史上最初出現的軍事屯田制②。對此,楊寬先生撰寫《論西周金文中"六自""八自"和鄉遂制度的關係》一文,以《周禮》所見的"鄉遂制度"來反駁于先生,認爲當時的社會分爲國和野:"國都近郊'鄉'中

---

① 　徐中舒:《禹鼎的年代及其相關問題》,《考古學報》1959 年第 3 期。
② 　于省吾:《略論西周金文中的"六自"和"八自"及其屯田制》,《考古》1964 年第 3 期,第 154—155 頁。

居民,即所謂'國人',是當時國家的自由公民性質。因而他們有參與政治、教育、選拔的權利,有服兵役的義務。郊外鄙野中'遂'的居民,即所謂'甿'或'野人',是當時被壓迫、被奴役的階級。因而他們沒有政治權利,也沒有資格充當正式戰士。"即六師、八師是以近郊鄉邑的居民爲編制的軍隊,鄉邑的長官就是軍隊的武官①。兩位先生在1965年又各自發表了一篇論文展開討論,但沒有達成一致意見②。雖然如此,這兩位先生的討論,對後世研究者的影響頗深。

　　首先,要指出的是,雖然于先生主張"屯田説",楊先生主張"鄉遂制度説",但他們的主張均基於"兵農合一"的思想。這個方面,日本的伊藤道治先生在《中國古代王朝の形成》一文中認爲,當時的兵員是從血族集團而來的,邑就是他們的居住地。邑表示農村中的聚落,居住在邑的邑人組成血族集團,在邑周圍的田地上耕作。邑人在戰時組成軍團,諸侯靠對這些邑人的統治領有邑和田,並以邑人編制成自己的部隊③。伊藤先生認爲,從某"邑"所徵的軍隊,由該邑的長官(或貴族、諸侯)來統率,軍事組織基於行政組織而構建。這與杜正勝先生所提出的"以軍領政"系統,有相通之處。杜先生指出《國語·齊語》、《管子》、《周禮》所見"古制"的根本精神在於"作内政而寓軍令焉"④,"事有所隱,而政有所寓"⑤、"卒伍政定於里,軍旅政定於郊"⑥,從而形成全民皆兵的社會⑦。這種軍政合一的體制,他認爲是出於軍事的需求而建制行政組織,這就是所謂"以軍領政"。總之,通過諸位先生的研究,可以確認當時的軍事體制具有"兵農合一"的特徵。

　　王貴民先生不讚同于省吾先生的"屯田説",他認爲,在軍事駐地的範圍

① 楊寬:《論西周金文中"六𠂤""八𠂤"和鄉遂制度的關係》,《考古》1964年第8期,第418頁。
② 于省吾:《關於〈論西周金文中"六𠂤""八𠂤"和鄉遂制度的關係〉一文的意見》,《考古》1965年第3期;楊寬:《再論西周金文中"六𠂤"和"八𠂤"的性質》,《考古》1965年第10期。
③ [日]伊藤道治:《中國古代王朝の形成》,東京:創文社,1978年,第209—216頁。
④ 黎翔鳳撰:《管子校注》卷八《小匡》,北京:中華書局,2004年,第413頁。《國語集解》本作"作内政而寄軍令焉"。參見徐元誥撰,王樹民、沈長雲點校:《國語集解》(修訂本),北京:中華書局,2002年,第224頁。
⑤ 黎翔鳳撰:《管子校注》卷八《小匡》,第413頁。《國語集解》本作"事可以隱令,可以寄政"。參《國語集解》(修訂本),第224頁。
⑥ 黎翔鳳撰:《管子校注》卷八《小匡》,第413頁。《國語集解》本作"卒伍整於里,軍旅整於郊"。參《國語集解》(修訂本),第224頁。
⑦ 杜正勝:《編户齊民——傳統政治社會結構之形成》,臺灣:聯經出版事業公司,1990年,第126—130頁。

內，一部分經常從事軍役活動的人會稍微脫離生產，當時没有軍俸供給，因此他們的生活來源還賴於個人份地，於是役使農業勞動者進行生產，也是有可能的①。這就是王先生所謂的"古代社會的常備軍"，即平時並不滿員，僅留一定數量的貴族甲士在營，其他士兵務農，定期參加軍訓，臨戰則編制滿員②。王先生之説，與伊藤道治所謂的邑人"在邑周圍的田上耕作"而"在戰時組成軍團"，並非二説。王先生説"古代社會的常備軍"，反而證明他也認爲當時並不存在現代概念的常備軍。

在如此情況下，吴榮曾先生的《有關西周"六師"、"八師"的若干問題》一文，具有突破性的成果。他認爲"六師"是六鄉所出的軍隊，六卿統率其軍隊。照此類推，他對"八師"的看法，也應是由"八邑"所出的軍隊，這篇文章的突破口就在於此。他着眼於以往北方民族的構成往往是八部族，殷商八師的傳統起源於北方民族，此八師制度有可能是北方民族古老的制度。他説："現在以北魏早期歷史爲例，這將對我們理解西周政治結構的特點會有很大的啓發和幫助。"③這段話頗有啓發性，對西周歷史的認識有很大的幫助。

但是屬於"王師"的六師、八師是否擁有强大的軍事力量，這是一個值得思考的問題。陳恩林先生認爲周王所掌控的六師、八師是很强有力的軍隊，但是沈載勳先生認爲西周金文中很少見六師、八師的軍事活動，對陳先生的意見表示懷疑④。商艷濤先生格外强調所謂"族軍"的軍事活動："（西周）早期天下未定，主要靠族武裝擴展勢力，鎮壓叛亂；晚期西周逐漸衰亡，西六𠂤、殷八𠂤等正規軍雖在，但戰鬥力已經衰弱，周王不得不依靠世家貴族的私人武裝。"⑤不過我們應該考慮西周金文的個性化特徵，换句話説，西周戰爭銅器銘文，主要記載作器者自己的功績，其外的内容往往被省略，六師、八師的戰績也許同樣

① 王貴民：《商周制度考信》，臺北：明文書局，1989 年，245—246 頁。
② 王貴民：《商周制度考信》，第 242 頁。
③ 吴榮曾：《有關西周"六師"、"八師"的若干問題》，收入宋鎮豪等主編：《西周文明論集》，北京：朝華出版社，2004 年，第 210 頁。
④ ［韓］沈載勳：《金文에나타난 西周軍事力構成과 王權（金文所見西周軍事力構成與王權）》，（韓）《中國史研究》第 41 輯。
⑤ 商艷濤：《西周軍事銘文研究》，中山大學博士學位論文，2006 年，第 25 頁。該文通過梳理西周軍事銘文，重點討論了習見的軍事用語，並探究了當時的歷史問題，爲西周軍事史的研究打好了很好的基礎。

被遺漏。因此這需要重新考慮。

　　（二）

　　傳統觀念認爲，周王有直接統治之地，即所謂的"王畿千里"，或稱"邦畿千里"①。這王畿内的貴族，後來稱之爲"寰内諸侯"②，又稱爲"畿内諸侯"③。"畿内諸侯"也從周王接受分封，跟"畿外諸侯"相比，其獨立性没那麼强，直接受周王的統治。不過，最近有學者懷疑這種傳統的"王畿千里"、"邦畿千里"之説。其代表性的成果，有王健先生的《西周政治地理結構研究》一書。他在該書第三章《西周"王畿"考辨》一文④中專門反駁這些傳統的説法，並提出了自己的新意，他認爲"王畿千里"説是晚出的説法。商周時期，並未存在地理結構上的畿内畿外，只有政治結構上的内外服制，内服是中央王官，外服是地方諸侯，"王畿"是周王直接控制的地區，如果一旦分封了諸侯（采邑），該地就不應再屬於"王畿"⑤。筆者認爲王先生的見解有其新意，不過也存在值得商榷的地方。

　　西周時期，散佈於天下的城邑，可説是"點"，城邑與城邑之間的交通道路，可説是"線"。王玉哲、伊藤道治等先生格外重視"點"與"點"之間的"線"⑥，但是西周時期尚未進入領域國家，即"面"的階段。因此，"王畿千里"的概念應該是已進入到領域國家階段時期的産物，不能適用於西周時期。如果從這個角度，筆者同意王健先生的看法。

　　但是從地理結構上看，即以"侯"爲準看其内和其外的封君，便不難發現，在分封目的和周王賦予的權利兩方面都有差異。這個研究角度，朱鳳瀚先生的《關於西周封國君主稱謂的幾點認識》一文，給我們提供了很重要的研究思

①　《毛詩正義》卷二〇之三《商頌・玄鳥》，第 623 頁："邦畿千里，維民所止，肇域彼四海。"鄭箋："王畿千里之内，其居民安，乃後兆域正。天下之經界，言其爲政自内及外。"
②　《春秋穀梁傳注疏》卷一，隱公元年，第 2366 頁："寰内諸侯，非有天子之命，不得出會諸侯。"范寧曰："天子畿内大夫有采地，謂之寰内諸侯。"
③　《毛詩正義》卷一七之三《大雅・假樂》："百辟卿士，媚于天子。"鄭箋："百辟，畿内諸侯也。"
④　原載《歷史地理》第 19 輯，2003 年。
⑤　王健：《西周政治地理結構研究》，鄭州：中州古籍出版社，2004 年，第 84—130 頁。
⑥　［日］伊藤道治：《中國古代王朝の形成》，第 247—284 頁；王玉哲：《殷商疆域史中的一個重要問題——"點"和"面"的概念》，《鄭州大學學報》1982 年第 2 期。

路。在裘錫圭先生研究成果的基礎上①，朱先生認爲"侯"由周王册封於邊域地區，擔任防禦外敵内侵的軍事長官，即朱先生格外强調其軍事職官性質②，其對"侯"的性質的定位，是我們需要重新認識的重要研究成果。儘管無法確定當時西周的邊界，但我們可以通過"侯"的分封地大概認識到當時西周的影響力，在政治地理上到哪種程度。韓國的金正烈先生也注意到這一點，他認爲周王不能直接控制的地區，設置"侯"替周王管理該地區③。從此不難發現，以"侯"爲準，應該存在地理結構上的"内"、"外"之分。王治國先生的《西周諸侯入爲王官有無考》一文中，認爲自漢代以來，歷代學者皆認爲西周時期存在諸侯入爲王官的情況，不過，經過相關資料的整理後，並未發現諸侯擔任王官的情況④。這也可以證明以"侯"爲準存在"内"、"外"之分的看法。

　　其次，"侯"外地區還存在不少政治體，其中有與周邦關係密切的邦君。任偉先生曾在《西周金文與文獻中的"邦君"及相關問題》一文中，將周王的册封歸納於如下三類：第一類爲褒封，主要是封上古先賢之後；第二類，"授民授疆土"之封，其對象主要是與周王同姓之姬姓貴族與異姓姻親貴族；第三類，"服國"之册封，主要是指那些隨周人伐紂、東征的西土衆"邦君"、"友邦君"，以及一些在武王克商後臣服於西周王朝的舊商小邦及方國。任先生再以"授民授土"爲標準，進行分類：一種就是由第二類分封造就的邦國，因其封君的爵稱封號多爲"侯"故漸以諸侯稱之；另一種就是由第一類和第三類分封造就的邦國，其封君爵號較爲複雜，推測他們仍被泛稱爲"邦君"，以體現"邦君"的本義⑤。任先生將"邦君"與"諸侯"通過"授民授土"區分開來，筆者認爲是非常精闢的看法。

　　對於"邦君"和諸侯"，韓國的金正烈先生在其《邦君과 諸侯(邦君與諸

---

①　裘錫圭：《甲骨卜辭中所見的"田"、"牧"、"衛"等官職的研究》，《文史》第 19 輯，北京：中華書局，1982 年，第 1—13 頁。
②　朱鳳瀚：《關於西周封國君主稱謂的幾點認識》，收入陝西省考古研究所、上海博物館編：《兩周封國論衡——陝西韓城出土芮國文物暨周代封國考古學研究國際學術研討會論文集》，上海古籍出版社，2014 年，第 272—285 頁。
③　[韓]金正烈：《邦君과 諸侯(邦君與諸侯)》，(韓)《東洋史學研究》第 106 輯，2009 年。
④　王治國：《西周諸侯入爲王官有無考》，《史學月刊》2014 年第 5 期。
⑤　任偉：《西周金文與文獻中的"邦君"及相關問題》，《中原文物》1999 年第 4 期，第 56 頁。

侯)》一文中也提出了新意。他認爲西周時期，“天下”有無數的“邦”，從嚴格意義上講，“周邦”也是其中之一，這些無數的“它邦”與“周邦”之間，表面上有“對等關係”。不過，就當時來説，周邦處於主導的位置。周邦爲了有效控制這些“它邦”，並爲了鞏固自己的統治地位，設置了一個巧妙的機制，就是“諸侯”。他們具有官員的性質，長期居在各個地區，貫徹周邦的禮儀。周王朝賦予諸侯一些較爲特殊的賜物——土地和人民，但他們基本屬於王朝的官僚，而不屬於獨立的領主。周王一方面以直接的方式去控制天下衆多的“邦”，另一方面，通過諸侯加强對全國各地的“邦”的統治力量[1]。其强調諸侯的官員性質，與朱鳳瀚先生所言有所相通。其中值得指出的是，他對“諸侯”册封的看法，册封諸侯應該有很多目的，其中金先生特別强調其有效控制邦君的目的。這在研究周王對邦君的軍事領導方面，是很重要的研究成果。

　　總而言之，筆者基於這些研究成果，將西周的軍事力量歸納如下：以六師八師爲中心的“王師”、“畿内”的貴族軍、畿外的諸侯及封君，還有“畿外”邦國軍也往往爲周邦出兵助陣。

(三)

　　周王怎麽領導這些軍事力量，有什麼樣的“體制”或者“機制”，這是研究西周軍事方面最核心的問題。首先，可以提下陳恩林先生的研究成果。1985年，陳先生以《中國奴隸社會軍事制度研究》一文取得了博士學位，後來經過一些修改和增補，以《先秦軍事制度研究》爲書名，於1991年由吉林文史出版社出版。其中第四章《西周——先秦奴隸制軍事制度的完備》，專門對西周軍事制度做了系統性的研究[2]。其中，特別要指出的是，陳先生的西周時期軍事領導體制的一元化説[3]。他認爲周天子擁有强大的王室軍(六師、八師)，並掌握

---

① [韓]金正烈：《邦君과諸侯(邦君與諸侯)》，(韓)《東洋史學研究》第106輯。
② 陳恩林：《先秦軍事制度研究》，長春：吉林文史出版社，1991年，第55—105頁。陳先生之前還有葉達雄、徐喜辰先生等的研究成果，葉達雄先生按照時代的變遷，論述了各個時期軍制的特徵；徐喜辰先生討論國野制度、虎賁、八師等，但兩位先生的研究成果並不全面。全面研究西周軍事制度應該説是從陳恩林先生開始的。參見葉達雄：《西周兵制的探討》，《臺大歷史學報》第六期，1979年；徐喜辰：《周代兵制初論》，《中國史研究》1985年第4期。
③ 陳先生曾在《試論西周軍事領導體制的一元化》一文中專門討論過這個問題，載於《人文雜志》1986年第2期。

着組建和指揮地方諸侯國軍隊的權力以及通過"司馬"一職管理和控制全國各級軍隊的權力等，這是西周軍事領導體制一元化的條件和標誌。陳先生的研究對後來學者的影響很大。

其次，《中國軍事通史》系列中有羅琨、張永山先生的《夏商西周軍事史》一書，這是目前西周軍事史研究方面最全面的論著，曾被學者稱爲"夏商西周軍事史研究的里程碑之作"[①]。本書基於陳恩林先生的研究成果，在西周軍事領導體制方面，進一步闡述了集中機制。比如，從《國語·周語》中宣王"料民於太原"可見，周王朝爲擴大兵源而加强對民衆的管理，使徵兵、訓練、作戰等成爲一個有機的系統，力圖從組織上保證王室始終有一支强大的軍隊；還指出了諸侯仿效王師建立諸侯國軍的情況，在軍制逐漸改革的過程中，治理王室部隊的辦法也隨之貫徹到諸侯國軍隊，把原來在諸侯國實行的命卿制度更加具體化。筆者認爲，本書在軍事領導方面强調"料民"以及諸侯仿效王室軍制的有效性，堪稱卓見。不過，《夏商西周軍事史》認爲周王可以直接任命諸侯的三有司，筆者原來並不信從，因爲尚未找到確切的證據，還認爲周王不得隨便介入侯國的内政。但是，最近在山東高青出土的所謂"引簋"銘文，記載了周王直接任命"齊師"的長官[②]，這給我們帶來從新角度討論問題的餘地。雖然仍然無法證明周王可以直接任命諸侯的三有司，但至少可以肯定周王有權任命諸侯國内的軍事長官。

再次，吉林大學李嚴冬博士的學位論文《〈周禮〉軍制專題研究》，研究了《周禮》所見的軍制。該方面曾有許倬雲先生的《周禮中的兵制》一文，但比較簡略[③]。李嚴冬博士的論文，全面闡述了《周禮》中的軍制。其中第三章《〈周禮〉中的軍事領導體制》，他同意陳恩林先生之説，强調"司馬"的重要性。他認爲夏官司馬是《周禮》中的最高軍政機構，大司馬爲六卿之一，在軍事上直接對

---

① 彭林：《夏商西周軍事史研究的里程碑之作——評羅琨、張永山著〈夏商西周軍事史〉》，《社會科學戰線》1999 年第 4 期，第 272—276 頁。

② 李學勤等：《山東高青縣陳莊西周遺址筆談》（李學勤文），《考古》2011 年第 2 期。

③ 他總結了一些結論："《周禮》兵制分爲三大系統：（一）鄉的壯丁編爲鄉軍，是常備軍，武器官給。遂的壯丁爲其副選。（二）都鄙之師自備軍甲，也遵司馬調遣。（三）貴族另編部伍，宿衛扈從，是一枝禁衛軍，最精銳。"參見許倬雲：《周禮中的兵制》，收入《求古編》，臺灣：聯經出版事業公司，1982 年，第 303 頁。

王負責。他通過研究《周禮》,提出了以上看法,再梳理相關的西周銅器銘文,將銘文跟西周時期的情況相對比之後,認爲《周禮》所見之"大司馬"的地位大有提高,而王在軍事集權方面也有所加強①。此文從文獻角度進行研究,通過傳世、出土文獻的比較和印證,得出一些史學性的論證,頗有價值。

　　總之,陳恩林先生提出的西周"軍事領導體制的一元化"説對學界的影響很大。雖然有些問題,比如西周擁有那麼强大的軍事力量,當時是否存在命卿、王朝司馬是否能够率領貴族和諸侯的司馬等方面還存在討論的餘地,但是不能否認其價值和對學界的貢獻。

(四)

　　筆者認爲,周王的軍事領導體制與周王的王權和其官僚系統,有着密切的關係。20 個世紀 70 年代,在美國顧里雅(H.G.Creel)和吉德煒(D.Keightley)有過討論。顧里雅曾將西周稱"西周帝國(Western Chou Empire)",吉德煒在對他的書評上反駁這種觀點而認爲西周只不過是"primus inter pares",即"同等者之首"而已②。在顧里雅過於强調西周王朝的軍事運作順利之時,吉德煒則看透了當時尚未具備系統性的行政體制③。張亞初、劉雨先生的力作《西周金文官制研究》(以下簡稱《官制》),將金文所見的官名與《周禮》等文獻所見官名進行比較研究,重構西周時期的官制,勾勒出較爲完善的官僚系統。李峰先生在《西周的政體》一書中,將《周禮》最大限度地排除,將見於西周銅器銘文的相關資料移植到官僚制理論中,對西周的政體提出了"Delegatory Kin-ordered Settlement State(權力代理的親族邑制國家)"之説④。李峰先生的研究跟《官制》相比,簡化了《官制》所重構的體制,還强調了維持體制的機制,這對筆者的影響很深。不過,西周的政治體制是否適用於現代官僚制理論,筆者認爲還需

① 李嚴冬:《〈周禮〉軍制專題研究》,吉林大學博士學位論文,2010 年,第 71—114 頁。
② Herrlee G. Creel, *The origins of Statecraft in China: Volume one*, *The Western Chou Empire*, Chicago: University of Chicago Press, 1970, pp.x‐xi; David Keightley, "Review for Creel's The origins of Statecraft in China", *Journal of Asian Studies* 30.3 (1970), pp.655‐658.
③ Edward L. Shaughnessy, "Western Zhou History", ed. By Michael Loewe and Edward L. Shaughnessy, *Cambridge History of Ancient China: From the Origins of Civilization to 221 B. C.*, Cambridge University Press, 1999, pp.311‐313.
④ 李峰:《西周的政體:中國早期的官僚制度和國家》,北京:三聯書店,2010 年。

要討論。

　　在這個角度看，沈在勳先生在《金文所見西周軍事力構成與王權》一文中提出的"重層性私屬關係"説，給了我們很重要的啓發。沈先生認爲，西周王朝尚未具備系統性的政治體制，而且尚未出現專業武官。那麼周王如何運作進而統率王朝軍隊？他認爲當時畿内貴族（沈先生稱"有力者"）、諸侯私屬於周王，貴族家臣私屬於貴族，諸侯國貴族私屬於諸侯。不過貴族家臣、諸侯國貴族與周王之間，没有明確的私屬關係。比如，周王有權命令和調動貴族、諸侯，但没有直接命令和調動貴族家臣、諸侯國貴族等。周王——王朝貴族、諸侯——貴族家臣、諸侯國貴族之間層疊的私屬關係，沈先生稱爲"重層性私屬關係"。如果周王有效地控制和利用這些關係，便可以擁有相當强大的軍事力量①。沈先生把關注的重點放在周王的軍事領導機制上，筆者認爲具有重要的參考價值。

　　不過，2009 年山東省高青陳莊出土的所謂"引簋"銘文，給我們提供了換個角度考慮問題的材料。其銘文曰："王若曰：'引，余既命女（汝）更乃旲（祖）靸嗣（司）齊𠂤（師）。'"載周王直接任命"齊師"的長官。"齊師"，從傳統的角度看，應該是齊侯的軍隊。那麼周王有權任命諸侯的軍事長官？這跟沈先生的"重層性私屬關係"有所矛盾。對此，學界已經出現了種種説法。如李學勤先生認爲這反映了周夷王烹殺齊哀公之後齊國的特殊情況②，朱鳳瀚先生認爲這也許是周王對異姓諸侯的控制手段③。韓國的沈載勳先生謹慎地提出"齊師"也許不是齊侯的軍隊，而是駐紮在齊國的王師④。那麼怎麼解決這個問題？如何理解這種現象較爲妥當？這是一個值得討論的問題。

　　到此爲止，筆者回顧了與西周王朝軍事領導機制相關的研究成果。雖有缺乏資料之難，不過先賢的研究，已經大致解決了相關問題。但是，筆者認爲在下述幾點上還存在進一步討論的餘地。

①　[韓] 沈載勳：《金文에나타난 西周軍事力構成과 王權（金文所見西周軍事力構成與王權）》，（韓）《中國史研究》第 41 輯。
②　李學勤等：《山東高青縣陳莊西周遺址筆談》（李學勤文），《考古》2011 年第 2 期，第 22—23 頁。
③　李學勤等：《山東高青縣陳莊西周遺址筆談》（朱鳳瀚文），《考古》2011 年第 2 期，第 25—26 頁。
④　[韓] 沈載勳：《西周史의 새로운 發見——山東省高青縣陳莊西周城址 와 引簋銘文（西周史的新發現——山東省高青縣陳莊西周遺址和引簋銘文）》，（韓）《史學志》第 43 卷，2011 年。

第一,如上所舉的引簋銘文提示周王可以任命齊地的軍事長官,那麼這是對齊國的特殊政策,還是對諸侯普遍施行的政策?

第二,周王既擁有控制諸侯的手段,那麼對畿內貴族、畿外邦君,又是運作怎樣的機制來掌控他們?

第三,陳恩林先生認爲周王所掌控的六師、八師是很强有力的軍隊,不過在文獻中很少見到他們的軍事活動。那麼怎麼理解這種現象?是否他們的軍事力量沒有那麼强大,還是對他們的記述被遺漏了?

總之,本書以先賢的研究成果爲基礎,進一步討論這些問題。

三、研究主旨及結構

西周王朝的軍事力量,由王師、畿內貴族、諸侯以及其他邦國的軍事力量構成。本書目的是擬通過梳理西周時期的相關傳世文獻和出土文獻,來分析他們的軍事活動,並進一步探討周王如何統領這些軍事力量。最後,要討論周王的軍事領導力以及西周王朝的興亡盛衰。

按照上述主旨,本書主要利用西周銅器銘文資料,並輔以傳世文獻及其他文字資料,盡可能地對涉及西周王朝軍事領導機制的諸多問題進行詳細考察。因資料缺乏,不能完全重構當時的"軍事領導體制",但是,以見於西周銅器銘文的事例爲材料,進行具體的討論,可以探尋周王利用怎樣的"機制"來掌握軍事力量,怎麼領導軍事組織。

第一章,擬對本書所用西周戰爭銅器銘文進行文本分析。利用史料不能不考慮史料本身的性質,銅器銘文帶有個人性、主觀性特徵,因此先要考慮作器者是什麼樣的人。進而分析作器者和其他人物之間的關係、作器者在師旅中的地位所造成的記述方面的差異,以此打好本書研究的材料基礎。

第二章,通過分析西周戰爭銅器銘文,看西周的王朝軍由什麼樣的軍事力量構成,然後進一步討論其軍事聯合性。

第三章,繼上一章,考察西周戰爭記載所見的戰爭類型,繼而討論戰時周王用什麼樣的機制來統率西周王朝的各種軍事力量。

以前三章爲基礎,從第四章至第六章,分別討論周王對各個軍事組織的領導機制。

第四章，擬討論周王對"王師"的領導機制。對此，筆者以與"王師"相關的種種册命銘文爲中心，分析見於"六師"和"八師"、"虎臣"和"走馬"及"冢司馬"册命銘文的種種事例，探討周王對"王師"的領導機制。

第五章，擬探討周王對畿内貴族的領導機制。筆者認爲，周王通過册命貴族，在名分、法權上可以占主導地位，因而可以調動畿内貴族的私屬武裝。在此基礎上，本章進一步探討周王能否直接調動私屬於貴族的將領，周王的直接性領導權力涉及哪些範圍。

第六章，擬探討周王對畿外的封君與諸侯的領導機制，兼論周王與畿外其他邦國之間的軍事關係。首先，對於"諸侯"，着眼於周王用什麽樣的手段來牽制和領導他們，其次，探討周王對畿外"封君"的軍事控制。至於畿外"邦國"，他們原不屬於"周邦"，周王也待之爲"它邦"。但在軍事上，多見"它邦"之君配合周王作戰，其原因是什麽？ 本章主要討論這些問題。

第七章，在以上研究成果的基礎上，綜合討論西周時期周王軍事領導力的演變過程，兼論西周王朝的興亡盛衰。

四、對本書所用史料的認識

西周戰事記載散見於一些文獻。比如，成王東征（周公東征）有關的内容見於西周銅器銘文，《金縢》、《大誥》等《尚書》篇章，《作雒》等《逸周書》篇章，《東山》、《破斧》等詩篇，《孟子》、《淮南子》等子書，《竹書紀年》及清華簡《繫年》等史書。每一種史料的性質、編撰目的，各不相同。因此，本書要表明一下筆者對各種相關史料的認識①。

（一）西周銅器銘文

銅器銘文的製作目的在《禮記·祭統》中記述得較爲詳細：

---

① 我們習慣上把這些文獻分爲兩類：出土文獻和傳世文獻。按這種方法來分類的話，西周戰爭銅器銘文和《繫年》等戰國竹簡歸於出土文獻，其他紙質文獻歸於傳世文獻。不過，要論述各種文獻的特徵，作爲出土文獻的西周銅器銘文與《繫年》在載體、内容上的特徵顯然不同；作爲傳世文獻的《尚書》、《詩經》和《國語》、《史記》等，每個文獻的敘述特徵也不相同，因此單純地將史料分爲傳世文獻和出土文獻，有所不妥。所以本書不采取這種分類法。

　　夫鼎有銘,銘者,自名也。自名以稱揚其先祖之美,而明著之後世者也。爲先祖者,莫不有美焉,莫不有惡焉,銘之義,稱美而不稱惡,此孝子孝孫之心也。唯賢者能之。銘者,論譔其先祖之有德善、功烈、勳勞、慶賞、聲名,列於天下,而酌之祭器,自成其名焉,以祀其先祖者也。顯揚先祖,所以崇孝也。身比焉,順也。明示後世,教也。①

　　其作器目的可歸納於"顯揚先祖"、"明示後世"。"顯揚祖先",顯揚祖先的功德;"明示後世",把銘文内容明白地傳布給後世。與此同時"身比焉",把自己的名字刻在銘文裏面,表示順從祖先之意。《祭統》雖然不是西周時期所撰,但是西周戰爭銅器銘文的作器目的也大體與此相符。所作的銅器往往獻給祖先,可謂"顯揚先祖"之例;嘏辭中常見"子子孫孫永寶用"等的話,可謂"明示後世"之例。雖然有一些銅器爲了宴饗、"旅彝"②而作,不過大部分銅器都是爲了獻給祖先而作。

　　銅器銘文是爲了表揚作器者或其親人的功績,其内容自然也具有個人特徵。如太保簋銘文(《集成》4140):"王伐彔子耶(聖),叡氒(厥)反(叛),王降征令于(于)大(太)保,大(太)保克芍(敬)亡曾(譴),⋯⋯"若只看銘文,過去有些學者認爲這篇銘文講的是伐彔國③。最近《繫年》發表之後,才確定"彔子聖"就是武庚禄父④,即太保簋銘文的内容是成王伐武庚禄父之事,並非征伐彔國。換句話説,三監之亂以及成王東征的歷史中,太保簋銘文講的是作器者所經歷的一段史實而已。我們從此可知銅器銘文的片面性、微觀性特徵。

---

① 《禮記正義》卷四九《祭統》,第 1606 頁。

② "旅彝",黄盛璋先生强調其可"行"性,認爲指可移動之器。旅彝的用途不限一種,用地不限一處,陳設不專一地。所以旅彝是可以移動、挪用之器,既可用於内,也可用於外,既可用於宗廟祭祀,也可攜帶用於行旅與征伐。賴秋桂先生認爲黄先生將"旅"作爲定語值得商榷,金文中有"用旅"之例,此"旅"並非用作定語,而是用作動詞。他提出清朝學者徐同柏將"旅"釋爲"陳"的説法,而且引用了大量的金文、傳世文獻之例,證明"旅"釋爲"陳"的説法較爲可信。參見黄盛璋:《釋旅彝——銅器中"旅彝"問題的一個全面考察》,收入《歷史地理與考古論叢》,濟南:齊魯書社,1982年,第 365 頁(原載《中華文史論叢》1979 年第 2 期);賴秋桂:《以〈周禮〉論青銅"旅"器》,《東海中文學報》第 22 期,臺中:東海大學中文系,2010 年,第 9—26 頁。

③ 《大繫》,第 27—28 頁;《斷代》,第 44—48 頁;《史徵》,第 80—81 頁;《銘文選》第三册,第 24—25 頁等。

④ 《清華簡》(貳),第 141 頁:"周武王既克殷,乃執(設)三監于殷。武王陟,商邑興反,殺三監而立录子耿。成王屎伐商邑,殺录子耿,⋯⋯"日本的白川靜先生曾經提出過"彔子聖"即"王子彔父"的看法。他認爲"彔子聖"亦稱作"天子聖",天子即孤銘《集成》7296)曰:"天子耶乍(作)父丁彝",作器者敢稱天子,表示繼承已所亡的殷商之義,而周初敢稱天子的殷商後裔,無疑是王子彔父。參見《通釋》,第 59—60 頁。

（二）《書》、《詩》

“書”有六體或十體的看法，但這都是後來研究《尚書》的學者歸納出來的說法，並非當時編撰之時所定的文體①。不過有可以肯定的一點，這些篇章都帶有中央政府的口氣，《逸周書》的相關篇章也屬於此類，都帶有公文書的性質。所以其編撰目的是應政府之所需，其史料價值很高。

“詩”的創作有各自的緣由，其中的戰爭詩，一般都是爲紀念戰功、顯揚周王和將領的業績而作。這一點與戰爭銅器銘文相似，但不同的是銅器銘文一般是自己所作，戰爭詩則一般爲他人所作②，如《六月》“薄伐玁狁，至于大原，文武吉甫，萬邦爲憲”，是贊美吉甫的戰功③；《采芑》“顯允方叔，征伐玁狁，蠻荆來威”，是贊美方叔的戰功等④。

至於《書》、《詩》的内容特徵：《尚書》、《逸周書》的各個篇章稍微帶有微觀性、片面性特徵；《詩經》的各個詩篇也稍微帶有個人性、微觀性、片面性特徵。雖然如此，前者具有公文書性質，後者具有述懷感情的特徵，即均帶有史料的原始性特徵，因此筆者認爲其史料價值很高。

（三）《國語》

《國語》也載有西周戰爭。傳統的説法稱《國語》是左丘明所作⑤。不過，仔細看《國語》便能發現，其與《左傳》、《管子》等文獻重復處多。由此可知，《國語》並非出於一人之手。問題的關鍵是這些不同來源的各篇章，經過何人之手而編成一書。左丘明撰《國語》之説，也許説明其出於儒家之手。左丘明是孔子曾稱贊過的人物⑥，而且相傳《春秋左傳》出於左丘明之手，則左丘明修《國

---

① 朱岩：《〈尚書〉“六體”爭議考析》，《河南社會科學》2011 年第 6 期，第 152—155 頁。
② 《大雅·江漢》中云：“虎拜稽首，對揚王休，作召公考，天子萬壽。”“虎”即“召伯虎”，這話的語氣很像西周銅器銘文，疑爲召伯虎自己所作。不過《毛詩序》“尹吉甫美宣王也”認爲乃尹吉甫之作，可備一説。見《毛詩正義》卷一八之四，第 573—574 頁。
③ 《毛詩正義》卷一〇之二，第 424—425 頁。
④ 《毛詩正義》卷一〇之二，第 425—426 頁。
⑤ 《報任安書》中説：“左丘失明，厥有《國語》。”載於《漢書》卷六二《司馬遷傳》，第 2735 頁；同書卷三〇《藝文志》，第 1714 頁：“《國語》二十一篇。左丘明著。”
⑥ 《論語注疏》卷五《公冶長》，第 2475 頁：“巧言、令色、足恭，左丘明耻之，丘亦耻之；匿怨而友其人，左丘明耻之，丘亦耻之。”

語》之説表明其與儒家有關。《國語》中强調的"修德"、"修政"是儒家所重視的思想,可從另一角度證明其出自儒家之手編成一書。其編撰目的應該是用借鑒於歷史的方法來説明儒家的政治思想。

《國語》所載的西周戰爭史事有四件:一是"穆王將征犬戎",二是"共王游於涇上",三是"宣王即位,不籍千畝",四是"宣王既喪南國之師"①。如"穆王將征犬戎",穆王將要征伐犬戎的時候,祭公以先王之例勸諫穆王,先王修德而國家富强,周圍的異族被其德行感化而自來朝見,若憑武力征伐反而會導致負面影響。穆王不聽而征伐犬戎,獲得"四白狼、四白鹿"的戰果,結果導致"荒服不至"的負效果②。其中祭公對穆王的勸諫,站在宏觀的框架上評述史實。此外"共王游於涇上"、"宣王即位,不籍千畝"、"宣王既喪南國之師"也是如此。從這四件史事的記述中可以發現,情節是用同樣的邏輯展開的,即(1)甲要做一件事,(2)乙要勸諫甲三思,(3)甲不聽乙勸諫,(4)結果導致不良的後果。這給我們提供了另外一種敍述特徵:一件微觀的事也可以通過某種宏觀的框架進行敍述。編撰者所要强調的内容應該在於第(2)階段。不過從歷史的角度看,第(2)階段最有加工潤色之嫌。但這些篇章畢竟藉於歷史事實,如第(1)階段和第(4)階段,因此此類文獻還是有參考價值的。

(四)《竹書紀年》、《後漢書》

《竹書紀年》是戰國時期魏國史官所編的編年體史書,記述了從夏朝到魏安釐王二十年之間的歷史,從中可以發現魏國史官編撰此書時的歷史認識和執筆意圖。《晉書·束晳傳》簡單介紹《竹書紀年》的内容:

> 初,太康二年,汲郡人不準盜發魏襄王墓,或言安釐王冢,得竹書數十車。其《紀年》十三篇,記夏以來至周幽王爲犬戎所滅,以事接之,三家分,仍述魏事至安釐王之二十年。蓋魏國之史書,大略與《春秋》皆多相應。其中經傳大異,則云夏年多殷;益干啓位,啓殺之;太甲殺伊尹;文丁殺季歷;自周受命,至穆王百年,非穆王壽百歲也;幽王既亡,有共伯和者攝行天子事,非二相共和也。③

---

① 徐元誥撰:《國語集解》(修訂本),第1—9、9—10、15—22、23—27頁。
② 徐元誥撰:《國語集解》(修訂本),第1—9頁。
③ 《晉書》卷五一《束晳傳》,北京:中華書局,1974年,第1432頁。

　　此與堯禪讓舜、舜禪讓禹等有德者得天下的儒家思想大不相同，而且夏啓殺益，太甲殺伊尹等的記載與儒家所強調的德治亦大相徑庭。如此反對"易姓革命"、"禪讓"的記述態度，應該是站在君王的角度上撰寫的，其中還可見編撰者強調君王不可侵奪之權威的意圖。

　　目前不能確認《竹書紀年》完整的樣本。現在流傳下來的所謂古本《竹書紀年》畢竟是輯本①，就是從其他史料的注疏或個人筆記中被引用的記載中搜集整理而成的。其文字是否《竹書紀年》的原貌也難以考證②，但是其中有不見於其他史料的史實記載③，在這個方面其意義是很大的。因是編年體史書，每一條記載略帶片面性。如昭王十六年"伐楚荆，涉漢，遇大兕"，只看這一條，不能得知其原因、結果等。看到十九年"天大曀，雉兔皆震，喪六師於漢"、末年"夜清，五色光貫紫薇。其年，王南巡不反"的記載，才能夠勾勒出其紀事本末；再如夷王"三年，王致諸侯，烹齊哀公於鼎"④，只看這一條記載，不能得知其前後史實，幸虧《史記·齊太公世家》中略有記載⑤，才可以得知其結果如何。

　　此外，《竹書紀年》中有些史料保存於《後漢書》，這是《竹書紀年》出土後的第一部正史。如《西羌傳》的開端，簡述西周時期西北邊界的情況，其中有引用《竹書紀年》的史事⑥。此與《史記·周本紀》、《秦本紀》、《晉世家》等可以互相補充⑦，具有一定的價值。

---

① （清）朱右曾輯，王國維校補，黃永年點校：《古本竹書紀年輯較》，瀋陽：遼寧教育出版社，1997 年；范祥雍：《古本竹書紀年輯較訂補》，上海人民出版社，1957 年；方詩銘、王修齡撰：《古本竹書紀年輯證》（修訂本），上海古籍出版社，2005 年。本書主要參考的是方、王兩位先生的輯本。

② 如"穆王至九江"的內容，方詩銘、王修齡先生搜集了 13 條記載，其文字、內容都有所出入。參見方詩銘、王修齡撰：《古本竹書紀年輯證》（修訂本），第 52—53 頁。

③ 如昭王南征的年份（十六年、十九年）、穆王時期四方遠征相關的記載等。

④ 方詩銘、王修齡撰：《古本竹書紀年輯證》（修訂本），第 56 頁。

⑤ 《史記》卷三二《齊太公世家》（北京：中華書局，1959 年，第 1481 頁）："哀公時，紀侯譖之周，周烹哀公而立其弟靜，是爲胡公。"

⑥ 其注中有"見《竹書紀年》"或"並見《竹書紀年》"之語。參見《後漢書》卷八七《西羌傳》，第 2871—2872 頁。

⑦ 參見第二章第四節。

（五）清華簡《繫年》

關於新出的清華簡《繫年》的體例和性質，學界有不少討論①。此書對西周戰爭方面提供了三個資料：一是宣王三十九年的所謂"千畝之戰"；二是申、犬戎滅西周的戰爭；三是所謂的"周公東征"相關的記載。其敘述方面有將某個歷史事實按時間順序重新編排的特徵，即與紀事本末體史書相類。筆者認爲其很可能是當時某人所撰的史書，具有相當高的參考價值。

（六）《史記》

《史記》的編撰目的在《太史公自序》、《報任安書》中論述得比較詳細，即繼承《春秋》、太史令的職責，遭李陵之禍而發奮慷慨②。其對西周時期歷史記述的態度，可謂相當謹慎。《史記》是後來所編的史書，但司馬氏父子身爲太史公，可以博覽內府藏書，充分利用這些書籍，故不能貶低其史料價值。只看西周時期的內容，《周本紀》、《魯周公世家》等篇章中所見的西周時期內容，可與《尚書》、《逸周書》、《國語》等文獻相互參證③，至於《秦本紀》，是通過今已失傳

---

① 學界有如下幾種意見：一、李學勤先生認爲是編年體史書，沈建華、宋鎮豪、夏含夷等諸先生，雖然在細緻方面有所歧義，但都大致認同其編年體特徵；二、胡平生先生認爲是一部相關史料的摘抄本；三、廖名春先生等認爲是紀事本末體史書；四、陳偉先生認爲其與〈鐸氏微〉有關聯；五、陳民鎮先生認爲其並非編年體，而很可能是"志"類文獻；六、劉建民先生懷疑其應該與孟子所說的楚史〈檮杌〉有關。參見李學勤：《初識清華簡》，《光明日報》2008 年 12 月 1 日；沈建華：《試説清華〈繫年〉楚簡與〈春秋左傳〉成書》，"簡帛·經典·古史"國際論壇論文，2011 年 11 月 30 日；[美] 夏含夷：〈原史：紀年形式與史書之起源〉，"簡帛·經典·古史"國際論壇論文；廖名春：《清華簡〈繫年〉管窺》，《深圳大學學報（人文社會科學版）》2012 年第 3 期；陳偉：《不禁想起〈鐸氏微〉——讀清華簡〈繫年〉隨想》，簡帛網，2011 年 12 月 19 日，http：//www.bsm.org.cn/show_article.php?id=1594；陳偉：《清華大學藏竹書〈繫年〉的文獻學考察》，《史林》2013 年第 1 期；陳民鎮：《〈繫年〉"故志"説——清華簡〈繫年〉性質及撰作背景芻議》，《邯鄲學院學報》2012 年第 2 期；劉建民：《〈繫年〉的性質及各章標題試擬——〈繫年〉出版一周年札記》，孔子 2000 網，2012 年 12 月 18 日，http：//www.confucius2000.com/admin/list.asp?id=5504；楊博：《清華簡〈繫年〉編撰考》，2013 年西南大學全國博士生論壇論文（簡帛語言文字研究組），第 31—39 頁。
② 《報任安書》載於《漢書·司馬遷傳》，第 2725—2737 頁。《史記》編撰目的之討論，參見韓國的李成珪《司馬遷史記》（修訂本），（韓）首爾大學出版部，2007 年，第 10—44 頁。
③ 有個別文字的區別，但內容大體上相同，可知司馬氏記述西周歷史的時候，抄寫得多，發揮得少。

的《秦記》而撰，其史料價值也不可忽視①。

　　以上簡單討論了西周戰爭銅器銘文、傳世文獻及《繫年》的敍述框架和
史料價值。銅器銘文具有個人性、微觀性、片面性特徵。傳世文獻方面：
《詩》《書》具有微觀性、片面性特徵；《國語》具有將一個關鍵史事放在宏觀
框架下分析的特徵；《竹書紀年》是編年體史書，每一條史料具有片面性特
徵；《史記》的西周部分中有從其他文獻直接抄寫的特徵。至於《繫年》，是戰
國竹簡文獻，但並非原始史料，而是將原始史料經過整理而重新編撰的，具
有宏觀性特徵。

　　但應該注意的是，雖然《詩》《書》的各個篇章具有微觀性、片面性特徵，但
整本《詩經》和《尚書》具有一定的特徵，《史記》也是如此，帶有一些編撰者的主
觀。孔子删《詩》、訂《書》的傳說②，表明《詩》《書》與儒家有密切的關係；傳司
馬遷師從孔安國之說③，也表明司馬遷與儒家有牽連。儒家強調帝王的德治，
改朝換代就與德有密切關係。所以堯舜禪讓、舜禹禪讓、商湯伐夏桀、周武王
克商，均與"德"有關④。

　　《國語》《史記》中所見的西周歷史演變如下：文王、武王憑德完成易姓革
命，經"成康之治"後，昭王德衰⑤，南征而不復；穆王時期，荒服不至，製定《吕

① 《史記》卷一五《六國年表》，第 686 頁："秦既得意，燒天下《詩》《書》，諸侯史記尤甚，爲其有所刺譏
也。《詩》《書》所以復見者，多藏人家，而史記獨藏周室，以故滅。惜哉，惜哉。獨有《秦記》，又不
載日月，其文略不具。然戰國之權變亦有可頗采者，何必上古。"
② 《史記》卷四七《孔子世家》，第 1935—1936 頁："追迹三代之禮，序《書傳》，上紀唐虞之際，下至秦
繆，編次其事。"又曰："古者《詩》三千餘篇，及至孔子，去其重，取可施於禮義……三百五篇孔子皆
弦歌之。"司馬氏相信《書》和《詩》是孔子編訂的，這可證明漢代學者認爲《書》《詩》與儒家有密切
關係。
③ 《漢書》卷八八《儒林傳》，第 3607 頁："孔氏有古文《尚書》，……安國爲諫大夫，授都尉朝，而司馬
遷亦從安國問故。遷書載《堯典》《禹貢》《洪範》《微子》《金縢》諸篇，多古文説。"
④ 《孟子注疏》卷一下《梁惠王上》，第 2670 頁："(齊宣王)曰：'德何如，則可以王矣？'(孟子)曰：'保
民而王，莫之能禦也。'"同書卷三下《公孫丑上》，第 2689 頁："孟子曰：'以力假仁者霸，霸必有大
國；以德行仁者王，王不待大，湯以七十里，文王以百里。以力服人者，非心服也，力不贍也；以德
服人者，中心悦而誠服也，如七十子之服孔子也。《詩》云："自西自東，自南自北，無思不服。"此之
謂也。'"
⑤ 《史記》卷四《周本紀》正義，第 135 頁：引《帝王世紀》曰："昭王德衰，南征，濟于漢，船人惡之，以
膠船進王，王御船至中流，膠液船解，王及祭公俱没于水中而崩。其右辛游靡長臂且多力，游振得
王，周人諱之。"

刑》，多有交贖金免刑的内容，這反而證明當時國家財政的窮乏①；"懿王之時，王室遂衰"、"夷王衰弱……厲王無道"，結果"諸侯不享，王流於彘"②；經過共和、宣王中興，周朝似乎再次崛起，但宣王"不修籍於千畝"③，"料民於大原"④，不主修德，幽王"嬖愛褒姒"、"數欺諸侯"⑤，結果國破身亡。對文武成康記載都是贊揚一色，對厲幽的記載都是批判一色。《詩》、《書》的各個篇章具有微觀性、片面性特徵，《周書》的大部分是文武成康之史事⑥，《詩經》中所見的文武、周公是所頌揚的對象，厲幽是所批判的對象⑦。

　　至於《竹書紀年》，強調王權，往往帶有跟儒家的歷史觀相衝的特徵。但其西周時期的内容，跟以上的傾向比起來，大體相同。那麼《竹書紀年》也是站在這個立場上所編撰的？ 應該注意的是，目前所見的《竹書紀年》是輯本，是從後人的筆記和注疏中搜集而編的。這些筆記和注疏的作者，爲了強調自己的觀點，或者爲了備注自己感興趣的内容，自然地引用跟自己的觀點、興趣相合的史料。尤其是注疏，注疏是強調、補充正文而作，所以注疏的内容不出於正文。因此在注疏中所引用的《竹書紀年》的内容也不會超出正文的範圍。

五、本書所用概念解釋

(一) 軍事領導機制

　　"軍事領導機制"（Military Leadership Mechanism）和"軍事領導體制"（Military Leadership System）是兩個内涵相當密切的概念。現代意義上的"軍事領導體制"，"包括最高軍事統帥、決策機關、執行機關和各級地方軍事部

---

① （宋）蔡沈注：《書經集傳》，上海古籍出版社，1987 年，第 132 頁。
② 《史記》卷四《周本紀》，第 140 頁；《後漢書》卷八七《西羌傳》，第 2871 頁；徐元誥撰：《國語集解》（修訂本），第 13—14 頁。
③ 《史記》卷四《周本紀》，第 144 頁。
④ 徐元誥撰：《國語集解》（修訂本），第 23—27 頁。
⑤ 《史記》卷四《周本紀》，第 147 頁；同書卷五《秦本紀》，第 179 頁。
⑥ 據《尚書序》，今文《周書》有 20 篇，其中從《牧誓》至《費誓》的 17 篇係文武成康時期。包括僞古文則《周書》共有 32 篇，其中係文武成康的有 27 篇。
⑦ 據《毛詩序》，《大雅·文王之什》、《周頌·清廟之什》中有頌揚、祭祀文王、武王之詩；《豳風》中有讚美周公之詩；《大雅·生民之什》中有刺厲王之詩；《小雅·祈父之什》、《小旻之什》、《北山之什》、《桑扈之什》、《都人士之什》等有刺幽王之詩。

門的設置、職權、相互關係等制度,以保證國家或政治集團軍權高度集中,平時對軍事建設和各領域的戰爭準備實施有效的領導,戰事對各武裝組織的作戰和各領域支持戰爭的活動實行統一指揮"①。軍事領導體制具有靜態性、固定性。與此相比,"軍事領導機制"則動態性、靈活性較強,是指運行這種"體制"的工作原理、作用、方式等和領導者的意圖、目標決定其運作方向。本書要探討的就是西周王朝在軍事上怎麽領導王師、畿内貴族、畿外諸侯和其他邦君的武裝,因此筆者擬使用"軍事領導機制"的術語來概括本書的主旨②。

(二) 文本分析

"文本",《漢語大詞典》曰:"文件的某種本子。亦指某種文件。"③現在概念的"文本",恐怕不合適用於歷史記載。不過,换個角度考慮一下,某種歷史事件是由不同的人撰寫的。雖然是對同一事件的記載,但撰寫者處於不同的著述環境和背景,持着不同的著述目的,寫出來的内容應該不會完全相同。因此,在對某種事件的不同記載的角度看,筆者認爲可以用"文本"這個詞④。

"文本分析",指本書所用各種"文本"的編撰目的、敘述框架、性質等特徵。筆者認爲只有事先把握各個不同的史料文本的特徵,才能善用史料,進行更加紮實的歷史研究。這與最近日本的魏晋南北朝史青年學者中比較盛行的"史料論式的研究"有所相通。日本學者安部聰一郎把它定義爲"以特定的史書、文獻,特別是正史的整體爲對象,探求其構造、性格、執筆意圖,並以此爲起點

① 中國大百科全書總編輯委員會《軍事》編輯委員會編:《中國大百科全書·軍事》,北京:中國大百科全書出版社,1989 年,第 622 頁。
② 雖然這是現代意義上的解釋,不過據相關資料顯示,當時已經存在軍事組織、軍事職官,還可見周王對貴族、諸侯等行使領導權力的例子,因此筆者認爲還可以適用於西周時期。
③ 漢語大詞典編輯委員會、漢語大詞典編纂處、羅竹風主編:《漢語大詞典》第六卷,上海:漢語大詞典出版社,1990 年,第 1516 頁。
④ 2012 年 11 月 15 日,德國的紀安諾(Enno Giele)先生來北京大學中國古代史研究中心訪問,做了題爲"古代文書的物質性"演講。紀安諾先生提出了自己對"文本(text)"和"文書(manuscript)"兩個重要概念的認識。他認爲"文本"是抽象的,經過物質化的成書過程而形成"文書"。按照紀安諾先生的區分,本書所用之"文本",應該與"文書"相配。不過,在中國,"文書"概念主要指公文、書信、契約等,不適合用於本書所用史料文獻。但紀安諾先生的這種抽象的 text 與物質化的 manuscript 之區别,給我很大的啓發,因此本書采用這種思維框架,但不采用紀安諾先生的選詞。

試圖進行史料的再解釋和歷史圖像的再構築"①。筆者所研究的時代和所利用的史料,與他們有所不同,但是他們看待史料的態度有值得借鑒之處。

(三) "王師"和"王朝軍"

本書所用之"王師"、"王朝軍",需要做概念上的界定:"王師"指護衛王的師旅、直屬於王的軍隊,包括六師、八師、虎臣及走馬等;"王朝軍"指周王直接、間接所率領的所有軍事力量,包括"王師"、畿内貴族之族兵,畿外封君、諸侯之師旅及畿外其他邦國的軍隊。

(四) "邦君"、"諸侯"、"畿外封君"

"邦君"和"諸侯"已在上文言及,在此簡單説明一下。任偉先生曾將西周的封君分爲如下三類:第一類,褒封;第二類,授土授民之封;第三類,服國之册封。然後再以"授土授民"爲準,進行再區分:其中由第二類分封造就的邦國,因其封君的爵稱封號多爲"侯",故漸以諸侯稱之;另一種就是由第一類和第三類分封造就的邦國,其封君爵號較爲複雜,推測他們仍被泛稱爲"邦君",以體現"邦君"的本義②。本書采用任先生對"邦君"的認識。

學界一般將"諸侯"適用於所有的封君,《漢語大詞典》曰:"古代帝王所分封的各國君主。"③因此,不少學者將封君稱作"諸侯",不過,筆者認爲使用"諸侯"時需要嚴謹的考慮。首先,令方彝銘文(《集成》2839)"者(諸)侯﹦(侯:侯)、田(甸)、男"之語,根據前輩們的認定,"諸侯"僅指"侯"、"甸"、"男"的概念。現在看來,畿外受封邦國,並非皆以"侯"稱之,只有在邊域上的封國君主才稱"侯"④。"甸",《左傳》桓公二年曰:"晉,甸侯也。"⑤在銅器銘文中多見"晉侯",可見"甸"也可稱"侯"。"男"則稱"男",如"許男"(許男鼎《集成》2549),不

---

① [日]佐川英治、阿部幸信、安部聰一郎、户川貴行:《日本魏晉南北朝史研究的新動向》,載《中國中古史研究:中國中古史青年學者聯誼會會刊》第 1 卷,北京:中華書局,2011 年,第 8 頁。
② 任偉:《西周金文與文獻中的"邦君"及相關問題》,《中原文物》1999 年第 4 期,第 56 頁。
③ 《漢語大詞典》第 11 册,上海辭書出版社,1986—1994 年,第 269 頁。
④ 朱鳳瀚:《關於西周封國君主稱謂的幾點認識》,《兩周封國論衡——陝西韓城出土芮國文物暨周代封國考古學研究國際學術研討會論文集》。
⑤ 《春秋左傳正義》卷五,第 1744 頁。

過,《說文·敘》中"太岳佐夏,呂叔作藩,俾侯于許"[①],"男"與"侯"有密切關係。關於許國的地望,其故城在今河南許昌城東,離應國故地(今河南平頂山市)不遠,可見許國也位於邊域地區。由此可見,西周時期的"諸侯",僅指王朝邊域地區的一些稱"侯"、"男"的封君。本書所謂"諸侯",也限指在邊域地區的封君。

王朝的王畿外、邊域內,有不少不稱"侯"的封君,如"柞伯"、"呂伯"等,目前尚無合適的概念來專門指稱他們。過去或稱之爲"畿內諸侯",但嚴格來看,畿內沒有"侯",而且這個地區並不屬於王畿,因此不能用"畿內諸侯"來指稱他們。但是他們的性質與畿內貴族不同,與諸侯也不同,因此需要專門指稱他們的合適的概念。爲了便於研究,本書暫稱他們作"畿外封君"。

(五) 重層性私屬關係

沈在勳先生曾在《金文所見西周軍事力構成與王權》一文中專門討論西周時期王朝如何運作其領導體制的問題,並提出了"重層性私屬關係"的概念。其大意是,畿內"有力者"(本書稱"畿內貴族")和諸侯國擁有私兵,諸侯國的大臣、"有力者"的家臣也可能擁有自己的私兵;其大臣、家臣跟諸侯的關係是主從關係,這是一種私屬關係;"有力者"和諸侯,有時候聽從周天子的統率或者調動而進行軍事行動,他們之間的關係也是主從關係,也可以説是一種私屬關係;周王並未具備絶對優勢的常備軍,但周王通過有效地運用其私屬關係,可以構建很強的軍事力量。這種關係他稱作"重層性私屬關係"。總之,他認爲周王尚未擁有强力的常備軍和很强的直接軍事力量,必須有效地控制其"重層性私屬關係",才能夠構建整個王朝的軍事力量並維持下去[②]。

---

① (漢) 許慎撰:《説文解字》第十五《叙》,北京:中華書局,1963 年,第 319 頁。
② 〔韓〕沈載勳:《金文에나타난 西周軍事力構成과 王權(金文所見西周軍事力構成與王權)》,(韓國)《中國史研究》第 41 輯。

第一章 西周戰事銅器銘文的
文本分析

　　每種史料都有作者及其著述目的，銅器銘文也是如此。根據作器者、其敍述觀點、撰寫目的上的各自差異，自然而然，其撰寫的内容上也有所出入。銅器銘文具有片段性、個人特徵，因此，使用銅器銘文時，需要事先對所用銅器銘文進行文本分析，這也是研究西周軍事領導機制的基礎。

第一節　西周戰事銅器銘文之分類

　　涉及西周戰事的銅器銘文有 70 餘件，其中有直接講述戰爭的銘文，也有間接言及戰事的銘文。對於研究西周軍事而言，表面上屬於前者的銘文具有很高的史料價值，相對來説，屬於後者的史料價值較爲低一些。但是，換個角度看，似乎與戰事没有關係的一些銘文，通過與其他銘文之間關係的分析，可以發現也反映了戰爭的一些相關情況。因此，筆者認爲間接反映戰事的銘文，同樣具有參考價值。本節把本書所用的戰事銘文分爲直接講戰事的銅器銘文、間接講戰事的銅器銘文，通過系統性分析，表明筆者對各種戰事銘文的看法，這在研究軍事領導機制方面具有重要意義。

一、直接性戰爭銅器銘文

　　本小節要分析直接講戰事的銅器銘文。歸納於此類的戰爭銅器銘文需具備兩個條件：一、直接講述戰爭内容；二、作器者參戰。

　　第一，作器者直接接受軍事命令而參戰之例（表 1-1）。

表 1-1　作器者直接接受軍事命令而參戰之例

時期	銘　文	著　錄	主要內容	作器者	命令關係
西周早期	太保簋	《集成》4140	王伐彔子聖	大保	王→太保
	𣄰鼎	《集成》2740	王伐東夷	𣄰	祭公→𣄰
	小盂鼎	《集成》2839	盂伐鬼方	盂	王→盂
西周中期	敔方鼎	《集成》2824	敔伐淮戎	敔	王→敔
	班簋	《集成》4341	毛公東征	班	王→班
	史密簋	《近出》489	師俗、史密却退南夷	史密	王→史密
	𣆓鼎	《近出》352	晉侯命𣆓追于俪	𣆓	晉侯→𣆓
西周晚期	五年師旋簋	《集成》4216	王命師旋追于齊	師旋	王→師旋
	應侯視工鼎	《近二》323	應侯視工伐南夷毛	應侯視工	王→應侯視工
	應侯視工簋	《銘圖》5311	應侯視工伐南夷毛	應侯視工	王→應侯視工
	禹鼎	《集成》2833	禹獲擒噩侯馭方	禹	武公→禹
	敌簋	《集成》4323	敌却退南淮夷	敌	王→敌
	柞伯鼎	《近二》327	柞伯圍攻昏邑	柞伯	虢仲→柞伯
	晉侯穌鐘	《近出》35-50	王巡東國、南國	晉侯穌	王→晉侯穌
	師寰簋	《集成》4313	師寰征伐淮夷	師寰	王→師寰
	多友鼎	《集成》2835	多友却退玁狁	多友	武公→多友
	不𡢳簋蓋	《集成》4329	不𡢳却退玁狁	不𡢳	伯氏→不𡢳
	卌二年逨鼎	《近二》328	楊侯却退玁狁	逨	王→逨

　　以上例子皆屬於作器者直接接受軍事命令而參戰之例。大部分是用作器者的話來描述自己的參戰。其中一個特別的例子,即小盂鼎銘文,其銘曰:"盂吕(以)多旂佩,畎(鬼)方子□□入三門,告曰:王令盂吕(以)□□伐畎(鬼)方,……盂或(又)告曰:□□□□,乎蔑我征。"盂在獻俘禮時用向周王報告的語氣來敘述戰爭的始末。敔方鼎銘文、禹鼎銘文都以"敔曰"、"禹曰"等"作器者+曰"的形式來闡述自己的戰爭經歷。此外,也有用別人的話來敘述作器者參戰過程的例子,如不𡢳簋蓋銘文以"伯氏曰"的形式來記述作器者參戰而立

功的内容,再如卅二年逨鼎銘文借周王之命辭來敘述作器者逨的戰功。雖然卅二年逨鼎並非純粹的戰爭銘文,但記載了作器者的軍功,也可以算是直接性戰爭銘文。

第二,以作器者"從"某人之形式來闡述作器者參戰之例(表1-2)。

表1-2　作器者"從"某人之形式表示作器者參戰之例

時期	銘文	著録	主　要　内　容	作器者	隨從關係
西周早期	員卣	《集成》5387	鼎(員)從史旗伐會(鄶),鼎(員)先内(人)邑,(員)鼎孚(俘)金,用乍(作)旅彝。	員	員從史旗
	諆鼎	《集成》2615	䧹(鴻)弔(叔)從王南征,唯歸(歸),唯八月才(在)䣄亞,諆乍(作)寶鬲鼎。	諆	鴻叔從王
	諆簋	《集成》3950	唯九月,䧹(鴻)弔(叔)從王鼎(員)征楚刱(荊),才(在)成周,諆乍(作)寶𣪘(簋)。	諆	鴻叔從王
	啓尊	《集成》5983	啓從王南征,遝(珊)山谷,在洀水上,啓乍(作)且(祖)丁旅寶彝,🔲(戉)笽(箙)。	啓	啓從王
	過伯簋	《集成》3907	過白(伯)從王伐反刱(荊),孚(俘)金,用乍(作)宗室寶隓(尊)彝。	過伯	過伯從王
	䵼簋	《集成》3732	䵼從王成(伐)刱(荊),孚(俘),用乍(作)䵼(饋)𣪘(簋)。	䵼	䵼從王成荆
	臤馭簋	《集成》3976	臤馭從王南征,伐楚刱(荊),又(有)得,用乍(作)父戊寶隓(尊)彝,🧍。	臤馭	臤馭從王
西周晚期	翏生盨	《集成》4459	王征南淮尸(夷),伐角、淪(津),伐桐、遹,翏生從,執噝(訊)折首,……	翏生	翏生從王
	伯𣄰父簋	《銘圖》5276	隹(唯)王九月初吉庚午,王出自成周,南征伐叟獎(孳)、囗桐滴(遹)。白(伯)𣄰父從王伐,窥(親)執噝(訊)十夫,戝(馘)廿,得孚(俘)金五十匀(鈞),用乍(作)寶𣪘(簋),剔(揚)。……	伯𣄰父	伯𣄰父從王

續　表

時期	銘文	著録	主 要 内 容	作器者	隨從關係
西周晚期	仲催父鼎	《集成》2734	唯王五月初吉丁亥,噂白(伯)邊塞(及)中(仲)催(催)父伐南淮尸(夷),孚(俘)金,用乍(作)寶鼎,戉(其)萬年子子孫孫永寶用。	噂伯邊	噂伯邊及仲催父(噂伯邊從仲催父)
	虢仲盨蓋	《集成》4435	虢中(仲)吕(以)王南征,伐南淮尸(夷),才(在)成周,乍(作)旅盨,丝(兹)盨友(有)十又二。	虢仲	虢仲與王(虢仲從王)
	師同鼎	《集成》2779	羍畀其井,師同從,折首執嚻(訊),孚(捋)車馬五乘,大車廿,羊百卅(挈),用徝(造)王羞于甸,孚(捋)戎金胄卅、戎鼎廿、鋪五十、鐱(劍)廿,用鎝(鑄)丝(兹)障(尊)鼎,子子孫孫,其永寶用。	師同	師同從(王?)
	兮甲盤	《集成》10174	隹(唯)五年三月既死霸庚寅,王初各(格)伐嚴(玁)狁(狁)于𫾋盧,兮田(甲)從王,折首執嚻(訊),休亡敃(愍),王易(賜)兮田(甲)馬三(四)匹、駒車,……	兮甲	兮甲從王

　　屬於這類的銘文,作器者(A)"從"上級將領或王(B)參戰,以"A'從'B"的形式來記述。銅器銘文中也可見特殊的例子,如虢仲盨蓋銘文與所謂"仲催父鼎"銘文。

　　先看虢仲盨蓋,其銘曰:"虢中(仲)吕(以)王南征,伐南淮尸(夷)。""以",學者多釋爲"與",《詩經·召南·江有汜》"不我以"[1],鄭箋:"以,猶與也。"《儀禮·鄉射禮》"主人以賓揖先入",鄭玄注:"以,猶與也。"[2]也可作證。"虢仲以王南征",即虢仲陪同周王南征的意思。

　　接着我們看下所謂"仲催父鼎",學界一般認爲其作器者爲"仲催父",不過筆者認爲尚有討論的餘地。"噂伯邊及仲催父伐南淮夷"之"噂伯邊",一般釋

---

① 《毛詩正義》卷一之五,第292頁。
② 《儀禮注疏》卷一一,第994頁。

爲"周伯邊"。陳絜先生曾指出此字不像"周"字,而像甲骨文中所見釋爲"噂"的字,因此陳先生釋爲"噂"①。"及"可看作連詞,也可看作介詞。

"及"作爲連詞的可能性。《春秋》桓公二年曰"宋督弑其君與夷及其大夫孔父",《穀梁傳》曰:"其曰'及'何也?書尊及卑,《春秋》之義也。"②如此則噂伯邊的地位高於仲催父。但是我們要注意的是"噂伯邊"的名稱結構是"噂伯+邊",即"身份+名"的結構。西周戰爭銅器銘文中,作器者一般留下自己上司的名稱,少見留下自己下屬的名稱之例③。如此則作器者可能是"仲催父"。但"噂伯邊"屬"身份+名"之例,身爲下屬的"仲催父",自己稱字而對上司稱名,亦有不妥。因此筆者提出其他可能性。

"及"爲介詞的可能性。春秋時期的子犯編鐘(《近出》10—17)銘文有"子犯及晉公率西之六師……"之語。"子犯",即晉卿狐偃之字,晉文公的舅舅,因此又稱爲"舅犯"④;"晉公",應指晉文公重耳。如果將此句中的"及"看作連詞,則與"書尊及卑"的春秋筆法互相矛盾,因爲子犯顯然乃晉公之臣。那麽這裏的"及"應該看作介詞,即"跟"、"從"之意。"子犯及晉公率西之六師",應解釋爲"子犯從晉公率領西之六師",文理清楚。據此再看所謂"仲催父鼎"銘文,"噂伯邊及仲催父伐南淮夷"應解釋爲"噂伯邊從仲催父征伐南淮夷",主語爲噂伯邊,即"及仲催父"、"俘金"、"用作寶鼎"的主體均爲"噂伯邊"。因此這篇銘文的作器者應該是"噂伯邊"⑤,他在師旅中的地位比"仲催父"低一些⑥。

　　第三,看一下銘文中未提"命令"、"隨從"關係而直接講作器者的軍事活動之例(表1-3)。

---

① 陳絜:《"中催父鼎"補釋及其相關歷史問題》,《古文字研究》第 28 輯,北京:中華書局,2010 年,第 214 頁。
② 《春秋穀梁傳注疏》,第 2372 頁。
③ 史密簋(《近出》489)、師袁簋銘文(《集成》4313)中出現齊師、萊伯等被王臣所帥的軍事力量。此外還有班簋銘文(《集成》4341)中被毛公所領的吕伯、吴伯等。
④ 《大學》:"舅犯曰:'亡人無以爲寶,仁親以爲寶。'"鄭注:"舅犯,晉文公之舅狐偃也。亡人,謂文公也,時辟驪姬之讒,亡在翟。"(《禮記正義》,第 1675 頁)
⑤ 陳絜:《"中催父鼎"補釋及其相關歷史問題》,《古文字研究》第 28 輯,第 215—216 頁。
⑥ 據此看來,此器應該命名爲"噂伯邊鼎",不過學術界一般將它稱作"仲催父鼎",因此本書也沿用這個稱法。

表 1‐3 作器者直接講述戰爭並自己參戰之例

時期	銘文	著 錄	主 要 內 容	作器者
西周早期	魯侯尊	《集成》4029	唯王令(命)朙(明)公遣(遣)三族伐東或(國),才(在)𧽊,魯医(侯)又(有)囷(繇)工(功),用乍(作)耸(旅)彝。	魯侯?
	吕壺	《集成》9689	唯三(四)月白(伯)懋父北征。唯還,吕行葳(捷),孚(捊)兕,……	吕
	京師畯尊	《銘圖》11784	王涉漢伐楚,王又(有)⬚工(功),京𠂤(師)畍(畯)克斤工(功)……	王
西周中期	戜簋	《集成》4322	隹(唯)六月初吉乙酉,才(在)𦼬(堂)𠂤(師),戎伐馭,戜逆(率)有嗣(司)、師氏僑(奔)追卸戎于臧(棫)林,博(搏)戎馘。……	戜
	霸伯盤	《2010 中國重要考古發現》第71頁	隹(唯)正月既死霸丙午,戎捷(?)于霸,白(伯)搏戎,執訊,白(伯)對揚,用乍(作)白(伯)姬寶盤,孫=(孫孫)子=(子子)其萬年永寶用。	霸伯
	䈤簋	《近二》424	隹(唯)十月初吉壬申,馭戎大出于楷(楷),䈤博(搏)戎,執𫘤(訊)隻(獲)馘(馘)。楷(楷)医(侯)埶(釐)䈤馬三(四)匹、臣一家、貝五朋。䈤𩁹(揚)医(侯)休,用乍(作)楷(楷)中(仲)好寶。	䈤
西周晚期	㝬鐘	《集成》260	王肇遹眚(省)文武堇(勤)彊(疆)土,南或(國)𠬝孳(孳)敢臽(陷)處我土,王辈(敦)伐其(其)至,戜(扑)伐氒(厥)都,𠬝孳(孳)廼(乃)遣閒来逆卲(昭)王,南尸(夷)東尸(夷)昇(俱)見,廿又六邦,……	㝬
	晉侯銅人	《近二》968	隹(唯)五月,潍(淮)尸(夷)伐格,晉医(侯)搏(搏)戎,隻(獲)氒(厥)君冢師,医(侯)号(揚)王于絲(茲)。	晉侯
	虢季子白盤	《集成》10173	隹(唯)十又二年正月初吉丁亥,虢季子白乍(作)寶盤,不(丕)顯子白,甹(壯)武于戎工(功),經緟(維)三(四)方,搏(搏)伐玁(玁)狁(狁)于洛之陽,折首五百,執𫘤(訊)五十,是吕(以)先行,桓桓(桓桓)子白,獻馘(馘)于王,……	虢季子白

　　先看魯侯尊銘文,"魯矦(侯)又(有)田(縣)工(功)","田(縣)工(功)"與京師晙尊銘文的"⿱大⿰工(功)"、"斤工(功)"相類,李學勤先生認爲這是"地名+功"之用法,應對照《左傳》莊公三十一年"有四夷之功"、成公六年"鞌之功",都是針對克敵有功而言,即"田(縣)工(功)"、"⿱大⿰工(功)"、"斤工(功)",指在"田(縣)"、"⿱大⿰"、"斤"地所立的戰功。此外,或簋、霸伯盤、薈簋、晉侯銅人、虢季子白盤等銘文記載了他們出兵擊退淮夷、玁狁等外敵;吕壺銘文,"伯懋父北征,唯還,吕行捷",作器者"吕"隨伯懋父從軍,立了戰功。至於默鐘,該器爲王室所鑄之器,銘文中記載周王親征"南國⿰及孳"之史事,這是目前所見唯一的王室所作的戰爭銅器銘文,具有很高的價値。

　　最後,有些銘文雖講戰爭,但作器者並没有明確表示自己參戰與否,只能通過銘文內容肯定作器者參戰的史實(表1-4)。

表1-4　作器者未直接提示自己參戰之例

時期	銘文	著錄	主要內容	作器者
西周早期	犅刧尊	《集成》5977	王征埶(蓋),易(賜)犅刧貝朋,……	犅刧
	小臣單觶	《集成》6512	王後阪克商,才(在)成自(師),周(周)公易(賜)小臣單貝十朋,……	小臣單
	塱方鼎	《集成》2739	隹(唯)周公征玨(于)伐東尸(夷),豐白(伯)、専(薄)古(姑)咸戈,公歸(歸)禦玨(于)周廟,戊辰,酓(飲)秝(秦)酓(飲),公賞塱貝百朋,……	塱
	臣諫鼎	《集成》4237	隹(唯)戎大出于軧,井(邢)矦(侯)厚(搏)戎,征(誕)令臣諫□□亞旅處于軧,仦(從?)王□□,諫曰:捧(拜)手頴(稽)首,臣諫□亡,母弟引章(庸)又(有)皇(㤀),子□余夶(朕)皇辟矦(侯),……	臣諫
	小臣謎簋	《集成》4238	叡東尸(夷)大反,白(伯)懋父曰(以)殷八自(師)征東尸(夷),唯十又二月,遣(遣)自鋚自(師),述東陕,伐海眉(湄),雩(雩)厥復(復)歸(歸)才(在)牧自(師),白(伯)懋父承王令(命)易(賜)自(師)逑(率)征自五齵貝,小臣謎蔑曆(歷),眔易(賜)貝,……	小臣謎

續　表

時期	銘文	著　錄	主　要　內　容	作器者
西周中期	無異簋蓋	《集成》4227	隹(唯)十又三年正月初吉壬寅,王征南尸(夷),王易(賜)無異馬三(四)匹。……	無異

犅刧尊、小臣單、塱方鼎、小臣謎簋、無異簋蓋等銘文,均先記戰爭,後載王對作器者的賞賜。雖然在戰爭部分中沒有明確表示作器者參戰與否,但從賞賜記載推測,作器者參戰的可能性較大。如塱方鼎銘文,先具體記載戰爭的始末,然後記載凱旋後舉行"飲至"禮的情況("飲至"是戰勝歸來後舉行的飲酒之禮①),然後"公"(疑爲周公)舉行對作器者塱的賞賜典禮。筆者認爲這應該是對其戰功的賞賜。

臣諫鼎銘文,記載戎出沒在軧地,邢侯却退他們後,命臣諫戍守軧地。作器者臣諫在記載却退戎的戰役之時,沒有明確表示自己參戰與否,但緊接着記載邢侯對自己的戍守軧地之命,從此可以肯定臣諫參戰。

總而言之,如上所舉的銅器銘文,皆直接記載戰爭,作器者也參戰之例,可看作直接性戰爭銅器銘文,其史料價值相當高,本書也主要利用這些資料討論問題。

二、間接性戰爭銅器銘文

屬於此類的戰爭銅器銘文,有各種各樣的類型。有些銘文在大事紀年中提及戰事;有些銘文並未講述戰爭,不過通過與其他銘文的聯繫,能確定作器者參戰的史實;有些銘文講述了戰爭,但作器者却並未參戰。本小節從大事紀年中提及戰爭之例開始,梳理間接性戰爭銅器銘文,並提出其史料價值。

第一,大事紀年中提及戰爭之例(表1-5):

載甗、中方鼎銘文皆記載南宫受命征伐虎方之史事,所謂"肇賈簋"銘文中記載"巢"人入侵,周王命東宫率領六師却退他們之事。這都是作器者在大事紀年中提及戰事,但自己却未參戰之例。與此相反,還有作器者在大事紀年中言及自己參戰的例子。叙尊銘文主要記載作器者從仲競父接受賞賜之內容,

---

① 《春秋左氏傳正義》,第1743頁,桓公二年:"凡公行,告於宗廟。反行飲至,舍爵策勳焉,禮也。"

表 1 – 5　西周銅器銘文中以大事紀年而提及戰爭之例

時期	銘文	著　錄	相　關　內　容	作器者	作器者參戰與否	相關史事
西周早期	旅鼎	《集成》2728	隹(唯)公大(太)俸(保)來伐反尸(夷)年,才(在)十又一月庚申,公才(在)盩白(師),公易(賜)旅貝十朋。……	旅	是	東夷反周
	保員簋	《近出》484	隹(唯)王既炎(燎),犀(厥)伐東尸(夷)。才(在)十又一月,公反(返)自周。己卯,公才(在)虞,保鼏(員)遘,儴公易(賜)保鼏(員)金車,……	保員	?	東夷反周
	載甗	《近二》126	隹(唯)十又一月王令南宮伐虎方之年……	載	否	昭王南征
	中方鼎	《集成》2751	隹(唯)王令南宮伐反虎方之年,王令𢎚(中)先眚(省)南或(國)叀(貫)行,瓡(藝)王応。……	中	否	昭王南征
西周中期	㝬尊	《集成》6008	隹(唯)十又三月既生霸丁卯,㝬從師雝(雍)父戍于胡(古)自(師)之年,㝬蔑(蔑)曆,中(仲)𡠗(競)父易(賜)赤金,㝬撲(拜)頶(稽)首,對䵼(揚)𡠗(競)父休,用乍(作)父乙寶肇(旅)彝,彶(其)子子孫孫永用。	㝬	是	戍守古自
西周晚期	肇貫簋	《集成》4047	□肇貴(賈),眔子鼓冔盨(鑄)旅盨(簋),隹(唯)巢來伐(㣈),王令(命)東宮追吕(以)六自(師)之年。	肇貫	否	東宮追巢

但在紀年中説"㝬從師雝(雍)父戍于胡(古)自(師)之年",記載了自己曾從師雍父戍守古師的史實。

此外,有些銘文在大事紀年中没有留下自己參戰的記録,但據其前後脈絡可以推測作器者參與戰役之事。如旅鼎銘文,其紀年曰"唯公太保來伐反夷年”，然後說“公才（在）鳌自（師），公易（賜）旅貝十朋”。“公太保”疑爲“公”，“鳌師”是一個軍事功能區①，在此舉行對旅的賞賜，很可能是對戰功的賞賜，因此不排除作器者“旅”從公太保參戰的可能性。

保員簋銘文也屬於大事紀年中提及戰爭之例。王舉行“燎”祭後，征伐東夷。此年十一月，“公”從周回來的路上，在“虖”地保員“邋”。“邋”，筆者認爲應與“麗”通。“麗”，《易·離》“彖”曰：“離，麗也。日月麗乎天，百穀草木麗乎土。”王弼注：“麗，猶著也，各得所著之宜。”②這裏的“著”應該爲附着之義，“在虖，保員邋”，很可能保員在“虖”地迎接“公”的意思。然後儵公以此賜給保員金車。如此，“保員”參戰的可能性不大，但“儵公”參戰的可能性不能完全排除。

第二，如上所舉“大事紀年”提及的戰爭中，有些戰爭還載於其他戰爭銅器銘文中。其中與“昭王南征”、“戍守古師”有關的內容，還可以從間接性戰爭銅器銘文中見到。

其一，我們整理一下與“昭王南征”有關的間接性戰爭銅器銘文。上文所舉中方鼎銘文（《集成 2751》）曰：“王令串（中）先眚（省）南或（國）橐（貫）行，執（藝）王应。”周王命“中”先巡視通往南國的交通路線，並安排周王的行宮。與此相關的內容，可從作器者“中”所作的其他銅器銘文中尋得（參表 1-6）。

表 1-6　“中”所撰的有關銅器銘文

銘文	著錄	相　關　內　容	作器者	備考
中甗	《集成》949	王令（命）串（中）先眚（省）南或（國）橐（貫）行，執（藝）应。杜（在）伯（曾），史兒至，吕（以）王令（命）曰：余令（命）女（汝）史（使）小大邦，芈（厥）又（有）舍（捨）女（汝）芻量（量），至于（于）女虔，小多□，串（中）眚（省）自方、鄧（鄧），舟（造）□邦，杜（在）噩（鄂）自（師）餗（次），白（伯）買父廼吕（以）芈（厥）人戍漢、中（中）、州，曰叚、曰旆，芈（厥）人鬲廿夫，芈（厥）寅（賈）咨言，曰寅（賈）□貝，曰傳□王[皇]休，肆肩（肩）又（有）羞，余□戟（捍），用乍（作）父乙寶彝。	中	與中方鼎（2851）、靜方鼎銘文有關。

① 于凱：《西周金文中的“自”和西周的軍事功能區》，《史學集刊》2004 年第 3 期。
② 《周易正義》卷三，第 43 頁。

續　表

銘文	著録	相　關　内　容	作器者	備考
中觶	《集成》6514	王大眚(省)公族于庚,屖(振)旅,王易(賜)串(中)馬,自隝厌(侯)三(四)鵦,南宫兄(貺),王曰:用先,……	中	
中方鼎	《集成》2785	隹(唯)十又三月庚寅,王才(在)寒訦(次),王令大(太)史兄(貺)福土,王曰:串(中),丝(兹)福人由史(事),易(賜)于骮(武)王乍(作)臣,今兄(貺)奐(畀)女(汝)福土,乍(作)乃采,……	中	曆日,與趞卣銘文相連。

　　中甗銘文曰:"王令(命)串(中)先眚(省)南或(國)鼻(貫)行,埶(藝)应。"這不僅與中方鼎(《集成》2751)相通,還與靜方鼎銘文(《近出》357)相通。靜方鼎銘文曰:"隹(唯)七月甲子,王才(在)宗周,令師串(中)眔(暨)靜省南或(國)相,埶应。"由此可知,這次中的使行是與靜一起進行的。只看這三篇銘文,看不出周王爲什麼讓他們巡視通往南國的交通路線,爲什麼安排行宮。這個問題可以從中觶、中方鼎(《集成》2785)銘文中找到蛛絲馬跡。

　　中觶銘文講周王在庚(唐)視察公族之事,中方鼎銘文(《集成》2785)載某年十三月庚寅日,在寒次舉行周王對中的賜土典禮。據學者研究,"庚"即"唐",今湖北隨州西北唐縣鎮一帶①。中方鼎銘文所見的曆日"十三月庚寅"與趞卣銘文(《集成》5402)所見的"十三月辛卯"相連,趞卣銘文曰:"隹(唯)十又三月辛卯,王才(在)庠,易(錫)趞(遣)采曰趄,易(賜)貝五朋,……"銘文記載某年十三月辛卯日,在"庠"周王舉行給遣賜采邑的典禮。"辛卯",即"庚寅"的翌日,而且中方鼎銘文所見"寒次"疑即"庠","庠"從"干"聲,上古音"干"與"寒"的韻母皆屬於元部,可通②。在西周銅器銘文中,周王在"庠"活動的記載不少。其中,筆者注意到與趞卣銘有關的銘文如下:

　　隹(唯)五月,王才(在)庠,戊覎(子),令(命)乍(作)册折兄(貺)望(望)土于相厌

<hr/>

① 李學勤:《盤龍城與商朝的南土》,收入《新出青銅器研究》,北京:文物出版社,1990年,第15頁(原載《文物》1976年第2期,李先生以筆名"江鴻"發表)。
② 李裕杓:《新出銅器銘文所見昭王南征》,收入朱鳳瀚主編:《新出金文與西周歷史》,上海古籍出版社,2011年,第282頁。

（侯），易（錫）金，易（錫）臣，覭（揚）王休，佳（唯）王十又（有）九祀，用乍（作）父乙隣
（尊），钍（其）永寶。木羊册。

（折尊，《集成》6002）

佳（唯）十又九年，王才（在）庠，王姜令乍（作）册矍安尸（夷）白（伯），尸（夷）白
（伯）賓矍貝、布，覭（揚）王姜休，用乍（作）文考癸寶隣（尊）器。

（作册矍卣，《集成》5407）

作册折從周王在庠地，參與給相侯的賜土典禮。至於作册矍卣，雖然在銘
文中提及周王在庠的情況，但作器者自己却不在此地，而是接受王姜之命，進
行安撫尸（夷）伯的活動。

“庠”應該在静方鼎銘文所見的“南國相”，就是中與静爲周王安排行宫之地。
而且，折尊銘文中有“相侯”，也可旁證這一點。在昭王十九年五月，周王在“庠”，
在某年十三月，也在此地（趞卣銘文）。從此可見，昭王長期在此地活動，而且《竹
書紀年》有昭王十九年南征的記載：“周昭王十九年，天大曀，雉兔皆震，喪六師于
漢。”[1]據此可知，在“庠”地的種種記載，應該是昭王南征中的活動[2]。

總之，這些銘文雖然没有直接提出戰事，但通過與其他銘文、傳世文獻的
對照，可以看出與昭王南征有關。

其二，上文所舉的臤尊銘文（《集成》6008）的紀年曰：“佳（唯）十又三月既
生霸丁卯，臤從師雍（雍）父戍于葫（古）自（師）之年。”在其他銅器銘文中也可
以找到與此相關的銘文（表1－7）。

表1－7　與“戍守古師”有關的銅器銘文

銘文	著録	相　關　内　容	作器者
彔卣	《集成》5420	王令彔曰：戲淮尸（夷）叔（敢）伐内國，女（汝）钍（其）吕（以）成周師氏戍于葫（古）自（師），白（伯）雍（雍）父蔑彔歷，易（錫）貝十朋，彔撵（拜）頴（稽）首，對覭（揚）白（伯）休，……	彔

---

[1]　方詩銘、王修齡撰：《古本竹書紀年輯證》（修訂本），第45—46頁。

[2]　參見李學勤《静方鼎與周昭王曆日》，收入《夏商周年代學札記》，瀋陽：遼寧大學出版社，1999年，第351—355頁；又《静方鼎補釋》，《夏商周年代學札記》，第356—357頁。彭裕商：《西周青銅器年代綜合研究》，成都：巴蜀書社，2004年，第255—273頁。孫慶偉：《從新出戲甗看昭王南征與晉侯燮父》，《文物》2007年第1期，第64—68頁；李裕杓：《新出銅器銘文所見昭王南征》，《新出金文與西周歷史》，第278—282頁。

銘文	著録	相　關　内　容	作器者
稽卣	《集成》5411	稽從師淮（雍）父戍于古自（師），蔑曆，易（賜）貝卅孚（鋝），……	稽
遇甗	《集成》948	佳（唯）六月既死霸（霸）丙寅，師雝（雍）父戍才（在）古自（師），遇從師雝（雍）父肩（肩）史（事）遇事（使）于㒵（胡）厌（侯），……	遇
甗鼎	《集成》2721	佳（唯）十又一月，師雝（雍）父戠（省）叫（道）至于㒵（胡），甗從，其父蔑甗曆（曆），……	甗
彔簋	《集成》4122	伯雝（雝）父來自㒵，蔑彔曆（曆），易（賜）赤金，對剔（揚）白（伯）休，……	彔

　　其中最關鍵的是彔卣銘文。此器的斷代，學界普遍認爲在穆王時期。銘文曰："戲淮尸（夷）叡（敢）伐内國，女（汝）圤（其）邑（以）成周師氏戍于辪（古）自（師）。"淮夷侵犯國内，周王命戲率領成周師氏戍守古師。周王派戲的目的，不僅是戍守古師，而且要應對淮夷的入侵，通過戰鬥却退他們。銘文中雖然不見直接性的戰鬥記録，但可以看出與戰事有關，因此筆者將彔卣及與"戍守古師"有關的銅器銘文，皆歸於間接性戰爭銅器銘文。

　　基於這個層面，競卣銘文也值得一提：

　　　佳（唯）白（伯）屖父邑（以）成自（師）即東，命戍南尸（夷），正月既生霸辛丑，才（在）坏（坏），白（伯）屖父皇競（競）各（格）于宫，競（競）蔑曆（曆），賞競（競）章（璋），對剔（揚）白（伯）休，用乍（作）父乙寶障（尊）彝，子孫永寶。

　　伯屖父爲了"成南夷"，帶領"成師"到王朝東部地區。在"坏"，伯屖父蔑曆"競"，並舉行對"競"的賞賜典禮。這篇銘文中也未見直接性戰鬥記録，但也可看作伯屖父爲了防禦並却退南夷而就任的間接性戰爭銅器銘文。此外，在"坏"舉行對"競"的蔑曆、賞賜，不能排除競從伯屖父參戰的可能性。

　　其三，看一下其他的例子（表1-8）。

　　沬司土逘簋銘文記載了周王征伐商邑，並册封康侯於衛的内容。因此，筆者認爲康侯從周王參戰的可能性較大。不過，作器者沬司土逘是否參戰則不能完全肯定，存疑待考。禽簋銘文記載周王征伐蓋侯（奄侯）之時，由周公策

表 1-8 其他間接性戰爭銅器銘文

時期	銘文	著錄	相關內容	作器者	作器者參戰與否
西周早期	禽簋	《集成》4041	王伐禁（葢）厃（侯），周公某（謀），禽祝，禽又（有）啟（振）祝，……	禽	是
西周早期	湄司土遂簋	《集成》4059	王束伐商邑，征（誕）令康厃（侯）圖（鄙）㽙（于）衛，湄（沫）嗣（司）土遂眔圖（鄙），……	湄司土遂	存疑
西周中期	孟簋	《集成》4163	孟曰：朕（朕）玟（文）考眔（暨）毛公、趙（遣）中（仲）征無需，毛公易（賜）朕（朕）玟（文）考臣自乒（厥）工，……	孟	否

略、由禽主辦"祝"禮。由史密簋、折尊銘文可見，史官之參戰，當時史祝不分[1]，"禽"從軍的可能性也很大。至於孟簋，是兒子爲紀念父親之戰功而作的銅器，作器者"孟"應該沒有參戰。

　　總而言之，與戰爭有關的銅器銘文中有直接講述戰爭且作器者也表明自己參戰之例，這有相當高的參考價值。有的銘文記載戰爭，不過作器者卻沒有參戰；有的銘文未記戰爭，但與其他銘文聯繫起來分析，可知其與戰爭有關，這些銘文對本書研究同樣具有重要的參考價值，因此將這些銘文皆歸於間接性戰爭銅器銘文。

第二節　記載戰事之器銘中的參戰人物

　　西周銅器銘文以作器者爲中心，記載着諸人物之間的關係。這些人物關係，從作器者對其他人物的稱謂中可以見到。筆者認爲，探求西周銅器銘文中作器者的主觀意圖，應該站在作器者的立場上分析這些人物之間的關係。因此，本節擬以作器者爲中心考察作器者與其他參戰人物之間的關係。

---

[1]　李玄伯：《中國古代社會新研》，上海：開明書店，1948 年，第 61—65 頁。

一、作器者與參戰人物的關係

同一銅器銘文中出現的幾個人物之間的關係,直接聯繫到這些人物之間的上下級關係,即跟軍事上下級關係有密切相關。這些人物當中最爲關鍵的應該是作器者,因此本節擬以作器者爲中心,考察一下各人物之間的關係。筆者希望通過這個工作,探求當時作器者對其他人物的態度和記述特徵,進而管窺與軍事領導機制有關的一些信息。

第一,銅器銘文的作器者一般稱自己之名或者用"身份＋名"的形式,不過也有作器者沒有稱名之例(表1-9)。

表1-9　西周戰爭銅器銘文的作器者未稱名之例

	時期	銘文	著錄	作器者	主　要　內　容
(1)	早期	魯侯尊	《集成》4029	魯侯	唯王令(命)眀(明)公遣(遣)三族伐東或(國),才(在)邁,魯庆(侯)又(有)囙(緐)工(功),用乍(作)肇(旅)彝。
(2)	早期	太保簋	《集成》4140	大保	王伐录子耴(聖),戲厼(厥)反(叛),王降征令於(于)大(太)保,大(太)保克芍(敬)亡曾(譴),王衕大(太)保,易(賜)休余土,用丝(兹)彝對令。
(3)	早期	過伯簋	《集成》3907	過伯	迪(過)白(伯)從王伐反胁(荆),孚(俘)金,用乍(作)宗室寶隁(尊)彝。
(4)	晚期	虢仲盨蓋	《集成》4435	虢仲	虢中(仲)弖(以)王南征,伐南淮尸(夷),才(在)成周,乍(作)旅盨,丝(兹)盨友(有)十又二。
(5)	晚期	伯㠱父簋	《銘圖》5276	伯㠱父	隹(唯)王九月初吉庚午,王出自成周,南征伐反繇(孳)、□桐潏(遹)。白(伯)㠱父從王伐,窺(親)執嘼(訊)十夫、馘(馘)廿,得孚(俘)金五十匀(鈞),用乍(作)寶殷(簋),䂞(揚)。用享(享)于文且(祖)考,用易(賜)萬年辠(眉)壽,钮(其)徧(萬)年子子孫孫永寶用享(享)。

續　表

	時期	銘文	著　錄	作器者	主　要　内　容
(6)	中期	霸伯盤	《2010 中國重要考古發現》第 71 頁	霸伯	隹(唯)正月既死霸丙午，戎捷(?)于霸，白(伯)搏戎，執訊，白(伯)對揚，用乍(作)白(伯)姬寶盤，孫_(孫孫)子_(子子)其萬年永寶用。
(7)	晚期	晉侯銅人	《近二》968	晉侯	隹(唯)五月，濰(淮)尸(夷)伐格，晉庆(侯)尃(搏)戎，隻(獲)氒(厥)君屍師，庆(侯)号(揚)王于絲(兹)。

這些銘文中作器者都未稱自己的名。(1)—(5)是作器者在嘏辭中省去了自稱之例；(6)、(7)則是作器者在嘏辭中用職名作爲自稱之例。

從銅器的用途看，(1)、(4)爲"旅"器。旅彝的用途很廣泛①，兩件銅器銘文中都提到軍事，"唯王令(命)剛(明)公遣(遣)三族伐東或(國)，才(在)噩，魯庆(侯)又(有)囨(勳)工(功)"，"虢中(仲)吕(以)王南征，伐南淮尸(夷)"，從中可以推測這兩器也許是在軍旅所用；(2)是"用絲(兹)彝對令"，用途不清，也許是爲了應對太保之令而作的；(3)是"用乍(作)宗室寶隩(尊)彝"，在宗室使用。這四器有一個共同點——都不是爲祭祖所用，因此皆可不稱名。

值得注意的是霸伯盤。在嘏辭中"霸伯"以"伯"來表示作器者。這裏的"伯"爲"長"之義，即"伯"、"霸伯"是"霸國之君"的意思。目前所見的霸國銅器銘文中，尚未見在嘏辭中稱名之例。如尚盂(《銘圖》6229)銘文的開頭曰："隹(唯)三月，王史(使)白(伯)考蔑尚[圖](曆)，歸(饋)柔(茅)、芳(鬱)旁(芳)邑、臧(漿)，尚捧(拜)頴(稽)首。"可見他稱名爲"尚"，不過在嘏辭中"霸白(伯)捧(拜)頴(稽)首，對剴(揚)王休，用乍(作)寶盂，孫孫子子戎(其)邁(萬)年永寶"未稱名，而稱"霸伯"。這是否霸國器銘的特殊形態，待更多相關銅器銘文問世再考。

至於(7)，並非用於祭祖，而是爲俘獲夷族之長而做的一種紀念品，用"侯"

---

① 黃盛璋先生認爲旅彝是可以移動、挪用之器，既可用於内，也可用於外，既可用於宗廟祭祀，也可攜帶用於行旅與征伐。見黃盛璋：《釋旅彝》，《歷史地理與考古論叢》，濟南：齊魯書社，1982年。

來表示作器者也無妨。

　　第二,在銅器銘文中,作器者直稱他人之名,實屬罕見。《禮記‧檀弓上》曰
"幼名,冠字",孔穎達正義:"始生三月而加名,故云幼名也。冠字者人年二十有
爲人父之道,朋友等類不可復呼其名,故冠而加字。"①《儀禮‧士冠禮》曰:"冠而
字之,敬其名也。"②應該承認《禮記》、《儀禮》是晚出的禮書,然而通過梳理這些
銅器銘文中的稱呼,可以推知西周時期似也有如此的原則。雖然如此,西周戰爭
銅器銘文中還存在作器者稱他人之名的例子,有關銘文列表於下(表1-10)。

表1-10　西周戰爭銅器銘文的作器者稱他人名之例

時期	銘文	著録	作器者	第一類	第二類	第三類
早期	簷鼎	《集成》2740	簷		史旂	
	寋鼎	《集成》2731	寋	趞(遣)		
	員卣	《集成》5387	員		史旂	
	師旂鼎	《集成》2809	師旂			引、得、聂、古
	靜方鼎	《近出》357	靜		師中	
	中方鼎	《集成》2751	中	南宫		
	鞍甗	《近二》126	鞍	南宫		
中期	彔卣	《集成》5420	彔			戜
	班簋	《集成》4341	班	趞*		
	肇賈簋	《集成》4047	肇賈	東宫		

* 有所爭論,暫保留於此。

　　以上例子可分爲三類:第一類,稱他人"氏"之類。首先看寋鼎銘文:"王
令趞(遣)𢦏(捷)東反尸(夷),寋肇從趞(遣)征。"王命遣征伐東夷,寋從遣參
戰。遣的地位比寋還高。這裏的"遣"也可看作私名,不過西周時期有遣氏③,
如孟簋、永盂銘文(《集成》10322)等有"遣仲",遣叔鼎(《集成》2212)銘文中可

────────────

① 《禮記正義》,第1286頁。
② 《儀禮注疏》,第958頁。
③ 西周銅器銘文中可見"趞仲"(《集成》2755、10322、4162)、"趞叔"(《集成》8137)等名。

見"遣叔"等,可以證明西周時期遣氏的存在。因此本書將"遣"看作氏。至於班簋銘文"王……趞(遣)令曰以乃族從父征"的"遣",或看作動詞,意爲"發"[①],或認爲即孟簋銘文中的"遣仲",因此暫保留於此。

其他銘文中不難發現只稱氏不稱名的例子。如"南宮"、"東宮":"南宮",中方鼎銘文"王令南宮伐反虎方之年"中可見,此外"南宮"又見於載甗、中觶銘文(《集成》6514);"東宮",肇賈簋銘文"王令(命)東宮追吕(以)六𠂤(師)之年"中可見,此外也可見𤲬鼎銘文(《集成》2838)等。

第二類,稱他人"身份＋名"之類。𧨏鼎銘文和員卣銘文所見的"史旟"、靜方鼎銘文中的"師中"屬於其例。"史旟",在𧨏鼎銘文中的地位似與𧨏對等,不過在員卣銘文中的地位高於員;"師中"是與靜一同南巡之人,他做的中甗銘文中也講此事。靜方鼎銘文中"靜"言及"師中",而中甗銘文中"中"未提及"靜",也許師中的地位高於靜。

第三類,直接稱他人的名之類。師旂鼎銘文中可見直接提及他人私名的例子:"唯三月丁卯,師旂众僕(僕)不從王征于方𠮧(雷)。吏(使)乓(厥)友引吕(以)告于白(伯)懋父。在莽(芳),白(伯)懋父廼罰得、顨、古三百孚(鋝)。"師旂的一些私屬不從王征伐方雷之戰,其"友"名爲"引"的人告伯懋父,伯懋父判得、顨、古三人罰金三百鋝。這裏所提及的引、得、顨、占皆爲師旂的私屬,無須表示尊敬,故直稱其名。

彔卣銘文(《集成》5420)也有直稱他人之"名"的例子(圖1-1):

圖1-1　彔卣銘文

---

① 《銘文選》第三册,第109頁:"遣,發。"引《左傳》僖公三十二年:"姜氏與子犯謀,醉而遣之。"此遣爲發義。

王令戜曰：馭淮尸(夷)叔(敢)伐内國，女(汝)其㠯(以)成周師氏戍于珇(古)自(師)，白(伯)難(雍)父蔑彔曆，易(賜)貝十朋，彔捧(拜)頜(稽)首，對颲(揚)白(伯)休，用乍(作)文考乙公寶隣(尊)彝。

銘文中可見三個人稱，即作器者"彔"、受王命者"戜"、爲彔所揚休的"伯雍父"。那麼這三個人稱之間的關係如何？對此學界衆説紛紜，主要有三種看法：一、彔爲戜之父①；二、彔與戜爲一人，因而將此器稱爲"彔戜卣"②；三、戜與伯雍父爲一人③。在此我們考證一下他們之間的關係，先看表1-11。

表1-11 彔與戜的家族關係

	父 親	母 親	祖 父	祖 妣
彔 卣	文考乙公			
彔 簋			文祖辛公	
戜方鼎(《集成》2789)			文祖乙公	文妣日戊
戜方鼎(《集成》2824)	文考甲公	文母日庚		
戜 簋		文母日庚		

由此得知，彔的父親和戜的祖父的廟號相同，因此有人提出第一種看法，即彔爲戜之父。不過羅西章先生等則認爲，"商周時人凡祖妣以上均稱祖妣，父輩均稱父"，所以"'文祖乙公'和'文祖辛公'應同是戜的祖輩，'文考甲公'和'文考乙公'均爲戜的父輩，不必是一人"④。此外，彔伯戜簋銘文所示的"彔"是族名或者國名，因此將彔器與戜器的作器者視作同一個人，故而提出第二種看法。

不過筆者認爲這兩種説法皆存在商榷的餘地。首先考慮戜的地位。他受周王之命率領"成周師氏"到了"古師"，他的地位相當高。但是彔受賜於伯雍

---

① 辛怡華：《扶風莊白戜墓族屬考》，《考古與文物》2001年第4期，第56—57頁。
② 唐蘭：《用青銅器銘文來研究西周史》，收入故宮博物院編：《唐蘭先生金文論集》，北京：紫禁城出版社，1995年，第498頁(原載《文物》1976年第6期)；《銘文選》第三冊，第113頁。
③ 李學勤：《從新出青銅器看長江下游文化的發展》，《新出青銅器研究》，北京：文物出版社，1990年(原載《文物》1980年第8期)；劉源：《讀金短札：伯雍父是殷人還是周人》，收入李學勤主編：《出土文獻》第四輯，上海：中西書局，2013年，第133—134頁。
④ 羅西章、吳鎮烽、雒忠如：《陝西扶風出土西周伯戜諸器》，《文物》1976年第6期，第55—56頁。

父,則他的地位低於伯雍父。假如從第一種看法認爲戜是彔的兒子,則戜的地位低於伯雍父,不過我們從西周中期的史密簋銘文(《近出》489)和晚期的柞伯鼎銘文(《近二》327)中可以看出,直接受王命而出征的將領,往往站在最高統帥的地位。即使認爲戜非最高統帥者,但至少可以肯定他的地位相當高。因此筆者不認同第一種看法。或認爲彔伯戜簋的"戜"與彔卣等器中的"彔"乃同一人,據此主張彔卣的"彔"是就國名而言,"戜"就人名而言。與彔卣有關的還有彔簋銘文(《集成》4122),曰:"伯雄(雝)父來自鄯,蔑彔曆,易(賜)赤金,對覲(揚)白(伯)休,用作文且(祖)辛公寶噐段(簋),弖(其)子子孫孫永寶。"其爲"文祖辛公"作器,這些都與彔卣銘文吻合,應該是同人所作之器,此外,作器者彔從伯雍父受賜,可見他的地位低於伯雍父。與此相反,"彔伯戜"爲其"皇考釐王"作器,應該在畿外擁有獨立邦國的君長,則其地位不會低於伯雍父。因此筆者也不認同"彔伯戜"即"彔"的看法。

最後,我們討論一下第三種看法。1975年扶風白家出土了一組青銅器[1]:鼎三、簋二、甗一、貫耳壺一、爵二、觶一、盉一、盤一和其他工具、兵器等等。其中出現"戜"和"伯雍父"之稱號。李學勤先生認爲,"戜"讀爲"終",意爲盡、止,"雍"意爲閉、塞,戜和雍是一名一字[2]。劉源先生補充而言:"王稱其臣之名曰戜,彔稱其君之字曰伯雍父。"[3]這種看法跟以上兩種看法相比,更爲合理,筆者從之。

第三,西周戰爭銅器銘文中"某父"的稱號,大部分屬於他稱。我們看一下稱爲"某父"的例子: 伯懋父(小臣謎簋《集成》4238、呂壺《集成》9689、師旂鼎《集成》2809);伯雍父或師雍父(彔卣《集成》5420、稱卣《集成》5411、𢾅尊《集成》6008、遇甗《集成》948、緞鼎《集成》2721、彔簋《集成》4122);毛父(班簋《集成》4341);伯犀父(《集成》5425、競簋《集成》4134);仲催父(仲催父鼎《集成》2734);長父(卌二年逨鼎《近二》328)等皆爲他稱,伯戜父簋(《銘圖》5276)銘文中可見自稱之例[4]。

---

[1]　羅西章、吳鎮烽、雒忠如:《陝西扶風出土西周伯戜諸器》,《文物》1976年第6期。
[2]　李學勤:《從新出青銅器看長江下游文化的發展》,《新出青銅器研究》,第265頁。
[3]　劉源:《讀金短札:伯雍父是殷人還是周人》,《出土文獻》第四輯,第133—134頁。
[4]　其銘文曰:"……白(伯)戜父從王伐,窺(親)執嘫(訊)十夫、馘(馘)廿,得孚(俘)金五十勻(鈞),用乍(作)寶段(簋),覲(揚)。用旹(享)于文且(祖)考,用易(賜)萬年釁(眉)濤(壽),……"

　　總而言之,作器者在銘文中提及他人時一般用"字"或職名、尊稱等。間或直接提及其私名之例,不過大部分情況下,用"氏"或"身份＋私名"來表示,在特殊的情況下才有直接稱他人私名,如彔卣、師旂鼎銘文之例。此與《禮記·曲禮》"男子二十冠而字"①一脈相通。如伯雍父(師雍父)是戜的字,在他人做的銅器中被稱爲"師雍父"或"伯雍父",但自己作器的時候,則用自己的私名"戜"來稱呼自己。

二、參戰人物的身份及其特徵

　　西周戰爭銅器銘文所見的參戰者中有記載其職名的例子。首先,有周王親征之例,稱"王"時,只稱"王",不稱名。其次,王朝大臣或諸侯等人參戰之例,此時有的只有職名,如太保、康侯等,有的則是以"身份＋私名"而稱,如"應侯視工"、"史密"等。本小節要通過身份梳理參戰者,並談論與此有關的一些特徵。

(一) 王

　　西周時期,發生了不少戰役,其中周王親自率領軍隊出征之例也不少,其相關文獻列表於下(表1-12)。

表1-12　西周戰爭銅器銘文、其他文獻所見周王親征的記載

時期	戰　爭	西周戰爭銅器銘文	傳　世　文　獻
早期	成王東征	潘司土逡簋、禽簋、牠叴尊、岡叴卣、小臣單觶、太保簋	《尚書》、《逸周書》、《繫年》、《史記》等
	康王伐東夷	窬鼎、寰鼎、保員簋	
	昭王南征	过伯簋、壺簋、狀馭簋、小子生尊、啓尊、諫鼎、中方鼎、中觶、折尊、折方鼎、折觥、趞尊、趞卣、作册睘卣	《竹書紀年》、《史記》、《左傳》等
中期	穆王西征		《國語》、《史記》、《竹書紀年》等
	穆王北征		《竹書紀年》

① 《禮記正義》卷二,第1241頁。

續　表

時期	戰　爭	西周戰爭銅器銘文	傳 世 文 獻
中期	穆王東征		《竹書紀年》、《史記》、《後漢書》等
	穆王南征		《竹書紀年》
	共王滅密		《國語》、《史記》等
	王伐南夷	無曩簋蓋	
晚期	王伐反子	翏生盨、
鐘、伯筊父簋、鄂侯馭方鼎	
	厲王伐南淮夷	虢仲盨蓋	
	厲王東巡	晉侯穌鐘	
	宣王伐戎	兮甲盤	《竹書紀年》、《史記》、《詩經》、《後漢書》等

　　將出土文獻與傳世文獻中周王親征的記載進行比照,可以得到如下信息：1. 成王東征、昭王南征,在兩種文獻中都可以找到;2. 成王東征,即所謂"周公東征"以後,"成康之際,天下安寧,刑錯四十餘年不用"①。不過從西周銅器銘文中可以看到康王時期的戰事,特別是🔳鼎(《集成》2740)、保員簋銘文(《近出》484)所載的康王對東夷的經略和小盂鼎銘文(《集成》2839)所載的康王征伐鬼方之戰績;3. 傳世文獻中親征最多的非穆王莫屬,不過有趣的是在西周銅器銘文中沒有一條穆王親征的記錄;4. 出土文獻中可見厲王親征,但傳世文獻中找不到。

　　通過這次比照,可以發現傳世文獻與出土文獻之間的互補性。不過還存在值得思考的地方,即穆王時期的戰事問題。戰爭銅器銘文中可確定爲穆王時期的,只不過是"伯雍父"組銅器銘文和班簋(《集成》4341)、孟簋(《集成》4163)銘文所見的戰爭記載而已。傳世文獻所見的穆王親征故事,不是與西王母關聯,就是與徐偃王有關,其虛擬性比較強,很可能是經過後代潤色的結果。但是在穆王時期的戰事當中可以尋找其史實的根源：西王母故事肯定與周穆

---

① 　《史記》卷四《周本紀》,第134頁。

王伐犬戎有關①；徐偃王故事與伯雍父組、班簋銘文等所見的征伐東國有關。

(二) 公、侯、伯

第一，諸"公"的軍事活動。戰爭銅器銘文中所見的"公"列舉於下：周公(《集成》2739、4041、6512)、明公(《集成》4029)、祭公(《集成》2740)、儰公(《近出》484)、毛公(《集成》4341、4163)、益公(《集成》4331)等。"虢仲"雖然在銘文中未稱"公"，不過考慮到"虢仲"諸器係屬王時期，其地位非同一般②，文獻所見屬王卿士中有"虢公長父"③，故可推測"虢仲"很可能就是"虢公長父"，因此"虢仲"也可繫諸"公"之例。此外，武公不見其親自參戰的記錄，不過身份爲其私屬的禹和多友率領武公的軍隊參戰而立了大功④。

魏芃先生把"公"的用例分爲三類：生稱之公、死稱之公、器主自稱之公⑤。如上所舉的諸公，除了孟簋銘文中的"毛公"爲追述之例外，都是生稱之例。這些諸公皆屬於王朝的元老⑥，不難推測他們在王朝中的重要地位。或以諸"公"爲當時的執政大臣⑦，其意見也值得參考。他們在戰爭中輔佐周王或自己擔任統帥而指揮軍隊。

第二，"侯"，本身便是由王封的防禦邊域地區的軍事長官⑧。陳槃先生說："'侯'字從矢、從厂者，示武事、重軍功也。'侯'之朔義，已有於武事、軍功；而諸侯之分封，本實在守土而藩屏王室。"⑨西周戰爭銅器銘文中也不乏記載諸"侯"的軍事活動，如康侯、魯侯、井侯(邢侯)、麷侯、相侯、蔡侯、晉侯、應侯、

---

① 《國語·周語上》："穆王將征犬戎……遂征之，得四白狼、四白鹿以歸。"徐元誥撰：《國語集解》(修訂本)，第1—9頁。

② 參見柞伯鼎銘文(《近二》327)。

③ 許維遹撰：《呂氏春秋集釋》，北京：中華書局，2009年，第49頁。

④ 禹獲擒了鄂侯，多友却趕退了玁狁。請參見禹鼎(《集成》2833)、多友鼎銘文(《集成》2835)。

⑤ 魏芃：《西周春秋時期"五等爵稱"研究》，南開大學歷史學院博士學位論文，2012年，第17—76頁。

⑥ [韓] 閔厚基：《西周五等爵制의起源과性格(西周五等爵制的起源與性格)》，(韓)《中國學報》第51輯，2005年，第205—215頁。

⑦ 王治國：《金文所見周王朝官制研究》，北京大學博士學位論文，2013年。

⑧ 朱鳳瀚：《關於西周封國君主稱謂的幾點認識》，收入陝西省考古研究所、上海博物館編：《兩周封國論衡——陝西韓城出土芮國文物暨周代封國考古學研究國際學術研討會論文集》。

⑨ 陳槃：《"侯"與"射侯"》，《中研院歷史語言研究所集刊》第22卷，1950年。

楷侯等,此外還有齊師(史密簋、師袁簋)、噩師(中甗、靜方鼎)等的軍事活動。

　　梳理有關銅器銘文不難發現一個有趣的現象,即大部分情況下,"侯"受王命或配合王朝軍進行軍事活動。如康侯從周王(濬司土遯簋《集成》4059);井侯(邢侯)從王命(臣諫簋《集成》4237);猷侯與王室所派的伯雍父合作(遇甗《集成》948);相侯從周王(折尊《集成》6002);蔡侯從虢仲、柞伯(柞伯鼎《近二》327);晉侯從周王進行軍事活動(晉侯穌鐘《近出》35—50)。此外史密簋、師袁簋銘文所見的齊師也配合王室所派的將領一起進行軍事活動。總之,從西周戰爭銅器銘文中找不到"諸侯"的主動性軍事活動。菁簋(《近二》424)、昌鼎(《近出》352)銘文中分別見到楷侯、晉侯的軍事活動①,不過這都是却退敵人的防禦性軍事活動,並非積極性、主動性的軍事活動。

　　第三,我們看一下諸"伯"的軍事活動。西周戰爭銅器銘文中稱"伯"者有如下幾人:過伯(《集成》3907)、吳伯(《集成》4341)、呂伯(《集成》4341)、釐伯(萊伯《近出》489)、柞伯(《近二》327)、霸伯(《銘圖》5220)、噂伯邊(《集成》2734)等。

　　諸"伯"的軍事活動跟諸"侯"一樣,大部分情況下配合王室進行戰爭,過伯從周王;吳伯、呂伯受王命從毛公;柞伯受虢仲之命;霸伯接受井叔之命;噂伯邊從仲催父;萊伯從中央派來的史密和師俗。其中萊伯、霸伯、噂伯屬於畿外邦"伯",萊伯係妘姓、霸伯係媿姓,皆爲異族,肯定是當地的土著勢力。《説文·人部》:"伯,長也。"②即他們稱"伯",是與他們係一邦之長有關的。至於噂伯邊,"噂"的地望,據陳絜先生的研究,大致在山東濟南或濟陽附近。"噂伯邊"應該是畿外邦國的君長,仲催父應該是周王派來的大臣,即這篇銘文係畿外邦伯配合王朝中央作戰之例。

　　到此爲止,我們探討了西周戰爭銘文所見的"公"、"侯"、"伯",在探討過程中發現了一些傾向性:1."公"以國家長老、執政大臣輔佐周王,有時親自擔任統帥而率領軍隊。2.西周戰爭銅器銘文中尚未發現"侯"、"伯"的積極性單獨

---

① 菁簋銘文曰:"隹(唯)十月初吉壬申,駭(馭)戎大出于楷(楷),菁博(搏)戎,執嘰(訊)隻(獲)馘(聝)。……戎攻擊楷,菁却退戎。昌鼎銘文曰:"隹(唯)七月初吉丙申,晉(晉)侯于(侯)令(命)昌追於佣,休又(有)禽(擒),……晉侯命昌到佣國却退敵人。兩篇銘文都帶却退戰之性質。

② (漢)許慎:《説文解字》卷八上,第162頁。

軍事行動。筆者認爲很可能是尚未發現相關資料的緣故，尤其是"侯"，如前所述，"侯"帶有很强的軍事性，因此不太可能會没有與其他邦國之間的軍事衝突。

此外，還有值得討論的問題。經過這番整理，可以得知當時確有"公"、"侯"、"伯"之稱，根據傳世文獻，應該存在"公">"侯">"伯"的上下關係。但是，柞伯鼎銘文（《近二》327）的出現，使我們感到疑惑，是否當時不存在如此的關係：

> 隹（唯）三（四）月既死霸，虢中（仲）令柞白（伯）曰："才（在）乃聖且（祖）周公縣又（有）共于周邦，用昏無及，廣伐南或（國）。今女（汝）殷（其）帅（率）希（蔡）厌（侯）左至于昏邑。"既圍臷（城），令希（蔡）厌（侯）告逞（徵）虢中（仲），輤（遣）氏曰："既圍昏。"虢中（仲）至。辛酉，専（搏）戎。柞白（伯）毅（執）噬（訊）二夫，隻（獲）馘（馘）十人。諆弗叙（敢）忘（昧）朕（朕）皇且（祖），用乍（作）朕（朕）剌（烈）且（祖）幽弔（叔）寶隣（尊）鼎，諆用追亯（享）孝，用旂（祈）釁（眉）壽（壽）萬（萬）人（年），子子孫孫，其永寶用。

據銘文，柞伯受命於虢仲而參與軍事。虢仲是厲王時期的卿士，如上所論，應該是傳世文獻中的"虢公長父"。戰役過程中，柞伯調動蔡侯執行任務，表面上看柞伯的地位比蔡侯高。但是我們一定要注意一個細節，虢仲是當時的執政大臣，憑周王之命調動柞伯，則柞伯調動蔡侯軍隊的機制應該是憑藉周王之命。因此筆者認爲虢仲、柞伯、蔡侯之間的軍事命令關係，與公、侯、伯之間的上下關係無關，而與中央和地方封君、諸侯之間的關係有關。換句話説，中央政府有權調動地方封君、諸侯的軍隊。

對此另有其例：史密簋銘文（《近出》489）所見齊師、萊伯等接受中央派來的師俗父與史密的領導；師袁簋銘文（《集成》4313）所見師袁率領齊師等地方諸侯、邦君勢力進行作戰。這兩個例子也跟柞伯鼎銘文中所見的軍事領導機制相同。這裏有中央和地方之分，並没有伯與侯之間的上下關係。如前所述，"侯"帶有軍事性，而且没有就中央政府任職[1]，可以説是基本上擁有自治權的侯國。不過至少在軍事上，地方侯國一定要服從中央政府的領導和安排。從這個角度上看柞伯鼎銘文，則不能輕易判斷柞伯的地位高於蔡侯，而應該認爲

---

[1] 參見王治國：《西周諸侯入爲王官有無考》，《史學月刊》2014 年第 5 期。

王朝中央擁有對畿內貴族和畿外封君、諸侯的軍事領導權。

（三）史官

西周戰爭銅器銘文中有史官作戰之例①，以“太史”、“史＋人名”、“作册＋人名”的形式出現。我們看一下他們在戰場上的活動：

作册折：“隹（唯）五月，王才（在）厈，戊巟（子），令（命）乍（作）册折兄（貺）望土于相厌（侯），易（賜）金、易（賜）臣……”（折尊《集成》6002、折觥《集成》9303、折方鼎《集成》9895）大意是説，昭王南征之時作册折隨從出征，在行宫受王命將望土賜給相侯。

太史：“隹（唯）十又三月庚寅，王才（在）寒㪤（次），王令大（太）史兄（貺）䄆土……”（中方鼎《集成》2785）銘文的大意是説，太史也在昭王南征的時候從軍，在寒㪤參與對“中”的册封典禮。

這是史官的基本職責，跟平時的職責一樣。此外，銘文中也不乏關於他們親自率領軍隊打仗的記録。

史密：“隹（唯）十又一月，王令（命）師俗、史密曰：‘東征。’……師俗逶（率）齊自（師）、述（遂）人左，□伐長必，史密右，逶（率）族人、鼈（萊）白（伯）、僰眉，周伐長必……”（史密簋《近出》489）周王命令師俗與史密東征。“師俗”就是“伯俗父”，曾參與處理裘衛和邦君屬的土地交易之事，周王賞賜師永田地之時，受命參與土地勘察活動等，可知他的地位很高②。據此不難推測這場戰役的統帥是師俗，史密是以史官的身份參與戰役。不過，他在這場戰役中的角色與作册折、太史不同，從銘文中可知，史密親自率領軍隊進行作戰，這可以直接證明，當時的史官並非純粹的文職，而有時會率領軍隊進行作戰。下面史旗的例子也可以旁證這一點：

史旗：“隹（唯）王伐東尸（夷），遣（祭）公令䍤䍤史旗曰：吕（以）䢔（師）氒（氏）眔有嗣（司），後或（國）叟伐䐗”（䍤鼎《集成》2740）；“鼎（員）從史旗伐會（鄶）”（員卣《集成》5387）。這兩篇銘文中均出現史旗。他受命於祭公率領師

---

① 參見李學勤：《史密簋銘所記西周重要史實考》，《中國社會科學院研究生院學報》1991年第2期。
② 參見五祀衛鼎銘文（《集成》2832）；永盂銘文（《集成》10322）；吳鎮烽《金文人名彙編》（修訂本），第156、261頁。

氏、有司作戰(畣鼎);帶領員征伐會地(員卣)。從軍事領導關係來看,前者的統帥應該是祭公,但後者的統帥單憑銘文無法得知。軍隊的統帥一般由"公"擔當。雖然員跟從史旗作戰而可看作是史旗的私屬,但是史旗畢竟是個史官,不見得擔當統帥之任,因此筆者認爲他不會是統帥。

總之,西周戰爭銅器銘文中不乏史官參戰之例,史官既擔任自己本身的任務,也會發揮自己的武功。但是史官會不會擔當軍隊的統帥,筆者覺得是不會的,員卣銘文所見的征伐會地之戰,可能是整個戰役當中的一部分而已。

(四) 師某

學界一般將"師+人名"之"師"看作職官名①。不過,筆者認爲值得商榷②。第一,在相關册命銘文中,不難發現對"師某"的册命之例,而且有"師某"擔當非軍事職務的例子。既然"師"爲職官,爲何再册命他擔任其他職務,更何況擔任的是非軍事職務。第二,由西周相關銅器銘文看,"師某"除了軍事外,還參與其他活動,如在典禮中擔任出納王命之務。第三,對"師某"的册命銘文不少,不過尚未見到對貴族册命"師"的銘文。也有可能尚未出現相關銘文,但是銅器銘文所見的"事某"那麼多,對"師某"的册命也不少,如果"師"是職官名,則不可能沒有出現對貴族册命"師"的銘文。因此筆者認爲"師"不是職官名,而是一種身份之稱③。

"師某"在戰爭銅器銘文中共見 7 名 11 例: 師旂(師旂鼎《集成》2809)、師中(靜方鼎《近出》357)、師雍父(穆卣《集成》5411、叔尊《集成》6008、遇甗《集成》948、叔鼎《集成》2721、彔簋《集成》4122)、師俗(史密簋《近出》489)、師旋(五年師旋簋《集成》4216)、師同(師同鼎《集成》2779)、師袁(師袁簋《集成》4313)等。

如果"師"不是職官名,如何理解爲妥? 筆者認爲,在典籍中,"師"可訓爲

---

① 張亞初、劉雨:《西周金文官制研究》,北京:中華書局,1986 年,第 4—7 頁。
② 李峰先生也認爲"師"並非職官名,而認爲指稱打過仗的人(ex-military officers)。李先生將"師"從職官系統分出來而提出新的想法,具有很強的啓發性。Li Feng, "Success and Promotion: Elite Mobility During the Western Zhou", *Monumenta Serica* 52(2004). pp.1 - 35.
③ 參見本書第五章第二節之一"西周戰爭銅器銘文所見畿內貴族的軍事活動"。

“長”，如《尚書·益稷》“州十有二師”，陸德明《經典釋文》引鄭玄云：“師，長也。”[①]《儀禮·燕禮》“小臣師一人”，鄭注：“師，長也。”[②]據此，“師＋人名”或“師＋某父”的“師”也可釋爲“長”。這些“師某”，雖然在王朝上擔任職務的王臣，但是在家族裏往往是個家長。這樣的話，“師”可看作對貴族家長的稱呼，也無不道理。所以筆者認爲“師某”之“師”並非軍事職官，而是對貴族家長的稱呼。

(五) 小臣/小子/臣某

西周銅器銘文中還有“小臣/小子/臣＋人名”之例，有人認爲是官職，也有人認爲是一種身份，下面我們討論一下如何看待“小臣/小子/臣”之稱(先看表1－13)。

表1－13　西周戰爭銅器銘文所見小臣/小子/臣參戰之例

時期	銘文	著録	内　　容	參戰者	作器者
早期	小臣單觶	《集成》6512	王後䢅克商，才(在)成𠂤(師)，周(周)公易(錫)小臣單貝十朋，用乍(作)寶隮(尊)彝。	王、周公、小臣單	小臣單
	小臣謎簋	《集成》4238	𠭯東尸(夷)大反，白(伯)懋父㠯(以)殷八𠂤(師)征東尸(夷)，唯十又二月，遣(遣)自䵼𠂤(師)，述東陕，伐海眉(堳)，雩(雩)氒(厥)復(復)歸(歸)才(在)牧𠂤(師)，白(伯)懋父承王令(命)易(錫)𠂤(師)逨(率)征自五齵貝，小臣謎蔑曆(曆)，眔易(錫)貝，用乍(作)寶隮(尊)彝。	伯懋父(殷八師)、小臣謎	小臣謎
	小臣夌鼎	《集成》2775	正月，王才(在)成周(周)，王𨑩于楚禁(麓)，令小臣夌先眚(省)楚应，王至于𨑩应，無遣(譴)，小臣夌易(錫)貝、易(錫)馬丙(兩)，夌捧(拜)䭫(稽)首，對䫄(揚)王休，用乍(作)季媰(妘)寶隮(尊)彝。	小臣夌	小臣夌

---

① 《尚書正義》，第143頁。《益稷》本與《臯陶謨》爲一篇，僞古文《尚書》將《臯陶謨》分爲《臯陶謨》和《益稷》兩篇。陸德明撰《經典釋文》時從僞古文《尚書》之體例，因此本書也從之。

② 《儀禮注疏》，第1015頁。

續　表

時期	銘文	著録	内　　容	參戰者	作器者
早 期	小子 生尊	《集成》 6001	佳（唯）王南征才（在）□，王令生辦事于公宗，小子生易（錫）金、梦（鬱）鬯，用乍（作）殷寶隣（尊）彝，用對顭（揚）王休，讯（其）萬年永寶用卿（饗）出内（入）事（使）人。	王、小子生、公宗	小子生
	臣諫 鼎	《集成》 4237	佳（唯）戎大出于軝，井（邢）庆（侯）尃（搏）戎，征（誕）令臣諫□□亞旅處于軝，讯王□□，諫曰：摍（拜）手頒（稽）首，臣諫□亡，毋弟引章（庸）又（有）昱（忘），子□余弅（朕）皇辟庆（侯），余繇（豨）貯作朕（朕）皇文考寶隣（尊），佳（唯）妥（綏）康令于皇辟庆（侯），匀□□。	井　侯、臣諫、亞旅	臣諫

　　“小臣＋人名”參戰的銘文，有如上 3 例。學界一般認爲“小臣”是一種職官①，也看作一種身份②。我們應該注意如上所舉的“小臣＋人名”之例均爲自稱，並非他稱。“小子＋人名”也是如此。小子生尊銘文“王令生辦事于公宗”，“生”是屬於公宗的王室子弟，此器的作器者即小子生本人，這裏的“小子”與“小臣”一樣也是自稱之例。“臣＋人名”結構的參戰者，只有“臣諫”一例。這裏的“臣”也可以看作一種身份，不過要考慮“臣諫”應該就是作器者。

　　西周銅器銘文中的“小臣＋人名”、“小子＋人名”、“臣＋人名”之例，大多爲自稱③，少見他稱之例。如果冠名的“小臣/小子/臣”屬於一種職官，不能不見他稱的例子④。因此本書認爲冠名的小臣之類，皆屬於一種作器者稱自己的用法。張亞初、劉雨先生曾將“小子”分爲三類：（1）謙稱；（2）年輕人；（3）職官名⑤。鑒於這兩位先生的研究，“小子”應該屬於謙稱之類。以此類

---

① 張亞初、劉雨：《西周金文官制研究》，第 43—45 頁。
② 周言：《釋“小臣”》，《華夏考古》2000 年第 3 期；汪寧生：《“小臣”之稱謂由來及身份》，《華夏考古》2002 年第 1 期。
③ 參見吳鎮烽：《金文人名彙編》（修訂本），第 27—30、116—117 頁。
④ 西周戰爭銅器銘文中出現“太室小臣”之例（晉侯穌鐘），這裏的小臣應該指一種身份，但這與冠名的“小臣”應有所區別。
⑤ 張亞初、劉雨：《西周金文官制研究》，第 45—47 頁。

推,冠名的"小臣"、"臣"也許也是用於謙稱的例子①。

(六) 其他

在此要討論的是在保員簋銘文(《近出》484)的作器者"保員"與濬司土遂簋銘文(《集成》4059)所見的"濬司土遂"②。

西周銅器銘文中有"保"的官制③,在戰爭銅器銘文中可見"太保"、"公太保"之稱。這都是以官名稱"召公奭"的例子。此外所謂保卣銘文(《集成》5415)的"保",或認爲也屬於指召公之例④。至於保員簋銘文所見的"保",與人名連稱,可以完全排除指召公的可能性。我們看一下其銘文(圖1-2):

圖 1-2　保員簋銘文

　　唯王既𤋐(燎),𢾭(厥)伐東尸(夷)。才(在)十又一月,公反(返)自周。己卯,公才(在)虞,保鼎(員)邋,儵公易(賜)保鼎(員)金車,曰:用事。隊(施)于寶殷(簋),用鄉公逆洀(復)事。

---

① 李學勤先生也曾指出"小臣"的謙稱用法:"在商至西周古文字材料裏,'小臣'這個詞有不同涵義。有的時候,它是一種具體職官的名稱,而在更多場合,它只是謙稱,類似後來一直流行的'臣'。甲骨、金文的'小臣某',大多屬於後者。"參見氏著《談小臣系玉瑗》,《故宮博物院院刊》1998 年第 3 期,第 11 頁。
② 這兩篇銘文皆含戰爭內容,但還不能完全肯定作器者的參戰與否。不過,這兩器在軍事領導機制的意義上,具有討論的價值。
③ 張亞初、劉雨先生發現"保"與"太保"的銘文材料,僅見於西周早期的銅器銘文中。由此可知,"保"是一種相當古老的職官名。當時保的地位顯赫,他既是周王的輔弼重臣,又是最高的執政官。《周禮·地官·司徒》序官云"保氏,下大夫一人",《周禮》所講的保氏的職務與西周的情況是有距離的。不過其職掌"諫王惡,而養國子以道,乃教之六藝……乃教之六儀"云云,這些記載對我們理解"保"這一職官的職掌是有益的。(《官制》,第 1 頁)
④ 郭沫若:《保卣銘釋文》,《考古學報》1958 年第 1 期,第 1 頁。

仔細看這篇銘文,不難而知,保員是屬於儺公之人。"公在虜,保員邁",即公在虜的時候,保員迎接他了,而且作器目的是"用鄉公逆洀(復)事"①,即爲了公做的器物,從此推知,保員很可能是儺公的私屬,因此他從公直接受賜金車。如此,"保員"的"保"不是中央職官系統的"保",而是繫於儺公家的"保"。儺公家族内的"保"職,應是該家族内年輕家族子弟之師,可見大家族内設有仿王朝的職官之稱。

接下來討論一下溝司土逡簋銘文。這篇銘文中有三個人:周王、溝司土逡、康侯。如上所述,康侯即康叔封,康侯鼎銘文(《集成》2153)"康厌(侯)丰(封)乍(作)寶隯(尊)"可作證。再來看以下幾則史料:

> 《逸周書·作雒》:殷大震潰……俾康叔宅于殷。②
> 《史記·衛康叔世家》:以武庚殷餘民封康叔爲衛君,居河、淇間故商墟。③
> 清華簡《繫年》:乃先建衛叔封于康丘,以侯殷之餘民。衛人自康丘遷于淇衛。④

從這些史料可知,衛國封建於周公東征之後,溝司土逡簋銘文所示的信息,就是衛國封建的史實。"溝司土逡"的"溝",即傳世文獻所見的"妹邦"。《尚書·酒誥》:"明大命于妹邦。"孔傳:"妹,地名,紂所都朝歌以北是。"⑤《周本紀》:"甲子昧爽,武王朝至于商郊牧野,乃誓。"司馬貞引《括地志》云:"紂都朝歌在衛州東北七十三里朝歌故城是也。本妹邑,殷王武丁始都之。《帝王世紀》云帝乙復濟河北,徙朝歌,其子紂仍都焉。"⑥

接着,看一下溝司土逡銘文:

---

① "洀",或讀爲"造",意爲"至",即"逆洀"乃"迎至"之義。"逆洀事",在金文中"逆洀"往往與"事"、"事人"連稱。小子生尊銘文有"出入事人","出入"與"事人"連稱。值得注意的是叔趯父卣銘文(《集成》5428)"女其用鄉乃辟軷侯逆造,出入事人",對"逆造出入",張光裕先生認爲"逆造"之後必有相送之儀,故"出入"正足以説明所需負責之任務。他據此認爲"逆造"和"事"、"事人"連稱,"出入"與"事人"連稱,無非是"逆造出入事人"的省稱。參見《古文字詁林》編撰委員會編《古文字詁林》第8册,上海世紀出版集團、上海教育出版社,2003年,第121頁;徐元誥撰,王樹民、沈長雲點校:《國語集解》(修訂本),北京:中華書局,2002年,第36頁;張光裕:《新見保員簋銘試釋》,《考古》1991年第7期,第651—652頁。
② 黄懷信、張懋鎔、田旭東撰:《逸周書彙校集注》(修訂本),上海古籍出版社,2007年,第517—520頁。
③ 《史記》,第1589頁。
④ 《清華簡》(貳),第144頁。
⑤ 《尚書正義》,第205頁。
⑥ 《史記》,第122頁。

王束(來)伐商邑,征(誕)令康疾(侯)啚(鄙)玣(于)衛,㳅(沬)嗣(司)土㳛眔啚(鄙),乍(作)乓(厥)考隮(尊)彝,朏。

成王征伐商邑之後,命康侯"啚"於衛。這篇銘文出現兩次"啚",前一個"啚",或認爲人名[①],或認爲是動詞[②]。主張後者的學者之間也存在歧義:如白川靜先生認爲"啚"字是"从口从㐭","口"即人居住之地,"㐭"即倉廩,屯集糧食之義,"啚于衛"解釋爲在衛地設置屯倉[③]。筆者同意"啚"看作動詞的意見,但不認同將"啚"釋作設置屯倉之義。"啚"指邊鄙之邑,用於動詞,可釋爲在邊鄙地區建城邑,"啚于衛",應指在衛邊域之地建城邑[④]。至於後一個"啚",應該釋爲"鄙"。"㳅(沬)嗣(司)土㳛眔啚","眔"通"及"[⑤],即"㳅司土㳛"到達衛國邊鄙之義。

"㳅司土㳛"是"地名+職名+私名"之結構,即"妹"地"司土"的名字叫"㳛"的人,從康侯滅商邑後到此地。此器傳1931年出土於濬縣辛村(今河南省鶴壁市淇濱區龐村鎮)衛侯墓地[⑥],與此同時出土的銅器中還有㳅伯㳛尊(《集成》5954)、㳅伯㳛壺(《集成》5363、5364)[⑦]等,㳅伯㳛應與㳅司土㳛爲同一個人。由此可知,當時作司土的他,後來成爲妹地的邦君。

第三節 因作器者的地位不同所 造成的記述方式的差別

西周戰爭銅器銘文中所見的作器者的身份,有王、畿內貴族、邊域諸侯、其他邦國及其私屬,此外也有不參戰而追述其他人參戰的情況。這類銘文由於帶有個人性特徵,根據作器者的身份地位,其所記的内容也會有所差異。本節

① 《斷代》,第12頁。
② 《通釋》卷一上・4・14,第151頁;《銘文選》第三册,第20頁。
③ 《通釋》卷一上・4・14,第151頁。
④ 朱鳳瀚:《清華簡〈繫年〉所記西周史事考》,收入李宗焜主編《出土材料與新視野》,臺北:中研院,2013年,第448—451頁。
⑤ 漢石經《公羊》"祖之所選",今本作"逮";《中庸》"所以逮賤",《釋文》作"選"。均見於《春秋公羊傳注疏》,第2355頁;《禮記正義》,第1629頁。
⑥ 此外還有汲縣説、輝縣説等(《斷代》,第11頁)。
⑦ 《集成》稱"㳅伯㳛卣"。

要討論這些不同地位的作器者所撰的銘文中顯示什麼樣的特徵。

一、軍隊統帥

軍隊的統帥，一般由周王或周王派來的王朝貴族所擔任。其軍事命令、戰功賞賜，都出自周王，則其領導體制的最高者無疑是周王。但實際親自率領軍隊的統帥，或周王不親自參戰的情況下，由王朝貴族擔任。

第一，周王親自擔任統帥之例。西周戰爭銅器銘文中被認爲是周王室做的銅器只有一件猒鐘，其銘文曰："用卲（昭）各（格）不（丕）顯且（祖）考先王，先王圅（其）嚴（嚴）才（在）上。""猒"，唐蘭先生讀爲"胡"，據《周本紀》等記載可知，周厲王之名就是胡①。不過，學界也有將與猒鐘同時的鄂侯馭方鼎歸於夷王時期的看法②，因此也不能排除厲王尚未即位之前，在夷王時期爲父王作器的可能性。其主要内容如下（猒鐘銘文，《集成》260）：

　　王肇遹省（省）文武堇（勤）彊（疆）土，南或（國）艮孳（孳）敢臽（陷）處我土，王𩫖（敦）伐圅（其）至，戜（撲）伐乒（厥）都，艮孳（孳）迺遣閒來逆卲（昭）王，南尸（夷）、東尸（夷）昇（俱）見，廿又六邦。隹（唯）皇上帝、百神保余小子，朕（朕）猷又（有）成亡（無）競（境），我隹（唯）司（嗣）配皇天……

南國艮孳入侵周朝境内，周王却退他們的内侵，然後繼續追擊他們而征伐他們的都城，艮孳來朝見周王的同時，南夷、東夷二十六邦也來朝見。上帝、百神保佑周王，周王戰勝無敵，配得上皇天。

與此同時的翏生盨、伯㺇父簋等銘文都記載了器主自己個人的功績。不過，猒鐘銘文並未記述自己的具體功績，而從宏觀角度上做記録，即對周王來説並不重要的殺了幾個人、俘獲了幾個人等具體戰果。周王是承天命主宰天

---

① 銘文中有"邵王"二字，郭沫若先生認爲這是周昭王生稱之例，作器者"胡"和昭王名"瑕"之聲相近，據此提出昭王説。唐蘭先生則認爲，猒應該讀爲"胡"。如《左傳》哀公十一年，"胡簋之事"，"胡"應指"簋"，銘文中將"簋"亦寫作"𠤳"、"𦉢"，可知"猒"與"胡"通。《周本紀》厲王名"胡"，因此唐先生提出"猒"即厲王之説。參見《大繫》，第 51—53 頁；唐蘭：《周王猒鐘考》，收入《唐蘭先生金文論集》北京：紫禁城出版社，1995 年，第 39—42 頁（原載《故宫博物院年刊》，1936 年）。

② 郭沫若、白川静、劉啓益等先生把它歸於夷王時期。參見《大繫》，第 107—108 頁；《通釋》，第 260—267 頁；劉啓益：《西周紀年》，廣州：廣東教育出版社，2002 年，第 363—364 頁。

下的天子,對他來説重要的是通過戰爭來鞏固、加强天子的地位,這篇銘文中特別記載"隹(唯)皇上帝、百神保余小子,朕(朕)猷又(有)成亡(無)競(境),我隹(唯)司(嗣)配皇天"可以證實這一點。因而着眼於南國艮孳臣服於周王,並率領南夷、東夷二十六邦來朝見的戰爭結果。

其次,貴族作爲作器者的擔任統帥之例。其中帶有對外征伐戰性質的戰爭記載[1],代表性的有小盂鼎銘文(《集成》2839)。這篇銘文記載了西周早期征伐鬼方的重要史事,在征伐後班師,並在朝廷舉行獻俘禮的情況。盂向周王報告征伐鬼方的功績:"告曰:王令盂吕(以)□□伐畍(鬼)方,□□□戜(馘)□,執嘼(酉)三人,隻(獲)戜(馘)四千八百又二戜(馘),孚(俘)人萬三千八十一人,孚(俘)馬□□匹,孚(俘)車卅兩(輛),孚(俘)牛三百五十五牛,羊卅八羊。"盂征伐鬼方後,俘獲其三名首領,砍了 4 802 個人頭,獲擒 13 081 人,俘獲馬、車 30 輛、牛 355 頭、羊 38 頭。然後再次向周王報告其他征伐戰的功績:"告曰:□□□□,乎蔑我征,執嘼(酉)一人,隻(獲)戜(馘)二百卅七戜(馘),孚(俘)人□□人,孚(俘)馬百三(四)匹,孚(俘)車百□兩(輛)。"其所征伐的地點不詳,他俘獲其一名首領,砍了 237 個人頭,獲擒若干人,俘獲馬 104 匹、車百餘輛。

此外,不少銘文中可見記載戰果的例子,爲了互相比較,筆者把它列成表格(表 1-14)。由此表可知,小盂鼎銘文所見的殺敵、獲擒敵人的數量,遠遠超出其他銘文所見的數量。與小盂鼎銘文同樣的對外征伐戰的伯筊父簋、柞伯鼎等銘文所記的殺敵、獲擒人數不超出一百來人。是否盂的神勇讓他獲得如此可觀的功績? 其戰爭規模上與衆不同? 也許是戰爭規模的不同而所殺、俘人的數量也有所差異。但是筆者認爲,作器者的身份也會決定這些數量記載的差異。盂無疑是個軍隊統帥,他率領"明白(伯)、豳(繼)白(伯)、🔲白(伯)"等進行征伐,"明白(伯)、豳(繼)白(伯)、🔲白(伯)"等向盂報告各自的功績,而盂將他們的功績合算後再向周王報告。

西周晚期的師袁也承周王之命擔任統帥而率領軍隊征伐淮夷,"王若曰:師袁,戱淮尸(夷),繇我員(帛)晦臣,……今余肇令女(汝)述(率)齊帀(師)、

表 1 - 14　西周戰爭銅器銘文的戰果（殺、俘人之例）

時期	銘文	著錄	作器者	對外征伐	對內征討	戍守	卻退	人	物資
早期	小盂鼎	《集成》2839	盂	○				(1)執嘼(酋)3,獲馘4802馘,俘人13081人 (2)執嘼(酋)一人、獲馘237馘;俘人□□人。	(1)俘馬□□匹,俘車30輛,俘牛355牛,羊38羊 (2)俘馬14匹,俘車100餘輛
中期	敔簋	《集成》4322	敔				○	獲馘100、執訊2夫……将戎俘人114人。	俘戎兵;盾、矛、戈、弓、箙、矢、裨、胄,凡135。
	史密簋	《近出》489	史密	○			○	獲100人。	
	晉侯銅人	《近二》968	晉侯				○	獲厥君帥師。	
	伯𠭊父簋	《銘圖》5276	伯𠭊父	○				親執訊10夫馘20。	俘金50鈞
	柞伯鼎	《近二》327	柞伯	○				執訊2夫,獲馘10人。	
晚期	多友鼎	《集成》2835	多友				○	郗:多友有折首執訊:凡以公車折首2□5人,執訊23人;……卒復笱人俘。龔:折首36人,執訊2人;楊冢:公車折首115人,執訊三人……復奪京師之俘。	郗:俘戎車117乘 龔:俘車10乘

續表

時期	銘文	著錄	作器者	對外征伐	對內征討	戍守	卻退	人	物資
	敔簋	《集成》4323	敔				○	長榜載首 100，執訊 40，奪俘人 400。	
	虢季子白盤	《集成》10173	虢季子白				○	折首 500，執訊 50。	
	禹鼎	《集成》2833	禹		○			獲厥君馭方。	
晚期	晉侯穌鐘	《近出》35—50	晉侯穌				○	夙夷：晉侯穌折首 120，執訊 23 夫；匐城：折首 100，執訊 11 夫；淖列夷：晉侯穌折首 110，執訊 20 夫，大室小臣車僕折首 150，執訊 60 夫。	
	師袞簋	《集成》4313	師袞	○				即賀孚（厥）邦嘼（酋）、曰弇、曰袋（袋）、曰鈴、曰達，師袞虔不孚（孚）。	

曩、贅（萊）、僰尿、左右虎臣，正（征）淮尸（夷），即賢乎（厥）邦酋（酋），曰
戒、曰粦（쯤）、曰鈴、曰達，師衰虔不夆（墜）。""齊師、曩、贅（萊）、僰尿、左右虎臣"，銘
文中詳細記錄了衰所率領的軍事勢力①。雖然銘文中没有記載具體戰果，但
没有遺漏最重要的戰果——俘獲了淮夷邦酋。

西周晚期的應侯視工鼎（《近二》323）、應侯視工簋銘文（《銘圖》5311）中可
見應侯視工承周王之命擔任統帥征伐南夷毛的例子。目前爲止，這是諸侯作
爲作器者的擔任統帥進行對外征伐戰的唯一例子。總之，在對外征伐戰中周
王之外的統帥作的銅器銘文，只有小盂鼎、師衰簋和應侯視工鼎、簋而已。

我們接着看一下作器者在却退戰中擔任統帥的例子。如戒率領有司、
師氏却退淮戎（戒簋，《集成》4322）；師旋承王命救援齊國（五年師旋簋，《集
成》4216）；虢季子白承王命率領軍隊却退玁狁的内侵（虢季子白盤，《集成》
10173）等。甚至有貴族的私屬將領擔任統帥進行却退戰的例子：多友鼎銘
文（《集成》2835）曰："唯十月，用嚴（玁）烕（狁）放（方）興（興），廣（廣）伐京自
（師），告追于王，命武公：'遣乃元士，羞追于京自（師）。'武公命多友衛（率）
公車，羞追于京自（師）"。玁狁内侵京師，周王命武公出兵追擊，武公再命
自己的私屬多友率領公車出兵救援京師，却退玁狁。此外，疑爲應國將領
的敔也承周王之命出兵却退南淮夷的内侵（敔簋，《集成》4323）。却退戰
爲了及時追擊而阻止地方的掠奪，往往以小規模進行軍事運作，因此跟其
他性質的戰爭不同，像多友、敔這樣地位不高的將領也可以擔任統帥進行
作戰。

以上，論述了作器者作爲軍隊統帥時的銘文所見的記載特徵。若作器者
爲周王，則在銘文上表明通過這次戰役附屬於王朝的邦國多少，而未記述具體
的戰功；若爲貴族則不同，銘文上一一記述他的戰功。從天子的立場上看，重
要的是確認而加强自己的天子地位，具體的戰功不是很重要。貴族則不同，對
他來説，重要的是刻録自己的功績而顯揚自家的名譽。

①　"曩"、"贅（萊）"、"僰"是山東的古國；"尿"劉釗先生認爲即史密簋所見之"眉"字，釋爲"殿"，即後
　　軍之義。參見陳槃：《春秋大事表列國爵姓及存滅表譔異》，臺北：中研院歷史語言研究所，1969
　　年，第 85 上、165 上、391 上；李學勤：《史密簋銘所記西周重要史實考》，《中國社會科學院研究生
　　院學報》1991 年第 2 期，第 8 頁；劉釗：《談史密簋銘文中的"眉"字》，《考古》1995 年第 5 期，第
　　435 頁。

對外的征伐戰一般由周王或執政大臣擔任統帥而進行軍事活動,却退戰則根據情況有所不同,有時貴族、諸侯擔任統帥及他們的私屬擔任統帥進行作戰。對外征伐戰,經過長時間的準備,調動大規模的軍隊,一般由將領中身份地位最高者擔任統帥,因此多見周王或執政大臣擔任統帥的情況。可是却退戰則不一樣,對應打了就跑的敵人的戰術,周王要采取機動性軍事運作,因此不宜進行大規模的軍事行動,而適合采取小規模的軍事運作戰術,因此相對來説地位較低的將領也可以擔當統帥之任。

二、一般將領

(一)畿内貴族(含私屬於貴族的將領)

作爲王師的六師、八師,並不代表整個西周王朝的軍事力量。各畿内貴族、畿外諸侯和封君、畿外其他邦君均擁有自己的軍隊,西周王朝的軍事力量就是由王師、畿内貴族、畿外諸侯和封君、畿外其他邦國軍隊聯合構成的。其中周王朝的主要軍事力量是能夠實際參戰的將領和他所率領的族軍。我們分析西周戰爭銅器銘文所見的軍事力量時,發現貴族家族軍的力量是不可忽視的,西周戰爭銅器銘文中多半由貴族將領所作,便可以旁證這一點。我們在梳理相關銘文的過程中,可以發現如下幾個特徵。

第一,這些貴族將領都受命於統帥或上級將領。如太保受周王之命征伐彔子聖(太保簋),不嬰受伯氏之命(不嬰簋蓋),雩受祭公之命與史旗率領師氏、有司進行軍事活動(雩鼎)。至於史密的情況:"王令(命)師俗、史密曰:東征。"雖然他直接受周王之命,但他畢竟是個史官,很可能是作爲輔佐統帥而參戰的,這次戰爭的統帥應該是師俗(史密簋)。

此外,有關銘文會省略受命的情景,但還有通過"A 從 B"或"A 以 B"的句型來表示上下關係的銘文,如過伯簋銘文(《集成》3907)"過白(伯)從王伐反枊(荆)……",啓尊銘文(《集成》5983)"啓從王南征",虢仲盨銘文(《集成》4435)"虢中(仲)以王南征"等。

第二,除了命令之外,蔑曆和賞賜也是受於統帥或上級將領的,以作器者爲中心,其命令、蔑曆、賞賜關係列表於下(表 1-15)。

表 1－15　以作器者爲中心的軍事命令、蔑曆、
賞賜的關係（帶灰色底紋者爲統帥）

時期	銘文	著錄	作器者	命令施	命令受	蔑曆施	蔑曆受	賞賜施	賞賜受
早期	塱方鼎	《集成》2739	塱					周公	塱
	禽簋	《集成》4041	禽					王	禽
	犅刧尊	《集成》5977	犅刧					王	犅刧
	小臣單觶	《集成》6512	小臣單					周公	小臣單
	太保簋	《集成》4140	大保	王	大保			王	大保
	𣄰鼎	《集成》2740	𣄰	祭公	𣄰				
	小臣謎簋	《集成》4238	小臣謎				小臣謎	伯懋父	小臣謎、師
	旅鼎	《集成》2728	旅					公太保	旅
	中方鼎	《集成》2785	中					王	中
	中觶	《集成》6514	中					王	中
	折尊	《集成》6002	作册折					王	相侯
								王	作册折
	趞尊	《集成》5992	趞					王	趞
中期	彔卣	《集成》5420	彔	王	戜	伯雍父	彔	伯雍父	彔
	稽卣	《集成》5411	稽			師雍父	稽	師雍父	稽
	𣪘尊	《集成》6008	𣪘			（仲競父）	𣪘	仲競父	𣪘
	遇甗	《集成》948	遇			𣩘侯	遇	𣩘侯	遇
	臤鼎	《集成》2721	臤			師雍父	臤	師雍父	臤
	彔簋	《集成》4122	彔			伯雍父	彔	伯雍父	彔
	競簋	《集成》4134	競			伯屖父	競	伯屖父	競
	競卣	《集成》5425	競	（王）	伯屖父	伯屖父	競	伯屖父	競
	無㠱簋蓋	《集成》4227	無㠱					王	無㠱
	史密簋	《近出》489	史密	王	師俗史密				

續　表

時期	銘文	著　錄	作器者	命　令		蒐　曆		賞　賜	
				施	受	施	受	施	受
中期	冒鼎	《近出》352	冒	晉侯	冒			晉侯	冒
	蓍簋	《近二》424	蓍					楷侯	蓍
晚期	不嬰簋蓋	《集成》4329	不嬰	伯氏	不嬰			伯氏	不嬰
	晉侯穌鐘	《近出》35—50	晉侯穌	王	晉侯穌			王	晉侯穌
	卌二年逨鼎	《近二》328	逨	王	逨			王	逨

　　周王擔任統帥的時候，這些將領都從周王接受蒐曆、賞賜，如昭王南征時期的作册折、遣、中。貴族擔任統帥的時候，則從貴族接受蒐曆、賞賜，如記載"戍守古師"的录卣、穩卣、鼄鼎等銘文。至於不嬰簋蓋銘文中的不嬰，受命於伯氏進行軍事活動，立功後向伯氏報告，最後賞賜也從伯氏接受，即伯氏爲統帥，不嬰是配合他參戰的將領。間或可見從聯合作戰的將領處接受蒐曆、賞賜的情況，如遇甗銘文(948)曰："隹(唯)六月既死霸(霸)丙寅，師雒(雍)父戍才(在)古自(師)，遇從師雒(雍)父肩(肩)史(事)遇事(使)于猷(胡)厌(侯)，厌(侯)蒐遇曆(曆)，易(賜)遇金……"遇從師雍父戍守古師的時候，受師雍父之命前往到猷地，猷侯蒐曆他，並賜給他銅料。這並非對其私屬的蒐曆、賞賜，而帶有對訪客的禮遇的性質。

　　(二) 畿外諸侯、封君及其他邦國

　　諸侯原來主要是在邊域地區的軍事重鎮擔當防禦和斥候的職官，他們在邊域地區扮演着很重要的軍事性角色。其周圍散佈着許多邦國，這些邦國也往往配合周王參戰。本章第二節，列舉了作爲作器者的諸侯擔當統帥進行軍事活動之例，如應侯視工承周王之命擔任統帥征伐南夷毛，疑爲應國人的敌承周王之命卻退南淮夷，則配合周王之命進行征伐、卻退敵方無疑是諸侯的重要任務之一。下文繼續討論作器者身份爲侯國人的銅器銘文的特徵。

　　首先，可找到諸侯之臣所作的銅器銘文。如臣諫鼎銘文(《集成》4237)曰：

"隹(唯)戎大出于軧,井(邢)厌(侯)厚(搏)戎,征(誕)令臣諫□□亞旅處于軧,仇(從?)王□□,……"戎在軧地出没,邢侯出兵却退他們,讓臣諫率領亞旅成守軧地。箸簋銘文(《近二》424)曰:"隹(唯)十月初吉壬申,馭戎大出于楷(楷),箸博(搏)戎,執嘰(訊)隻(獲)戝(馘)。……"戎在楷地出現,疑爲楷國的箸出兵却退他們。這些銘义的内容中可見"侯"在周王朝中的角色,即在邊域地區的軍事重鎮擔當防禦和斥候的任務。此外,周圍友邦告急,侯國出兵救援他們的例子:曡鼎(《近二》352)"隹(唯)七月初吉丙申,瞀(晉)厌(侯)令(命)曡追于佣,休又(有)禽(擒)。"曡是晉侯之臣,承晉侯之命,出兵救援佣國。臣諫、箸、曡皆爲諸侯之臣,都承諸侯之命而出兵、向諸侯報告戰況、接受諸侯之賞賜。

西周時期,晉侯的活動範圍很廣泛。如晉侯穌隨行周王巡狩東國、南國(晉侯穌鐘,《近出》35－50),傳世文獻中,有晉穆侯隨宣王征伐條戎,戰於千畝①,此外出兵阻止而却退淮夷的内侵:"隹(唯)五月,灘(淮)尸(夷)伐格,晉厌(侯)厚(搏)戎,隻(獲)殍(厥)君冢師,厌(侯)号(揚)王于絲(兹)。"(晉侯銅人,《近二》968)淮夷侵犯格地,晉侯出兵却退他們,獲擒了他們的君長。對此格地所在學界有所爭議②,但此銘仍可證明當時晉侯在西周時期有相當廣泛的軍事活動範圍。

小　結

本章對本書所依據之西周戰爭銅器銘文進行文本分析,發表對各戰爭銅器銘文的看法。西周戰爭銅器銘文具有個人特徵,因此本書將主要站在作器

① 《後漢書·西羌傳》宣王三十六年"王伐條戎",《史記·晉世家》"(穆侯)七年,伐條";《史記·周本紀》宣王三十九年"戰於千畝",《晉世家》"十年,伐千畝",很可能晉侯隨從周王進行戰爭。參見《後漢書卷八七《西羌傳》,第2871頁;《史記》卷三九《晉世家》,第1637頁;同書卷四《周本紀》,第144頁。

② 李學勤先生認爲當系晉地或與晉國鄰近,這個"格"就是戰國時韓地格氏。河南滎陽北的張樓村曾出土多種"格氏"陶文,應即其所在(李學勤:《晉侯銅人考證》,第120頁)。此外黄錦前、張新俊先生提出"霸"與"格"相通。據此謝堯亭先生進一步提出晉侯銅人銘文中的"格"就是"霸"的見解。具備一説(黄錦前、張新俊:《説西周金文中的"霸"與"格"》,簡帛網"簡帛文庫——古文字",2011年5月3日發表,http://www.bsm.org.cn/show_article.php?id=1471;謝堯亭:《簡論橫水與大河口墓地人群的歸屬問題》,收入山西省考古研究所編:《有實其積——紀念山西省考古研究所六十華誕文集》,太原:山西人民出版社,2012年,第378頁)。

者的立場來分析內容。與戰爭有關的銅器銘文中有直接講述戰爭且作器者也表明自己參戰之例，這具有很高的參考價值。有的銘文記載戰爭，但作器者並未參戰；有的銘文未記戰爭，但與其他銘文聯繫起來分析，可以得知其與戰役有關，這些銘文對本書研究具有相當高的價值，因此本書將這些銘文皆歸於間接性戰爭銅器銘文。與此相關，筆者特別要指出如下幾點：

第一，作器者稱自己的時候，一般用自己的私名，尤其在獻給祖先的銅器上，幾乎都用自己的私名。不過，新出的霸伯諸器，不用自己的私名，而用"霸伯"或"伯"來表示自己，尤其是尚盂銘文，銘文的開頭用了自己的私名，可是在嘏辭上卻以"霸伯"稱自己。是否這些銅器都由其他邦國所作？中原文化是否尚未完全融入霸國地區？現在難以考知其原因，但至少可以肯定霸國具有與中原區別的特殊性。

第二，作器者稱他人的時候，一般不用其私名，而用職官或者氏、字等，用私名的時候，一般以職官或排行來冠名。這與《儀禮·士冠禮》"冠而字之，敬其名也"一脈相承。在戰爭銅器銘文中也有例外，如師旂鼎、录卣銘文等，可見作器者稱他人用其私名之例。不過，這些例子皆屬於作器者稱自己手下之時，或者周王命貴族之時，都是上級稱下級，實屬特殊之例，並非一般的現象。

第三，西周參戰人物中，有以"臣"、"小臣"、"小子"冠名的例子，《官制》皆以爲職官。筆者認爲當然不能排除其可能性，如晉侯穌鐘銘文中可見"大室小臣"，此"小臣"應指某種身份之人。不過，在其他西周戰爭銅器銘文中，所見"臣＋人名"、"小臣＋人名"、"小子＋人名"之例，均屬於作器者的自稱，不見他稱的用法。因此，筆者認爲將這些例子均視爲作器者的謙稱，最爲合理。

第四，本章討論了因作器者在軍旅中的不同地位所造成的西周戰爭銅器銘文的不同特徵。首先，梳理了作器者在軍旅中擔當統帥的例子。在記述內容方面，據身份地位而有所差異：其爲周王時，就天下的框架進行記述；其爲貴族、諸侯時，就家族、侯國的框架進行記述；其爲貴族、諸侯的私屬時，則在更小的框架下進行記述。此外，銅器銘文中雖可見身份較低的作器者擔當統帥之例，但在對外征伐戰上不見其例，只見於卻退戰。其次，探討了一般將領、畿外諸侯作器者的記述特徵。畿內貴族將領也好，畿外諸侯也好，皆受命於統帥，至於蒐曆、賞賜亦均從統帥處接受。統帥因受命於周王，其地位居於這些將領之上，從而得以掌控這些將領，這是當時維持以周王爲中心的軍事領導系統的一種重要機制。

第二章　西周王朝的軍事力量

第一章分析了西周戰爭銅器銘文的文本特徵,以此爲基礎,本章將要討論西周戰爭記載中"王朝軍"的軍事力量。

第一節　西周王朝軍事力量的類型

周王朝是以農業爲主的社會,軍事力量也以農民爲主,即一般稱爲"兵農合一"的社會。就行政地理而言,西周王朝尚未進入到領域國家的階段,尚未出現一元化的行政區劃。周王有自己的領地,即文獻所謂"六鄉"。周圍有受封於周王的畿内貴族,其外有畿外封君與諸侯。這些畿内貴族、畿外的封君與諸侯,皆擁有自己的領地,以此構成自己的軍事組織。這些軍事組織可歸納爲如下三類:一、主要從周王之鄉邑所出的"王師";二、畿内貴族的族兵;三、畿外封君與諸侯的軍隊。此外,有些戰爭銅器銘還載有位於"侯"外之"邦國"爲王朝出兵助陣的情況。本節以戰爭銅器銘文爲主,進行相關問題的討論。

一、王師

西周戰爭銅器銘文所見的王師,主要有六師、八師及虎臣等禁衛軍,本小節要分別討論他們的軍事活動。

(一) 六師、八師

西周時期的六師、八師屬於王室軍隊,這基本是没有問題的,但是其構成及性質還需要討論。從 20 世紀 60 年代起,學界便對這個問題展開了激烈的討論,但是至今未有定論。在這樣的情況下,筆者要簡單地闡述一下對六師、八師的構成以及其軍事活動的看法。

首先,梳理一下傳世文獻和出土文獻中所見的六師和八師(見表2-1、2-2)。

表2-1　傳世文獻所見的"六師"①

名稱	出　　處	相　關　內　容
六師	《尚書·康王之誥》	張皇六師,無壞我高祖寡命。
	《詩經·小雅·瞻彼洛矣》	韎韐有奭,以作六師。
	《詩經·大雅·棫樸》	周王于邁,六師及之。
	《詩經·大雅·常武》	整我六師,以修我戎。
	《孟子·告子下》	一不朝,則貶其爵;再不朝,則削其地;三不朝,則六師移之。
	《呂氏春秋·仲夏紀·古樂》	武王即位,以六師伐殷,六師未至,以鋭兵克之于牧野。
	《國語·周語下》	王以黄鐘之下宫,布戎于牧之野,故謂之厲,所以屬六師。
	《初學記》七《地部》下引《竹書紀年》	《紀年》曰:"周昭王十九年,天大曀,雉兔皆震,喪六師于漢。"
	《後漢書·西羌傳》②	夷王衰弱,荒服不朝,乃命虢公率六師伐太原之戎,至于俞泉,獲馬千匹。
	《穀梁傳》襄公十一年	古者天子六師,諸侯一軍。

① 均見於《尚書正義》卷一九,第244頁;《毛詩正義》卷一四之二,第479頁;同書卷一六之三,第514頁;同書卷一八之五,第576頁;《孟子注疏》卷一二下,第2759頁;許維遹撰:《呂氏春秋集釋》,北京:中華書局,2009年,第127頁;徐元誥撰,王樹民、沈長雲點校:《國語集解》(修訂本),第127頁;方詩銘、王修齡撰:《古本竹書紀年輯證》(修訂本),第46、57頁;《春秋穀梁傳注疏》卷一五,第2427頁。"表2-1"、"表2-2",均在商艷濤先生《西周軍事銘文研究》"表1-1"、"表1-3"的基礎上修改而成。參見商艷濤:《西周軍事銘文研究》,廣州:華南理工大學出版社,2013年,第24、31頁。

② 《後漢書》卷八七《西羌傳》,第2872頁注[四]:見《竹書紀年》。

表 2－2　西周銅器銘文所見的“六師”、“八師”

名稱	時代	器　物	著　録	相　關　内　容
六師	早期	肈賈簋	《集成》4047	王令(命)東宫追吕(以)六𠂤(師)之年。
	中期	盠方尊	《集成》6013	用𤔲(司)六𠂤(師)、王行、參有𤔲(司):𤔲(司)土、𤔲(司)馬、𤔲(司)工。王令(命)盠曰:䚄𤔲(司)六𠂤(師)眔八𠂤(師)埶(埶)
	中期	吕服余盤	《集成》10169	服(服)余,令(命)女(汝)㪅(更)乃且(祖)考事,疋(胥)備中(仲)𤔲(司)六𠂤(師)服(服)
	晚期	〔攸火〕戒鼎	《近出》347	用正(政)于六𠂤(師)
	晚期	南宫柳鼎	《集成》2805	王乎(呼)乍(作)册尹册令柳:𤔲(司)六𠂤(師)牧陽(場)大(虞)□
西六師	晚期	禹鼎	《集成》2833	王廼命西六𠂤(師)、殷八𠂤(師)……叀(唯)西六𠂤(師)、殷八𠂤(師)伐噩(鄂)灰(侯)馭方,勿遺𠷎(壽)幼
八師	中期	盠方尊	《集成》6013	䚄𤔲(司)六𠂤(師)眔八𠂤(師)埶(埶)
	晚期	小克鼎	《集成》2796	王命譱(膳)夫克舍(捨)令(命)于成周,遹正八𠂤(師)之年
殷八師	早期	小臣謎簋	《集成》4238	白(伯)懋父吕(以)殷八𠂤(師)征東尸(夷)
	晚期	禹鼎	《集成》2833	王廼命西六𠂤(師)、殷八𠂤(師)……叀(唯)西六𠂤(師)、殷八𠂤(師)伐噩(鄂)灰(侯)馭方,勿遺𠷎(壽)幼
成周八師	中期	曶壺蓋	《集成》9728	乍(作)冢𤔲(司)土于成周八𠂤(師)

傳世文獻所見的“六師”即出土文獻所見的“六師”、“西六師”,學界對此没有異議,不過對“八師”的看法尚有不同。“八師”未見於傳世文獻,銅器銘文中

有時稱"殷八師",有時稱"成周八師",兩者是同一組織的不同稱法[①],還是兩支不同的軍事組織?[②] 學界對此尚無定論。如果没有更多的資料出現,這個問題的答案仍然難以確定。不過圍繞六師、八師的一些小問題,通過分析相關資料,可以提出一些新的看法。

第一,關於六師、八師的來源與構成。《周禮》認爲,周王朝有六鄉,每鄉有鄉大夫治理鄉邑,非常時期,將兵出征,率領六師的鄉大夫即六卿[③],表明當時"兵農合一"的模式。《周禮》雖然晚出,但從社會發展程度來看,《周禮》成書之時的社會充其量便是如此。那麼在這以前的社會,不太可能會超出《周禮》所載的模式。南宫柳鼎銘文載有"嗣(司)六自(師)牧阞(場)大(虞)□",可見六師、八師跟當時的農牧業有關。這可旁證西周時期"兵農合一"的地緣性軍事結構,即一鄉(或邑)出一師(或軍),六師是出自六鄉(六邑)的軍事組織[④]。

第二,關於六師、八師的軍事活動問題。傳世文獻和出土文獻中,六師、八師的軍事活動記載不是很多:西周戰爭銅器銘文中只有肇賈簋(《集成》4047)、小臣謰簋(《集成》4238)、禹鼎銘文(《集成》2833)之例;傳世文獻中有昭王南征、虢仲率六師伐太原之戎的例子。

文獻中直接提到六師、八師的軍事活動不多,可以認爲當時六師、八師的軍事力量不是很强。但是我們應該考慮一個環節,無論是傳世文獻還是出土文獻,周王親征的記録不少。那麼周王所率領的軍事組織是什麽? 爲了解決

① 于省吾:《略論西周金文中的"六自"和"八自"及其屯田制》,《考古》1964 年第 3 期;常征:《釋"六師"——兼述西周王朝武裝部隊》,《河北大學學報》1981 年第 2 期;王慎行:《吕服余盤銘考釋及其相關問題》,《文物》1986 年第 4 期;李學勤:《論西周金文中的六師、八師》,《華夏考古》1987 年第 2 期;陳恩林:《先秦軍事制度研究》,長春:吉林文史出版社,1991 年;吴榮曾:《有關西周"六師"、"八師"的若干問題》,收入宋鎮豪等主編:《西周文明論集》,北京:朝華出版社,2004 年;商艷濤:《西周軍事銘文研究》,第 24—32 頁。

② 徐中舒:《禹鼎的年代及其相關問題》,《考古學報》1959 年第 3 期;楊寬:《論西周金文中"六自""八自"和鄉遂制度的關係》,《考古》1964 年第 8 期;肖楠:《試論卜辭中的師和旅》,《古文字研究》第 6 輯,北京:中華書局,1981 年;王人聰:《西周金文的殷八師與成周八師——讀金文札記》,《考古與文物》1993 年第 3 期等。

③ 清代學者江永説:"五家爲比,故五人爲伍,伍長下士即比長也。閭出二十五人爲兩,兩司馬中士即閭胥也。族出百人爲卒,卒長上士即族師也。黨出五百人爲旅,旅帥下大夫即黨正也。州出二千五百人爲師,師帥中大夫即州長也。鄉出萬二千五百人爲軍,軍帥命卿即鄉大夫,亦即王朝之六卿也。《大司馬》之序官與《大司徒》六鄉之官正相合。"江永:《周禮疑義舉要》,王雲五主編:《叢書集成初編》,上海:商務印書館,1935 年,第 51 頁。

④ 李學勤:《論西周金文中的六師、八師》,《華夏考古》1987 年第 2 期,第 209 頁。

這個問題,我們看一下傳世文獻對昭王南征的記載:

　　　　周昭王十九年,天大曀,雉兔皆震,喪六師于漢。　(《初學記》七引《竹書紀年》)①

《竹書紀年》記載當時昭王率領的是"六師",但在與此有關的戰爭銅器銘文中,則未見"六師"的記載②。如果没有傳世文獻作證,難以肯定昭王率領六師的史實。戰爭銅器銘文中少見六師、八師的軍事活動,但這不能説明西周時期六師、八師的活動很少。也許西周銅器銘文具有個人性質的特徵,主要記載自己的事情,省去了其他軍事力量的活動內容。

　　六師和八師有時跟隨王朝大臣參戰。如小臣謰簋銘文所見,伯懋父率領"殷八師"進行戰爭而立功;肇貯簋銘文所載,東宮率六師伐巢。在傳世文獻中也可見同樣的例子:《後漢書·西羌傳》"夷王衰弱,荒服不朝,乃命虢公率六師伐太原之戎,至于俞泉,獲馬千匹"③,《詩經·大雅·常武》"赫赫明明,王命卿士,南仲大祖,大師皇父。整我六師,以修我戎,既敬既戒,惠此南國"④。由此可知,有時候王朝大臣會率領作爲王師的六師、八師進行作戰。這些例子讓我們想到一種可能性:就是有些王朝大臣率師作戰的銅器銘文中,雖然没有提及六師、八師,但是仍然可以推測,有時他們所率的軍事力量很可能也是六師、八師或者其中一部分。

　　總之,雖然傳世文獻和出土文獻中有關六師、八師的作戰記載不多,但不能排除因爲西周銅器銘文的個人性質的特徵,將六師、八師的軍事活動遺漏的可能性。周王親征的時候應該帶領六師、八師,有的情況下,周王也可能命王朝大臣率領六師、八師進行作戰。即當時作爲王師的六師、八師的軍事活動實際上肯定不會少,其力量也不會那麼微弱。

（二）周王的禁衛兵

　　"禁衛兵"係後起詞,西周時期並没有這個詞,所以用詞上應需慎重考慮。

_____

①　方詩銘、王修齡撰:《古本竹書紀年輯證》(修訂本),第 45—46 頁。
②　請參見本章第二節表 2-8。新出的京師畯尊的作器者"京師畯"爲"京師"氏,這京師是否六師之一,尚不能確定。
③　《後漢書》卷八七《西羌傳》,第 2871 頁注曰:"見《竹書紀年》。"
④　《毛詩正義》卷一八之五《常武》,第 576 頁。

《漢語大詞典》"禁衛軍"條説:"保衛帝王或京城的軍隊。"[1]西周時期應當已有這個概念所指的士兵,不過當時將他們叫作什麽,目前無法得知。因此筆者爲表述之便利,在此借用"禁衛兵"一詞。《周禮》所見屬於禁衛兵的職官有"虎賁氏"、"旅賁氏"等,"虎賁氏"在西周銅器銘文中稱爲"虎臣"。

西周時期是否存在常備軍?迄今有不少議論[2]。但是,"兵農合一"的社會中,難以肯定有現代概念的常備軍的存在,不過至少在周王左右保衛周王的士兵,很可能帶有脱離生産勞動的常備軍的性質[3]。這些主要保衛周王的禁衛兵,在戰場上也是一支很重要的軍事力量。周王親征的時候,他們應該隨周王參戰,甚至還可見周王没有參戰時候也跟著王朝大臣出征的例子:

> 玆曰:烏(嗚)虖(呼)!王唯念玆辟剌(烈)考甲公,王用肇吏(使)乃子玆,遆(率)
> 虎臣御醻(淮)戎。"……　　　　　　　　　　　　　　　　(玆方鼎,《集成》2824)
>
> 王若曰:師寰,叀淮尸(夷),縣我員(帛)晦臣,今敌(敢)博(薄)毕(厥)衆旅,反
> (返)毕(厥)工事(吏),弗速(蹟)我東鹹(國),今余肇令女(汝)遆(率)齊帀(師)、曩、釐
> (萊)、僰尿,左右虎臣,正(征)淮尸(夷),……　　　　　　　　(師寰簋,《集成》4313)

玆率領虎臣抵禦淮戎,師寰率領左右虎臣作戰。

此外,西周銅器銘文中可見"王行",只一例,盠方彝銘文(《集成》9899)曰:

> 唯八月初吉,王各(格)于周淖(廟),穆公右盠,立于中(中)廷,北卿(向),王册令
> (命)尹,……曰:用嗣(司)六自(師)王行,參(叁)有嗣(司):嗣(司)土、嗣(司)馬、嗣
> (司)工,王令(命)盠曰:歔嗣(司)六師罘(暨)八師钒(孰),……

---

① 《漢語大詞典》第 7 册,上海辭書出版社,1986—1994 年,第 931 頁。

② 韓國的崔在容先生指出通常爲了維持常備軍的戰鬥力,不讓他們從事其他生産活動,這是在國王能夠確保一定的財源和專制權力的前提之下,才能夠實現的。與此相比,西周時期國王是不是掌握了足夠的財源和專制權力,目前尚未發現任何端緒。王貴民先生認爲,難以肯定當時是否存在現代概念的常備軍,不過"有固定的軍事編制,以貴族爲骨幹,有一些較長時間在軍服役的人員,則是具有常備軍的性質。這是商代的情形,西周編制若干個師,已是王朝中央直轄的常備軍。這種常備軍平時並不滿員,僅留一定數量的貴族甲士在營,其他士兵務農,定期參加軍訓,臨戰即編制滿員。這可以説是古代社會的常備軍"。參見[韓]崔在容:《西周軍制의特性과그性格에對한一考察(關於西周軍制之特性及性格的一考察)》,(韓)《慶北史學》第 21 輯,1998 年,第 58—59 頁;王貴民:《商周制度考信》,臺北:明文書局,1989 年,242 頁。

③ 王貴民:《商周制度考信》,242 頁。

“王行”的“王”，無疑指的是周王，“行”，應該是“公行”之“行”。公行，《詩經·魏風·汾沮洳》：“美如英，殊異乎公行。”毛傳：“公行，從公之行也。”鄭玄箋：“從公之行者，主君兵車之行列。”①則王行可理解爲“從王之行也”。不過這難免有孤證之嫌，而且尚未發現“王行”的軍事活動，因此存疑，有待新的資料問世後進行討論②。

二、畿內貴族的族兵

春秋時期，晉國的中行氏和智氏皆爲荀氏之別族③，不過中行氏被滅之時，智氏猶在，且立功於滅中行氏④。輔氏爲智氏之別族，智果認爲智氏必亡，因此經太史認定從智氏分出爲輔氏。三晉滅智氏，但輔氏沒有被滅。下引史料是輔氏從智氏分出來的原因及其經過⑤：

> 智宣子將以瑤爲後，智果曰：“不如宵也。”宣子曰：“宵也很。”對曰：“宵之很在面，瑤之很在心。心很敗國，面很不害。瑤之賢於人者五，其不逮者一也。美鬢長大則賢，射御足力則賢，伎藝畢給則賢，巧文辯惠則賢，彊毅果敢則賢。如是而甚不仁，以其五賢陵人，而以不仁行之，其誰能待？若果立瑤也，智宗必滅。”弗聽。智果別族於太史爲輔氏。及智氏之亡也，唯輔果在。

這段史料中，有兩個很重要的環節：一、“智果別族於太史爲輔氏”；二、“及智氏之亡也，唯輔果在”。從第一個環節可知，當時要建立一“家”，一定要登記於太史。當時關於這些家族的文檔應該由太史所管，家族的註册、世襲應該也歸太史掌管。至於第二個環節，智果剛分出來不久，作爲本族的智氏滅亡了，他們之間同族意識應該是很强的，但是輔氏並沒有受到影響。

對此，可以從西周時期的一些銅器銘文中發現一些蛛絲馬跡：在册命典禮中史官宣讀文書，與第一環節有關；懿、孝、夷、厲王時期顯赫一時的井氏家

---

① 《毛詩正義》卷五之三《魏風·汾沮洳》，第 357 頁。
② 也許周王身邊的虎臣、走馬等都屬於王行之例。
③ 《世本》茆泮林輯本，收入《世本八種》，北京：中華書局，2008 年，第 48 頁。
④ 《史記》卷三九《晉世家》，第 1685 頁：“荀櫟、韓不信、魏侈與范、中行爲仇，乃移兵伐范、中行。范、中行反，晉君擊之，敗范、中行。”
⑤ 徐元誥撰：《國語集解·晉語九》（修訂本），第 454 頁。

族，在宣、幽時期幾乎不見，只能見到其別支"豐井氏"、"鄭井氏"，也許經過厲王末年的國人暴動，井氏本族受到衝擊①，其別支卻未受到影響，這可以説與上述第二環節有關。從此推知，西周時期周王室與王朝貴族之間的關係，應該與春秋時期晉國公室與晉國貴族之間的關係差不多。

　　從西周銅器銘文可知，這些家族擁有自己的土地，世世代代、父死子繼地受周王的册命，有時率領自己的"族"前去打仗。這些"族"是西周軍事力量中的中流砥柱。

　　傳世文獻中罕見這種事例，目前所見的同時代史料只有《尚書》、《詩經》、《逸周書》中的某些資料，幾乎都是站在王朝的立場上撰寫的。《史記》中也有記載，不過其主要史料除了《本紀》就是《世家》，皆是以王室、諸侯爲中心編撰的，因此難以尋找王朝貴族族兵的軍事活動。與此相反，西周戰爭銅器銘文中有不少貴族族兵的活躍事件，這是因爲這些銅器銘文是爲了炫耀自己或者自己的主君而鑄造的，因此具有相當高的參考價值。筆者便據此來考察當時貴族族兵的軍事活動。

圖2-1　魯侯尊銘文

　　先看一下西周戰爭銅器銘文中記載"族"的軍事活動的資料。魯侯尊銘文（《集成》4029，圖2-1）：

　　　　唯王令（命）𣄴（明）公遣（遣）三族伐東或（國），才（在）葊，魯医（侯）又（有）𡅏（縣）工（功），用乍（作）𣄵（旅）彝。

　　周王命明公派遣三族征伐東國，這裏的"族"應該是一種單位②。"三族"，即三個族群的軍事力量。班簋銘文（《集成》4341，圖2-2）中也可見"族"軍的軍事活動：

　　　　王令毛公吕（以）邦冢君、土（徒）馭、或人伐東或

---

①　韓巍：《西周金文氏族研究》，北京大學博士學位論文，2007年，第147頁。
②　朱鳳瀚先生指出卜辭中的"族"多是軍事組織，只是因爲當時往往以族人同時兼爲戰士。朱鳳瀚：《商周家族形態研究》（增訂本），天津古籍出版社，2004年，第28頁。

（國）瘏戎，咸，王令吴白（伯）曰：呂（以）乃自（師）右（左）比毛父，王令吕白（伯）曰：呂（以）乃自（師）右比毛父，趣（遣）令曰：呂（以）乃族從父征。……

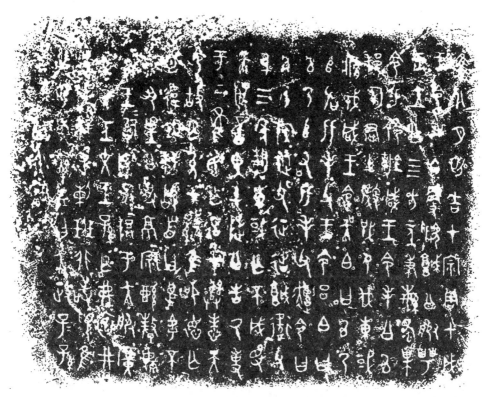

圖2-2　班簋銘文

　　周王命毛公率領"邦冢君、土（徒）馭、戎人"征伐東國，又命吴伯率領"乃師"在左邊爲毛公助陣，吕伯率領"乃師"在右邊爲毛公助陣，再命他們説率領"乃族"從毛父作戰①。

　　《周禮》所見最大的軍事單位是"軍"，不過西周時期不見"軍"字，因此學界一般認爲西周時期最大的軍事單位是"師"。西周時期周王所率的"六師"應該

① 《銘文選》第三册，第109頁："遣，發。"引《左傳》僖公三十二年："姜氏與子犯謀，醉而遣之。"此遣爲發義。此外，李學勤先生認爲"趣"應該是孟簋銘文（《集成》4163）中的"趞仲"。參見李學勤：《西周中期青銅器的重要標尺》，收入《新出青銅器研究》，北京：文物出版社，1990年，第90頁。

相當於《周禮》所説的"六軍"。上引銘文所見的吳伯和呂伯皆爲王朝封君,都擁有自己的封地①,擁有自己的"師"。此"師"應該不屬於"六師"、"八師"。王朝封君的族兵也見於禹鼎銘文(《集成》2833,圖2-3):

> 禹曰……緐(肆)武公亦弗叚(遐)望(忘)朕(朕)聖且(祖)考幽大弔(叔)、懿(懿)弔(叔),命禹仦(肖)朕(朕)聖且(祖)考,政十丼(邢)邦。……烏(嗚)虖(呼)哀哉!用天降大喪于下或(國),亦唯噩(鄂)厌(侯)馭方,衝(率)南淮尸(夷)、東尸(夷)廣伐南或(國)、東或(國),至于歷内。王廼命西六自(師)、殷八自(師),曰:"劓(撲)伐噩(鄂)厌(侯)馭方,勿遺薵(壽)幼。"緐(肆)自(師)彌休(怵)匄匡(恇),弗克伐噩(鄂)。緐(肆)武公廼遣禹衝(率)公戎車百乘、斯(斯)馭二百、徒千,曰:"于匡(匡)朕(朕)肅慕,叀(唯)西六自(師)、殷八自(師)伐噩(鄂)厌(侯)馭方,勿遺薵(壽)幼。"雩(零)禹㠯(以)武公徒馭至于噩(鄂),䢔(敦)伐噩(鄂)……

圖2-3　禹鼎銘文

---

① "呂伯",楊樹達先生指出即《尚書・呂刑》的"呂侯";"吳伯",李學勤先生據《史記・吳世家》世系估計是柯相或者疆鳩夷,具備一説。參見《金文説》(增訂本)卷四《毛伯班簋》,(1946年10月17日);李學勤:《班簋續考》,《古文字研究》第13輯,北京:中華書局,1986年,第186頁。

“武公……命禹仦（肖）朕（朕）聖且（祖）考，政于井（邢）邦”，據此可知，當
時武公是井邦的大宗，也許是井邦之“伯”①。鄂侯反叛時，周王率領六師、八
師出征，不過未能取勝。這個時候，武公命自己的私屬“禹”，率領“公戎車百
乘、厮馭二百、徒千”出征，最終擒獲了鄂侯。從此得知“井邦”的軍隊不屬於
“六師”、“八師”，而是“井邦”自己獨立組織的一支軍事力量。總之，從班簋、禹
鼎銘文得知，當時王朝封君的族軍不屬於六師、八師，而是各封君獨立組織執
行任務的軍事力量。不過，周王有權調動這些王朝封君的軍事力量，可見當時
軍事領導系統上周王的最高統帥地位。

此外，西周戰爭銅器銘文可見“兮伯吉父”的軍事活動，看兮甲盤銘文（《集
成》10174）：

> 佳（唯）五年三月既死霸庚寅，王初各（格）伐厰（玁）鈗（狁）于䍐盧，兮田（甲）從
> 王，折首執嘫（訊），休亡敃（愍），王易（賜）兮田（甲）馬三（四）匹、駒車……

“兮伯吉父”疑爲傳世文獻中的“尹吉甫”，即當時的執政大臣。疑爲宣王
五年的三月庚寅日，周王初次征伐玁狁的時候，他跟王從軍，立了大功。從《詩
經·六月》“玁狁匪茹，整居焦穫，侵鎬及方，至于涇陽……薄伐玁狁。至于大
原，文武吉甫，萬邦爲憲”②可知，尹吉甫曾率軍征伐過玁狁。有的學者認爲這
兩件征伐玁狁之舉，應爲同一場戰爭③。尹吉甫應該帶着自己的軍隊，不過也
可能他像“虢公”一樣率領王師進行作戰④。

此外，西周戰爭銅器銘文中有“某＋公”及其私屬的軍事活動。如穆王時
期，孟的父親從毛公作戰（孟簋，《集成》4163）；再如西周晚期，武公的私屬將
領，“禹”（禹鼎）和“多友”（多友鼎，《集成》2835）的活躍。以上人物之間的私屬
關係是比較明確的。

不過，也有其私屬關係不清楚的例子。如伯雍父（師雍父）與跟他一起戍
守古師的其他將領之間的關係。彔卣銘文（《集成》5420）中“王令戜曰：䟒淮

---

① 李學勤先生提出“武公”爲武氏之説，可備一説。參李學勤：《論多友鼎的時代及意義》，《人文雜誌》1981年第6期，第89頁。
② 《毛詩正義》卷一〇之二，第424頁。
③ 參見李峰著，徐峰譯《西周的滅亡》，上海古籍出版社，2007年。
④ 《後漢書》卷八七《西羌傳》，第2871頁：“夷王衰弱，荒服不朝，乃命虢公率六師伐太原之戎，至于俞泉，獲馬千匹。”

尸(夷)叡(敢)伐内國，女(汝)戈(其)吕(以)成周師氏戍于舌(古)自(師)，白(伯)雄(雍)父蔑彔曆"，或疑爲伯雍父[①]，周王命他率領成周師氏和有司戍守古師。成周師氏並非伯雍父的私屬，伯雍父與成周師氏之間只存在職務上的上下關係，不存在主從關係。從這個角度再看相關銘文，即彔卣、彔簋(《集成》4122)、稽卣(《集成》5411)、叔尊(《集成》6008)、遇甗(《集成》948)、鬷鼎銘文(《集成》2721)，這些銅器的作器者與伯雍父(師雍父)之間的關係，可以看作主從關係，可是如果他們是成周師氏，則雙方之間不存在主從關係，而只有職務上的上下關係。

　　總之，伯雍父與跟着他戍守古師的將領之間的私屬關係不甚清楚。不過，構成這支軍隊的基本單位，應該是這些將領所率的族軍。"師氏"可省稱爲"師"，"師"可訓爲"長"，指的是族長或者替族長將兵的將領，則彔卣銘文的"成周師氏"，應該是居住在成周各族的族長或者將領。曶鼎銘文(《集成》2740)所見的"師氏"也可看作諸如族群的族長或者將領。

三、畿外的諸侯與封君

　　在邊域地區的"侯"國受封於周王[②]，但周初的"侯"並非表示貴族等級的爵位，而仍是與商晚期的"侯"有近似職能的官稱，即兼封君身份駐在邊域地區保衛王國、有較强的軍事力量的武官[③]。陳槃先生説："'侯'字從矢、從厂者，示武事，重軍功也。'侯'之朔義，已有於武事、軍功；而諸侯之分封，本實在守土而藩屏王室。"[④]因此他們可以擁有獨立的軍事力量。西周戰爭銅器銘文所見的魯侯、蔡侯、鄂侯、晉侯等皆屬於此類。

　　西周戰爭銅器銘文中侯國的軍事活動不少，可見當時諸侯國的軍事活動

---

① 李學勤：《從新出青銅器看長江下游文化的發展》，《新出青銅器研究》(原載《文物》1980 年第 8 期)；劉源：《讀金短札：伯雍父是殷人還是周人》，《出土文獻》第四輯，上海：中西書局，2013 年，第 133—134 頁。

② 本書所説的"諸侯"只限於邊域之"侯"國；"封君"只限於畿外之"侯"以外的封君，如"柞伯"、"吳伯"、"吕伯"等。

③ 朱鳳瀚：《關於西周封國君主稱謂的幾點認識》，收入陝西省考古研究所、上海博物館編《兩周封國論衡——陝西韓城出土芮國文物暨周代封國考古學研究國際學術研討會論文集》；裘錫圭：《甲骨卜辭中所見的"田"、"牧"、"衛"等官職的研究》，《文史》第 19 輯，第 1—13 頁。

④ 陳槃：《"侯"與"射侯"》，《中研院歷史語言研究所集刊》第 22 卷，1950 年。

範圍很廣泛。尤其是晉國,有時晉侯會陪同周王巡視東國、南國(晉侯穌鐘),有時接受周王之命前往戰場却退侵略者(晉侯銅人),有時出兵援助其他邦國(昌鼎)等等。

至於畿外封君的軍事活動,相對來説比較少見。如班簋銘文所見的呂伯、吳伯的軍事活動,再如柞伯鼎銘文所見的柞伯的軍事活動。

我們簡單分析一下西周戰爭銅器銘文所見畿外諸侯和封君的軍事活動(見表2-3)。

據此,畿外的諸侯與封君的軍事活動主要可分爲一下四類:

第一,陪同周王進行軍事活動。湝司土逡簋銘文所見的康侯,折尊所見的相侯,晉侯穌鐘的晉侯屬於此類。周成王伐商邑的時候,康侯跟隨周王;昭王南征的時候,周王賜給相侯望土;屬王巡狩王朝的東國、南國的時候,晉侯陪同他經歷了多次戰鬥。

第二,承周王之命出征。邢侯在軝地却退戎的入侵(臣諫鼎);應侯施工受周王之命征伐南夷毛(應侯視工鼎、應侯視工簋);楊侯受命於周王,率領遣却退獫狁的内侵(四十二年逨鼎)等。此外,班簋銘文所見的吳伯和呂伯,接受周王之命輔佐毛公征伐東國。

第三,承周王之命的王朝大臣,再命諸侯、封君而參戰。對南夷的入侵,周王派遣師俗、史密却退南夷,他們率領齊師、萊伯等却退南夷而征伐長必(史密簋);虢仲調動柞伯,柞伯再調動蔡侯却退敵人,繼續追擊他們而征伐昏邑(柞伯鼎);由周王派來的師袁統帥齊師、萊國之師等征伐淮夷(師袁簋)。

有時諸侯軍與周王派來的王朝大臣聯合作戰。明公派遣三族征伐東國的時候,魯侯在囷地立了戰功(魯侯尊),可見明公和魯侯之間的合作;遇跟着伯雍父從軍的時候,出使於獣侯,這説明獣侯與周土派來的師雍父聯合作戰(遇甗)。這兩個例子也可以歸於第三類。

第四,針對敵方的内侵,諸侯獨自進行軍事活動之例。如,在北戎内侵時,楷侯派簪却退北戎(簪簋);晉侯派昌前去救援倗邦(昌鼎);淮夷征伐格地,晉侯却退他們的内侵(晉侯銅人)。

由此可以推測當時諸侯的軍事力量是不可忽視的。不過,迄今所見西周戰爭銅器銘文中,除了個別的例子外(第四類),一般都跟周王室共同進行軍事

表 2－3　西周時期諸"侯"的軍事活動①

時期	銘文	著錄	主 要 內 容	作器者	畿內	畿外諸侯、封君	其他邦君
早期	沬司土送簋	《集成》4059	王來(伐)商邑，征(誕)令康(侯)啚(鄙)于(于)衛。	沬司土送	王	康侯	沬司土送(?)
	魯侯尊	《集成》4029	唯王令(命)剛(明)公遣三族伐東或(國)，在……遣……魯侯又(有)囘(鄙)工(功)。	魯侯	明公	魯侯	
	臣諫鼎	《集成》4237	隹(唯)戎大出于軬，井(邢)侯(搏)戎，(誕)令臣諫□□臣旅虘于軬，(從?)王□□。	臣諫	王(?)	井侯、臣諫、亞旅	
	作冊折尊	《集成》6002	隹(唯)五月，王才(在)斥，戊(戌)，彝(子)，乍(作)冊折見(貺)望土于相侯(侯)，易(賜)金，易(賜)臣。	作冊折	王 作冊折	相侯	
中期	班簋	《集成》4341	王令毛公(以)邦家君、土(徒)馭，或人伐東或(國)瘠戎，咸，王令吳白(伯)曰：(以)乃(師)左比毛父，王令呂白(伯)曰：(以)乃(師)右比毛父，(遣)令曰：(以)乃族從父征。……	班	毛公	吳伯、呂伯	

① 鄂侯馭方的反叛，在此不論。

續　表

時期	銘文	著錄	主　要　內　容	作器者	畿內	畿外諸侯、封君	其他邦君
中期	遇甗	《集成》9-8	遇從師雄（雍）父眉（肩）史（事）遇事（使）于數（胡）厌（侯）。	遇	遇、師雍父	胡侯	
	史密簋	《近出》439	隹（唯）十又一月，王令（命）師俗、史密曰："東征。"敱南尸（夷）膚虎會杞尸（夷）、舟尸（夷），雚不斫，廣伐東或（國）。齊𠂤（師）、族土（徒）、遂（遂）人，乃執鄙（鄙）寬亞。師俗率齊𠂤（師）、遂（遂）人左□伐長必，史密右率族人、釐（萊）白（伯）、僰眉，周伐長必，隻（獲）百人。	史密	師俗、史密	齊師	萊伯、僰
	貝鼎	《近出》352	隹（唯）七月初吉丙申，晉（晉）厌（侯）令（命）貝追于𠊱。貝追于𠊱。	貝		貝	
	晉簋	《近二》424	隹（唯）十月初吉壬申，馭戎大出于楮（楮），晉博（搏）戎，執噝（訊）隻（獲）馘（馘）。	晉		晉	
晚期	應侯視工鼎	《近二》323	隹（唯）南尸（夷）毛（毛）訊（敢）乍（作）非良，廣伐南國。王令（命）雁（應）厌（侯）見（視）工曰："政（征）伐毛（毛）。"	應侯視工		應侯視工	

續表

時期	銘文	著錄	主要內容	作器者	畿內	畿外諸侯、封君	其他邦君
	應侯視工簋	《銘圖》5311。	唯正月初吉丁亥，王若曰：雁（應）侯（侯）見（視）工（視）工伐淮南尸（夷）屰（毛）。	應侯視工		應侯視工	
	柞伯鼎	《近二》327	虢中（仲）令（命）柞白（伯）曰：……今女（汝）其（其）率（率）各（格）蔡（蔡）侯（侯）左至于昏邑。	柞伯	虢仲	蔡侯、柞伯	
	敔簋	《集成》4323	隹（唯）王十月，王才（在）成周，南淮尸（夷）遷（遷）、、隤（陰）、鼎（昴）、、衒（泉）、裕（裕）敏（敏），陰（陰）洛，至于上洛，㤅合，至于伊班。王令敔追襖（襖）于上洛，㤅合，至于伊班……	敔		敔	
晚期	晉侯銅人	《近二》968	隹（唯）王五月，淮（淮）尸（夷）伐（伐），晉医（侯）厚（搏）戎，隻（獲）厥（厥）君家師。	晉侯		晉侯	
	晉侯穌鐘	《近出》35—50	隹（唯）王卅又三年，王䙴（親）遹省（省）東或（國）南或（國），……三月方死霸，王至于葊，分行，王䙴（親）令晉医（侯）穌：覆（率）乃𠂤（師）左洀（洀）（夷）北洀（洀）□，伐凤（夙）尸（夷），晉医（侯）穌述（率）……晉医（侯）穌自西北遇（隅）䝵（敦）𡫳（蔡）城，晉医（侯）穌述（率）厥亞旅、小子、（師）至，令晉医（侯）穌达（率）大室小臣、車僕從，述（率）逐之。	晉侯穌	王、大室、小臣、車僕	晉侯穌	

續　表

時期	銘文	著錄	主要內容	作器者	畿內	畿外諸侯、封君	其他邦君
	師衷簋	《集成》4313	王若曰：師衷，哀淮尸（夷），繇我員（賈吊）晦臣（厥），今敢戲工事（吏），弗速（肆）我東戲（蹟）旅（厥），反（返）國，肇令女（汝）迻（率）齊而（師），曑、爽尿，左右虎臣，正（征）淮尸（夷）。	師衷	左右虎臣師衷	齊而、曑	蔶（萊）、爽
晚期	卅二年逨鼎	《近二》328	王若曰："逨，……余隹（唯）閈乃先且（祖）考，又（有）爵（勳）于周邦，辥（肆）余乍（作）女（汝）醯司，余肇建長父……（命）女（汝）奠長父休，女（汝）克奠于型（型）自（師），女（汝）隹（唯）克井（邢）乃先且（祖）考，戎戲（攝）允出歆于井（邢）阿，于歷巖戎，女（汝）不艮卯戎，女（汝）光長父曰（以）追博戎，乃即宕伐于弓谷，女（汝）執噝訊（訊）隻（獲）戲（馘），孚（俘）車馬……	逨	逨	長父	

活動。是否當時諸侯没有獨立進行軍事活動的權利,目前尚不能輕易斷言,但是從中可以發現一種機制:周王可以直接調動諸侯的軍隊,王朝大臣也可以托周王之命調動諸侯的軍隊。如果這種機制運作順利,則王朝能有效地控制諸侯。

四、畿外其他邦國軍隊

本書所謂邦國是當地的土著族群。筆者認爲他們並非受封於周王,而是與周王通過使臣往來、通婚等方式建立友好關係的邦國,時常與周王朝聯合作戰。西周戰爭銅器銘文所見的"倗"、"霸"、"萊"、"噂"等屬於此類。西周時期畿外邦國的軍事活動,亦如表 2-4。

迄今爲止,西周戰爭銅器銘文中可見的畿外邦國的軍事活動有以下例子:成王東征的時候,疑有濸邦司土"遼"的參戰,昭王南征之時有過伯的活動;西周中期有萊伯、霸伯等的軍事活動;西周晚期有噂伯、萊伯、燅等的軍事行動。

值得討論的是以上例子中,邦君單獨出征的只有一例,即霸伯盤銘文。但這係"却退戰"之例,是對入侵外敵的却退活動,並非擅自發動的戰爭。這個現象跟諸侯之例相通,但是這些邦國還是跟諸侯不同,他們没有隸屬於周王朝,他們應該有權進行單獨軍事行動。但是目前未見其相關資料的原因是什麼,是否周王對他們擁有很強的控制力。筆者認爲,這跟資料的性質有關係。目前可以參考的有關資料,不是以周王朝的立場編撰的傳世文獻,就是以周王朝的樣式所鑄的銅器、以周王朝的文字所撰的銘文。注意到這一點,便不能輕易肯定周王朝對這些邦國的控制很強,但也不能否認這些資料所揭示的史實。

至於這些邦國的地望,也是值得重視的問題。霸伯諸器皆出土於今陝西絳縣大河口西周墓地,"霸"應該在這一帶;"濸",即傳世文獻所見的"妹邦"。《尚書・酒誥》:"明大命于妹邦。"孔傳:"妹,地名,紂所都朝歌以北是。"①這些邦國都位於離王畿較近的地方,尤其是霸伯,其與王朝的來往頻繁,因此應該與周王朝的關係比較密切。

---

① 《尚書正義》,第 205 頁。

表2-4　西周時期畿外邦國的軍事活動

時期	銘文	著錄	主要內容	作器者	畿內	諸侯	邦君
早期	㓞刦尊	《集成》5377	王征禁（蓋），易（賜）㓞刦貝朋。	㓞刦	王		㓞刦
	過伯簋	《集成》3907	過（過）白（伯）從王伐反荊（荊），孚（俘）金，用乍（作）宗室寶尊（尊）彝。	過伯			過伯
中期	史密簋	《近出》489	隹（唯）十又一月，王令（命）師俗、史密曰："東征。敆南尸（夷）膚虎會杞尸（夷）、舟尸（夷），雚（灌）不斯，廣伐東或（國），齊（師）、族土、述（遂）人，乃執鄙寬亞，師俗率齊自（師）、述（遂）人左、口伐長必，史密右，率族人、釐（萊）白（伯）、僰眉，周伐長必，隻（獲）百人。	史密	師俗、史密	齊師	萊伯、僰
	霸伯盤	《2010口國重要考古發現》第71頁	隹（唯）正月既死霸丙午，戎捷（?）于霸，白（伯）搏戎，執訊。	霸伯			霸伯
晚期	師寰簋	《集成》4313	王若曰：師寰，申（敢）博（薄）淮尸（夷），繇我員（晦）臣，今敢弗速（率）我旅貝（眾）旅反，今余肈令女（汝）述（率）齊币（師）、異、僰原、左右虎臣，正（征）淮尸（夷）。	師寰	左右虎臣、師寰	齊币、異	釐（萊）、僰
	仲偁父鼎	《集成》2734	唯王五月初吉丁亥，嚛白（伯）遷達（及）南（仲）偁偁（偁）父伐南淮尸（夷）。	嚛伯遷	仲偁父		嚛伯遷

　　離王畿較遠的相關邦國主要位於今山東一帶。"犅"的地望，鄭傑祥先生認爲即《史記·秦本紀》襄王"三十年，客卿竈攻齊，取剛、壽"之"剛"，其地在今山東寧陽縣東北①；"鄩"，位於今山東省濟南市與濟陽縣一帶②；"萊"，山東省黃縣歸城一帶出土釐（釐即萊）伯鼎，即今龍口市蘭高鎮歸城曹家村一帶③；"過"，學界傳爲夏朝的古國，《左傳》襄公四年"處澆于過"，杜頂注："東萊掖縣北有過鄉。"④"棘"，其地望在學界意見不一⑤，應位於今山東淄博一帶。他們與周王朝的關係如何，尚未發現其他資料，因此不能輕易判斷兩者之間的關係，也許他們是屬於反服無常的東夷集團。即便如此，在軍事領導機制順利運作的時候，周王也能成功地利用他們的兵力爲王朝效力，可見他們對周王朝來說也是潛在的軍事力量之一。

第二節　作戰時軍事力量的構成

　　如上所論，西周的軍事力量主要由王師、畿內封君的族軍、畿外的諸侯與封君構成，此外畿外"邦國"也往往來助陣。本節從兩個方面來討論周王在戰場上對這些軍事力量的運作方式：一、梳理各戰役中其軍事力量的構成；二、

① 鄭傑祥：《商代地理概論》，鄭州：中州古籍出版社，1994年，第185頁；裘錫圭：《犅伯卣的形制和銘文》，收入《裘錫圭學術文集》第三卷《金文及其他古文字卷》，上海：復旦大學出版社，2012年，第128—129頁[原載《保利藏金》（續），廣州：嶺南美術出版社，2001年]。李學勤先生指出這個地名已見於殷墟卜辭中，則認爲其地在今陝西東南到鄰近的河南西部一帶，可備一說。參見李學勤：《犅伯卣考釋》，收入《中國古代文明研究》，上海：華東師範大學出版社，2005年，第107—108頁[原載《保利藏金》（續），2001年]。

② 陳絜：《鄩氏諸器銘文及其相關歷史問題》，《故宮博物院院刊》2009年第2期，第21頁。

③ 王輝先生說：《戰國策·魏策四》："齊伐釐莒。"吳師道《戰國策校注補正》："《齊策》：'昔者萊莒好謀……'此釐字即萊。《左傳》：'公會鄭伯于郲。'杜注：'釐城。'劉向引'來牟'作'釐牟'。古字通。《通志·氏族略三》：'萊，子爵，其俗夷，亦謂之萊夷。今登州黃縣東南二十五里有黃城，是萊子國。襄公六年齊滅之。'今山東黃縣東南灰城曾出土釐伯鼎，李學勤以爲即萊國古城。參見王輝：《商周金文》，北京：文物出版社，2006年，第202頁。

④ 《春秋左傳正義》卷二九，襄公四年，第1933頁："處澆于過。"杜預注："東萊掖縣北有過鄉。"

⑤ "棘"，其地望學界有分歧：《夷輯》認爲即鬲國；李學勤先生讀爲逼，即妘姓逼陽，在今棗莊舊嶧山縣南；王輝先生認爲"棘"讀爲"棘"。春秋時山東地區有兩個棘：一爲魯邑，見《春秋經·成公三年》；一爲齊邑，見《左傳·昭公十年》，在今淄博市東。二地均因棘國得名，一爲初居，一爲後遷，本銘殆指齊地之棘。"本文暫從王輝先生。參見《夷輯》，第215頁；李學勤：《史密簋銘文所記西周重要史實考》，《中國社會科學院研究生院學報》1991年第2期；王輝：《商周金文》，第197—202頁。

從實際戰鬥的例子出發，討論在戰場上軍事力量的運作。

一、各戰役參戰者的構成

不同作器者所作的銅器銘文中，會發現互相牽連的内容，西周戰爭記載也不例外。在西周戰爭銅器銘文中，由不同作器者所作的銅器銘文上，記載同一戰役的有如下幾條例子：成王（周公）東征、康王東征、康王北征、昭王南征、戍守古師、周王征伐南國叚孳等①。下文進行分别探討：

第一，西周早期戰爭銅器銘文所見成王（周公）東征的參戰者，如表 2-5 所示。

表 2-5　西周戰爭銅器銘文所見成王（周公）東征的參戰者

銘　文	著　錄	作器者	王	畿　内	侯國	邦　國
𣄰司土遂簋	《集成》4059	𣄰司土遂	王		康侯	𣄰司土遂(?)
小臣單觶	《集成》6512	小臣單	王	周公、小臣單		
太保簋	《集成》4140	大保	王	太保		
禽簋	《集成》4041	禽	王	周公、禽		
犅劫尊	《集成》5977	犅劫				犅劫
塱方鼎	《集成》2739	塱		周公、塱		

這六篇銅器銘文記載從成王平三監之亂到踐奄、周公征伐薄姑等史實，即文獻所謂"周公東征"的戰役。其參戰者，首先見"王"，過去學者或將"王"看作"周公"②，如今大多學者不從此説，而認爲是成王。其次，"周公"、"太保"等朝廷大臣。周公和太保的參戰，跟《史記·周本紀》"召公爲保，周公爲師，東伐淮夷，踐奄，遷其君薄姑"相符，銅器銘文中的"太保"，據文獻可推知應該指稱召公奭③。其次，身爲諸侯的康侯，西周銅器銘文中的太保，大都指稱召公奭，𣄰

---

① 如果孟簋銘文所見的"毛公伐無需"與班簋銘文"毛公東征"相關的話，也屬於此例。不過，尚未完全確定其相關關係。
② 顧頡剛遺著：《周公執政稱王——周公東征史事考證之二》，《文史》第 23 輯，北京：中華書局，1984 年。
③ 吳鎮烽編撰：《金文人名彙編》（修訂本），第 45—46 頁。"太保"除了指召公奭之例外，還有太保車轄（《近出》1257）、太保䣄（《集成》10054）之例，吳鎮烽先生指出他們皆爲太保召公奭的後裔，乙太保爲氏的例子。

邦之司土"逨"、犅邦的"犅刧"也率軍參戰。此外，大祝"禽"，私屬於周公的"小臣單"、"塱"也參戰了。總之，成王東征的軍事力量，是由王師、畿內的族軍、邊域的"侯"、畿外邦國聯合構成的。

第二，西周銅器銘文所見康王東征的參戰者，如表2-6所示。

表2-6　西周戰爭銅器銘义所見康王東征的參戰者

銘　文	著　録	作器者	王	畿　内	侯國	邦　國
魯侯尊	《集成》4029	魯侯？		明公	魯侯	
䚄鼎	《集成》2740	䚄	王	祭公、䚄、史旟、師氏、有司		
寔鼎	《集成》2731	寔	王	趞、寔		
保員簋	《近出》484	保員	王	儢公		
小臣謎簋	《集成》4238	小臣謎	殷八師	伯懋父、小臣謎		
旅鼎	《集成》2728	旅		公大保、旅		

有些銅器銘文，如魯侯尊、旅鼎，在斷代方面意見不一。首先，魯侯尊的斷代方面，有成王説、康王説、昭王説[1]。我們應該考慮"明公"這個稱號。學界普遍認同"明公"爲周公子明保，他與成王同輩。那麼成王把明保尊稱爲"公"不大可能，況且當時召公、畢公等長輩還健在，因此可以排除成王説。昭王時期令方彝銘文等也見"明公"，但是昭王時期未見周與東夷之間的矛盾，而且昭王的南征，應在東、北、西方均爲穩定的情況下，方可推進。所以筆者認爲昭王説也可以排除，魯侯尊應歸於康王時期。其次，旅鼎的年代方面，也有成王説、康王説、昭王説[2]。筆者認爲關鍵在於這次征伐的敵方是誰。旅鼎銘文曰"公

---

[1]　成王説：郭沫若、陳夢家、劉啓益等先生；康王説：《銘文選》；昭王説：唐蘭、彭裕商先生等（參見《大繫》，第11頁；《斷代》，第24頁；《西周紀年》，廣州：廣東教育出版社，2002年，第67—68頁；《銘文選》第三冊，第35—36頁；《史徵》，第214—215頁；彭裕商：《西周青銅器年代綜合研究》，成都：巴蜀書社，2003年，第276—277頁）。郭沫若、陳夢家先生稱之爲"明公簋"，唐蘭先生稱之爲"田工簋"。

[2]　成王説：郭沫若、陳夢家、劉啓益、彭裕商等先生；康王説：《銘文選》；昭王説：唐蘭先生（參見《大繫》，第27頁；《斷代》，第19—20頁；《西周紀年》，第79頁；彭裕商：《西周青銅器年代綜合研究》，第218—219頁；《銘文選》第三冊，第52頁；《史徵》，第215—217頁）。

大(太)俀(保)來伐反尸(夷)年”,這與雪鼎“王伐東尸(夷)”、小臣謰簋“䢋東尸(夷)大反”、保員簋“王既焚(燎),伻(厥)伐東尸(夷)”應該有關係。看雪鼎銘文中有“燚公(祭公)”,與成王同輩,其稱爲“公”,應該晚於成王時期。旅鼎銘文中的“公太保”,即召公奭,其年代不會太晚。這樣的話,最合適的斷代應該是康王時期。因此筆者認爲這些戰役都發生在康王時期。

第三,銅器銘文所見康王北征的參戰者,如表2-7所示。

表2-7　西周戰爭銅器銘文所見康王北征的參戰者

銘　文	著　錄	作器者	王	畿內封君的族軍	侯國	邦　國
師旂鼎	《集成》2809	師旂	王	伯懋父、師旂衆僕(“引”等)		
呂壺	《集成》9689	呂		伯懋父、呂		

康王北征之時,伯懋父應該擔當很重要的角色。先看師旂鼎銘文(圖2-4):

　　唯三月丁卯,師旂衆僕(僕)不
　　從王征于方罿(雷)。吏(使)伻(厥)
　　友引呂(以)告于白(伯)懋父。在莽
　　(芳),白(伯)懋父廼罰得、聂、古三
　　百寽(鋝)……

這次北征,師旂是否參戰,不得知曉。但是從銘文中可知,師旂的手下“得、聂、古”原本應該跟着周王參戰,但是他們皆違背命令而未參與戰爭。師旂身爲畿內貴族,當時擔負着對周王的軍事義務,承周王之命派自己的手下隨周王作戰。呂壺銘文也是如此,呂疑爲伯懋父的私屬,隨伯懋父北征。由此得

圖2-4　師旂鼎銘文

知,周王對畿內封君的軍事勢力仍有軍事領導權力。

　　以上兩篇銘文只見王與畿內貴族的參戰，但不能排除侯國參戰的可能性。與此相關的有臣諫簋銘文（《集成》4237，圖 2－5）：

　　　　隹（唯）戎大出于軝，井（邢）厌（侯）厚（搏）戎，延（誕）令臣諫□□亞旅處于軝，仈（從？）王□□，諫曰：撲（拜）手頴（稽）首，臣諫□亡，母弟引章（庸）又（有）皇（忘），子□余夆（朕）皇辟厌（侯），……

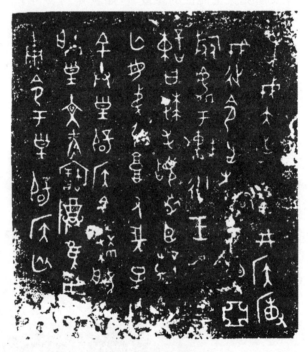

圖 2－5　臣諫簋銘文

　　戎入侵“軝”地，邢侯却退他們後命臣諫率領亞旅駐屯此地。筆者認爲“軝”地，與師㫊鼎銘文所見的“方雷”有關係。臣諫簋是 1978 年出土於今河北省元氏縣西張村西周墓葬中[1]。這一帶有一條槐河，過去稱爲泜水。“泜”和“軝”，皆從“氐”聲，故音同，而且駐扎在軝的臣諫，他的器物出土於元氏縣，因此可以認爲臣諫簋銘文所見的“軝”地，就在這一帶。師㫊鼎銘文所記的征伐對象“方雷”的地望也有可能在這一帶。唐蘭先生注意到《國語·晉語》所記黃

---

① 李學勤、唐雲明：《元氏銅器與西周的邢國》，《考古》1979 年第 1 期，第 56 頁。

帝妃嬪中有方雷氏的記載①。《漢書·古今人表》"方雷氏,黃帝妃,生玄囂,是爲青陽",《大戴禮記·帝繫》"青陽降居泜水",《説文》"泜,水。在常山"②。唐蘭先生據這些史料,認爲泜水當在今元氏縣一帶,即《大戴禮記》所記"青陽所居"的泜水,就是《漢書》所載"方雷氏"的原居地③。如果認同唐先生的觀點,則方雷的地望也在今元氏縣一帶,距臣諫簋銘文所見的"軝"較近。

第四,西周銅器銘文所見昭王南征的參戰者,如表 2－8 所示。

表 2－8　西周戰爭銅器銘文所見昭王南征的參戰者

	銘文	著録	作器者	王室	畿内	侯國	邦國
征伐會(鄶)	員卣	《集成》5387	員		史旗、員		
征伐虎方	𩵦甗	《近二》126	𩵦		南宮		
	中方鼎	《集成》2751	中		南宮		
南征前,巡省南國路,並安排行宮	中甗	《集成》949	中		中		小大邦、伯買父
	靜方鼎	《近出》357	靜		師中、靜	曾、噩	
從昭王參與南征的貴族	䚟鼎	《集成》2615	䚟		鳴叔、䚟		
	䚟簋	《集成》3950	䚟		鳴叔、䚟		
	小子生尊	《集成》6001	小子生	王			
	啓尊	《集成》5983	啓		啓		
獲得戰勝	過伯簋	《集成》3907	過伯				過伯
	䵼簋	《集成》3732	䵼		䵼		
	𣱧馭簋	《集成》3976	𣱧馭		𣱧馭		
	京師畯尊	《銘圖》11784	王		京師畯		

---

① 徐元誥撰:《國語集解·晉語四》(修訂本),第 333—334 頁:"同姓爲兄弟。黃帝之子二十五人,其同姓者二人而已;唯青陽與夷鼓皆爲己姓。青陽,方雷氏之甥也。夷鼓,彤魚氏之甥也。其同生而異姓者,四母之子別爲十二姓。"
② 《漢書》卷二〇,第 867 頁;(清)王聘珍撰:《大戴禮記解詁》,北京:中華書局,1983 年,第 127 頁;(漢)許慎:《説文解字》,第 228 頁。
③ 唐先生進一步討論"方雷"的具體位置,即《續漢書·郡國志》鉅鹿郡廮陶縣下的"薄落亭"和"薄落津",唐先生懷疑薄落即古代的方雷,方(古讀防)與薄,雷與落,俱一聲之轉。可備一説。參《史徵》,第 314—316 頁。

續　表

	銘文	著録	作器者	王室	畿内	侯國	邦國
南征中進行賞賜、册封	折尊	《集成》6002	作册折	王	作册折	相侯	
	趞尊	《集成》5992	趞	王	趞		
	中方鼎	《集成》2785	中	王	大史、中		
	中觶	《集成》6514	中	王	中、南宮		
其他	作册睘卣	《集成》5407	作册睘	王	作册睘		

　　昭王南征不是一次性的遠征，而是投入了大量人員、物資、時間的長期戰爭。昭王在南征之前，先征伐會(郐)①與虎方②，與此同時派師中、静巡省南國路線，並在“南國相”安排周王的行宮，其地望應該即相關銅器銘文中常見的“斥”③。

　　從這些銘文得知，除了周王之外，還有南宮、鴻叔等畿内貴族，史旟、作册折、太史等官員，此外相侯等諸侯也參與了戰爭。在静方鼎、中瓯銘文所見的“在曾噩師”、小大邦、伯買父等也可能前來助陣。應該值得討論的是“過伯”的參戰，上文所論，“過”應該是山東的古國④。過伯支持昭王南征而參與助陣，可以推測當時昭王南征的規模如何。總之，通過這些資料也可以看出，王朝軍由王師、畿内貴族的族軍、畿外的諸侯和邦國等聯合構成。

　　第五，西周銅器銘文所見穆王時期戍守古師的參戰者，如表 2 - 9所示。

---

① 《史記》正義引《括地志》曰：“故郐城在鄭州新鄭縣東北二十二里。”今河南省密縣境内。《史記》卷四〇《楚世家》正義，第 1690 頁。
② 郭沫若先生認爲當時虎方盤踞於江淮流域(《大繫》，第 17 頁)。對此，學界有所爭議：或認爲虎方就是《左傳》哀公四年“楚人既克夷虎，及謀北方”的夷虎，其地望爲蔡國故地以南；或以爲虎方在荆楚一帶，具備一説。參見楊寬《西周史》，上海人民出版社，1999 年，第 556 頁；李學勤《盤龍城與商周的南土》，收入《新出青銅器研究》，第 15 頁。
③ 昭王十九年，王在“斥”指揮南征。在此舉行對將領的册命、賞賜，其目的是要鞏固通往南國的交通路線。參見李裕杓：《新出銅器銘文所見昭王南征》，《新出金文與西周歷史》，第 278—282 頁。
④ 《春秋左傳正義》卷二九，襄公四年，第 1933 頁：“處澆于過。”杜預注：“東萊掖縣北有過鄉。”

表 2-9　西周戰爭銅器銘文所見穆王時期"戍守古𠂤"的參戰者

	銘文	著録	作器者	王室	畿内	侯國	邦國
彧却退淮戎的入侵	彧方鼎	《集成》2824	彧	虎臣	彧		
	彧簋	《集成》4322	彧		彧、有司、師氏		
伯雍父戍守古𠂤	彔卣	《集成》5420	彔		彧(伯雍父)、成周師氏、彔		
	稻卣	《集成》5411	稻		稻、師淮父		
	臤尊	《集成》6008	臤		臤、師雍父		
	遇甗	《集成》948	遇		遇、師雍父	默侯	
	𦀇鼎	《集成》2721	𦀇		師雍父、𦀇		
	彔簋	《集成》4122	彔		伯雍父、彔		

彧方鼎、彧簋銘文記載了彧接受周王之命,在堂𠂤(師)却退淮戎(淮夷)的戰役:

> 彧曰:烏(嗚)虖(呼)! 王唯念彧辟剌(烈)考甲公,王用肇吏(使)乃子彧,遹(率)虎臣御雈(淮)戎。……　　　　　　　　　　　　　　　(彧方鼎,圖2-6)
>
> 隹(唯)六月初吉乙酉,才(在)鞷(堂)𠂤(師),戎伐馭,彧遹(率)有嗣(司)、師氏徐(奔)追卸戎于臧(棫)林,博(搏)戎馘。……　　　　　(彧簋,圖2-7)

這次戰爭,周王並沒有參與,而是派虎臣爲彧助陣。"彧"駐扎在"堂師"①,淮夷入侵廣伐"馭"②,"彧"爲了應對而率領有司、師氏追擊他們到"棫林"③,然後

---

① "堂師"的地望學界有分歧:第一,《銘文選》《夷輯》認爲其地望蓋爲今河南滑縣;第二,王輝先生認爲在河南鄢城附近;第二,晏昌貴先生提出今河南遂平縣西北説。其中,第二、第三個的地望相近,且不遠於馭(胡:蓋今河南鄢城縣一帶),因此,其地望應該在這一帶(參見《銘文選》第三册,第115頁;《夷輯》,第178頁;王輝:《商周金文》,第111頁;晏昌貴:《西周胡國地望及其相關問題》,《湖北大學學報(哲學社會科學版)》1990年第1期,第24頁)。

② "馭",黃盛璋先生説"'馭',必從'敉',尹聲'。作爲地名可無定字,依聲考地,馭應即是鄢。《水經·如水注》:'如水又東南逕鄢城故城北,故魏之下邑也。'《史記》楚昭陽伐魏取鄢是也。《寰宇通志》:'漢鄢縣本古鄢子國。'漢鄢縣古城據縣誌在今鄢縣南五里,俗稱之道州城。"黃盛璋:《彔伯彧銅器及其相關問題》,《考古與文物》1983年第5期,第47—48頁。

③ "棫林",裘錫圭先生認爲在今河南葉縣東北。此地也與馭(胡)近,可從。參見裘錫圭:《説彧簋的兩個地名——棫林和胡》,《古文字論集》,北京:中華書局,1992年,第389—390頁(原載《考古與文物叢刊》第二號《古文字論集》1,1983年)。

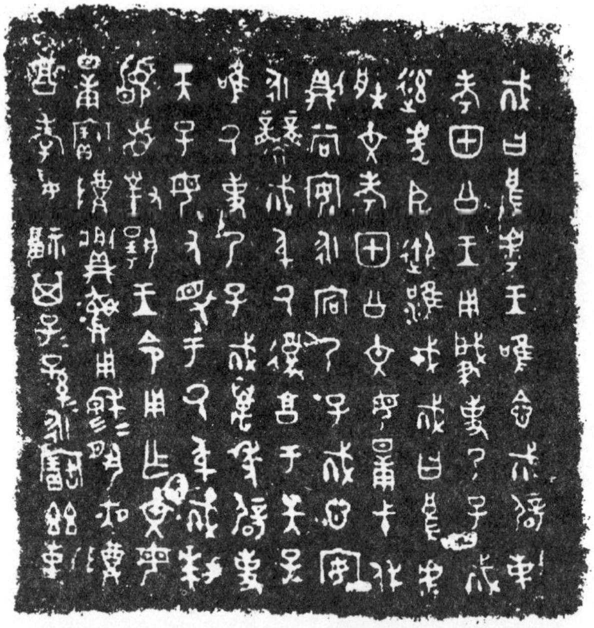

圖 2－6 㦷方鼎銘文

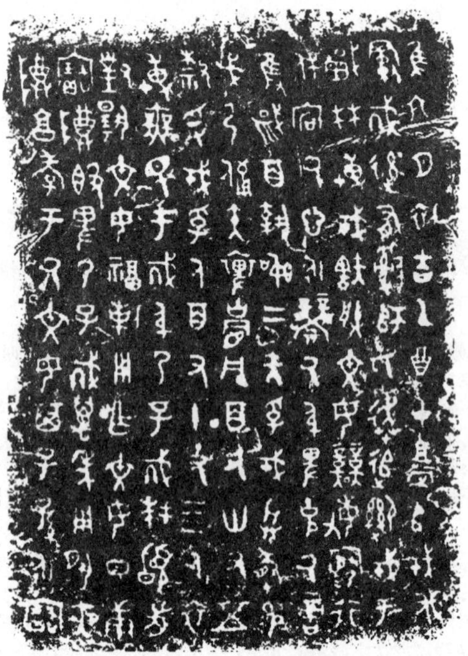

圖 2－7 㦷簋銘文

征伐"戜歔"①,即驅逐歔地的淮夷,歔終歸於周王朝的控制範圍②。

這次戍守古師的統帥,應該是伯雍父,看彔卣銘文(參前圖1-1)。

> 王令戜曰:歔淮尸(夷)叔(敢)伐内國,女(汝)其(其)㠯(以)成周師氏戍于辪(古)自(師),白(伯)雒(雍)父蔑彔曆,易(賜)貝十朋,彔捧(拜)頴(稽)首,對𣪘(揚)白(伯)休,……

這篇銘文中可見三個人:戜、伯雍父、彔。他們之間的關係,學界意見紛紜,上文所述,筆者認爲"戜"就是"伯雍父","戜"爲人名,"伯雍父"爲字③。戜方鼎、戜𣪘於1975年3月在陝西省扶風縣法門鎮莊白村西周墓地出土,與此同時出土了伯雍父盤④,這也可以證明"戜"即"伯雍父"説。伯雍父率領成周師氏來赴任古師,與"歔侯"共同應對淮夷的入侵⑤。從此也可見,戜、成周師氏、歔侯等構成了聯合性軍事力量。

此外,可見"彔、稽、臤、遇"等將領,可以將其看作私屬於伯雍父的將領,但是事情不是那麼簡單。如臤尊銘文(圖2-8):

> 隹(唯)十又三月既生霸丁卯,臤從師雒(雍)父戍于辪(古)自(師)之年,臤蔑(蔑)歷,中(仲)競(競)父易(賜)赤金,臤捧(拜)頴(稽)首,對𣪘(揚)競(競)父休,用乍(作)父乙寶肇(旅)彝,其(其)子子孫孫永用。

作器者臤跟隨師雍父戍守古師,不過

圖2-8 臤尊銘文

---

① 沈載勳先生提出將"戎"看成"好戰性反周勢力(Warlike anti — Zhou powers)"的看法。[韓]沈載勳:《〈周書〉의 "戎殷"과 西周 金文의 戎》,(韓)《東洋史學研究》第92輯,2005年。
② 歔侯是否這次所封的還是此前既有,尚未能斷定。目前缺乏資料,暫且存疑。
③ 李學勤:《從新出青銅器看長江下游文化的發展》,《新出青銅器研究》,第265頁;劉源:《讀金短札:伯雍父是殷人還是周人》,《出土文獻》第四輯,第133—134頁。
④ 羅西章、吳鎮烽、雒忠如:《陝西扶風出土西周伯戜諸器》,《文物》1976年第6期。
⑤ 歔即文獻中的"胡",西周時期的胡國蓋在今河南郾城縣一帶。裘錫圭:《説戜𣪘的兩個地名——棫林和胡》,《古文字論集》,第389—390頁;晏昌貴:《西周胡國地望及其相關問題》,《湖北大學學報(哲學社會科學版)》1990年第1期,第23—25頁。

蔑暦他、賞賜他的並非師雍父,而是仲競父。是否仲競父也跟着師雍父? 筆者注意到"馭"的參戰信息是以大事紀年的形式來記載的,即"馭"的參戰與仲競父的蔑暦、賞賜可分爲兩件不同的事。賞賜他、蔑暦他的是仲競父,則可認爲"馭"是仲競父的私屬,不過率領"馭"的將領並非"仲競父",而是"師雍父"。如果仲競父也參戰了,則應該寫成"馭從仲競父戍丁古白之年",因此筆者認爲仲競父没有參戰,很可能是在仲競父派"馭"參與戰役之時,對他進行蔑暦和賞賜。總之,通過馭尊銘文我們可以發現,馭不是伯雍父的私屬,那麽參與這次戰役的其他將領也不一定是伯雍父的私屬。

第六,銅器銘文所見征伐南國艮孳戰的參與者,如表 2-10 所示。

表 2-10　西周戰争銅器銘文所見周王征伐南國艮孳的參戰者

銘　文	著　錄	作器者	王室	畿内	侯國	邦國
翏生盨	《集成》4459	翏生	王	翏生		
㝬鐘	《集成》260	㝬	王			
伯㸓父簋	《銘圖》5276	伯㸓父	王	伯㸓父		
鄂侯馭方鼎	《集成》2810	噩侯馭方	王			

先看㝬鐘銘文:

> 王肇遹省(省)文武堇(勤)彊(疆)土,南或(國)艮孿(孳)敢臽(陷)處我土,王髩(敦)伐㦡(其)至,戠(撲)伐乎(厥)都,艮孿(孳)迺遣閒來逆卲(昭)王,南尸(夷)東尸(夷)昇(俱)見,廿又六邦,……

周王在南巡之時,順便征伐南國艮孳,赢得東夷、南夷二十六邦的朝見而歸。這次戰役,翏生、伯㸓父也參加了。鄂侯馭方鼎銘文也有相關的記載:"王南征,伐角、僪(遹),唯還自征,才(在)壞(坯)。噩(鄂)厌(侯)馭方内(納)壺于王,……"王南征後,回來的路上與鄂侯會見,則鄂侯應該没有參與南征。

綜上所論,可以看出戰時的軍事力量主要由王師、畿内貴族的族兵諸侯和畿外邦國軍聯合構成。雖然在"征伐艮孳"之戰只見周王與畿内貴族的參戰,但是周王巡省之時,不大可能没有得到周圍諸侯、封君的助陣,因此筆者認爲,雖然尚未見到證據,很可能王朝的諸侯、封君也有參與,構成了征伐南國艮孳的聯合性軍事力量①。

二、戰場上的軍事力量構成及其運作

上文已經討論了西周軍事力量的聯合性構成。那麼在實際戰場上，怎麼運作這些軍事力量，其全貌現在無法得知。不過通過分析西周戰爭銅器銘文，可以管窺其部分情況。下面把戰爭銅器銘文以周王的參戰與否分爲兩類進行討論。

第一，周王參戰之時。對此，本文從潪司土送簋銘文（《集成》4059）入手討論問題：

> 王朿（來）伐商邑，征（誕）令康厌（侯）啚（鄙）萪（于）衛，潪（沬）闢（司）土送眔啚（鄙），……

王征伐商邑後，命康侯在衛的邊域之地建城邑②，潪司土送跟着康侯到了此地。潪邦在商代已存在，與周邦没有隸屬關係。不過銘文中見潪司土送、康侯從周王，可見周王的最高軍事統帥權力。

周王率領諸侯進行征伐行動，也見於晉侯穌鐘銘文（《近出》35—50）。晉侯穌在銘文中留下了隨周王東巡、南巡之時經歷的三次戰鬥③。其中，與軍事力量運作相關，值得注意的是第三次戰鬥記録：

> 王至淖_列_（淖列。淖列）尸（夷）出奔，王令（命）瞀（晉）厌（侯）穌迸（率）大室小臣，車僕從，逋逐之，瞀（晉）厌（侯）穌折首百又一十，執噝（訊）廿夫，大室小臣車僕折首百又五十，執噝（訊）六十夫，王隹（唯）反（返），歸（歸）才（在）成周。公族整自（師），宮。……

王到淖列之時，淖列夷逃跑，因此周王命曾侯穌率領隸屬於自己的大室小

---

① 周王巡狩之時，諸侯來助陣之例，在晉侯穌鐘銘文中可尋。
② 朱鳳瀚：《清華簡〈繫年〉所記西周史事考》，收入李宗焜主編：《出土材料與新視野》，臺北：中研院歷史語言研究所，2013 年，第 448—451 頁。
③ 其銘文曰："隹（唯）王卅又三年，王窺（親）遹省（省）東或（國）南或（國），……三月方死霸，王至於葊，分行，王窺（親）令瞀（晉）厌（侯）穌：迸（率）乃自（師）左洀（覆）廒，北洀（覆）□，伐夙（夙）尸（夷），……王至于匐馘（城），……窺（親）令（命）瞀（晉）厌（侯）穌：自西北遇（隅）辜（敦）伐匐馘（城），……王至淖_列_（淖列。淖列）尸（夷）出奔，王令（命）瞀（晉）厌（侯）穌迸（率）大室小臣、車僕從，逋逐之，……"對此，請參見本書第三章第二節的討論。

臣、車僕追擊他們。戰勝的晉侯穌向周王匯報戰功之時,將自己的功績和大室小臣、車僕的功績分別進行報告。雖然這次戰鬥由晉侯統領,不過他不敢把大室小臣、車僕的功績都算在自己身上,因此報告時把自己的功績跟他們的區分開來,表明自己率軍打仗的整體成果。晉軍和王師有根本區別,但在作戰過程中,晉侯可以率領王師,從中可見作戰時軍事組織的靈活性運作,也可見當時戰功計算的嚴格性①。

軍事力量的靈活性運作,在西周早期的小臣謎簋銘文(《集成》4238)中也有跡可尋。上文所述,小臣謎簋記載康王東征,伯懋父、小臣謎隨康王參與戰役。這次伯懋父所率領的軍隊就是殷八師:"叡東尸(夷)大反,白(伯)懋父吕(以)殷八自(師)征東尸(夷)。"殷八師屬於王師,即出自王邑之軍隊,受周王的直接控制。但是在這次戰役中,由伯懋父率領殷八師②。將王師托給畿內大臣率領,可見西周軍事力量的靈活性運作③。

第二,周王未參戰之時。從穆王時期的班簋銘文(《集成》4341,參見圖2－2)談起。

> 王令毛公吕(以)邦冢君、土(徒)馭、或人伐東或(國)瘠戎,咸。王令吳白(伯)曰:
> 吕(以)乃自(師)左(左)比毛父,王令吕白(伯)曰:吕(以)乃自(師)右比毛父,趞(遣)
> 令曰:吕(以)乃族從父征。甗(誕)臧(城)衛父身,三年靜(靖)東或(國),……

周王命毛公率領"邦冢君、徒馭、或人"征伐東國,命吳伯率領自己的兵力,從毛公的左邊助陣,命吕伯率領自己的兵力,從毛公的右邊助陣。這裏的"邦冢君"是周王朝的友邦,政治上不屬於周邦④,不過在戰時爲周王參與作戰。這在史密簋(《近出》489)、師寰簋銘文(《集成》4313)中也可見,先看史密簋銘文:

> 隹(唯)十又一月,王令(命)師俗、史密曰:"東征。"敆南尸(夷),膚虎會杞尸(夷)、
> 舟尸(夷)藿不折,廣伐東或(國)。齊自(師)、族土、述(遂)人,乃執昌(鄙)寬亞。師俗

---

① 詳論見於本書第三章第二節。
② 也許伯懋父的職責就是掌管殷八師,但目前未能確定。
③ 肇賈簋銘文(《集成》4047)中也可見王師托給畿內貴族率領的情況:"隹(唯)巢來伐(遝),王令(命)東宮追吕(以)六自(師)之年。"
④ 詳論見本文第六章第三節。

逡（率）齊自（師）、述（遂）人左，□伐長必，史密右，逡（率）族人，釐（萊）白（伯）、僰眉，
周伐長必，隻（獲）百人，……

周王派師俗、史密却退南夷，作戰時，師俗率領“齊自（師）、述（遂）人”，史
密率領“族人、釐（萊）白（伯）、僰”等。“齊師”、“遂人”和“族人”，都是由齊國人
組成的①，“釐（萊）伯、僰”是東國地域之邦國，他們聽從周王派來的師俗、史密
之命進行作戰。

再看一下師袁簋銘文：

　　王若曰：師袁，叟淮尸（夷），縣我員（帛）畮臣，……今余肇令女（汝）逡（率）齊帀
（師）、曩、贅（萊）、僰尻，左右虎臣，正（征）淮尸（夷）。即賢乎（厥）邦曽（酋），曰冄、曰
釺（釓）、曰鈴、曰達，師袁虔不爰（墜）……

師袁接受周王之命，率領“齊帀（師）、曩、贅（萊）、僰尻、左右虎臣”進行作
戰。其中齊師、曩是王朝的侯國②，“贅（萊）、僰”是東國地域之邦國，“左右虎
臣”係王師③。其中“齊”、“萊”、“僰”亦見於史密簋銘文。

“諸侯”在邊域地區享有高度的自治權，戰時聽從周王之命是理所當然的。
但是“邦君”的助陣是比較特殊的情況，對周王來說“邦君”係他邦，與周邦沒有
明確的主臣關係。因此，他們在作戰時會聽從王朝大臣的領導，需要從戰略立
場上理解。這些邦國實力較弱，其所率的軍事力量不如周邦，爲了應對共同的
敵人，有效地率領整個聯合性軍隊，便將統帥權讓給周王或其大臣，聽從他們
的調遣而進行作戰。

周王派來的大臣擔當聯合性軍隊的統帥之例，從柞伯鼎銘文（《近二》327）

---

①　“遂人”，李學勤、張懋鎔先生等認爲即《周禮·地官》所見的“遂人”，本書從之。此外，李仲操先生則認爲是《左傳》所見的“遂國”，可備一説。李學勤：《史密簋銘文所記西周重要史實考》，《中國社會科學院研究生院學報》1991年第2期；張懋鎔：《史密簋與西周鄉遂制度》，收入《古文字與青銅器論集》，科學出版社，2002年（原載於《文物》1991年第1期）；李仲操：《再論史密簋所記作戰地點——兼與王輝同志商榷》，《人文雜誌》1992年第2期。
②　“齊師”爲齊國的軍隊，“曩”也許是姜姓“紀”國。參見陳槃：《春秋大事表列國爵姓及存滅表譔異》，臺北：中研院歷史語言研究所，1969年，第165上頁。
③　“尻”，劉釗、張世超先生以此字爲“從尸自聲”之字，即古殿（臀）字，讀爲殿。不過劉釗先生認爲是“後軍”之意，張世超先生則認爲此字乃“展”字異體，即文獻中的“氏”，古代在陝甘川一帶主要活動的少數民族。參見劉釗：《談史密簋銘文中的“尻”字》，《考古》1995年第5期，第435頁；張世超：《史密簋“尻”字説》，《考古與文物》1995年第4期，第76—77頁。

中也可尋：

> 佳(唯)三(四)月既死霸，虢中(仲)令柞白(伯)曰："……今女(汝)毃(其)帅(率)希(蔡)厌(侯)左至于昏邑。"既圍鹹(城)，令希(蔡)厌(侯)告逞(徵)虢中(仲)，糒(遣)氏曰："既圍昏。"虢中(仲)至。

"虢仲"，疑爲《吕氏春秋·仲春紀·當染》所見的虢公長父[1]，是當時的執政大臣，"柞伯"爲畿外地方封君(今河南省新鄉市延津縣一帶)，"蔡侯"是王朝東南邊域的諸侯。虢仲命柞伯調動蔡侯征伐昏邑，他們包圍昏邑之後，柞伯命蔡侯向虢仲報告，既而派臣報告説"已經包圍了"，然後虢仲趕到此地。

柞伯調動蔡侯、命蔡侯向虢仲報告，好像柞伯的地位比蔡侯高。不過，他們之間的關係孰高孰低，難以分辨。筆者認爲其關鍵不在於他們之間的地位高下，而在於這個命令出自於誰。戰爭命令象徵着"禮樂征伐自天子出"，無論在畿内、畿外之封君，都要聽從王命。這一方面告訴我們，以周天子爲中心的軍事領導體制的一面；另一方面提示我們，軍事領導機制的順利運作。

小　結

本章考察了西周王朝的軍事力量及其聯合性構成，繼而討論了其運作機制。西周的軍事力量主要有王師、畿内貴族之族兵、畿外封君諸侯、其他邦國軍等。實際作戰的時候，王朝的軍事力量也由這些軍事組成聯合性軍隊。王朝軍在以周王爲中心的軍事領導機制的正常運作下，能夠達成軍事力量的極大化。通過這番研究，筆者特別要指出以下兩點：

第一，六師、八師爲王師的主要構成因素是毋庸置疑的，但是在銅器銘文上，他們的軍事活動並不多，因此對當時六師、八師的軍事力量會產生疑問。不過，筆者認爲考慮到銅器銘文的個人特徵，則可以從另一個角度探討問題。銅器銘文是爲了炫耀自己或家族而作，並非爲了記錄事件的整個始末。所以，在銅器銘文中只留下自己或家族的功勞，王師等其他將領或集團的功績自然而然被淡化了。

---

[1]　許維遹撰：《吕氏春秋集釋》，北京：中華書局，2009 年，第 49 頁："周屬王染於虢公長父、榮夷終。"

　　第二,西周的主要軍事力量,由王師、畿內貴族之族兵、畿外的諸侯與封君構成,此外畿外的邦君也往往爲周王出兵助陣。在"重層性私屬關係"下,周王可以直接命令貴族和諸侯,但不能直接干擾他們的私屬武裝勢力。但是從戰爭銘文看,王朝軍事力量的運作十分暢通和靈活。例如,周王東巡之時命晉侯穌率領屬於王師的大室小臣、車僕,康王北征之時命師旅派其"衆僕"來參戰,其中有些人不從命令,便使伯懋父處罰他們等。當時軍事力量的運作雖有如此的靈活性,但他們都很尊重周天子的權威。所以,晉侯穌在報告戰況的時候,將自己與王師的功勞分別進行報告,而政治上未隸屬於周邦之邦國,也可以聽從周王派來的將領之命進行作戰。

第三章　西周王朝的戰爭
類型及領導機制

上一章探討了西周軍事力量的聯合性構成。本章第一節根據相關資料，將西周戰爭歸納爲四個類型，並分別探討其性質。第二節將討論周王在這些戰爭中用什麼樣的機制來掌控王朝軍，即周王在是否參戰的情況下，如何行使最高軍事統帥的權力，如何有效控制王朝軍的問題。

第一節　西周戰爭的性質

西周時期的戰爭類型可歸納爲如下四類：一、西周主動發兵征伐外邦的"對外征伐戰"；二、討伐內部叛亂勢力的"對內征討戰"；三、戍守軍事重地而防禦敵人的"戍守戰"；四、却退內侵之外敵的"却退戰"。戰爭銅器銘文提供了很寶貴的信息，但是我們應該注意銅器銘文本身的片面性特徵。因此，爲了進一步把握當時的戰史，我們應該要充分利用《國語》《史記》《竹書紀年》等文獻資料，這些資料中所記載的西周王朝軍政大事的簡單提示，有助於我們加深對這些戰爭的了解。

一、對外征伐戰

對外征伐戰是周王朝主動發動進行的軍事活動，征伐王朝勢力範圍以外的地區，簡單說是周王朝征伐非周王朝地區的戰爭。關於對外征伐戰，需要注意以下幾個問題。

首先，對外征伐戰相關記載中所用的動詞。《周本紀》共記載了三次對外征伐戰：周公東征、昭王南征、穆王征犬戎。其中記周公東征時曰"管叔、蔡叔群弟疑周公,與武庚作亂,畔周。周公奉成王命,伐誅武庚、管叔,放蔡叔”①,又曰“召公爲保,周公爲師,東伐淮夷,殘奄,遷其君薄姑”②,均用動詞“伐”來表示。記昭王南征時曰“昭王南巡狩不返,卒於江上”③,用“南巡”表示南征,應該是隱諱之詞。至於記穆王征犬戎則曰“穆王將征犬戎……王遂征之”,用動詞“征”來表示。西周戰爭銅器銘文中也可見“伐”和“征”,如翏生盨銘文(《集成》4459)曰“王征南淮尸(夷),伐角、溝(津),伐桐、遹”,説“征”南淮夷,然後説“伐”各個所征的地區;𫖖馭簋銘文(《集成》3976)曰“𫖖馭從王南征,伐楚荆(荆)”,説南“征”,然後説“伐”楚荆。同一銘文中用兩個不同的動詞,其用法應該有所區別。對這個問題,從上兩篇銘文中可以找到共同點:前者所“伐”的四個地區是屬於所“征”的南淮夷,後者所“伐”的楚荆是南征的對象④。即“征”的概念比“伐”廣,“伐”的用法比“征”更加具體⑤。如史密簋銘文(《近出》489)中説“東征”,但對具體的戰鬥説“伐長必”,也可證明這兩者之間的區別。動詞“伐”,除了對外征伐戰以外,還用於“却退戰”,如兮甲盤銘文(《集成》10174)曰“王初各(格)伐厰(玁)鈙(狁)于�㠯盧”,兮甲從周王在�盧伐玁狁。不過動詞“征”還是主要用於對外征伐戰。

　　其次,注意對外征伐戰的俘獲數量。《周本紀》記載穆王征犬戎曰:“穆王將征犬戎……王遂征之,得四白狼、四白鹿以歸。”《後漢書·西羌傳》曰:“至穆王時,戎狄不貢,王乃西征犬戎,獲其五王,又得四白鹿、四白狼。”其俘獲所記比《周本紀》多了“其五王”。西周銅器銘文中記載戰功、戰利品數量也不少(表3-1)。俘獲大體上可分爲“人”和“物資”,“物資”再可分爲“軍需”、“資源”、“家畜”等。其中武器、戰車等軍需也可見於其他性質的戰爭類型,但家畜、資源等戰利品則只見於對外征伐戰。家畜、資源具有地域性特徵,要俘獲該物資,應該帶兵進入該地區,只有對外征伐戰符合這個條件。

① 《史記》卷四《周本紀》,第132頁。
② 《史記》卷四《周本紀》,第133頁。
③ 《史記》卷四《周本紀》,第134頁。
④ 有的學者認爲這是西周通過伐殷遺民而鞏固對南國的統治。參見龔維英:《周昭王南征史實索隱》,《人文雜誌》1984年弟6期,第82頁;曹建國:《昭王南征諸事辯考》,《阜陽師範學院學報(社會科學版)》2003年第5期,第16頁。
⑤ 劉雨先生曾説:“征字用爲總括的較大的戰役,伐字則多用於具體戰役。”本書從之。商艷濤先生則認爲“征”理解爲出行,巡行比較合理,可備一説。參見劉雨:《西周金文中的軍禮》,廣東炎黃文化研究會等編:《容庚先生百年誕辰紀念文集》,韶關:廣東人民出版社,1998年,第327頁;商艷濤:《西周軍事銘文研究》,廣州:華南理工大學出版社,2013年,第263—264頁。

表3-1　西周帶戰利品的銅器銘文所示戰爭類型與戰利品種類

時期	銘文	著錄	作器者	戰爭性質				戰利品			
				對外征伐	對內征討	戍守	卻退	人	軍需品	資源	家畜祥瑞
早期	雪鼎	《集成》2740	雪	○						貝	
	壘鼎	《集成》2731	壘	○					戈		
	小臣謎簋	《集成》4238	小臣謎	○							
	小盂鼎	《集成》2839	盂	○				馘、執、獲	馬、車	貝	牛、羊
	員卣	《集成》5387	員	○						金	
	過伯簋	《集成》3907	過伯	○						金	
	霊簋	《集成》3732	霊	○						金	
	呂壺	《集成》9689	呂	○							兕
中期	敔簋	《集成》4322	敔				○	馘、執、獲	戎兵；盾、矛、戈、弓、箙、矢、裨、胄		
	史密簋	《近出》489	史密	○				獲			
	昌鼎	《近出》352	昌				○	擒			
	霸伯盤	《2010中國重要考古發現》第71頁。	霸伯				○	執訊			
	奢簋	《近二》424	奢				○	執訊、獲、馘			

續表

時期	銘文	著錄	作器者	戰爭性質				戰利品			
				對外征伐	對內征討	戍守	却退	人	軍需品	資源	家畜祥瑞
	晉侯銅人	《近二》968	晉侯				○	獲			
	翏生盨	《集成》4459	翏生	○				執訊、造首	戎器	金	
	伯㝅父簋	《銘圖》5276	伯㝅父	○				執訊、馘		金	
	柞伯鼎	《近二》327	柞伯	○				執訊、獲馘			
	多友鼎	《集成》2835	多友				○	折首、執訊	戎車		
	敔簋	《集成》4323	敔				○	馘首、執訊			
	噩侯馭方鼎	《集成》2734	噩侯馭方	○						金	
晚	兮甲盤	《集成》10174	兮甲				○	折首、執訊			
期	虢季子白盤	《集成》10173	虢季子白				○	折首、執訊			
	不娶簋蓋	《集成》4329	不娶				○	摭、折首、執訊			
	師衰簋	《集成》4313	師衰	○				邦首、折首、執訊、士女		吉金	羊、牛
	應侯視工鼎	《近二》323	應侯視工	○					戎		
	應侯視工簋	《銘圖》5311	應侯視工	○					戈		
	禹鼎	《集成》2833	禹		○			獲厥君			
	晉侯穌鐘	《近出》35—50	晉侯穌				○	折首、執訊			
	世二年遽鼎	《近二》328	遽				○	執訊、獲、馘	器、車、馬		

　　換個角度看,獲取物資也許是當時征伐戰的目的之一。《西羌傳》曰:"夷王衰弱,荒服不朝,乃命虢公率六師伐太原之戎,至于俞泉,獲馬千匹。"①虢仲征伐太原之戎,獲馬達千匹之多。當時的戰鬥以車戰爲主,因此馬和戰鬥力量有直接關係。牛、羊等家畜可供祭祀、饗宴等,也具有重要價值。至於銅料資源,雖然在周王朝直接掌控的晉南地區有中條山銅礦,但是有學者已經表明殷商、西周時期銅料主要來源於長江中下游地區②。對於重視青銅禮器的周王朝來說,確保銅料資源具有重要意義。春秋時期的銅器曾伯霥簠銘文(《集成》4631)曰:"克狄(逖)淮(淮)尸(夷),卬(抑)燮繖(繁)湯(陽),金衔(道)鍚(錫)行。"征伐淮夷後,恢復對繁陽的控制,才能"金道錫行"。郭沫若先生説:"'金道錫行'者,言以金錫入貢或交易之路。古者南方多産金錫。《魯頌·泮水》:'憬彼淮夷,來獻其琛,元龜象齒,大賂南金。'《考工記》云:'吳粵之金錫,此材之美者也。'"③屈萬里先生説:"金道,當是指輸入銅的道路而言。錫行,當是指錫的道路而言。"④筆者同意這兩位先生之説,可見銅料資源也是當時對外征伐戰的主要目的之一。

　　其次,對外征伐戰中投入大規模的兵力。除了王師外,還由畿內之貴族、邊域之諸侯及畿外邦國構成聯合性軍事力量⑤(表3-2)。

表3-2　西周早期戰爭銅器銘文所見對外征伐的參戰者

戰　爭	王師	貴　族	諸　侯	其他邦國	未　知
成王東征 (周公東征)	王	周公、小臣單、太保、塱、禽	康侯	犅刧、澅司土逤(?)	
康王東征	王、殷八師	明公、祭公、嘗、史旗、師氏、趞、畫、儢公、伯懋父、小臣謎、公大保、旅	魯侯		

---

① 《後漢書》卷八七《西羌傳》,第2871頁。其注曰:"見《竹書紀年》。"
② 參見華覺明、盧本珊《長江中下游銅礦帶的早期開發和中國青銅文明》,《自然科學史研究》1996年第1期;魏國鋒:《古代青銅器礦料來源與産地研究的新進展》,中國科學技術大學博士學位論文,2007年,第29—30頁;魏國鋒等:《若干地區出土部分商周青銅器的礦料來源研究》,《地質學報》2011年第3期。
③ 《大繫》,第186頁。
④ 屈萬里:《曾伯霥簠考釋》,《中研院歷史語言研究所集刊》第33本,1962年,第335頁。
⑤ 詳論見第二章第二節。

續　表

戰　爭	王師	貴　族	諸　侯	其他邦國	未　知
康王伐鬼方	（王）?	盂	侯、甸、男		費伯、明伯、繼伯、㪤伯
康王北征	王	伯懋父、師旂、引、呂	井侯、臣諫、亞旅		
昭王南征	王	史牆、員、南宮、鳴叔、䜌、作册折、趞、中、啓、	曾、噩、相侯	過伯	𡩜、狀馭

　　值得注意的是，對外征伐戰中，未見王師或王朝貴族、諸侯單獨作戰之例。一般情況下，周王或承周王之命的執政大臣擔當統帥，主持對外征伐戰。

　　以上簡單考察了西周史料中有關對外征伐戰記載的特徵。對外征伐戰記載中可見動詞“征”和“伐”，其中“征”只見於對外征伐戰性質的戰爭。其大規模的遠征軍由王師、畿內之貴族、畿外封君、諸侯、邦國軍聯合組成。通過戰爭，他們獲取了不少俘虜、戰利品，其中家畜、資源等戰利品只見於對外征伐戰。對外征伐戰的主要目的，應該是得到這些非周勢力的服從，不過也會存在如獲取家畜、資源等其他目的。

二、對內征討戰

　　相對於“對外征伐”而言，對內征討戰是主要對屬於周王朝勢力範圍內的貴族和畿外封君、諸侯進行的軍事活動。他們原本服屬於周王室，後因某種原因不再服從周王的統治，王室要懲治他們而采取武力手段進行軍事活動。筆者認爲這種性質的軍事活動用“征討”來表示最爲合適。“征討”之“討”，在西周銅器銘文中未見，但見於傳世文獻，如《尚書·皋陶謨》曰：“天討有罪，五刑五用哉。”[1]“討”有懲治有罪之意。

　　西周戰爭銅器銘文中，符合“對內征討戰”的例子，唯有禹鼎銘文所載的征

────────────

① 《尚書正義》卷四，第 139 頁。

討鄂侯馭方之戰。銘文中提到"烏(嗚)虖(呼)哀哉！用天降大喪于下或(國)"之語，鄂侯反叛威脅到周王朝的存亡。傳世文獻中與此類似的事例，就是周初的所謂"三監之亂"、厲王時期的所謂"國人暴動"、幽王時期的申侯反叛等。這些例子的始末，大家都很熟悉，在此不再贅述，下面只簡單討論"對內征討戰"的特徵。

首先，這些例子皆屬於西周早期或者晚期的事例。如夏含夷先生所論，這和西周早期和晚期都有各種各樣史料可尋有關[①]，也許和國家立朝之時會出現反派勢力、國家將亡之時不滿勢力的蔓延有關。那麼西周中期如何，是否未見大規模的叛亂便可認爲當時很穩定。對此我們需要看幾條文獻記載。

首先，看《史記·周本紀》的記載：

> 共王游於涇上，密康公從，有三女犇之。其母曰："必致之王。夫獸三爲群，人三爲衆，女三爲粲。王田不取群，公行不下衆，王御不參一族。夫粲，美之物也。衆以美物歸女，而何德以堪之？王猶不堪，況爾之小醜乎！小醜備物，終必亡。"康公不獻，一年，共王滅密。[②]

共王和密康公的故事，應該引自《國語》[③]。在緒言中已指出，《國語》出自儒家之手，其編撰目的應該是用借鑒於歷史的方法來説明儒家的政治思想。據此看上面引文，雖然不能盡信所有記載，但可以了解共王滅密的梗概。但共王滅密的原因目前尚未搞清，不一定是因爲密康公拒絶獻上美女的緣故。

> 共王崩，子懿王囏立。懿王之時，王室遂衰，詩人作刺。懿王崩，共王弟辟方立，是爲孝王。孝王崩，諸侯復立懿王太子燮，是爲夷王。[④]

懿王死後，共王弟孝王即位，孝王死後懿王的兒子夷王即位，這跟周代父死子繼原則有所違背，也許反映了王朝內部不太穩定。夷王即位後，再次恢復了父死子繼的原則。這都反映了西周中期也不太穩定，也許暗示了當時的王

---

① 夏含夷：《西周之衰微》，《古史異觀》，上海古籍出版社，2005 年，第 205 頁："無論是當時的文獻如《尚書》《詩經》等，還是後來的《史記》，於文武之立朝與厲幽之亡國均有各種各樣史料可尋，可是對於在全王朝年代上幾乎占一半的昭穆夷王諸王，這些史料差不多僅記其名而已。"
② 《史記》卷四《周本紀》，第 140 頁。
③ 徐元誥撰：《國語集解》(修訂本)，第 9—10 頁。
④ 《史記》卷四《周本紀》，第 140—141 頁。

朝内亂。

　　其次，對内征討戰具有突發性的特徵，所以周王往往未能具備及時征討的條件，如作爲王師的"六師"、"八師"未能及時鎮壓鄂侯反叛等。但是鄂侯的反叛畢竟是在邊域地區發生的，所以周王能夠重整戰鬥隊伍，最終可以完成征討。不過，對王都爆發的反叛，周王的征討没有獲得那麽有效的成果。厲王時期的所謂"國人暴動"是其代表性的事例。從《國語》記載來看，其原因在於厲王阻止國人的言路，寵愛榮夷公而專利①。當時國人殺召公之子②，可知當時國人的猛烈攻勢，但經過"共和"十四年而即位的就是厲王之子宣王，其間發生什麽事情，目前無法得知。但可以推測以下情節：國人暴動畢竟在周王直接控制的地區發生，其目的不在於推翻周王朝，而在於推翻厲王。在史書上未載厲王對國人暴動采取什麽樣的措施，很可能試圖鎮壓，但是没有成功，最終厲王逃跑至彘地③。從這種觀點上看西周中期，懿王死後孝王即位，孝王死後夷王即位，也許不是自然性王位交替，而是周王未能及時征討內部反叛，强制進行交替王位。

　　總的來説，對内征討戰的主體是周王室，其征討對象是曾屬於周王朝的貴族、諸侯，其地區也是周王朝的控制範圍之内，可説曾屬於周邦之地。因而對内征討戰是周王室要懲治反周、反王勢力而發動的戰爭。在周王室的立場上看，雖然周王室是這類戰爭的主體，但並非由周王室主動發起，周王室只能是被動性應對。《尚書·大誥》云"猷！大誥爾多邦，越爾御事，弗弔，天降割于我家不少"④，禹鼎銘文曰"烏（嗚）虖（呼）哀哉！用天降大喪於下或（國）"，這些描述反映了這類戰爭具有突發性的特徵，周王室往往因爲没有充分的應戰準備而面臨困難。周王平三監之亂花費了兩三年的時間⑤；應對鄂侯反叛之時，六師、八師"繇（肆）白（師）弥宺（怵）匌匡（恇），弗克伐噩（鄂）"，難以將"噩

①　徐元誥撰：《國語集解》（修訂本），第10—14頁，"厲王虐，國人謗王"、"厲王説榮夷公"條。
②　徐元誥撰：《國語集解》（修訂本），第14—15頁，"彘之亂，宣王在邵公之宮"條。
③　《毛詩正義》卷一二之二《小雅·雨無正》，第447頁："周宗既滅，靡所止戾。"鄭玄箋："是時諸侯不朝王，民不堪命，王流于彘，無所安定也。"據鄭玄之説，厲王征討失敗的原因也許與失去了諸侯和貴族的支持有關。
④　《尚書正義》卷一三《大誥》，第198頁。
⑤　《尚書正義》卷一三《金縢》，第197頁："周公居東二年，則罪人斯得。"僞孔傳曰："周公既告二公，遂東征之，二年之中，罪人此得。"《清華簡（壹）·金縢》，第158頁："周公石（宅）東三年，褅（禍）人乃斯旻（得）。"

（鄂）”攻下；國人暴動時，甚至發生周王離開宗周而逃跑之事。

三、戍守戰

　　“戍守”，也可以稱“駐守”、“守衛”，“戍守戰”的戰爭過程中包括“戍守”性質的戰鬥。本書的“戍守戰”指在某一處軍事要地專門防備並却退敵方內侵的軍事行動。這類戰爭在銅器銘文中多見，如臣諫簋銘文（《集成》4237）云：“佳（唯）戎大出于軧，井（邢）厌（侯）膊（搏）戎，征（誕）令臣諫□□亞旅處于軧。”此器出土於今河北元氏縣西張村西周墓葬，這一帶過去有泜水，泜水的“泜”與這篇銘文中的“軧”，皆從“氐”聲，“軧”應該位於這一帶。戎出没於軧地，邢侯却退他們而命臣諫率領亞旅戍守此地。這不僅是保衛邢國，也是爲了周王朝安危而采取的重要舉措①。

　　臣諫簋銘文用“處”字表示“戍守”之意。有些銘文用“戍”來表示戍守之意，其具體情況如表3－3。

表3－3　西周時期與“戍守”直接相關的銘文

時期	銘文	著録	主要内容	作器者
早期	臣諫簋	《集成》4237	佳（唯）戎大出于軧，井（邢）厌（侯）膊（搏）戎，征（誕）令臣諫□□亞旅處于軧，州（從？）王□□。	臣諫
	壺簋	《集成》3732	壺從王戍刉（荆），孚（俘），用乍（作）饎（饙）殷（簋）。	壺
中期	彧簋	《集成》4322	佳（唯）六月初吉乙酉，才（在）堂（堂）自（師），戎伐斁，彧遫（率）有嗣（司）、師氏侰（奔）追卸戎于臧（棫）林，博（搏）戎馘。	彧
	彔卣	《集成》5420	王令彧曰：歔淮尸（夷）叙（敢）伐内國，女（汝）뒤（其）㠯（以）成周師氏戍于古（古）自（師）。白（伯）雍（雍）父蔑彔历，易（賜）貝十朋。	彔

────────────
① 據唐蘭先生的研究，師旂鼎銘文所見的戰爭地區“方雷”也在今元氏縣一帶（《史徵》，第314—316頁）。與臣諫鼎同出的叔趯父卣銘文（《集成》5428）曰“女其用鄉乃辟軧侯逆造，出入事人”，有“軧侯”，可見周王另有設置軧侯的可能性。

續　表

時期	銘文	著錄	主要內容	作器者
中期	稒卣	《集成》5411	稒從師淮(雍)父戍于古自(師)。	稒
	臤尊	《集成》6008	隹(唯)十又三月既生霸丁卯,臤從師鮭(雍)父戍于辪(古)自(師)之年。	臤
	遇甗	《集成》948	隹(唯)六月既死霸(霸)丙寅,師鮭(雍)父戍才(在)古自(師)。遇從師鮭(雍)父肩(肩)史(事)遇事(使)于鈜(胡)厌(侯)。	遇
	競卣	《集成》5425	隹(唯)白(伯)犀父呂(以)成自(師)即東,命成南尸(夷)。	競

　　銘文中一般用"處于＋戍守地"或"戍于(在)＋戍守地",即動詞和地名之間加虛詞"于(在)"的形式來表示戍守地區。需要注意的是競卣銘文中的用法,"戍＋南夷",此並非戍守南夷地區之義,而是防禦南夷之意。彔卣、稒卣、臤尊、遇甗銘文都是從伯雍父(師雍父)戍守古師的內容。這些銘文並未記載具體的戰爭,但從中可以發現與西周軍事有關的重要信息。

　　據銘文得知,伯雍父在古師,鈜侯駐守鈜地,兩者之間保持交通而共同應對淮夷(遇甗銘文),這是西周王朝邊境的一些軍事重鎮相互聯合、共同防備的較爲典型的例子。本書所謂的"戍守戰"就是駐扎在王朝邊域地區防備非周勢力的戰爭。

　　戜被調遣來古師之前,在堂師戍守淮夷。戜方鼎銘文曰:"烏(嗚)虖(呼)!⋯⋯王用肇吏(使)乃子戜,遖(率)虎臣御鮭(淮)戎。""肇",《爾雅‧釋詁上》曰:"始也。"[1]戜方鼎銘文中的"肇吏(使)",意味着戍守堂師是周王命他執行的首次任務,而戍守古師應該是之後的事。他戍守堂師的時候,還曾救援鈜國而却退淮戎勢力。戜簋銘文:"隹(唯)六月初吉乙酉,才(在)啚(堂)自(師),戎伐馭,戜遖(率)有嗣(司)、師氏犇(奔)追卸戎于臧(械)林,博(搏)戎鈜。""馭",黃盛璋先生認爲應該是"郾"地,今河南省漯河市郾城區一帶[2];"堂

――――――――――
[1]　《爾雅注疏》卷一,第 2568 頁。
[2]　黃盛璋先生説:"'馭'必从'敄,尹聲'。作爲地名可無定字,依聲考地,馭應即是郾。⋯⋯《史記》楚昭陽伐魏取郾是也。《寰宇通志》:'漢郾縣本古郾子國。'漢郾縣故城據縣誌在今郾城南五里,俗謂之道州城。"黃盛璋:《彔伯戜銅器及其相關問題》,《考古與文物》1983 年第 5 期。

師"之地望,學界有分歧①,王輝先生提出"堂"即"堂溪",據《括地志》堂溪古城在豫州郾城縣西八十有五里②,離"鈘"較近,本書從之;"鹹(棫)林",裘錫圭先生認爲在今河南葉縣東北③;"歔",與"胡"通④。有些學者提出,這裏的歔國應位於今河南郾城縣⑤。至於"古師"的地望,蔡運章先生認爲"古"通作"苦",今河南鹿邑附近⑥。也許却退淮夷後,爲了更加防備前線,將鈘調遣到古帥,與歔侯建立應對淮夷的防禦線。

分析與戍守戰有關的銅器銘文,會發現不少銅器是在戍守過程中所鑄的,如"戍守古自"的彔卣、穬卣、臤尊、遇甗等。這些銅器的銘文都記載了作器者在古師或歔收到蔑曆、賞賜的内容,應該都是在戍守過程中所鑄的。

以上簡單考察了戍守戰記載的特徵。戍守戰是戍守王朝邊域的軍事重鎮,防禦非周勢力的内侵並却退他們的戰爭。在這類戰爭中,軍事重鎮之間往往互相聯繫、建立防禦線而共同進行軍事活動。此外,在戍守過程中所作的銅器也多見,這是在其他戰爭性質中罕見的⑦。帶有軍事性質的"侯"國,也許就是基於這些軍事重鎮發展起來的。

四、却退戰

"却退戰"是敵方興兵内侵之後,爲却退他們而發動的戰爭⑧。從這種層

---

① 晏昌貴先生認爲即《左傳》"棠君尚"的"棠",該"棠邑"在今河南遂平縣東北、西平縣西北一帶;《夷輯》認爲其在今河南滑縣一帶。參見晏昌貴:《西周胡國地望及其相關問題》,《湖北大學學報(哲學社會科學版)》1990年第1期;《夷輯》,第178頁。

② 參見王輝:《商周金文》,第111頁。

③ 參見裘錫圭:《説鈘簋的兩個地名——棫林和胡》,《古文字論集》,第388頁(原載《考古與文物叢刊》第二號《古文字論集》1,1983年)。

④ 唐蘭先生認爲"歔"讀爲"胡"。如《左傳》哀公十一年"胡簋之事","胡"應指"簠",銘文中將"簠"亦寫作"匼"、"臣",可知"歔"與"胡"通。參見唐蘭:《周王歔鐘考》,收入故宮博物院主編:《唐蘭先生金文論集》,北京:紫禁城出版社,1995年,第39—42頁(原載《故宮博物院年刊》,1936年)。

⑤ 參見裘錫圭:《説鈘簋的兩個地名——棫林和胡》,《古文字論集》,第389—390頁;晏昌貴:《西周胡國地望及其相關問題》,《湖北大學學報(哲學社會科學版)》1990年第1期,第23—25頁。

⑥ 蔡運章:《胡國史跡初探——兼論胡國與楚國的關係》,河南省考古學會等編:《楚文化覓蹤》,鄭州:中州古籍出版社,1986年,第203頁。

⑦ 昭王南征中可見一些當地所作的銅器銘文:啓尊、中觶等。分析這些銘文中可以得知,這些銅器都是在南征軍長期駐屯的地區所作的。

⑧ 徐元誥撰:《國語集解》(修訂本),第406頁:"魏顆以其身<u>却退</u>秦師於輔氏,親止杜回,其勳銘於景鐘。"

面上看，"却退戰"可包括對內征討戰、戍守戰，但本書討論的"却退戰"並不包含以上兩種類型。對內征討戰的敵方是反周勢力，戰爭地點是原周控制地區；戍守戰的敵方是非周勢力，戰爭地點是邊域地區。本書所謂的"却退戰"是敵方為非周勢力，戰爭地點則是周王朝領域內地。

前文所舉的"成王東征"是由"三監之亂"的對內征討戰發展到對外征伐戰的例子，不過西周對與三監聯合而內侵的奄、薄姑等的戰爭是具有却退戰性質的，可以說是由却退戰發展到對外征伐戰的。西周晚期對"南國艮孳"的戰爭，"南或（國）艮燹（孳）敢臽（陷）處我土，王臺（敦）伐其至，戥（撲）伐乒（厥）都……"（戥鐘銘文，《集成》260），艮孳的內侵在先，也是由却退戰發展到對外征伐戰的。

却退戰的典型例子有西周晚期的敔簋、多友鼎銘文。首先看敔簋銘文（《集成》4323）：

> 隹（唯）王十月，王才（在）成周，南淮尸（夷）遷（遣）、殳，內伐溟、鼎（昂）、嘼（參）泉，裕叔（敏），隲（陰）陽洛，王令敔（敔）追遺（攔）于上洛，烟谷，至于伊班，長榜（榜）戴（載）首百，執嘁（訊）卌，裦（奪）乎（俘）人三（四）百，畕于焚（榮）白（伯）之所，于烟衣肂，優（復）付乒（厥）君……

南淮夷內侵至"溟、鼎（昂）、嘼（參）泉，裕叔（敏），隲（陰）陽洛"，王命令敔率軍趕到"上洛，烟谷"却退敵方，他接受命令"追"敵人直到"伊"地才回來。這次戰役，他殺了 100 人，獲擒俘虜 40 人，另外值得注意的是他在這次戰役中奪回被敵方俘虜的人民的情節，這也見於多友鼎銘文（《集成》2835，圖 3－1）：

> 唯十月，用嚴（玁）㺇（狁）放（方）興（興），廣（廣）伐京自（師），告追于王，命武公："遣乃元士，羞追于京自（師）。"武公命多友衛（率）公車，羞追于京自（師）。癸未，戎伐筍（筍），衣（卒）乎（俘），多友西追。甲申之㝆（辰），捊（搏）于郗，多友右（有）折首執嘁（訊）：凡㠯（以）公車折首二百又□又五人，執嘁（訊）廿又三人，乎（俘）戎車百乘一十又七乘，衣（卒）匋（復）筍（筍）人乎（俘）。或（又）捊（搏）于龏（龔），折首卅又六人，執嘁（訊）二人，乎（俘）車十乘，從至。追捊（搏）于世，多友或（又）右（有）折首執嘁（訊），乃轃追，至于楊冢，公車折首百又十又五人，執嘁（訊）三人，唯乎（俘）車不克，㠯（以）衣（卒）焚，唯馬歐盡（盡）。匋（復）裦（奪）京自（師）之乎（俘）……

玁狁興兵內侵周王朝，掠奪京師，周王命令武公派兵於京師，武公再命令

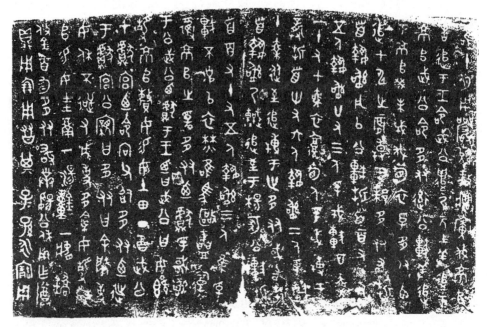

圖 3-1　多友鼎銘文

多友率領公車救援京師。癸未日,玁狁掠奪筍地,多友追他們,第二天在郟地
却退敵方,奪回被他們俘虜的筍人。多友繼續追擊他們,在龔地、世地獲得戰
勝,最後在楊冢却退他們,成功奪回被他們俘虜的京師人民。總之,敵方先內
侵而掠奪,周王下令追擊敵方,將領承命出兵追擊他們,獲取一些戰利品的同
時也奪回被他們俘虜的人民。

　　從敵方的角度看,玁狁一下子內侵到周朝腹心之地,表明他們內侵的目的
應該不是佔領土地而擴張自己的地盤,而是掠奪人畜。這跟周王對外征伐的
目的不同,周王朝的目的是獲取敵方的臣服而鞏固天子的權威。敵方的目的
是掠奪人畜,他們的戰術是突襲掠奪後盡快撤回,王朝則一定要及時采取行動
阻止他們的掠奪,試圖將人畜損失最小化。這在䍐簋銘文(《集成》4322,參前
圖 2-7)中也可見:

　　　　隹(唯)六月初吉乙酉,才(在)㽈(堂)自(師),戎伐䍐,䍐逆(率)有嗣(司)、師氏徛
　　　(奔)追卸(御)戎于䤧(棫)林,博(搏)戎䵽。……隻(獲)馘(聝)百,執嚻(訊)二夫,孚
　　　(俘)戎兵;盩(盾)、矛、戈、弓、備(箙)、矢、裹(裨)、胄,凡百又(有)卅又(有)五叔,孚

(捋)戎孚(俘)人百又(有)十又(有)三(四)人。……

　　戜在堂師阻止淮戎的內侵,率領有司、師氏在棫林却退他們,追擊他們到
鼓國。在這次戰役,戜殺了100敵人,獲擒2人,俘獲了敵方遺棄的武器,並奪
回被他們俘虜的114人。

　　以上簡單考察了有關却退戰記錄的特徵。却退戰是對非周勢力的內侵及
掠奪的應戰,其目的主要在於試圖將人畜的損失降到最低,因此相關銘文中常
見奪回被敵方俘虜的人民的內容。就軍隊的規模來説,對外征伐戰往往帶着
大規模的聯合軍隊進行軍事活動,却退戰則往往進行小規模的軍事運作①。
之所以如此,是因爲應對敵方速戰速決的內侵,應該注重機動性,要及時追擊
他們並阻止他們的掠奪,才可以實現人畜損失最小化的目的②。因此,身份地
位較低的將領,如身爲貴族私屬的多友,可以擔當統帥而指揮戰鬥。

　　到此爲止,我們考察了四種性質的戰爭。通過這些研究,可知在不同性質
的戰爭中,周王朝的軍事力量之構成、統帥的身份、戰果的規模等存在一些差異。

　　對外征伐戰,在非周之地征伐非周或反周勢力的戰爭,如塑方鼎、班簋、鼓
鐘銘文所載的戰爭等屬於此類。主要由周王或執政大臣擔當統帥,其征伐軍
往往由王師、畿內貴族、畿外的封君和諸侯、其他邦國軍聯合構成。只有這類
戰爭獲得的戰果中有家畜和資源等物資。

　　對內征討戰,周王朝在原周控制地,懲治揭起反旗的反周、反王勢力而發
動的戰爭,如禹鼎銘文所見的鎮壓鄂侯反叛的戰爭等屬於此類。

　　戍守戰,周王朝在邊域的軍事重鎮,駐守而防禦敵方的戰爭,如穆王時期
"戍守占師"等屬於此類。戍守時各相鄰的軍事重鎮聯合形成防禦線而共同應
對敵方。其軍事行動的性質與諸侯之軍事職責有相合之處。

　　却退戰,對應非周勢力的內侵、掠奪,及時率軍追擊而阻止他們的戰爭。
如敔簋、多友鼎銘文等屬於此類。其目的主要在試圖將人畜損失降到最低,並

①　對此也有例外:兮甲盤銘文(《集成》10174)中可見周王親自率軍却退獫狁的例子:"王初各(格)
伐㺇(玁)狁(狁)於置盧,兮田(甲)從王。"
②　却退戰的統帥,一般由王朝大臣擔當,但是往往由地位較低的貴族擔任統帥。這也跟却退戰的注
重機動性而進行小規模的軍事運作有關。參見本書第一章第三節。

盡量奪回被他們掠奪的人民。此類軍事活動需要機動性，因此往往進行小規模的軍事運作，故地位較低的將領也可以擔當統帥。

第二節　周王在戰爭中的軍事領導機制

上一節將戰爭分爲四種類型：對外征伐戰、對内征討戰、戌守戰、却退戰。在研究過程中，筆者發現一個很有趣的史實，即大部分戰爭始於周王的命令，終於周王的賞賜，戰爭的始末都由周王控制。不管周王親征，還是周王未參戰的戰爭當中，都是如此。軍事命令、賞賜以及其間的把握戰況，這是周王在戰爭中行使領導權力的重要機制。本節要對軍事命令、把握戰況、戰功賞賜這三個很重要的機制進行討論。

一、軍事命令

軍事命令是運作軍隊中很重要的機制。西周時期戰爭記載，尤其是西周戰爭銅器銘文中的軍事命令不少，簡單列成表 3-4。

根據表 3-4 來分析這些人物之間的命令關係。首先，存在王朝貴族與自己私屬將領之間的軍事命令關係。竇私屬於祭公，多友、禹皆受命於武公（禹鼎、多友鼎銘文），從中可見他們之間的私屬關係。他們並未直接受命於周王，而是通過祭公、武公等貴族接受軍事命令。即他們之間有"周王→貴族→私屬將領"的命令系統。其次，存在上級官對下級官的軍事命令關係。遇接受師雍父的命令，屬於此類。師雍父承周王之命而戌守古師，伯氏也承周王之命來參加却退獫狁的戰役，他們之間有"周王→上官→下官"之間的命令系統。再次，還存在邢侯命臣諫、晉侯命昌等"侯"國内部的命令系統。此外，虢仲調動柞伯，係中央對敵方封君的命令系統，井叔調動霸伯，是中央對畿外邦國的軍事命令系統，其上肯定有周王命貴族大臣的情節，即存在"周王→執政大臣→諸侯、邦君→諸侯之臣、邦君之臣"的命令系統。總之，大部分的命令出自周王。雖然可見貴族、諸侯所下的命令，但是分析其間的關係，命令系統的頂點還是有周王。

以此爲基礎，可進一步考察周王的戰爭命令機制。如禹鼎銘文所記，鄂侯

表 3-4　西周戰爭銅器銘文所見的軍事命令關係

時期	銘文	著錄	作器者	命令	銘文	著錄	作器者	命令
早期	魯侯尊★	《集成》4029	魯侯	王→明公	中方鼎	《集成》2751	中	王→南宮 王→中
早期	大保簋★	《集成》4140	大保	王→大保	𣪘瓚	《近二》126	𣪘	王→南宮 王→𣪘
早期	𤔲鼎★	《集成》2740	𤔲	祭公→𤔲	小盂鼎	《集成》2839	盂	王→盂
早期	寷鼎★	《集成》2731	寷	王→寷（遣）				
早期	臣諫鼎	《集成》4237	臣諫	井侯→臣諫				
中期	彔卣	《集成》5420	彔	王→彔	乖伯簋	《集成》4331	乖伯	王→益公
中期	𫗦方鼎	《集成》2824	𫗦	王→𫗦	遇甗	《集成》948	遇	師雍父→遇
中期	班簋	《集成》4341	班	王→毛父 王→呂伯 王→吳伯 王→遣	史密簋	《近出》489	史密	王→師俗、史密
中期					𦥑鼎	《近出》352	𦥑	晉侯→𦥑
中期					競卣	《集成》5425	競	（王）→伯屖父
晚期	五年師族簋	《集成》4216	師族	王→師族	應侯視工鼎	《近二》323	應侯視工	王→應侯視工
晚期	師袁簋	《集成》4313	師袁	王→師袁	應侯視工簋	《銘圖》5311	應侯視工	王→應侯視工
晚期	柞伯鼎	《近二》327	柞伯	虢仲→柞伯	禹鼎	《集成》2833	禹	王→六師、八師 武公→禹

續　表

時期	銘　文	著　錄	作器者	命　令	銘　文	著　錄	作器者	命　令
晚期	多友鼎	《集成》2835	多友	王 → 武公 武公 → 多友	肇賈簋	《集成》4047	肇賈	王 → 東宮
	敔簋	《集成》4323	敔	王 → 敔	晉侯穌鐘★	《近出》35—50	晉侯穌	王 → 晉侯穌
	兮甲盤★	《集成》10174	兮甲	王 → 兮甲	卌二年逨鼎	《近二》328	逨	王 → 逨
	不嬰簋蓋	《集成》4329	不嬰	伯氏 → 不嬰				

★周王親征之例

曾是周王的諸侯，由於一些未知原因，他率領南淮夷、東夷而反叛周朝。在禹鼎銘文中可見周王對西六師和殷八師出征命辭：

> 王廼命西六自（師）、殷八自（師），曰："劃（撲）伐噩（鄂）厌（侯）馭方，勿遺壽（壽）幼。"

"攻伐鄂侯馭方，無論老幼絕不留一個活口"，由此可見周王對鄂侯的反叛十分憤怒。不過，王師辜負了周王的命令和期待，未能完成平叛。在這個關鍵時刻，武公命禹率領自己的戰車200乘、廝馭200、徒1000來參戰：

> 緐（肆）武公廼遣禹銜（率）公戎車百乘、斯（廝）馭二百、徒千，曰："于匤（匡）朕（朕）肅慕，叀西六自（師）、殷八自（師）伐噩（鄂）厌（侯）馭方，勿遺壽（壽）幼。"

"于匤（匡）朕（朕）肅慕，叀西六自（師）、殷八自（師）伐噩（鄂）厌（侯）馭方"，徐中舒先生認爲"伐噩之師既恇懼甚，肅者加以整飭，慕惠者，六自、八自皆屬公族，必須以恩惠結之，使知愛慕"[1]，可從。此句中故意提及王師的失敗，也許是想將自己的功績凸顯出來。

禹鼎銘文所見的軍事命辭中可見周王對鄂侯的憎恨，但軍事作戰方面沒有詳細的記載。與此相比，晉侯穌鐘銘文的軍事命令，因更具體而具有更重要的意義：

> 二月既死霸壬寅，王儥生（往）東，三月方死霸，王至于菒，分行，王窺（親）令晉（晉）厌（侯）穌：逩（率）乃自（師）左洀（覆）䣄，北洀（覆）□，伐夙（夙）尸（夷）。

二月既死霸壬寅日，周王往東巡行，三月方死霸，到了菒地，周王與晉侯分頭行軍，這時候周王親自命令晉侯穌説：率領你的軍隊從左翼迂迴後，再從北迂迴攻伐宿夷[2]。可見其軍事命令很具體。戰鬥結束後，周王親自慰問晉侯

---

① 徐中舒：《禹鼎的年代及其相關問題》，《考古學報》1959年第3期，第54—55頁。

② 古夙、宿二字通假，因此馬承源先生認爲此夙夷即宿夷，其地望在山東東平縣境，本書從之。此外，王暉先生認爲此"宿"指春秋早期宋人所遷之"宿"，鄰近宋國邊境；朱繼平認爲銘文中的"䣄"指的是"獲水"，與東平縣相距較遠，所以此"宿"與東平縣之"宿"有別，應該在獲水流域，即王暉先生所説的宋人所遷之宿是正確的，不過對於王暉先生認爲宿夷所在地在西周晚期已經屬於宋境的看法，表示懷疑，因爲這篇銘文所見周天子命令晉侯伐宿夷等東國部族的形勢並不符。可備一説。參見馬承源：《晉侯穌編鐘》，《上海博物館集刊》第7期，上海書畫出版社，1996年，第14頁；王暉：《晉侯穌鐘銘匋城之戰地理考》，《中國歷史地理論叢》2006年第3期，第105—106頁；朱繼平：《宿國地望及相關問題探析》，《中國歷史地理論叢》2012年第3期，第48—51頁。

的師旅,並親自命令晉侯穌從西北隅攻匔城①:

> 王至晉(晉)厌(侯)穌自(師),王降自車,立(位)南卿(向),窺(親)令(命)晉(晉)厌(侯)穌:自西北遇(隅)韋(敦)伐匔黻(城)。

由此也可見其命令的具體性。晉侯在這兩次戰鬥中都完成了任務,然後隨王到"淖列"這個地方②:

> 王至淖列,淖列尸(夷)出奔,王令(命)晉(晉)厌(侯)穌逨(率)大室小臣,車僕從,遹逐之。

周王、晉侯到了淖列,淖列夷就要遁逃,所以周王命令晉侯率領大室小臣、車僕追擊他們。

晉侯穌鐘銘文的記載,給我們提供了在戰場上統帥和將領之間怎麼運作軍事命令機制的最佳之例。從此可見如下幾項史實:

(一) 晉侯親自率領自己的軍隊,周王命令晉侯穌的同時,也借助晉侯的軍隊進行作戰。表3-4中的班簋、禹鼎銘文中也可見類似的例子。周王雖然不能親自率領晉侯、武公等的軍隊,但他可以命令這些諸侯、貴族,有效地借助他們的軍事力量。由此可見,當時"重層性私屬關係"的有效運作。

(二) 周王命晉侯穌追擊淖列夷的時候,讓他率領大室小臣和車僕。大室是周王朝的大室,大室小臣,應該是屬於王朝大室的小臣。因此大室小臣和車僕應該是直屬於周王的官員。一般情況下,晉侯穌根本沒有權力率領他們,但是此時晉侯穌受周王之命,率領他們進行軍事活動。據此可知,當時軍事領導機制的運作具有較大的靈活性,這樣的運作也是憑周王之命才實現的。

---

① 馬承源、李學勤等先生認爲在今鄆城之東。李學勤先生説:"春秋時魯有東西二鄆,此爲西鄆,在今山東鄆城東十六里。鄆亦有太昊之後風姓同姓之説,見《韻彙》等書,與宿爲同姓國。"此外,王暉先生認爲應該在嵩山之南,即今河南禹縣與許昌市一帶,可備一説。參見馬承源:《晉侯穌編鐘》,《上海博物館集刊》第7期,第14頁;李學勤:《晉侯蘇編鐘的時、地、人》,收入《夏商周年代學札記》,瀋陽:遼寧大學出版社,1999年,第8頁;王暉:《晉侯穌鐘銘匔城之戰地理考》,《中國歷史地理論叢》2006年第3期,第104—105頁。

② 馬承源先生説:"《廣雅·釋訓》:'淖淖,衆也。'列列讀爲'烈烈,憂也',此指恐懼憂傷之甚。兩詞皆形容夷人奔逃。"李學勤先生斷句爲"王至淖列,淖列夷出奔",即認爲"淖列"爲當地名或族名。參見馬承源:《晉侯穌編鐘》,《上海博物館集刊》第7期,第15頁;李學勤:《晉侯蘇編鐘的時、地、人》,《夏商周年代學札記》,第9—10頁。對其地望,《夷輯》疑卽蔑,蔑故地在今山東泗水縣東南。不過此地與運城較遠,因此不從。參見《夷輯》,第228頁。

再如班簋銘文的例子,周王没有親征,但周王的命令是比較詳細的:

　　……王令毛公吕(以)邦冢君、土(徒)馭、或人伐東或(國)瘠戎,咸,王令吴白(伯)曰:吕(以)乃自(師)右(左)比毛父,王令吕白(伯)曰:吕(以)乃自(師)右比毛父,趠(遣)令曰:吕(以)乃族從父征。……

毛公即毛父,即這篇銘文的作器者毛班之父親。大多數銘文中的軍令不超出作器者及其親人。不過,這篇銘文中,除了對毛父的軍令之外,還比較詳細地記載了對其他人物的軍令:首先,周王命毛公率領"邦冢君、土(徒)馭、或人"等軍事力量征伐東郭"瘠戎"①。其次,周王命吴伯率領自己的軍隊在左邊輔助毛父,命吕伯率領自己的軍隊在右邊輔助毛父②。當時這支軍隊是"左——中——右"的三軍編制,周王對將領親自下令,可知其軍事命令的具體性。

在師寰簋銘文中也可見類似的例子:

　　王若曰:"師寰,……,今余肇令女(汝)迷(率)齊币(師)、曩、釐(萊)、僰尾、左右虎臣,正(征)淮尸(夷),即質乓(厥)邦嘼(酋),曰冄、曰粦(琹)、曰鈴、曰達。"師寰虔不氶(墜)……

"質",應讀爲"𧽹",此字從"奴",《説文》曰:"殘穿也。從又從歺。凡奴之屬皆從奴。讀若殘。"③師寰簋銘文中的"質",應取之於"奴"義④,而且其讀音與"殘"同,本文將它釋爲"殘"。《周禮·大司馬》"放弑其君,則殘之",鄭玄注:"殘,殺也。"⑤"質乓(厥)邦嘼(酋)"應是"殺死其邦酋"之義。

周王命師寰率領齊師、曩、釐(萊)、僰等山東古國,以及作爲王師的左右虎臣征伐淮夷,並砍殺其邦酋"冄、粦(琹)、鈴、達"⑥。從此也可見周王命令的具

---

①　唐蘭先生説:"'瘠'當是從疒冑聲,讀如猷,猷字也是從犬冑聲,《説文》作從甘冑聲是錯的。瘠字疑與猵通,猵戎即徐戎,《書·費誓》説'淮夷徐戎並興',可見徐是戎。"李學勤先生説:"'瘠'字見《玉篇》。戰國璽有此字,形與簋銘相同。'瘠'讀爲滑或猾,《小爾雅·廣言》:'滑,亂也。'故'瘠戎'猶云亂戎。"參見《史徵》,第351頁;李學勤:《班簋續考》,《古文字研究》第13輯,北京:中華書局,1986年,第183頁。
②　"趠(遣)令曰"的"趠(遣)",李學勤先生認爲即孟簋銘文中的"趠仲",可備一説(李學勤:《西周中期青銅器的重要標尺》,收入《新出青銅器研究》,北京:文物出版社,1990年,第90頁)。
③　《説文》,第84頁。
④　陳英傑:《爯公盨銘文再考》,《語言科學》2008年第1期,第64頁。
⑤　《周禮注疏》卷二九,第835頁。
⑥　筆者認爲周王的命辭是從"師寰"到"曰鈴、曰達"的一段話。師寰接受周王之命,然後"師寰虔不氶(墜)",即没有辜負周王的命令而成功地完成了任務,文理可通。

體性。不僅如此,而且敵邦首酋的名字亦一一俱列,這可説明周王雖然没有參戰,但一定程度上掌握了敵邦的情况。

那麽周王親自任命將領、親自安排軍事編制,意味着什麽?《論語·季氏》有一句話:"天下有道,則禮樂征伐自天子出。"①天子行使天子的權利之時,在很嚴明的上下關係下,禮樂和征伐的命令都出白周天子。即戰争始於周天子的命令,雖然周王没有親自參戰,但最高統帥還是周王。這也意味着以周天子爲中心的軍事領導機制的順利運作。

二、把握戰况(報告戰况)

如上所述,西周時期的戰争始於周王之命。將領在戰争過程中,要不斷地向上級進行匯報戰况②,下級將領向周王"報告戰况",周王以此"把握戰况",這大致分爲兩種:戰争中的報告戰况、戰争結束後舉行的獻俘禮。

首先,看一下戰争中的報告戰况之例。最典型的例子還是晉侯穌鐘銘文(《近出》35—50),如上所述,晉侯陪同周王進行軍事活動,銘文中可見"伐夙夷"、"伐匃城"、"追淖列夷"三次戰鬥。看一下其結果如何。"伐夙夷"戰鬥,銘文曰"晉(晉)厌(侯)穌折首百又廿,執嘫(訊)廿又三夫",即晉侯軍殺死了敵人120人,生擒俘虜23人。對"伐匃城"戰斗,銘文曰"折首百,執嘫(訊)十又一夫",即晉侯軍殺敵100人,擒俘11人。應該注意的是銘文只記載了"折首執訊",即殺死、生擒敵人的戰功,没有直接説向周王報告這些功績。根據另一些情况,可以推測晉侯向周王報告了這些功績。"伐匃城"戰鬥之前,周王親自訪問晉軍的陣營命令出兵③,其命令内容很詳細,如果没有把握晉軍的情况,則不會下那麽詳細的命令,因此筆者認爲晉侯應先向周王報告上一次戰况,讓周王了解晉軍的情况。

這篇銘文是遠征結束班師後所鑄的。那麽應該存在作爲這篇銘文的底本,即記載戰况的文書。這也許是爲了向周王報告而做,也許是爲了個人保管

---

① 《論語注疏》卷十六,第 2521 頁。
② 本書所謂的"報告戰况"指下級向上級的戰况報告,還包括戰争結束後舉行的獻俘禮。
③ 銘文曰:"王窺(親)遠眚(省)自(師),王至晉(晉)厌(侯)穌(蘇)自(師),王降自車,立(位)南卿(嚮),窺(親)令(命)晉(晉)厌(侯)穌(蘇)。"

而做。無論如何，筆者認爲這些文本的目的中應該有向周王報告戰況的目的，這在對"追淖列夷"戰鬥的記載中也可尋（晉侯穌鐘，圖3-2）：

> 王至淖列，淖列尸（夷）出奔，王令
> （命）晉（晉）厌（侯）穌遶（率）大室小臣，
> 車僕從，遹逐之，晉（晉）厌（侯）穌折首
> 百又一十，執嘰（訊）廿夫，大室小臣車
> 僕折首百又五十，執嘰（訊）六十夫。

圖3-2　晉侯穌鐘第八鐘銘文

周王命令晉侯率領屬於周王的大室小臣、車僕作戰，晉侯記載戰功時，將自己的功績與大室小臣、車僕的功績區分開來。前兩次戰鬥中晉侯和周王分頭進行作戰，因此只記載自己的功績。"追淖列夷"戰鬥的性質與此不同，屬於周王的大室小臣、車僕也參與了作戰。晉侯是這次戰鬥的統帥，大室小臣、車僕的功績也可算是自己的功績，因此記載戰功的時候，也把大室小臣、車僕的戰功寫進去。但他們畢竟是屬於周王的人，因此要分別記載。這麽做似乎不只是晉侯爲了自己留存記録，應該也有向周王報告的目的，以便讓周王正確地把握這次戰鬥的戰況。

除此之外，值得一提的是不嬰簋蓋銘文（《集成》4329）。這篇銘文所記的戰爭周王沒有參戰，統帥應該是"伯氏"。先看一下相關内容：

> 唯九月初吉戊申，白（伯）氏曰：不嬰，馭方厰（玁）夋（狁），廣伐西俞（俞），王令我羞追于西，余來遍（歸）獻（獻）禽（擒），余命女（汝）御追于畧，……

這段内容是戰爭結束後伯氏回憶戰爭而誇耀不嬰的功績，主要是描述這次戰役的起因和伯氏命不嬰之時的情景。"馭方"，讀爲"朔方"[1]，銘文中説朔

---

[1] 楊樹達先生疑"馭"讀爲"朔"。參見《金文説》（增訂本）卷二《不嬰簋再跋》（1947年4月17日），第39頁。

方的玁狁内侵掠奪西隃地區,周王命伯氏救援西隃[1],伯氏出兵獲得戰功,要回宗周向周王報告戰況而獻擒,此時他命令不嬰到"畧"這個地區作戰[2]。有趣的是"余來遁(歸)獻(獻)禽(擒)",伯氏要親自向周王"獻擒"即報告戰功,同時還應該要匯報戰況如何。這與虢季子白盤(《集成》10173,圖 3 - 3)中的如下句子有共同點:

圖 3 - 3　虢季子白盤銘文

虢季子白乍(作)寶盤,不(丕)顯子白,壯(壯)武于戎工(功),經緯(維)三(四)方,搏(搏)伐厰(玁)鈗(狁)于洛之陽,折首五百,執噝(訊)五十,是吕(以)先行。

虢季子白在洛之陽立了殺敵 500,獲俘 50 的戰功,然後他"是以先行"。對此楊樹達先生説:"因子白有折首執訊之功,當歸來獻擒于王,故先行也。"[3]本書從之[4]。

通過這些例子,可知在戰爭的過程中,領兵出征的將領隨時向周王報告戰況和戰功。這些例子説明,在戰場的將領要通過該形式來表示他們對周王的軍事最高領導者地位的尊重和服從。

其次,有戰爭結束後向周王報告的例子,如多友鼎銘文。銘文中可見戰爭始末:玁狁内侵掠奪京師,周王命武公曰:"遣乃元士,羞追于京自(師)。"即命

---

① "羞追",《銘文選》第三册,第 310 頁:"羞有進義,《尚書・盤庚》'今我既羞告爾於朕志',孔安國《傳》'已進告汝'。在這裏解釋爲前進。羞追即前進追逐。"

② "御追",《銘文選》第三册,第 310 頁:"御,即馭,意爲馭車,《説文・彳部》'古文御從又從馬',馭追是馭車而追逐之。"

③ 《金文説》(增訂本)卷五《虢季子白盤三跋》(1951 年 10 月 12 日),第 129—130 頁。

④ 此外,《銘文選》將"先行"釋爲"全軍的前驅",可備一説(《銘文選》第三册,第 308 頁)。

武公派遣武公自己的軍隊救援京師。武公受命之後,再命自己的私屬多友前往進行軍事活動,多友在這次戰役中經歷了多次的戰鬥並立了不少戰功:

> 癸未,戎伐筍(筍),衣(卒)孚(俘),多友西追。甲申之屖(辰),搏(搏)于郑,多友右(有)折首執嘦(訊):凡吕(以)公車折首二百又□又五人,執嘦(訊)廿又三人,孚(俘)戎車百乘一十又七乘,衣(卒)匐(復)筍(筍)人孚(俘)。

玁狁侵入筍地,掠奪人畜,多友進行追擊他們。第二天在郑地追到他們,進行戰鬥,多友率領公車殺敵 200 餘名,擒敵 23 人,成功地營救了被玁狁所擒的筍地人民。

> 或(又)搏(搏)于龏(龔),折首卅又六人,執嘦(訊)二人,孚(俘)車十乘。

在龔地進行戰鬥,殺了 36 人,獲擒了 2 人,俘獲了 10 輛戰車。

> 追搏(搏)于世,多友或(又)右(有)折首執嘦(訊)。

多友繼續追擊他們,至世地作戰,又殺死、擒獲了一些敵人。

> 輯追,至于楊冢,公車折首百又十又五人,執嘦(訊)三人,唯孚(俘)車不克,吕(以)衣(卒)焚,唯馬毆盡(盡)。匐(復)裏(奪)京自(師)之孚(俘)。

多友繼續追擊他們到楊冢,以公車殺敵 115 人,擒敵 3 人,俘獲了不少戰車,其中把不能用的燒毀處理,並成功營救了被玁狁所俘的京師人民。

戰鬥結束後,多友凱旋而進行獻俘禮,這是更爲重要的環節,銘文曰:

> 多友乃獻(獻)孚(俘)戜(馘)嘦(訊)于公,武公廼獻(獻)于王。

如前所述,周王命武公,武公命多友,多友立了戰功後,向武公獻俘,武公再向周王獻俘,可見軍事命令、報告戰況機制的"重層性"運作。如此的運作,也見於上文提及的不嬰簋蓋銘文。周王命伯氏出兵,伯氏命不嬰作戰,不嬰立了戰功之後,不嬰向伯氏報告戰況。雖然銘文中不見伯氏向周王報告的情節,但可推測應該有這樣的情節。

另外值得一提的是小盂鼎銘文(《集成》2839),盂承周王之命征伐鬼方等異族,班師後向周王進行獻俘禮,小盂鼎銘文所載的情節就是獻俘禮的內容。

此時,盂向周王報告的戰功,其規模遠遠超過其他銘文中的戰果數量①。這應該是身爲統帥的盂向周王報告的時候,把手下將領所獲的戰功匯集起來的數目②,即這篇銘文中省略了手下將領向統帥報告戰功的情節③。

綜上所述,一場較大規模的戰爭會經歷不少戰鬥,在這個過程中,下級將領會隨時向上級將領報告戰況,報告在戰場上層層上傳,直至統帥。周王不在戰場的時候,統帥也會隨時將這些戰況向周王報告。戰爭結束後,統帥通過獻俘禮,向周王匯報戰功。下級將領向上級將領報告戰功的時候,報告自己及自己所率領的軍隊的戰功,統帥把這些戰功匯集起來向周王報告。這也意味着,即便有時周王不在戰場,將領們仍然普遍認同周王的最高軍事統帥地位。

三、戰功賞賜

如上所述,戰爭始於周王之命,作戰時將領隨時向周王報告戰況,最後在周王面前舉行獻俘禮,然後周王舉行典禮,賞賜有戰功的將領。康王時期的小盂鼎銘文便是其典型之例,記載了周王對盂的賞賜:

> 征(誕)王令賞盂,□□□□□,弓一、矢百、畫䵎(皋)一、貝胄一、金冊一、戚戈二、矢臺八④。

周王賜給盂弓矢、包有虎皮的弓衣、頭盔、盾牌、戟、戈等武器裝備。值得注意的是,這次賞賜典禮尚未結束。銘文曰:"王乎(呼)夐白(伯)令盂呂(以)人戓(馘)入門,……盂告夐白(伯),即立(位),夐白(伯)□□□□于明白(伯)、鬣(繼)白(伯)、🔲白(伯),告戓,盂呂(與)者(諸)厌(侯):眔厌(侯)、田(甸)、男□□從盂征。"可見"明白(伯)、鬣(繼)白(伯)、🔲白(伯)"和"者(諸)厌(侯)眔厌(侯)、田(甸)、男"等參戰將領,跟着盂從軍而征伐鬼方⑤。他們都在朝廷裏,似乎都親自參與了獻俘禮和賞賜典禮。稱"伯"、"侯"等説明他們是有一定

---

① 小盂鼎銘文中記載兩次戰役,第一次征伐鬼方戰時,執酋 3、獲馘 4802、俘人 13081,俘獲馬若干匹、車 30 輛牛 355、羊 38;第二次戰役中,執酋 1、獲馘 237,俘人若干名,俘獲馬 14 匹、車 100 餘輛等。
② 詳論見本書第一章第三節。
③ 像不嬰向伯氏報告戰功、多友向武公報告戰功的情節。
④ 對此諸家的釋文不同,請參見周寶宏:《小盂鼎銘文集釋》,收入《西周青銅重器銘文集釋》,天津古籍出版社,2007 年,第 357—363 頁。
⑤ 李學勤:《小盂鼎與西周制度》,《歷史研究》1987 年第 5 期,第 23—24 頁。

的身份地位的人,雖然他們跟盂進行軍事活動,但他們畢竟是擁有領地的貴族或邦君,應該是率領自己的師旅來參戰的。作器者盂在銘文中提及這些手下將領,也許要誇耀自己的地位和權力,不過因銅器銘文的個人特徵,遺漏了他們的功績和對他們的賞賜。周王在賞賜盂之後,也許會親自對他們進行賞賜,也許身爲統帥的盂會替周王進行賞賜。這個環節,通過多友鼎銘文(《集成》2835)可以推測:

> ……廼曰武公曰:"女(汝)既靜京自(師),釐(賚)女(汝),易(賜)女(汝)土田。"丁酉,武公才(在)獻(獻)宮。廼命向父佋(召)多友,廼徙于獻(獻)宮。公親(親)曰多友曰:"余肇吏(使)女(汝),休,不逆(逆),又(有)成事,多禽(擒),女(汝)靜京自(師),易(賜)女(汝)圭暠(瓚)一,湯(錫)鐘一斠(肆),鐈鋚百勻(鈞)。"……

如前所述,戰爭結束後,多友向武公、武公向周王報告戰功。其後,周王勉勵武公的功績,"女(汝)既靜京自(師)",然後對他進行賞賜:"釐(賚)女(汝),易(賜)女(汝)土田。"周王賜給他土田[1]。受周王之賜的武公,再擇日在自己的領地對多友進行賞賜,"余肇吏(使)女(汝),休,不逆(逆),又(有)成事,多禽(擒),女(汝)靜京自(師)",首先武公勉勵多友的功績,然後進行對他的賞賜:"易(賜)女(汝)圭暠(瓚)一,湯(錫)鐘一斠(肆),鐈鋚百勻(鈞)。"這是貴族對自己私屬將領戰功的勉勵和賞賜之例。

戰爭結束後,統帥承周王之命進行對下級將領的賞賜,從小臣謎簋銘文(《集成》4238,圖3-4)中可見:

> 白(伯)懋父承王令(命)易(賜)自(師)遴(率)征自五齵貝,小臣謎蔑曆(曆),眔易(賜)貝。

伯懋父承周王之命,把這次戰爭中獲得的"五齵貝",即取自五齵的貝[2],賞賜給師旅,此時小臣謎接受蔑曆和賞賜。由此可知,對下級將領或私屬將領、師旅的賞賜,也會依周王之命進行。以周王對統帥的賞賜而開始的賞賜典

---

① 銘文中未記其受田之大小。參見其他銘文中所見的受田規模,如敔簋銘文(《集成》4323)"田于敆(拎)五十田,于旱五十田",四十二年逨鼎(《近二》328)"田于鄭卅田,于降廿田",當時敔身爲諸侯之將領,逨是一般貴族,與此相比,武公是當時的執政大臣,地位很高,則其受田之規模,也許超出這兩個人的受賜。

② 《夷輯》,第149頁。

圖3-4　小臣䛫簋銘文

禮,在統帥對下級、私屬將領以及師旅進行賞賜之後,才會告一段落。

綜上所論,筆者考察了在西周戰爭銅器銘文所見的"戰爭命令"、"把握戰況(報告戰況)"、"戰功賞賜"機制。其程序可以歸納如下:首先,周王命貴族或諸侯(含統帥)出兵,這些貴族和諸侯對自己的私屬或下級將領發布軍事命令;作戰過程中,下級將領向上級將領進行報告戰況,最後統帥把它匯集起來隨時向周王報告,戰爭結束後,統帥在周王面前進行獻俘禮;接受獻俘的周王對統帥、上級將領進行賞賜,然後他們再次對下級、私屬將領進行賞賜,這樣的賞賜,最後到達師旅全體成員。這些機制所見的西周戰爭銅器銘文,列作表3-5。

"軍事命令"、"把握戰況"、"戰功賞賜",這三個機制的頂點在周天子:"軍事命令"反映了"禮樂征伐自天子出"的思想;從"把握戰況"中可以看出軍旅中的將領對周王的最高軍事統領權力的認同;"戰功賞賜"作爲戰爭最終結束的標誌,象徵着戰爭的開始到完成都出自周王的意志。以上三個機制體現了周王的最高軍事統帥者的地位。

表3-5　西周戰爭銅器銘文所見軍事命令、把握戰況（報告戰況）、戰功賞賜機制

時期	軍事命令		把握戰況（報告戰況）		戰功賞賜	
	周王→統帥、上級將領	統帥、上級將領→私屬、下級將領	私屬、下級將領→統帥、上級將領	統帥、上級將領→周王	周王→統帥、上級將領	統帥、上級將領→私屬、下級將領
早期	大保簋、魯侯尊、臺鼎、小盂鼎、靜方鼎、中方鼎(2751)、䖢馭簋、中觶瓶	雪鼎、臣諫鼎		小盂鼎	䋫劫組、小盂鼎(2785)、中方鼎(2751)、中觶折組、䢔組	㺇方鼎、禽簋、大保簋、小臣單觶、小臣謎簋、旅鼎、保員簋、靜方鼎、中方鼎(2751)、䖢馭瓶
中期	彔卣、㲎方鼎、班簋、競卣、乖伯簋、史密簋	㵣瓶、冒鼎			無㠱簋蓋	彔卣、㲎方鼎、殷鼎、彔簋、稛卣、叔尊、遹盨、孟簋、目卣、曶簋
晚期	五年師旋簋、多友鼎、敔簋、兮甲盤、不㚄簋蓋、師寰簋、應侯視工簋、禹鼎、逨鼎、肇貫簋	柞伯鼎、多友鼎、不㚄簋蓋、晉侯蘇鐘	柞伯鼎、多友鼎、不㚄簋蓋、晉侯蘇鐘	多友鼎、敔簋、不㚄簋蓋、虢季子白盤、(逨鼎)	多友鼎、敔簋、兮甲盤、虢季子白盤、逨鼎	多友鼎、不㚄簋蓋

小　結

本章將西周王朝的戰爭歸納爲對外征伐戰、對內征討戰、戍守戰、却退戰四類，並進一步探討了各類型的特徵，最後進一步討論了周王以何種機制來有效掌控王朝軍。通過研究，得出了以下幾點結論。

首先，本章考察了四種性質的戰爭。通過這次研究，可以得知根據戰爭性質的不同，周王朝的軍事力量之構成、統帥之身份、戰果的規模等會存在一些差異。

（一）對外征伐戰。即周王朝在非周地區征伐非周或反周勢力的戰爭。戰爭記載中可見動詞“伐”和“征”，其中“征”只見於這種性質的戰爭。主要由周王或執政大臣擔當統帥，其征伐軍往往以王師、貴族、諸侯、邦國軍聯合構成。通過戰爭獲取不少戰利品，其中家畜、資源只見於這種性質的戰爭。

（二）對內征討戰。即周王朝在原周控制地，懲治反周、反王勢力而發動的戰爭。這種戰爭具有突發性的特徵，征討往往面臨困難。

（三）戍守戰。即周王朝在邊境的軍事重鎮駐守而防禦敵方的戰爭。戍守時，軍事重鎮與周圍的軍事重鎮聯合，形成防禦線共同應對敵方。其軍事性質與“侯”國有相通之處。此外，多見疑爲在戍守地所作的銘文，這在其他性質戰爭中是十分罕見的。

（四）却退戰。對應非周勢力的内侵、掠奪，及時起兵却退而阻止他們的戰爭。其目的主要在於試圖將人畜的損失降到最低，盡量奪回被掠奪的人畜等。却退敵軍應該需要機動性，因此往往進行小規模的軍事運作，地位較低的將領也可以擔當統帥。

其次，本章討論了西周戰爭銅器銘文所見的周王的軍事領導機制，大概有三種：軍事命令、把握戰況、戰功賞賜。“軍事命令”機制中可見“禮樂征伐自天子出”的思想，“把握戰況”機制中可見將領對周王的服從，“戰功賞賜”機制中可見戰爭的完成也在周王之手。即便周王没有參戰，通過這三個重要機制，周王亦能行使最高軍事統帥的權力。

第四章 周王對王師的領導機制——
以册命銘文爲中心

上文以與西周王朝軍事領導機制相關的史料爲基礎,討論相關文獻記載之文本特徵、戰爭參與者及周王對他們的領導機制、王朝的軍事力量等問題。從本章起,將基於這些成果,探討周王對各個軍事組織的領導機制。本章擬先討論周王對王師的軍事領導機制。

如上文所論,王師有六師、八師及禁衛軍,王師乃周王直接控制的軍隊。那麼周王怎麼管理和率領王師? 筆者認爲,就目前可見史料而言,册命銘文,尤其是跟王師相關的册命銘文,是解決此問題最重要的材料。周王身爲王師的主宰者,不能一一主治王師的每項事務,因而册命負責王師種種事務的官吏。其中一些内容,還保留在相關册命銘文中。所以筆者認爲通過分析這些相關册命銘文,可以管窺當時王師的内部構成以及周王怎麼統領王師等問題。

第一節 由册命銘文看六師和八師的性質

學界已公認六師、八師是王師的重要構成部分。20 個世紀 60 年代,圍繞六師、八師,于省吾、楊寬兩位先生已經有過激烈討論,于省吾先生認爲六師、八師帶有屯田的性質,楊寬先生則認爲六師、八師是在鄉遂制度的基礎上組織而成的軍事集團①。雖然兩位先生在觀點上有所出入,但他們都認爲六師和

---

① 于省吾:《略論西周金文中的"六自"和"八自"及其屯田制》,《考古》1964 年第 3 期;楊寬:《論西周金文中"六自""八自"和鄉遂制度的關係》,《考古》1964 年第 8 期;于省吾:《關於〈論西周金文中六自八自和鄉遂制度的關係〉一文的意見》,《考古》1965 年第 3 期;楊寬:《再論西周金文中"六自"和"八自"的性質》,《考古》1965 年第 10 期。

八師是在農業生產基礎上組成的軍事集團。那麼這六師、八師的兵源、基本結構是什麼樣的？周王如何有效控制這些軍事組織？筆者通過分析六師、八師相關册命銘文，希望得出一些相關問題的結論。

一、六師、八師相關的册命銘文

六師、八師的軍事活動，已在第三章有所討論。本節主要通過梳理六師、八師相關的册命銘文，進一步討論周王與受命者之間的關係。

圖 4-1　盠方彝銘文

首先，看盠方彝銘文（《集成》9899，圖 4-1）：

佳（唯）八月初吉，王各（格）于周廟，穆公右盠立于尃（中）廷，北卿（向）。王册令（命）尹，易（賜）盠：赤市（韍）幽亢（衡）、攸（鋚）勒，曰：用嗣（司）六自（師）、王行、參有嗣（司）：嗣（司）土、嗣（司）馬、嗣（司）工。王令（命）盠曰：齦嗣（司）六自（師）眔八自（師）芺（埶）……

此方彝係 1955 年 3 月陝西郿縣（今眉縣）李村西周銅器窖藏所出，現藏中國國家博物館，有 108 字（其中重文 2 字）銘文，與同出的盠方尊同銘（《集成》6013）。從這篇銘文的命辭可知，周王對盠進行了賞賜，並册命他掌管六師、王行、三有司，然後再命他總管六師、八師的“芺”。

“六師”，又稱“西六師”，係王師。

“王行”，《官制》説：“王行即由王族組成的軍隊。它本應是軍隊名。此銘文中的王行可能已轉化稱管理王行的職官名，猶如中行、右行那樣。當然，‘王行’有可能就是指周王的直屬部隊。”[1]《詩經·魏風·汾沮洳》：“美如

――――――――――

① 《官制》，第 19 頁。

英，殊異乎公行。"毛傳："公行，從公之行也。"鄭玄箋："從公之行者，主君兵車之行列。"①筆者認爲"公行"應該是就諸侯而言，如就周王而言，應該稱爲"王行"，即"從王之行也"②，也可看作"王師"之一。

"三有司"，即司土、司馬、司工。此三有司，學者或認爲是六師的三有司，或認爲是王朝的三有司。筆者認爲如果是六師的三有司，應該緊跟"六師"，不會在"王行"之後，因此筆者認爲後者的可能性較大。

"䛅"，學界對此字解讀議論紛紛，尚未有定説③，最近山東臨沂天上王城景區出土了一個銅盂④，銘文有"䛅"字，李學勤先生認爲此字的右半"忎"，應釋爲"恩"，且該字是雙聲符字，"茻"與"忎"同聲，應讀爲"恩"⑤。"䛅"字也是從"茻"聲的，應該讀作"總"，即統領管理之義⑥，筆者從之。

"𩁹"，學者或認爲"埶"的初字，即種植之義⑦；或認爲治理之義⑧。裘錫圭先生也同意將"𩁹"釋爲"埶"，但有不同的解讀。他認爲"埶"、"設"兩字古音相近，可以通用，武威漢墓所出《儀禮》簡多以"埶"爲"設"⑨。"𩁹"用作"設"之例，從中方鼎銘文（《集成》2751）中可尋："王令串（中）先眚（省）南或（國）𤰶（貫）行，'𩁹'王応"，王命令中巡省通往南國的道路，並安排王的行宮。李峰先

<hr>

① 《毛詩正義》卷五之三，第357頁。

② 周王身邊的虎臣、走馬也許皆屬於"王行"。

③ 《新見金文字編》説："此字舊説至爲紛紜。今年何琳儀、胡章春釋爲'攀'字初文，而讀作'班'；陳劍認爲字以'睫'字表意初文之簡體爲聲符，從而肯定高鴻縉等讀'兼'之説；劉恒謂字之主體象人於並旁持水欲飲之形，其聲符則爲'摯'字表意初文之簡體，從而肯定郭沫若等讀'攝'之説。"參見陳斯鵬、石小力、蘇清芳：《新見金文字編》附錄下，福州：福建人民出版社，2012年，第466頁。

④ 任相宏、邱波：《山東沂水天上王城出土芉孟子鼎、鼄君季𩁹盂銘考略》，《中國文物報》2012年8月17日第6版，圖二。

⑤ 李學勤先生説："這個字《金文編》曾釋作'忭'，《四版〈金文編〉校補》已經根據近年研究糾正，改釋爲'恩'，是正確的。"見李學勤：《由沂水新出盂銘釋金文"總"字》，《出土文獻》第3輯，上海：中西書局，2012年，第120頁。

⑥ 李學勤：《由沂水新出盂銘釋金文"總"字》，《出土文獻》第3輯，第120頁。

⑦ 《毛詩正義》卷六之二《唐風·鴇羽》，第365頁："王事靡盬，不能藝稷黍。"此外，文獻中"藝"用作種植草木之例不少。于省吾先生也從此訓詁而認爲"盨"所掌管的是六師、八師的農業耕作。見于省吾：《略論西周金文中的"六師"和"八師"及其屯田制》，《考古》1964年第3期，第154頁。

⑧ ［日］木村秀海：《六師の官構成について——盨方尊銘文を中心にして》，（日）《東方學》第69輯，1985年，第3—4頁。

⑨ 裘錫圭：《釋殷墟甲骨文裏的"遠""㹜"（邇）及有關諸字》，收入《裘錫圭學術文集》第一卷《甲骨文卷》，上海：復旦大學出版社，2012年（原載《古文字研究》第十二輯，北京：中華書局，1985年。

生也認爲"訊王应"的"訊"應視爲建設之義,因此盠方彝銘文中的此字,也應該釋爲"設",即盠所總管的是與六師、八師相關的設施、建設①。

　　周王册命盠掌管六師、王行、三有司的職務,從中可以推測,肯定也存在專門掌管八師的職務,並另有人擔任八師長官。不過,周王既册命盠如此,又命他總管六師、八師的建設,好像又讓盠掌管八師的職務,似乎存在矛盾。不過,筆者認爲這兩句名詞的性質似有所不同,只看盠對六師、八師的權限,對六師有全面的掌握,對八師只總管其建設方面。如果容許筆者做進一步的推測,可能是王朝當時開展軍事建築設備的全面性工程,由六師、八師的長官聯合負責這項任務,而從命盠"訊嗣"之語可以得知,主管六師的盠負責總管對六師、八師之設施建設事業。

圖4-2　燹戒鼎銘文

　　其次,再看下西周晚期的燹戒鼎銘文(《近出》347,圖4-2):

　　　輅白(伯)慶易(賜)燹戒賞叕(弼)、鼠雁(膺)、虎裘、豹裘。用正(政)于六白(師)。用枋于比,用獄次。

　　本器爲上海博物館在1993年從香港徵集並收藏的,由陳佩芬先生在香港"第三屆國際中國古文字學研討會"上公布②。這篇銘文不具曆日、嘏辭等,且其内容未完,很可能是一套列鼎中的一件,其前後的内容,也許鑄於其他鼎銘中。銘文説輅伯對燹戒進行賞賜的同時,命他"用政於六師"。就賞賜的授受關係而言,燹戒的地位應低於輅伯;就其職務而言,燹戒掌管王師相關的事務。按照西周銅器銘文之例,本銘中的賞賜關係,應該有三種可能:第一種,是在王朝册命或賞賜典禮上,由輅伯替周王進行賜予,類似的例子從中觶、永盂銘文中可尋(詳後);第二種,輅伯爲燹戒的上官,此是

----

①　Li Feng, "Office in Bronze Inscriptions and Western Zhou Government Administration", *Early China* 26-27, 2001-2002, p.35.
②　陳佩芬:《釋燹戒鼎》,香港中文大學、中國文化研究所編:《第三屆國際中國古文字學研討會論文集》,香港中文大學中文系,1997年,第317—321頁。

上級官員對下級官員進行賞賜之例,這從稽卣等銘文中可以找到例證①;第三種,舾伯爲焂戒所在家族的族長,此乃族長對私屬的賞賜,同臤尊銘文②。這三種可能的解釋中最爲合理的是什麼? 筆者認爲應該需要兩方面的考慮:一、"用政於六師","六師"是王師,因此這次賞賜應該與周王有關;二、如上所述,這篇銘文應該是一套整篇銘文中的一部分。因此,筆者認爲,這篇銘文的前面應該有周王命舾伯的情節。先看類似的銘文:

> 隹(唯)十又三月庚寅,王才(在)寒棟(次),王令大(太)史兄(貺)福土,王曰:串(中),兹(兹)福人入史(事),易(賜)于斌(武)王乍(作)臣,今兄(貺)畀(畀)女(汝)福土,乍(作)乃采,串(中)對王休令(命),𪓐父乙隣(尊)。

(中方鼎,《集成》2785,西周早期,圖4-3)

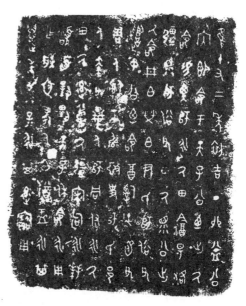

4-3　中方鼎銘文　　　　　圖4-4　永盂銘文

---

① 稽卣銘文(《集成》5411):"稽從師㴋(雍)父戍于古自(師),蔑曆,易(賜)貝卅乎(鋝),稽捧(拜)頴(稽)首,對𣅀(揚)師㴋(雍)父休。……"筆者已論述伯雍父與稽之間的上下關係,應該是職務上的上下關係。參見本書第二章第二節。

② 臤尊銘文(《集成》6008):"隹(唯)十又三月既生霸丁卯,臤从師雔(雍)父戍于胡(古)自(師)之年,臤䔉(蔑)曆,中(仲)𣪘(競)父易(賜)赤金,臤捧(拜)頴(稽)首,對𣅀(揚)𣪘(競)父休,用乍(作)父乙寶𩰬(旅)彝,戈(其)子子孫孫永用。"筆者已論述就職務而言,他是伯雍父的屬下,就家族而言,他應該是仲競父的私屬將領。參見第二章第二節。

　　佳(唯)十又二年初吉丁卯,益公內(入)即命于天子,公廼出厥(厥)命,易(賜)臾(畀)師永厥(厥)田:滄(陰)易(陽)洛,彊(疆)眔(遷)師俗父田,……

(永盂,《集成》10322,西周中期,圖4-4)

　　這兩篇銘文皆有周王對貴族進行賞賜,但前者由太史替王賜給中,後者由益公賜給永。這是周王命朝廷大臣給貴族賞賜的例子,在銅器銘文中較常見。因此筆者認爲焂戒鼎的情況也應是如此——周王命輪伯,由輪伯來進行對焂戒的賞賜典禮。

圖4-5　呂服余盤銘文

　　其次,呂服余盤銘文(《集成》10169,圖4-5):

　　佳(唯)正二月初吉甲寅,備中(仲)內(入)右呂服(服)余。王曰:"服(服)余,令(命)女(汝)敫(更)乃且(祖)考事,疋(胥)備中(仲)嗣(司)六自(師)服(服),易(賜)女(汝)赤敊(韍)、幽黃(衡)、鋚勒、旂。"呂服(服)余叡(敢)對颥(揚)天不(丕)顯休令(命),用乍(作)寶殷(盤)盉,甘(其)子子孫孫永寶用。

　　備仲擔任右者,且王冊命辭中有"胥備仲"之語,可見呂服余爲備仲的手下。仔細分析一下冊命辭:"服(服)余,令(命)女(汝)敫(更)乃且(祖)考事,疋(胥)備中(仲)嗣(司)六自(師)服(服)。"又曰:"令(命)女(汝)敫(更)乃且(祖)考事。"可知"嗣六師服"的職責,李學勤先生有過討論,《詩經·小雅·六月》曰:"六月棲棲,戎車既飭。四牡騤騤,載是常服。"毛傳:"服,戎服也。"鄭玄箋:"戎車之常服,韋弁服也。"[1]"韋弁服"見於《周禮·司服》,由司服所掌管。據此李學勤先生説:"盤銘的'服余'的官職是司服,如同衛簋等器的'裘衛'是司裘,周王命他輔助備仲'司六師服',就是管理

---

① 《毛詩正義》卷一〇之二,第424頁。

六師的戎服，即韋弁服。"①李先生還認爲《詩經·小雅·瞻彼洛矣》"韎韐有
奭，以作六師"②，即紅色的韎韐，就是戎服的特點③，筆者從之。

再次，繼續看一下南宫柳鼎銘
文（《集成》2805，圖4-6）：

> 佳（唯）五月初吉甲寅，王才
> （在）康廟，武公有（右）南宫柳即立
> （位）中廷，北卿（向）。王乎（呼）乍
> （作）册尹册令（命）柳：嗣（司）六自
> （師）牧陽（場）、大（虞）□，嗣（司）羲
> 夷陽（場）佃史（事），易（賜）女（汝）
> 赤市（韍）、幽黄（衡）、攸（鋚）勒。柳
> 捧（拜）頴（稽）首，對馭（揚）天子休，
> 用乍（作）朕（朕）剌（烈）考隣（尊）
> 鼎，氒（其）萬年子子孫孫永寶用。

圖4-6　南宫柳鼎銘文

周王册命他"嗣六自（師）牧陽
（場）、大□"、"嗣羲夷陽（場）佃史
（事）"的職務。"嗣六師牧場"，即掌
管屬於六師的牧場，"嗣羲夷陽（場）
佃史（事）"是掌管"羲夷陽（場）"地區的"佃事"，即管理這個地區的農業。至於
"大□"的"大"，銘文爲""，《官制》釋爲"吴"，即文獻所見之"虞人"④，暫從
之。如此看來，當時南宫柳所擔任的職務範圍，除了牧場、農事外，還涉及山林
水澤的事務。

到此爲止，筆者簡單梳理了與六師相關的册命銘文。至於與"八師"相關
的册命銘文，只見於曶壺蓋銘文（《集成》9728，圖4-7）：

> 佳（唯）正月初吉丁亥，王各（格）于成宫，井（邢）公内（人）右曶，王乎（呼）尹氏册

---

① 李學勤：《論西周金文的六師、八師》，《華夏考古》1987年第2期，第207頁。
② 《毛詩正義》卷一四之二，第479頁。
③ 李學勤：《論西周金文的六師、八師》，《華夏考古》1987年第2期，第207頁。
④ 《官制》，第10頁。

圖 4-7　曶壺蓋銘文

令(命)曶,曰:歔(更)乃且(祖)考乍(作)冢嗣(司)土于成周八自(師),易(賜)女(汝)畫(秬)鬯一卣,玄(玄)袞衣、赤市、幽黄(衡)、赤舄、攸(鋚)勒、緐(鑾)旂,用事。曶撐(拜)手頴(稽)首,叙(敢)對覭(揚)天子不(丕)顯魯休令(命),用乍(作)躾(朕)文考釐公隣(尊)壺,曶用匂萬年瀕(眉)耇(壽)永令(命)多福,子子孫孫圡(其)永寶用。

其册命辭曰:"歔(更)乃且(祖)考乍(作)冢嗣(司)土于成周八自(師)。"從"更乃祖考"得知,曶的家族世代擔任成周八師的冢司土。"冢"訓"大",這説明成周八師中的司土當不止一人①,則八師中的三有司也不止一人。

以上對與六師、八師相關的册命銘文進行了梳理,以此爲基礎,下面進一步討論六師、八師的内部情況。

二、由受命者的職務看六師、八師的内部情況

如上所舉的銅器銘文中,燓戒鼎、吕服余盤、南宮柳鼎銘文單見六師,曶壺蓋銘文單見八師,只有盠方彝銘文中具見六師、八師。所以,這些銘文給我們提供的信息並不完整。雖然如此,換個角度來看,用這些資料相互補充,可以管見六師、八師的一些内部情況。

第一,看一下南宮柳鼎銘文的相關内容,其册命辭曰"嗣六自(師)牧、埸(場)、大(吳)□"、"嗣羲夷阤(場)佃史(事)"。從此可知,六師中具有掌管牧場、山林水澤、田地的官吏,則六師具有"兵農合一"的特徵。照此類推,八師中也應該具有管理牧場、山林水澤、田地的職官,也具有"兵農合一"的特徵。

────────

① 《官制》,第9頁。

第二，曶壺蓋銘文曰："王乎（呼）尹氏册令（命）曶，曰：啟（更）乃且（祖）考乍（作）豕嗣（司）土于成周八自（師）。"周王命曶替代你的祖考，爲掌管成周八師的"豕司土"。以"豕"冠"司土"，可見八師中的司土不止一人。其中，作器者"曶"所擔當的是總管八師的"豕司土"。據此可推，六師中理應也有"豕司土"。再進而可知，六師、八師各有"豕司馬"、"豕司工"之職。

"司土"的職掌，《官制》歸納於如下幾項：一、管理土地；二、管理農業生産；三、管理籍田；四、管理藪、虞、牧等農副業；五、册命時作儐佑；六、帶兵出征等[1]。其中南宮柳鼎銘文之"嗣六自（師）牧閉（場）、大（虞）□"、"嗣羲夷閉（場）佃史（事）"，屬於二、四項。

第三，看吕服余盤銘文所見的情況："王曰：服（服）余，令（命）女（汝）啟（更）乃且（祖）考事，疋（胥）備中（仲）嗣（司）六自（師）服（服）。"作器者"吕服余"，其氏爲"吕"，其職爲"服"，其私名爲"余"。册命時，周王直接稱他爲"服余"，且命他替代其祖考服事，可見其家世代擔任"服"職[2]。作器者吕服余在王朝輔佐"備仲"擔任六師之"服"職，則八師中理應有"服"一職。

第四，盠方彝銘文曰："王册令（命）尹，易（賜）盠：赤巿（韍）幽亢（衡）、攸（鋚）勒，曰：用嗣（司）六自（師）、王行、參有嗣（司）：嗣（司）土、嗣（司）馬、嗣（司）工。"從此册命中，作器者"盠"任掌管"六師"之職，照此類推，可見亦應有掌管"八師"之職。與此相關，小臣謰簋銘文（《集成》4238），給我們提示了很重要的信息："叡東尸（夷）大反，白（伯）懋父以（以）殷八自（師）征東尸（夷）。"東夷反叛之時，伯懋父率領殷八師征伐東夷。看伯懋父相關銘文，可見他作戰地主要在東方[3]，在東征、北征中立了大功[4]，也許，伯懋父擔任過掌管八師之職。

盠方彝銘文又曰："王令（命）盠曰：甸嗣（司）六自（師）眔八自（師）埶（執）。"如上所論，筆者認爲王朝開展軍事建築設備全面性的工程，由六師、八

---

[1] 《官制》，第8—9頁。

[2] 筆者認爲"服"應該是管理戎服之官。

[3] 除了小臣謰簋之外，還有吕壺（《集成》9689）、師旂鼎（《集成》2809）、召卣（《集成》5416）、令簋（《集成》4300）等銘文。據召卣銘文"惟王于伐楚，伯在炎"可見，他在昭王南征之時，並未參戰，而在東方的炎地防備東方的威脅勢力。參見李裕杓：《新出銅器銘文所見昭王南征》，《新出金文與西周歷史》，上海古籍出版社，2011年，第278頁。

[4] 吕壺、師旂鼎銘文可見伯懋父的北征活動；小臣謰簋載伯懋父在東征中的活躍。

師的長官聯合負責,其中掌管六師之盠,總管這項任務。他總管這項任務的原因,可以從兩個方面考慮:一、六師在宗周一帶,八師在成周一帶,對周王來説,更親近的是六師;二、成周八師,又稱爲"殷八師",是因爲其主要由殷遺民構成①,那麽以西土周人爲主的六師,在兩者之間占上風,也許是理所當然的。

本節據六師、八師的相關册命銘文簡單探討了其内部組織。綜上所論,可以得出如下結論:一、西周時期,王朝有掌管六師的職務和掌管八師的職務;二、六師、八師各有三有司;三、六師、八師有管理戎服的職務;四、六師、八師有掌管牧場、山林水澤、田地的官吏,應該屬於司土之職。由此可見,六師、八師並不是完全脱産的常備軍②,其性質大概不超出"兵農合一"的體系。

第二節　對虎臣、走馬的册命

"虎臣"與"走馬"是銅器銘文中較爲常見的職名。"虎臣",《詩經·大雅·常武》曰"進厥虎臣,闞如虓虎",鄭箋:"前其虎臣之將闞然如虎之怒。"③《官制》認爲"虎臣"就是勇猛之臣,是勇猛善戰的精悍部隊④,大體不誤。對虎臣的任務,《官制》歸納成兩項:一、捍禦王身作爪牙,爲周王之禁衛;二、必要時奉命出征⑤。對周王來説虎臣是很重要的武裝力量。

---

① 于省吾:《略論西周金文中的"六自"和"八自"及其屯田制》,《考古》1964 年第 3 期;常征:《釋"六師",兼述西周王朝武裝部隊》,《河北大學學報》1981 年第 2 期;吴榮曾:《有關西周"六師"、"八師"的若干問題》,收入宋鎮豪等主編:《西周文明論集》,北京:朝華出版社,2004 年等。此外"八師"的來源方面,有東方各國軍隊組成説,還有周人爲監視、鎮壓的目的組成説。前者參見孫曉春:《成周八師爲東方各國軍隊説》,《史學集刊》1986 年第 4 期。後者參見李學勤:《論西周金文中的"六師"、"八師"》,《華夏考古》1987 年第 2 期。
② 王貴民先生認爲,"有固定的軍事編制,以貴族爲骨幹,有一些較長時間在軍服役的人員,則是具有常備軍的性質。這是商代的情形,西周編制若干個師,已是王朝中央直轄的常備軍。這種常備軍平時並不滿員,僅留一定數量的貴族甲士在營,其他士兵務農,定期參加軍訓,臨戰即編制滿員。這可以説是古代社會的常備軍。"王先生認爲,商周時期已經存在常備軍。不過仔細看王先生的看法,可以發現這並非現代意義上的常備軍,因而他自稱爲"古代社會的常備軍"。其提出的"平時並不滿員,僅留一定數量的貴族甲士在營,其他士兵務農,定期參加軍訓,臨戰即編制滿員"之説,筆者從之(參見王貴民:《商周制度考信》,臺灣:明文書局,1989 年,242 頁)。
③ 《毛詩正義》卷一八之五,第 577 頁。
④ 《官制》,第 14 頁。
⑤ 《官制》,第 15 頁。

"走馬",在傳世文獻稱爲"趣馬"①。"趣馬",《尚書·立政》孔傳曰:"趣馬,掌馬之官。"②因此,其與軍事有密切關係。而且,虎簋蓋銘文中具見"虎臣"與"走馬",肯定有一些關係。本節通過分析虎臣、走馬相關册命銘文,得出一些新的看法。

一、西周器銘所見與虎臣、走馬有關的册命

西周銅器銘文中有與"虎臣"、"走馬"相關的册命,先看一下"虎臣"相關的册命銘文。師酉簋銘文(《集成》4288,圖4-8)中有相關記載:

> 隹(唯)王元年正月,王才(在)吴,各(格)吴大(太)庿(廟)。公族𢨗𢔀(釐)入右師酉立𠀉(中)廷。王乎(呼)史牆(墙)册命:師酉,嗣(嗣)乃且(祖)啻(嫡)官邑人、虎臣:西門尸(夷)、𩁹尸(夷)、𩁹(秦)尸(夷)、京尸(夷)、𦥑(弁)瓜(狐)尸(夷)。……用乍(作)朕(朕)殳(文)考乙白(伯)、宄(宄)姬障(尊)殷(簋)。……

圖4-8　師酉簋銘文

---

① 《官制》,第20頁。
② 《尚書正義》卷一七,第231頁。

　　周王册命師酉爲"嗣(嗣)乃且(祖)啻(嫡)官邑人、虎臣",即替代其祖考掌
管邑人和虎臣①。其後的"西門尸(夷)、鼻尸(夷)、亃(秦)尸(夷)、京尸(夷)、
舁(弁)瓜(狐)尸(夷)",學界一般認爲是屬於虎臣的夷族,筆者認爲大體不誤。
與此相關,張長壽先生從其友人聞廣先生處獲見其所藏的師酉盤銘文拓片,撰
寫《師酉鼎和師酉盤》一文②向學界作了介紹,其相關部分銘文如下(圖4-9):

　　　　唯三(四)年三月既生霸甲戌,王才(在)吴,各(格)吴大(太)室,公族鴅(鴻)釐
　　(釐)入右師酉,立申(中)廷,王乎(呼)牆(牆)册命:師酉,嗣乃且(祖)啻(嫡)官邑人、
　　虎臣:西門尸(夷)、鼻尸(夷)、亃(秦)尸(夷)、京尸(夷)、■(弁狐)、新(薪)。易(錫)
　　女(汝)赤市(韍)、攸(鋚)勒。敬夙(夙)夜勿遼(廢)朕(朕)令(命)。師酉捧(拜)頴

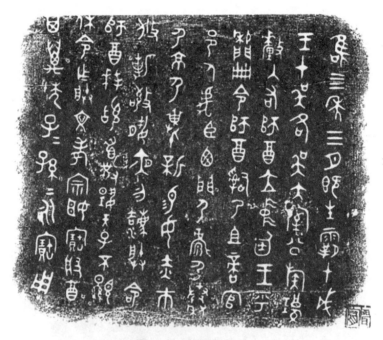

圖4-9　師酉盤銘文

---

①　金文中多見"啻嫡官"或"啻官嗣"之語,王治國先生釋爲"主管"之義,可從。參見王治國《詢簋新
　　探》,《華夏考古》2013年第1期,第89—91頁。
②　張長壽:《師酉鼎和師酉盤》,收入中國社會科學院考古研究所編著:《新世紀的中國考古學:王
　　仲殊先生八十華誕紀念論文集》,北京:科學出版社,2005年,第397頁。

(稽)首,對毀(揚)天子不(丕)顯休令(命),乍(作)朕(朕)攵(文)考宗姬寶殷(盤),酉𠭯(其)萬年子₌(子子)孫₌(孫孫)永寶用。

某王四年三月,王册命師酉,其内容與師酉簋大同小異,其區別在於紀年不同,師酉簋銘文的紀年爲“元年正月”,師酉盤銘文的紀年爲“四年三月既生霸甲戌”。按陳漢平先生的册命分類①,這兩篇銘文都帶有“襲命”的性質,但應該注意師酉簋銘文的曆日爲“元年正月”,很像新王對舊臣的重新册命,接近於“重命”。因此筆者認爲師酉盤早於師酉簋②。至於其年代,這裏所見的史官爲“史墻”,應該是史墻盤的作器者。史墻盤的年代,學界公認爲共王時期,則師酉活動的年代應該在西周中期偏晚,即共王、懿王、孝王時期,最爲符合情理。

與此類似的册命還見於詢簋銘文(《集成》4321(圖4-10))。“詢”又稱爲“師詢”③,也接受册命掌管“虎臣”,其主要内容如下:

王若曰:旬(詢)！不(丕)顯文、武受令(命),剿(則)乃且(祖)奠(奠)周邦,今余令(命)女(汝)啻(嫡)官嗣(司)邑人,先虎臣後庸:西門尸(夷)、秦(秦)尸(夷)、京尸(夷)、𤯍尸(夷)、師笒、偂(側)新(薪)、□彔(華)尸(夷)、弁狐尸(夷),厨人,成周走亞,成秦(秦)人、降人、服(服)尸(夷),……,用乍(作)文且(祖)乙白(伯),同姬隣(尊)殷(簋),旬(詢)徦(萬)年子孫永寶用。佳(唯)王十又七祀,王才(在)射日宫,旦,王各(格),益公入右旬(詢)。

時間疑爲屬王十七年④,周王册命詢爲“啻(適)官嗣(司)邑人,先虎臣後庸”,與師酉的册命相比,多有“後庸”之語。緊接著曰:“西門尸(夷)、秦(秦)尸(夷)、京尸(夷)、𤯍尸(夷)、師笒、偂(側)新(薪)、□彔(華)尸(夷)、弁狐尸

---

① 陳漢平先生將册命分爲如下六類:始命、襲命、軍命、增命、改命、追命。參見陳漢平:《西周册命制度研究》,上海:學林出版社,1986年,第29—35頁。
② 不過,這樣的編排與夏商周斷代工程的研究成果不符。因此,張長壽先生將師酉簋歸於屬王元年,師酉盤歸於屬王四年,可備一説。見張長壽:《師酉鼎與師酉盤》,《新世紀的中國考古學:王仲殊先生八十華誕紀念論文集》,第398頁。
③ “詢”在師詢簋銘文(《集成》4342)中稱爲“師詢”。
④ 彭裕商:《西周青銅器年代綜合研究》,成都:巴蜀書社,2003年,第410—411頁;朱鳳瀚:《師酉鼎與師酉簋》,《中國歷史文物》2004年第6期,第9頁。朱鳳瀚先生説:“1974年扶風强家村窖藏出土的虢季氏家族銅器中有即簋(《集成》4250),形制亦與詢簋相同。即之祖父師訇曾服事穆王(師訇鼎),其父師望(見師望鼎)當活動於共、懿王至孝王時期,則即擔任王官時間在孝、夷王乃至屬王早期,即簋年代亦在此階段内。所以詢簋年代入屬王似無不可。”筆者從之。

圖 4-10　詢簋銘文

（夷）、尌人、成周走（走）亞、成緐（秦）人、降人、服（服）尸（夷）。”陳夢家先生認爲“西門夷”到“弁狐夷”屬於虎臣，“尌人”到“服夷”屬於庸①。如此看來，不見於師酉簋銘文的“尌人……服夷”，正好屬於後庸，其説可從。

　　師酉、詢所受命的職務很像，而且這兩器的所獻對象也有共同之處，因此有的學者認爲他們之間有父子關係②。這三篇銘文所獻之對象（參表 4-1），詢簋爲“文祖乙伯同姬”，師酉簋“朕文考乙伯宄姬”，師酉盤銘文“朕文考宗姬”，其男性祖先是“文祖乙伯”、“文考乙伯”、“文考”；女性祖先是“同姬”③、“宄姬”、“宗姬”，不難而知“宗姬”即“宄姬”。“文祖乙伯”與“文考乙伯”很可能

① 　王祥：《説虎臣與庸》，《考古》1960 年第 5 期，第 33—34 頁。王祥爲陳夢家先生的筆名。
② 　郭沫若先生最早提出這種看法，他認爲師酉爲父，詢爲子。參見郭沫若：《弭叔簋及訇簋考釋》，《文物》1960 年第 2 期，第 5—6 頁。
③ 　師詢簋銘文的獻呈對象爲“朕烈祖乙伯、同益姬”，此“同益姬”即詢簋銘文中的“同姬”。

指的是同人,不過女性"同姬"、"宄姬"則不同。學者或認爲"詢"和"師酉"本不是一家人①,或認爲"同姬"是就其出生地而言,"宄姬"就謚號而言。這兩種説法,皆有一定説服力。但是,筆者的理解有所不同。當時並没有一夫一妻的規定,而有媵妾制度,媵妾之間也會有同姓之人②。這樣的話,師酉的父親與詢的祖父是同一個人,師酉和詢的父親爲同父異母的兄弟,則師酉與詢之間有叔姪關係。他們之間的繼承關係,不是父子繼承,但有家族中父輩、子輩之間的繼承,也可看作世代世襲的一種模式。

表 4-1　師酉簋、師酉盤、詢簋銘文對照表

	師　酉　盤	師　酉　簋	詢　簋
時期	西周中期偏晚	西周中期偏晚	西周晚期(厲王)
時間	隹(唯)王四年三月既生霸甲戌	隹(唯)王元年正月	隹(唯)王十又七祀
地點		王才(在)吴,各(格)吴大(太)廟(廟)	王才(在)射日宫,旦,王各(格)
右者	公族琱鳌(鳌)	公族I鳌(鳌)	益公
史官	史牆(墙)	史牆(墙)	
新册命職責	啻(嫡)官邑人、虎臣:西門尸(夷)、嬰尸(夷)、毅(秦)尸(夷)、京尸(夷)、、新(薪)	啻(嫡)官邑人、虎臣:西門尸(夷)、嬰尸(夷)、毅(秦)尸(夷)、京尸(夷)、弁(弁)瓜(狐)尸(夷)。	啻(適)官嗣(司)邑人,先虎臣後庸:西門尸(夷)、纍(秦)尸(夷)、京尸(夷)、嬰尸(夷)、師筅、側(側)新(薪)、□罕(華)尸(夷)、弁狐尸(夷)、尉人、成周乇(走)亞、成纍(秦)人、降人、服(服)尸(夷)
銅器獻呈對象	朕文考宗姬	朕文考乙伯宄姬	文祖乙伯同姬

———————

① 張長壽先生認爲詢和師酉本不是一家人。參見張長壽:《師酉鼎和師酉盤》,《新世紀的中國考古學:王仲殊先生八十華誕紀念論文集》,第 399—400 頁。

② 《爾雅注疏》卷四《釋親》,第 2591 頁:"女子同出,謂先生爲姒,後生爲娣。"注曰:"同出謂俱嫁事一夫。《公羊傳》曰:'諸侯娶一國二國往媵之,以姪娣從。'"

　　再回頭談一下"虎臣"。如前所述,詢簋銘文所見的"西門尸(夷)、纍(秦)尸(夷)、京尸(夷)、纍尸(夷)、師笒、側(側)新(薪)、□曑(華)尸(夷)、弁狐尸(夷)"屬於虎臣。那麼他所掌管的"虎臣"是否王朝的整個虎臣集團,這是一個值得討論的問題。這些銘文所見的虎臣,大多以"某+夷"爲名,"某"應該是地名或族名。如果整個虎臣都以這些夷人來組織,換句話説,以夷人來護衛周王,使他們爲周王盡忠效力,周王應該不會放心。且師酉和詢所掌管的集團也有所出入,如詢簋銘文中多出"師笒、側新、□華夷",如果他掌管整個虎臣,那麼不會出現這樣的差異。因此,筆者認爲他們所掌管的虎臣,應該是整個虎臣集團中的一部分而已。這可以從無叀鼎銘文(《集成》2814,圖4-11)得到佐證。

　　隹(唯)九月既望甲戌,王各(格)于甬(周)廟,灰(賄)于圖室,嗣(司)徒南中(仲)右無(許)叀內(入)門,立中廷,王乎(呼)史翏册令(命)無叀曰:官嗣(司)穆王遀(正)側虎臣,易(賜)女(汝)幺(玄)衣、黹屯(純)、戈璃戜、歌(厚)必(柲)、彤沙(緌)、攸(鋚)勒、綮(鑾)旂,無(許)叀訊(敢)對剩(揚)天子不(丕)顯魯休,用乍(作)障(尊)鼎,

圖4-11　無叀鼎銘文

用喜(享)于朕(朕)剌(烈)考,用匄(匄)釁(眉)壽(壽)萬年,子孫永寶用。

周王命無更掌管"穆王遺(正)側虎臣"。"穆王",應該是供奉穆王的宗廟,"遺"通"貞",《廣雅·釋詁一》:"貞,正也。"《銘文選》説:"正側是泛指前後左右。虎臣與虎賁相當,虎賁守王宮四門,穆王遺側虎臣即穆王宮正側的守衛虎臣。"①由此類推,當時西周宗廟都由武士護衛,這是虎臣的任務之一。每位先王的廟室皆有虎臣,無更所掌管的穆王廟室就是其中之一。那麼護衛這些宗廟、廟室的人,會不會從異族中選拔出來? 筆者認爲其可能性不大。

宗廟,可以説是一個邦國或家族的神話、歷史所在的空間,這裏有祖先的神位,附載着祖先的神靈,商周人相信祖先神靈的保佑,爲了祭祀祖先,製作無數的銅器,考慮到當時的經濟情況,鑄銅器的成本應該遠遠超出我們的想象,這對一個邦國、家族來説是很榮幸的事。依當時的制度,祭祀的祖先是本家族的特定行爲,非本家族成員(除姻妻可助祭外)一般不能祭祀本家族祖先,也不得隨便舉行對他族祖先的祭祀②,所以護衛宗廟之人,尤其是在其内廟室作護衛的武士,應該排除異族人,只有本族人或與本族擬血緣關係的人,才有資格參與護衛宗廟、廟室。因此本銘文所曰"穆王遺(正)側虎臣"的"虎臣",應該是由姬姓族或者與姬姓結成擬血緣關係的近親家族而組織的。

接着看一下師克盨銘文(《集成》4467,圖4-12)所述情況:

王若曰:師克,不(丕)顯文武,雁(膺)受大令(命),匍(敷)有(佑)三(四)方。則(則)緐佳(唯)乃先且(祖)考又(有)䇗(勳)于周邦,干(捍)害王身,乍(作)爪牙。王曰:克,余佳(唯)巠(經)乃先且(祖)考,克𤖅(令)臣先王。昔余既令(命)女(汝),今余佳(唯)䊸(申)蔞(就)乃令(命),令(命)女(汝)敱(更)乃且(祖)考𩁹嗣(司)ナ(左)右

<hr>

① 《銘文選》第三册,第313—314頁。

② 《春秋左傳正義》卷一三,僖公十年,第1801頁:"神不歆非類,民不祀非族。"同書卷一七,僖公三十一年,第1832頁:"鬼神非其族類,不歆其祀。"《禮記正義》卷五《曲禮下》,第1268頁:"非其所祭而祭之,名曰淫祀。"都反映這種情況。不過也有例外,《國語·魯語上》曰:"夫聖王之制祀也,法施於民則祀之,以死勤事則祀之,以勞定國則祀之,能禦大災則祀之,能捍大患則祀之。"甲骨卜辭中多見商王祭祀伊尹之内容,伊尹是輔佐成湯完成建立商朝之人,據《魯語》可以理解商人祭祀伊尹。此外,周原甲骨中有周人祭祀商王之例,雖然朱歧祥先生認爲那是商人甲骨,不過,應該考慮當時的周服屬於商王朝,因而不能排除周人爲宗主國祭祀商王的可能性。參見徐元誥:《國語集解》(修訂本),第154—155頁;朱歧祥:《周原甲骨文研究》,臺灣:學生書局,1997。對這個方面的研究成果,還可參見葛志毅:《周原甲骨與古代祭禮考辨》,《史學集刊》1989年第4期;張永山:《從卜辭中的伊尹看"民不祀非族"》,《古文字研究》第22輯,北京:中華書局,2000年。

圖 4－12　師克盨銘文

虎臣。……敬夙(夙)夕勿灋(廢)朕(朕)令(命)。克叙(敢)對訊(揚)天子不(丕)顯魯
休,用乍(作)旅盨(盨)。克弋(其)邁(萬)年子子孫孫永寶用。

　　這篇銘文的册命辭可分爲三個部分:第一部分,"師克……作爪牙",周王
提醒師克其祖先的功勞,師克的列祖,從文武時起,便作爲周王的爪牙,爲周邦
立了功勳;第二部分,"克,余唯……克黹(令)臣先王",周王提起師克的祖考爲
先王效力;第三部分,"昔余……左右虎臣",今王曾經册命過師克,現在再次進
行册命他爲總管左右虎臣的職務。"左右虎臣",以"左右"冠虎臣,《詩經·大
雅·文王》:"文王陟降,在帝左右。"[1]"左右"就是身邊之意,"左右虎臣"也許
特指在周王身邊的虎臣[2]。在師袁簋銘文(《集成》4314)中也可見"左右虎

----

[1]　《毛詩正義》卷一六之一,第 504 頁。
[2]　陳夢家先生認爲,凡稱"左右"者似係王所在地,或仍可釋爲王左右(《斷代》,第 241 頁)。此外,
"左右"也可看作"左虎臣"和"右虎臣"之合稱,可備一說。

臣":"王若曰:師袁,……今余肇令女(汝)遹(率)齊帀(師)、曩、釐(萊)、僰尿、左右虎臣,正(征)淮尸(夷)……"周王命師袁率領齊師、曩、釐(萊)等的諸侯、邦國軍以及左右虎臣,征伐淮夷。

如上所舉,與"虎臣"相關的册命,皆爲掌管部分虎臣組織的,如師酉、師詢掌管由夷族組成的虎臣,無叀掌管護衛穆王廟室的虎臣,師克所管範圍限於左右虎臣。那麼這些管理虎臣的職務之上,有沒有掌管整個虎臣組織的職務?也許《尚書·顧命》中"乃同召太保奭、芮伯、彤伯、畢公、衛侯、毛公、師氏、虎臣、百尹、御事"①的"虎臣",即總管虎臣之人。虎簋蓋銘文(《近出》491,圖4-13)所見的"虎臣"可能屬於此類:

佳(唯)卅年三(四)月初吉甲戌,王才(在)周新宫,各(格)于大(太)室,密弔(叔)內(入)右虎,即立。王乎(呼)入(內)史曰:"册令(命)虎。"曰:"觀,乃且(祖)考史(事)先王,嗣(司)虎臣,今命女(汝)曰:叓(更)乓(厥)且(祖)考,疋(胥)師戲嗣(司)乓(走)馬馭人眔(暨)五邑乓(走)馬馭人,女(汝)毋敢(敢)不譱(善)于乃政。……

圖4-13　虎簋蓋器(左)、銘文(右)

周王對虎的册命辭可分爲兩個部分。第一部分,講述其祖先的功勞,"觀,乃且(祖)考史(事)先王,嗣(司)虎臣",作器者虎的祖考,爲先王效力而

① 《尚書正義》卷一八,第237頁。

"嗣虎臣",即掌管"虎臣"。此"虎臣"没有限定語,也許師虎的祖考所掌管的是全體虎臣。第二部分,記載對虎的册命。他所受命的職務爲"疋(胥)師戲",輔佐師戲;"嗣(司)乑(走)馬馭人眔(暨)五邑乑(走)馬馭人",掌管走馬馭人與五邑走馬馭人。"更厥祖考",替代其祖考擔任職務。因此我們會想到"虎臣"就是"走馬馭人、五邑走馬馭人"。"走馬",在傳世文獻中稱爲"趣馬"①,《尚書·立政》"虎賁、綴衣、趣馬、小尹","虎賁"與"趣馬"並列,孔傳曰:"趣馬,掌馬之官。"②可見"虎臣"與"走馬"爲不同的兩種身份,虎臣之長稱爲"虎臣",走馬之長理應稱爲"走馬",《詩經·十月之交》"蹶維趣馬"③之"趣馬"應該屬於此例。

　　除此之外,其他銘文中也可見册命掌管走馬之職的内容,先看西周晚期的三年師兑簋銘文(《集成》4318,圖 4-14):

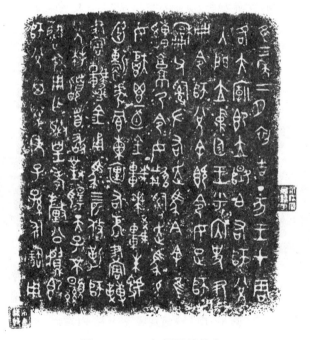

圖 4-14　三年師兑簋銘文

①　《官制》,第 20 頁。
②　《尚書正義》卷一七,第 231 頁。
③　《毛詩正義》卷一二之二,第 446 頁。

佳(唯)三年二月初吉丁亥,王才(在)周,各(格)大(太)廟即立(位),醒白(伯)右
師兌,入門,立卑(中)廷,王乎(呼)内史尹册令(命)師兌:余既令(命)女(汝)疋(胥)師
龢(龢)父,嗣(司)ナ(左)右衆(走)馬,今余佳(唯)醽(申)臺(就)乃令(命),令(命)女
(汝)叚嗣(司)衆(走)馬,……

"疋(胥)師龢(龢)父,嗣(司)ナ(左)右衆(走)馬",他原來的職務爲輔佐師
龢父掌管左右走馬,這可從元年師兌簋銘文(《集成》4274,圖4-15)得到證實:

佳(唯)元年五月初吉甲寅,王才(在)周.各(格)康廟,即立(位),同中(仲)右師兌
入門立卑(中)廷,王乎(呼)内史尹册令(命)師兌:疋(胥)師龢(龢)父嗣(司)ナ(左)右
衆(走)馬、五邑衆(走)馬,……

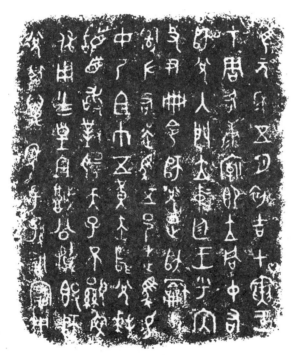

圖4-15　元年師兌簋銘文

某王元年,册命師兌爲"疋(胥)師龢(龢)父嗣(司)ナ(左)右衆(走)馬、五
邑衆(走)馬"。師兌受命的職務爲輔佐師龢父掌管"左右走馬、五邑走馬"。這
與三年回顧之時的"左右走馬"有所出入,也許因爲三年册命之時的重點在於
新册命的内容,以往的册命因此被省略,也許是册命文書本身就有省略,也有

可能師兌編撰銘文之時把它省掉。師兌新接受的册命爲"緐司走馬",這與"司虎臣"一樣,可看作總管整個走馬之人。總之,原來輔佐師龢父的師兌,某王三年晉升爲總管走馬的人①。

　　到此爲止,上文簡單梳理了有關虎臣、走馬的册命銘文。師酉、師詢之例(師酉盤、師酉簋、詢簋銘文),可見虎臣中有由夷族組成的小集團。由無更鼎銘文之例可知虎臣有護衛宗廟、廟室之職務,這裏的虎臣,應該由姬姓族或者與他們擬血緣關係的近親家族所組成。此外,從師克盨之例可知虎臣有"左右虎臣",從虎簋蓋銘文得知另有總管整個虎臣的職位。走馬,像虎臣一樣,有"左右走馬",還有"五邑走馬"。此外,從三年師兌簋銘文得知,有總管走馬的職位。下面將在此基礎上,進一步討論相關問題。

二、關於"左右走馬、五邑走馬"的蠡測

　　如上文所舉的銅器銘文中,與"(左右)走馬、五邑走馬"相關的有三篇:虎簋蓋、元年師兌簋、三年師兌簋。那麼這裏所謂的"(左右)走馬"和"五邑走馬"是什麼? 我們將在上文所論的基礎上,進一步討論這個問題。希望對"五邑"有新的認識,希望進一步看到周王對王邑(五邑在内)的控制手段。

　　第一,提出對"五邑"的看法。先對比一下虎簋蓋、元年師兌簋、三年師兌簋銘文(表4-2):

表4-2　虎簋蓋、元年師兌簋、三年師兌簋銘文比照

	虎 簋 蓋	元年師兌簋	三年師兌簋
時期	西周中期(疑爲穆王時期)	西周晚期	西周晚期
時間	唯卅年三(四)月初吉甲戌	唯元年五月初吉甲寅	唯三年二月初吉丁亥
地點	王才(在)周新宮,各(格)于大(太)室	王才(在)周,各(格)康廟	王才(在)周,各(格)大(太)廟

---

① 虎簋蓋銘文的虎所接受的册命爲"胥師戲司走馬馭人眔五邑走馬馭人",跟師兌的"胥師龢父司左右走馬、五邑走馬"相比,多了"馭人"。是師兌所册命的時候把它省略了,還是另有管理馭人的職務? 筆者傾向於後者,但因資料有限,無法斷定,暫且存疑。

續　表

	虎簋蓋	元年師兑簋	三年師兑簋
右者	密弔(叔)	同中(仲)	醒白(伯)
史官	入(内)史	内史尹	内史尹
祖先職責	嗣(司)虎臣		
原册命職責			疋(胥)師穌(穌)父,嗣(司)ナ(左)右歮(走)馬
新册命職責	疋(胥)師戲嗣(司)歮(走)馬馭人罘(暨)五邑歮(走)馬馭人	疋(胥)師穌(穌)父嗣(司)ナ(左)右歮(走)馬、五邑歮(走)馬	縠嗣(司)歮(走)馬

　　這三篇銘文皆册命掌管走馬之人,其掌管的對象爲"走馬馭人罘五邑走馬馭人"(虎簋蓋)、"左右走馬、五邑走馬"(元年師兑簋)。三年師兑簋銘文中,回顧上次册命的内容中不見"五邑走馬",不過,據元年師兑簋銘文,極可能是被省略的。

　　那麼,這"(左右)走馬"和"五邑走馬"之間有什麼關係。筆者認爲,其關鍵在於對"五邑"的解釋。對"五邑"的看法,在學界有所紛歧,陳夢家先生認爲元年師兑簋銘文的"五邑"當指"西土五個城邑",郡簋、柞鐘所見的"五邑祝"、"五邑個人事"的"五邑"(參見表4-3)與此"五邑走馬"同①。陳絜先生則認爲"五

表 4-3　西周金文所見的"五邑"

時期	器名	著録	東畾五邑	五邑祝	五邑走馬	五邑個人	五邑守堰	相關内容
西周中期	虎簋蓋	《近出》491			○			司走馬馭人、五邑走馬馭人
	殺簋蓋	《集成》4243					○	大備于五邑守堰
	殷簋	《近出》487	○					司東畾五邑

① 《斷代》,第241頁。

續　表

時期	器名	著　錄	東畟五邑	五邑祝	五邑走馬	五邑佃人	五邑守堰	相關内容
西周晚期	鄴簋	《集成》4296		○				五邑祝
	柞鐘	《集成》133				○		司五邑佃人事
	元年師兑簋	《集成》4274			○			司左右走馬、五邑走馬

邑”是指五個農村聚落集合體①。到底該如何理解“五邑”呢？

　　其一，此“五邑”應該指的是五個邑。不過，我們要考慮一個細節，如果“五邑”爲非特定的五個邑，那麼“數字＋邑”的例子應該多見於銅器銘文中，但是除了“五邑”之例外，其他例子只見於融比盨銘文（《集成》4466）②。那麼這些銅器銘文中的“五邑”，很可能指的是特定的五個邑③。

　　其二，“五邑走馬”不同於“（左右）走馬”，陳夢家先生曾認爲，凡稱“左右”者似係王所在地④，這樣的話，“左右走馬”是西周都城的走馬，“五邑走馬”則爲都城以外的五個邑。“左右走馬”加“五邑走馬”，等於六個邑的走馬，即“虎”和“師兑”所掌管的走馬是“六邑”的走馬。那麼這“六邑”是什麼性質的邑？在此聯繫傳世文獻所見的“六鄉”是否有所不妥？

---

① 陳絜：《周代農村基層聚落初探》，收入朱鳳瀚主編：《新出金文與西周歷史》，第 158 頁。

② 銘文曰：“戈（其）邑夐（復）㰸，言二㧊（邑）。奥（俾）融比夐（復）小宮叱融比田，戈（其）邑侵罖句、商、兄，罖讐、弋。漫（復）限余（予）融比田，戈（其）邑競（競）、㭪（槐）、甲三邑，州、瀘二邑。凡復（復）友（賄）復（復）付融比田十又三邑。”

③ 許倬雲、李峰等先生也認爲“五邑”指特定的五個邑。如許倬雲和林嘉琳（Linduff）認爲五邑可能是《史記·周本紀》所記載的岐、程、豐、鎬、西鄭及槐里中的五個城市。李峰先生認爲，這些地名中，如程和槐里只出現在後世文獻裏，而並沒有出現在同時期的銘文材料中，所以認爲銘文中常見的如莾、畢及鄭應合理地包括在五邑之内。筆者認爲，這五邑包括哪些需要進一步的考慮。李先生還認爲目前對五邑仍沒有一個確定的結論，但毫無疑問的是，它們是渭河平原最重要的五個城市。筆者同意這一點。參見 Hsu. Cho-Yun & Katheryn M. Linduff, *Western Chou Civilization*, New Haven：Yale University Press, 1988 p.247；李峰著，吳敏娜等譯：《西周的政體：中國早期的官僚制度和國家》，北京：生活·讀書·新知三聯書店，2010 年，第 167 頁。

④ 《斷代》，第 241 頁。

清代學者江永把《周禮·大司馬》①與《大司徒》②、《小司徒》③互相聯繫後説:"五家爲比,故五人爲伍,伍長下士即比長也。閭出二十五人爲兩,兩司馬中士即閭胥也。族出百人爲卒,卒長上士即族師也。黨出五百人爲旅,旅帥下大夫即黨正也。州出二千五百人爲師,師帥中大夫即州長也。鄉出萬二千五百人爲軍,軍帥命卿即鄉大夫,亦即王朝之六卿也。《大司馬》之序官與《大司徒》六鄉之官正相合。"④江永認爲周代的軍隊(即西周的"六師")取之於"鄉",由各鄉的"鄉大夫"即"六卿"所帥。換句話説,每"鄉"出一"師",作爲"鄉"長的"卿"率領"師"。《周禮》雖然是晚出的文獻,但從銅器銘文得知,西周時期確實有"六"個軍事單位所構成的"六師",再根據當時"兵農合一"、"寓兵於農"的社會情況,不難發現,當時有"六"個鄉邑的存在。

其三,據此再看"(左右)走馬"與"五邑走馬"。陳絜先生把"邑"分爲"公邑"和"私邑","公邑"是直轄於周王之邑,與後來所謂封建王朝時期的邑,差別不大⑤。從"五邑"相關銘文可知,周王直接任命"五邑"的官員,則"五邑"應該屬於"公邑"。如上所論,"左右走馬"的"左右"指周王所在地,"五邑走馬"的"五邑"則如陳夢家先生所説,指"西土的五個城邑"。

此"五邑"包含哪些邑,目前未能悉知。不過,筆者懷疑趞簋銘文(《集成》4266)所見的"斁師",應該屬於"五邑"之中。"斁師",學界一般看作"豳師"。《詩經·豳風》毛詩譜曰:"豳者,后稷曾孫公劉自邰而出所徙戎狄之地名,今屬扶風栒邑。"⑥即公劉曾定都之地,曾有周人的宗廟,周王理應要直接控制這個地區,則"豳師"應該係周王朝的公邑,有可能是"五邑"之一。照此類推,周人另一古都"岐周"也應該屬於此類。《詩經·大雅·緜》:"古公亶父,來朝走馬。

---

① 《周禮注疏》卷二八,《夏官·司馬》,第830頁:"凡制軍萬有二千五百人爲軍。王六軍,大國三軍,次國二軍,小國一軍。軍將皆命卿。二千有五百人爲師,師帥皆中大夫。五百人爲旅,旅帥皆下大夫。百人爲卒,卒長皆上士。二十五人爲兩,兩司馬皆中士。五人爲伍,伍皆有長。"
② 《周禮注疏》卷一〇,《地官·大司徒》,第707頁:"令五家爲比,使之相保,五比爲閭,使之相受,四閭爲族,使之相葬,五族爲黨,使之相救,五黨爲州,使之相賙,五州爲鄉,使之相賓。"
③ 《周禮注疏》卷一一,《地官·小司徒》,第711頁:"五人爲伍,五伍爲兩,四兩爲卒,五卒爲旅,五旅爲師,五師爲軍。以起軍旅,以作田役,以比追胥,以令貢賦。"
④ 江永:《周禮疑義舉要》,王雲五主編:《叢書集成初編》,上海:商務印書館,1935年,第51頁。
⑤ 參見陳絜:《周代農村基層聚落初探》,《新出金文與西周歷史》,第158頁。
⑥ 《毛詩正義》卷八之一,第387頁。

率西水滸,至于岐下。"①古公亶父在此定都,文王也許出生於此②,周人曾在此地建立了宗廟,因此筆者認爲"岐周"也許屬於五邑。此外,周王經常舉行大型祭祀的"莠京"、"豐",亦疑爲"五邑"之例,但目前難以考證,暫擱此待考。

第二,怎麼理解"左右虎臣"? 筆者認爲,"左右虎臣"的"左右",應該與"左右走馬"的"左右"相類。"左右走馬"是在周王所在地的走馬,即在宗周的走馬。那麼"左右虎臣"理應指在宗周的虎臣。"國之大事,在祀與戎",宗廟、廟室是周王對祖先進行祭祀的地方,所以周王經常在此進行禮儀活動。因此筆者認爲護衛宗廟、廟室的任務,由周王的貼身禁衛兵來擔任,即護衛宗廟、廟室的虎臣,應該屬於"左右虎臣"。則無更鼎所見的"穆王正側虎臣",理應屬於左右虎臣。

迄今所見銅器銘文中,有"五邑走馬",但尚未見"五邑虎臣"之稱。當時是否有"五邑虎臣"之稱,目前不能考證,暫且不論。但在"五邑"中,筆者認爲應該有虎臣。如上所舉的"龥師"、"岐周"皆爲周人的古都,有宗廟。參照無更鼎銘文"虎臣"護衛宗廟之史實,不難推測五邑也理應有虎臣。

第三,在此討論一下册命掌管"五邑走馬"之職的意義所在。西周時期"兵農合一"的地緣性政治軍事社會中,該行政長官應該兼任軍事長官。那麼管理"五邑走馬"的長官由周王直接任命,可以看出周王牽制五邑的同時,以謀軍事領導權力的中央集中。"五邑走馬",其來源有兩種可能性:一、是由五邑中各邑徵用的;二、是中央政府派遣到各邑的。具體是哪種可能,現在難以分曉。但是可以肯定的是,這册命的"五邑走馬"的長官有牽制五邑長官之功能。如果"五邑走馬"由本地人組織,那麼周王册命其長官的意圖較爲明顯,即牽制五邑的行政長官;如果"五邑走馬"爲非本地人,周王派他們駐扎在五邑的目的,也是爲了在牽制五邑的同時,加强對五邑的軍事領導力。因此筆者認爲,周王册命"五邑走馬"之長官,是牽制五邑及加强其軍事領導權力的有效手段之一。

---

① 《毛詩正義》卷一六之二,第510頁。
② 《孟子注疏》卷八上《離婁下》,第2725頁:"文王生於岐周,卒於畢郢,西夷之人也。"趙岐注:"岐周、畢郢,地名也。岐山下周之舊邑,近畎夷。"

第三節　周王册命"冢司馬"及其意義

由智壺簋銘文(《集成》9728)的"冢嗣(司)土于成周八𠂤(師)"可知,六師、八師自有三有司。三有司,即司土、司馬、司工的合稱。這三有司所管的是土地(司土)、戎事(司馬)、各種設備(司工)等,是當時很基本的事務,也可以説是最基本的行政機構。本節主要討論的是與軍事密切關係的"司馬"。相關資料所示,當時不僅在中央政府置司馬,六師、八師,甚至每個師裏均有司馬。那麽,這不同級別的各司馬之間,有没有什麽關係? 這是本節主要討論的問題,並進一步討論這與周王的領導機制有何關係。

一、簡析"周師司馬"

西周時期與"司馬"相關的具有代表性銘文,是 2006 年《中國歷史文物》上介紹的䚢簋銘文①(《近二》440,圖 4-16):

圖 4-16　䚢簋器(左)、銘文(右)

---

① 王冠英:《䚢簋考釋》;李學勤:《論䚢簋的年代》;[美] 夏含夷:《從䚢簋看周穆王在位年數及年代問題》;張永山:《䚢簋作器者的年代》,皆載《中國歷史文物》2006 年第 3 期。

　　隹(唯)廿又三(四)年九月既朢庚寅,王才(在)周,各(格)大(太)室,即立(位),嗣(司)工逨入右親立串(中)廷,北卿(向)。王乎(呼)乍(作)册尹册驧(申)令(命)親曰:叀(更)乃且(祖)服(服)乍(作)冢嗣(司)馬,女(汝)䢵諫嶥(訊)有粦,取𩁥十孚(鋝),易(賜)女(汝)赤市(韍)、幽黄(衡)、金車、金勒、旂,女(汝)䢵苟(敬)夙(夙)夕勿灋(廢)朕(朕)令(命),女(汝)肂(肇)言(享)。親撵(拜)頴(稽)首,叝(敢)對𩁥(揚)天子休,用乍(作)朕(朕)文且(祖)幽白(伯)寶殷(簋),親𢦏(其)萬年孫子𢦏(其)永寶用。

　　某王二十四年九月既朢庚寅日[1],在"周"地的太室,舉行對親的册命典禮。這次典禮中,由"司工逨"擔任右者,史官作册尹宣布王命。其册命辭爲"更乃祖服作冢司馬",就是替代你的祖父擔任"冢司馬"之職[2]。這篇銘文中,應該要注意兩個重要線索:一、受册命者"親";二、他所接受的職官"冢司馬"。

　　這兩條線索,在師瘨簋銘文(《集成》4284,圖4-17)中也可見:

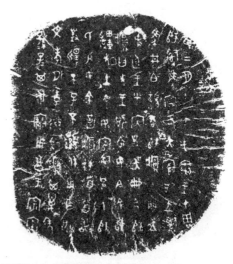

圖4-17　師瘨簋器[3](左)、銘文(右)

---

①　其斷代在學界一般定爲西周中期,且其紀年爲二十四年,據斷代工程的研究成果,西周中期在位二十四年以上的只有穆王,所以大部分的學者將此器歸於西周中期穆王時期。對此韓巍先生通過對字體、銘文上的套語、銅器形制等多方面的研究提出了共王説。參見夏商周斷代工程專家組:《夏商周斷代工程1996—2000年階段成果報告》(簡本),北京:世界圖書出版公司,2000年,第36—37頁;韓巍:《親簋年代及相關問題》,北京大學中國考古學研究中心編:《古代文明》第6卷,北京:文物出版社,2007年。
②　其祖父也許是清華簡《祭公》中的"井利"。參見杜勇:《清華簡〈祭公〉與西周三公之制》,《歷史研究》2014年第4期,第11—12頁。
③　《陝銅》4·117。

佳(唯)二月初吉戊寅,王才(在)周師嗣(司)馬宫,各(格)大(太)室,即立(位)。嗣(司)馬井白(伯)親入右師瘨入門立串(中)廷。王乎(呼)内史吴册令(命)師瘨曰:"先王既令(命)女(汝),今余唯酃(申)先王令(命),令(命)女(汝)官嗣(司)邑人、師氏。易(賜)女(汝)金勒。"瘨撲(拜)頴(稽)首,瘨㲃(敢)對勳(揚)天子不(丕)顯休,用乍(作)朕(朕)文考外季隯(尊)叞(簋)。瘨迿(其)萬年孫孫子子迿(其)永寶用喜(享)于宗室。

某王二月初吉戊寅日,在"周師司馬宫"的太室,舉行對師瘨的册命典禮。這次典禮中,由司馬井伯親擔任右者,史官内史吴也在場掌管文書。上篇銘文(親簋)中,在周太室接受册命爲"冢司馬"的"親",在本銘文中稱作"司馬井伯親",在周師司馬宫舉行的這次册命典禮中擔任右者(參見表4-4)。

表4-4　親簋、師瘨簋銘文比照

	親　　簋	師　瘨　簋
時　間	佳(唯)廿又三(四)年九月既朢庚寅	佳(唯)二月初吉戊寅
地　點	王在周,各(格)大(太)室	王在周師嗣(司)馬宫,各(格)大(太)室
右　者	嗣(司)工逨	嗣(司)馬井白(伯)親
史　官	作册尹	内史吴
受命者	親	師瘨
職　務	夋(更)乃且(祖)服(服)乍(作)冢嗣(司)馬	官嗣(司)邑人、師氏

"周師司馬宫"是"師瘨"接受册命的地方,應該與"司馬"井伯親有關。學界大致認爲司馬共爲司馬井伯親的下一代[①],他主要在"周師彔宫"活動(參見表4-5)。那麽"周師司馬宫"與"周師彔宫"有什麽關係?

司馬共在周師彔宫活動,則與司馬共的上一代司馬井伯親一定有關係。司馬井伯親在周師司馬宫活動,也許與其上一代的司馬有關係。那麽周師司

---

① 郭沫若先生曾以"司馬共"爲共伯和,陳夢家先生則認爲是共王後半期的司馬井伯親的下一代,或即井叔。參見《斷代》,第188頁。

馬宮爲司馬井伯親祖父的宗廟、周師彔宮爲司馬井伯親的宗廟？如此，周師司馬宮與周師彔宮便被認爲是兩棟不同的建築。不過一定要考慮到以下幾個環節。其一，周師司馬宮、周師彔宮，皆以"周師"爲冠，均有太室，周王的册命，都在早晨舉行於太室，很可能周王在周師司馬宮或周師彔宮住了一宿，第二天早晨起來主管册命典禮。其二，司馬井伯親、司馬共皆爲井氏家族，其職官爲司馬。那麼其太室應該是井氏家族的太室。因此，筆者認爲"周師司馬宮"與"周師彔宮"應該指的是井氏家族的邸宅，也許是對一個宮室的不同時代的不同稱法。

　　這兩個宮名，皆以"周師"爲冠，筆者認爲，井氏家族世代擔任司馬之職，因而把他們的邸宅稱爲"周師司馬宮"。其後，爲了紀念"司馬井伯親"，將它改稱爲"周師親宮"。此外，"周師"爲冠的宮室名，有"周師量宮"，據"周師彔宮"之例，"量"疑爲人名。對此，韓巍先生則提出了比周師彔早的井氏宗子的可能性[①]，筆者也認爲其與"井氏"有關，不過，其具體的身世尚未能確認，待考。

　　西周時期，在銅器銘文中多見"周師"，列表如下（表 4-5）：

表 4-5　西周金文中的"周師"

器　名	著　錄	相　關　内　容	相關地點	相關人名
守宮盤	《集成》10168	隹（唯）正月既生霸乙未，王才（在）周，周師光守宮，吏（使）甸（裸），周師不（丕）盉		周師
師痕簋蓋	《集成》4284	隹（唯）二月初吉戊寅，王才（在）周師嗣（司）馬宮，各（格）大（太）室，即立（位）。嗣（司）馬井白（伯）親入右師痕入門立中（中）廷。王乎（呼）内史吳册令（命）師痕曰："先王既令（命）女（汝），今余唯躪（申）先王令（命），令（命）女（汝）官嗣（司）邑人、師氏。易（賜）女（汝）金勒。"	周師司馬宮	司馬井伯親

① 韓巍：《西周金文世族研究》，第 135 頁；陳夢家先生曾認爲"周師量"晚於周師彔或者指司馬共，可備一説（《斷代》，第 164 頁）。

器　名	著　録	相　關　内　容	相關地點	相關人名
宰獸簋	《近出》490	唯六年二月初吉甲戌,王才(在)周師彔宫,旦,王各(格)大(太)室,即立(位)。	周師彔宫	
免簋	《集成》4240	隹(唯)十又二月,王才(在)周(周),眛譬(爽),王各(格)于大(太)廟,丼(邢)弔(叔)有(右)免,即令(命),王受(授)乍(作)册尹者(書),卑(俾)册令(命)免,曰:"令女(汝)疋(胥)周(周)師嗣(司)歔(林),易(賜)女(汝)赤⊙市(韍),用事。"		周師
師晨鼎	《集成》2817	隹(唯)三年三月初吉甲戌,王才(在)周師彔宫,旦,王各(格)大(太)室,即立(位),嗣(司)馬共右師晨,入門立中廷,王乎(呼)乍(作)册尹册命師晨……	周師彔宫	司馬共
瘕盨	《集成》4462	隹(唯)三(四)年二月既生霸戊戌,王才(在)周師彔宫,各大(格太)室,即立(位),嗣(司)馬共右瘕……	周師彔宫	司馬共
太師虘簋	《集成》4251	正月既望(望)甲午,王在周師𤔲(量)宫。旦,王各(格)大(太)室,即立(位)。	周師量宫	
諫簋	《集成》4285	隹(唯)五年三月初吉庚寅,王才(在)周師彔宫。旦,王各(格)大(太)室,即立(位)。嗣(司)馬共右諫入門,立中(中)廷。	周師彔宫	司馬共
師俞簋蓋	《集成》4277	隹(唯)三年三月初吉甲戌,王才(在)周師彔宫,旦,王各(格)大(太)室,即立(位),嗣(司)馬共右師餘(俞)入門立中(中)廷,王乎乍(呼作)册内史册命師餘(俞)……	周師彔宫	司馬共

對其中的"周師"需要多方面的考慮。

首先,其出現時間,這些與"周師"有關的銅器年代,皆可歸於西周中期(穆王——孝王)至西周晚期偏早(夷王、厲王)[①]。

① 《殷周金文集成》將守宫盤歸於西周早期。不過,韓巍先生認爲守宫盤的形制、紋飾,與西周中期共王時期的士山盤相類,據此將守宫盤歸於西周中期。筆者從之。參韓巍:《西周金文世族研究》,北京大學博士學位論文,2007 年,第 135 頁。

其次,從"周師"的用法方面考慮。從"表4－5"可知,"周師"與井氏家族有密切的關係,如井伯親、司馬共爲一代井伯,免簋銘文也見"周師"和"井叔"。西周中期到晚期偏早,井氏家族世代擔任司馬,這與"周師"的出現時間完全相合。

再次,西周銅器銘文中,不乏以周師指人物之例。先看守宮盤銘文(《集成》10168,圖4－18):

> 隹(唯)正月既生霸乙未,王才(在)周,周師光(貺)守宮。吏(使)䵼(祼),周師不(丕)舐,易(賜)守宮絲束、蘆(苴)釀(幕)五、蘆(苴)苣(冪)二、馬匹、毳帝(布)三、畢(專)俸(蓬)三、䋣(珠)朋,守宮對𣄰(揚)周師釐,用乍(作)且(祖)乙隴(尊),弐(其)丙(百)世子子孫孫,永寶用,勿遂(墜)。

圖4－18　守宮盤器①(左)、銘文(右)

某王某年正月既生霸乙未日,王在周的時候,周師好像替周王舉行對守宮的賞賜典禮。周師讓守宮舉行祼禮。周師誇耀他,並賞賜給他。這裏的"周

① 《分期》,第154頁,圖"盤9"。

師”應該指掌管周師的人物。
守宫盤疑爲共王時器,則其周
師應該是井伯親[1]。周師指人
名,也見於免簋銘文(《集成》
4240,圖4-19),“令女(汝)疋
(胥)周(周)師酮(司)歔(林)”,
則周王册命免輔佐“周師”掌管
“林”的職務。從職務上看,這
裏的“周師”應該與“司土”
相關。

圖4-19　免簋銘文

　　對此,尚有需要進一步思
考的問題,即“周師”原來指的
是什麽,爲何與井氏家族有那
麽密切的關係。我們要進行兩個方面的考慮。其一,“某+師(自)”,其軍事性
很强,在西周銅器銘文中指軍隊或軍事功能區[2]。其二,以“周”冠“師”,“周”
可以看作“周邦”之“周”,也可以看作“周”的都邑[3]。筆者認同前者,即“周師”
就是王師。清華簡《繫年》中有“周師”指“王師”的用法。《繫年》曰:“戎乃大敗
周師于千畝。”此事在《國語》曰:“(宣王)三十九年,戰于千畝,王師敗績于姜氏
之戎。”[4]這可以看作消極性旁證[5]。

①　如上所述,韓巍先生認爲守宫盤是西周中期共王時期之器,共王時期的“周師”應該指的是“司馬井伯彔”。參見韓巍:《西周金文氏族研究》,第133頁。
②　于凱:《西周金文中的“自”和西周的軍事功能區》,《史學集刊》2004年第3期。
③　西周相關史料中多見“成周”、“宗周”等“X+周”的用法,也可見單稱“周”的用法。不少學者主張單稱“周”之“周”應該指岐周。這樣的話“周師”也可以看作岐周之師。對此,朱鳳瀚先生認爲“周”在西周銅器銘文中是都城之稱,在成周的康宫也可稱爲“周康宫”,所以,西周都城所在如宗周、成周應均可稱之爲“周”。因此筆者不從“岐周説”。參見宗德生:《試論西周金文中的“周”》,《南開學報(哲學社會科學版)》1985年第2期;劉士莪、尹盛平:《微氏家族青銅器群研究》,尹盛平主編:《西周微氏家族青銅器群研究》,北京:文物出版社,1992年,第98—103頁;周宏偉:《西周都城諸問題試解》,《中國歷史地理論叢》2014年第1期,第81—90頁;朱鳳瀚:《〈召誥〉、〈洛誥〉、何尊與成周》,《歷史研究》2006年第1期,第11頁。
④　《清華簡》(貳)《繫年》,第136頁;徐元誥撰:《國語集解》(修訂本),第21頁。
⑤　雖然《繫年》中的記載可以與其他文獻參證,其史料價值值較高,不過,應該承認《繫年》是晚出之文獻,而且並非原始史料。因此,筆者認爲只能當作消極性的旁證。

　　總而言之,"周師"是見於西周中期至晚期偏早的稱法,主要見於與井氏家族有關的銅器銘文。據筆者分析,"周師"指稱王師,"周師司馬"即王師的司馬。西周中期,稱司馬井伯親爲周師,其邸宅稱爲"周師司馬宮"、"周師彔宮"等,也許是因爲井氏家族世代擔任"周師"的司馬,即王師的司馬。因此,當時人習慣稱之爲"周師"。

二、從親簋銘文看"冢司馬"之地位

　　如上所述,司馬井伯親接受册命爲"冢司馬"。其"周師司馬"之職,筆者認爲是王師的司馬。其職在王朝中的地位如何,這也是一個值得討論的問題。

　　第一,"冢司馬",在趞簋銘文(《集成》4266,圖4－20)中可尋:

圖4－20　趞簋銘文

唯三月王才(在)宗周,戊寅,王各(格)于大(太)朝(廟),密弔(叔)右趞即立,内史即命,王若曰:趞,命女(汝)乍(作)夒自(師)冢嗣(司)馬,啻(適)官僕(僕)、射、士、嗌(訊)小大又(有)隣(隣),取遺五寽(鋝),易(賜)女(汝)赤市(韍)幽亢(衡)、䜌(鑾)旂,用事。趞撑(拜)頴(稽)首,對朝(揚)王休,用乍(作)季姜隣(尊)彝,氒(其)子子孫孫徧(萬)年寶用。

某年三月,王在宗周,密叔爲右者,内史爲史官,進行對趞的册命典禮,周王命他擔任"夒師冢司馬"[①],掌管僕、射、士、訊、小大有隣的職務[②]。從此得知,"夒師"有冢司馬,則理應有"冢司土"、"冢司工"等。

"夒師"應該指"豳師",在今陝西彬縣一帶[③]。如上所論,筆者認爲這豳邑應該是周王朝六邑之一,則"夒師"爲六師之一。正如孫作雲先生所言,這個地區具有軍事重要性,既適於農耕,也適於放牧,是遊牧部落和農耕部族的必爭之地,所以周朝派重兵駐守防禦[④]。

那麼趞的職位,是不是王朝中央的司馬? 這是需要考慮的另一問題。盠方彝銘文(《集成》9899)所載周王對盠的册命命辭曰:"嗣(司)六自(師)、王行、參(叁)有嗣(司)","六師"與"王行"、"三有司"並稱,據此看六師系統,則王師系統與中央政府的三有司有別[⑤]。

如上一節所論,"周師"指"王師","周師司馬"應該是王師的司馬。那麼"周師司馬"是否只限於王師的司馬? 對於這個問題,筆者注意到司馬井伯親在王朝中的活動。韓巍先生認爲,司馬井伯親的主要活動年代爲西周中期共懿時期,即共懿時期的"井伯",應該是司馬井伯親[⑥]。井伯在不少册命典禮中擔任右者,且多在土地交易、土地賞賜典禮方面。我們從中可以看出井伯在王

① 或釋爲"家司馬",如《銘文選》第三册,第112—113頁。
② 至於這些人的身份,尚未明確,需要待考。
③ 裘錫圭:《夒公盨銘文考釋》,《中國歷史文物》2002年第6期,第22頁;劉雨:《豳公考》,收入故宮博物院編:《故宮博物院十年論文選1995—2004》,北京:紫禁城出版社,2005年,第424—425頁。
④ 孫作雲遺作:《說豳在西周時代爲北方軍事重鎮——兼論軍監》,《河南師大學報》1983年第1期,第35頁。
⑤ 日本的木村秀海認爲這裏的三有司爲六師的三有司。不過筆者認爲,如果是六師的三有司,應該緊跟着"六師",而不會在"王行"的後面。參[日]木村秀海:《六師の官構成について——盠方尊銘文を中心にして》,(日)《東方學》69,1985年。
⑥ 韓巍:《西周金文世族研究》,北京大學博士學位論文,2007年,第130—137頁。

朝上的地位：

> 佳(唯)正月初吉庚戌，衛吕(以)邦君厲告于丼(邢)白(伯)、白(伯)邑父、定白
> (伯)、𤖤白(伯)、白(伯)俗父。……　　　　　　　　　（五祀衛鼎，《集成》2832）
> 佳(唯)十又二年初吉丁卯，益公内(入)即命于天子，公廼出𠃴(厥)命，易(賜)臾
> (畀)師永𠃴(厥)田，……，𠃴(厥)眔(暨)公出𠃴(厥)命丼白(伯)、焂(榮)白(伯)、尹
> 氏、師俗父、𢓊(遣)中(仲)……　　　　　　　　　　　（永盂，《集成》10322）

　　五祀衛鼎銘文中“丼伯”位於諸大臣之首，永盂銘文也是如此，只接受益公
之命，可見其地位僅次於益公。據此可知，丼伯的地位非同一般，其職務範圍
似乎不限於王師，應該涉及王朝中央的司馬職務。總之，雖然盠方彝銘文中
“六師”與“三有司”並稱，可以看作兩個不同的系統，不過，在司馬丼伯親之時，
他的職掌，既是王師的司馬，又是王朝中央的司馬。可見，王師與王朝中央之
間的密切關係。

　　陳恩林先生曾經注意到不同等級、不同組織的“司馬”之間的命令、統帥系
統。陳先生認爲周王朝的司馬，通過統帥諸侯國的司馬、貴族家的司馬，可以
統管天下的軍隊，以助周天子爲中心的一元化的軍事領導體制[1]。冢司馬的
權力，是否涉及家司馬、諸侯司馬，現在無法確認。但如上所論，至少可以肯
定，王朝冢司馬的影響力應該涉及王師的司馬。𦊆師有司馬，八師有冢司土
（曶壺篹銘文，《集成》9278），則應該有冢司馬，再上有王師的司馬。換句話說，
西周時期，王朝與六師的司馬之間形成了人際網絡。以“司馬丼伯親”爲例，即
王師的司馬就任中央政府的司馬，司馬丼伯親接受了周王的册命，周王通過隨
時命令他，可以介入王師的相關軍務。據此推測，“八師”的司馬也應該在中央
政府冢司馬統率之中。如此在王師的司馬之間形成緊密的人際網絡，有助於
增強周王對王師的軍事領導權力，如果周王有效地控制冢司馬，就可以控制王
師的各個司馬，以此將王師納入到周王的掌控之中。在這種意義上，陳先生的
看法是有道理的。

小　結

　　本章以册命銘文爲中心，探討了周王對“王師”的領導機制。在册命銘文

---

[1]　陳恩林：《先秦軍事制度研究》，第 67—75 頁。

中,與"王師"有關的内容不少,有與"六師"、"八師"相關的,還有與"虎臣"、"走馬"有關的,也有對各級"司馬"的册命銘文。本章先整理了與此相關的銅器銘文資料,在此基礎上,進一步討論"六師"的組織、"(左右)走馬、五邑走馬"、"周師"、"冢司馬"等問題。

"(左右)走馬、五邑走馬",在學界有所歧義,筆者認爲其是"六邑"的走馬,即"(左右)走馬"爲在宗周的走馬,"五邑走馬"是在五個特定公邑的走馬。筆者以此推測,此"六邑"似相當於傳世文獻中的"六鄉",西周的"六師"亦來源於此。周王在這六個邑中設置了三有司,又派走馬管理各邑的馬匹。爲此,周王又設置了掌管牧場之官,同時也設置了管理山林水澤、田地之職。從中可以發現,西周時期六邑的"兵農合一"、"寓兵於農"的面貌。這似乎可以説明,當時的六師,並非完全脱産的軍事組織,與現代意義上的常備軍尚存在一定距離。

本書特別要指出的是周王在六師(六邑)設置三有司、走馬的意義。通過盠方彝銘文可得知,王朝有總管六師之職。其下,有六邑各自的長官,這些長官,從"兵農合一"的社會特徵看,應該是鄉邑自有的長官。在這種情況下,周王直接任命"司馬"等的三有司、祝、走馬等。由此可見,周王通過牽制各邑的長官的方式,鞏固了以周王爲中心的軍事領導體制。

第五章　周王對畿内貴族的領導機制

　　上章討論了周王對王師的軍事領導機制,本章則要討論周王對畿内貴族的軍事領導機制。討論問題之前,尤其要强調本書所用的"畿内貴族"的概念。

　　西周時期,到底有没有"王畿",迄今聚訟不已。向來有"邦畿千里"、"王畿千里"之説,但是西周時期尚未進入領域國家的階段,這種説法是不可靠的。至少可以肯定的是,當時由周王直接控制的地方,應該就是周王自己的土地。在這個地區,除了周王之外,應該還有爲王朝效力的一些貴族。爲了便於研究,我們不妨使用"王畿"這個術語。本書所謂的"畿内貴族",限於在王畿地區的封君,且受周王册命作爲王官的貴族。他們或接受周王的册命,或是被周王認可其統治權力的土著勢力。當時他們擁有自己的領地和軍事力量。

　　如上所論,畿内貴族的族兵,在周王朝的軍事力量中所佔比例不少,不可忽視。因此,周王需要有效地控制他們。那麽周王對他們的控制如何? 本章將要討論與此相關的種種問題。

第一節　册命畿内貴族的軍事意義

　　西周時期,貴族擁有自己的領地和私屬武裝。這些私屬武裝,實際上是一把既可爲王朝效力,又可顛覆王朝的雙刃劍①。周王必須要控制貴族,以免他

---

① 比如周厲王時期,武公在軍事方面爲厲王立了大功,與此相反,一些貴族以國人暴動,逐出了厲王。

們背叛王朝。筆者認爲在西周銅器銘文常見的"册命"就在周王與貴族之間扮演着橋梁的角色。

"册命",《尚書·顧命》:"太史秉書,由賓階隮,御王册命。"鄭玄注:"太史東面,……而讀册書。"①"册命"又稱爲"策命",《左傳》僖公二十八年曰:"王命尹氏及王子虎、内史叔興父,策命晉侯爲侯伯。"杜預注:"以策書命晉侯爲伯也。"②簡而言之,"册命"是指封官授職的典禮③。那麽周王朝册命貴族與本書所討論的軍事領導機制有什麽樣的關係,在軍事上有什麽樣的意義,本節要討論這個問題。

一、控制畿内貴族私屬武裝的重要性

西周時期爲"寓兵於農"、"兵農合一"的社會,已是學界共識。其基層社會聚落,一般由一個或者幾個家族單位構成。他們平時務農,戰時出兵,其軍事單位應該建立在聚落單位的基礎之上。該家族族長或聚落的代表者,應兼任其軍事長官,即軍事基層組織帶有很强的地緣性特徵。

這種地緣性的軍事基層組織方式,多見於傳世文獻。《周禮·地官·大司徒》:"令民五家爲比……五比爲閭……四閭爲族……五族爲黨……五黨爲州……五州爲鄉。"④《周禮·地官·小司徒》:"乃會萬民之卒伍而用之。五人爲伍,五伍爲兩,四兩爲卒,五卒爲旅,五旅爲師,五師爲軍。"⑤《大司徒》講行政組織體系,《小司徒》載軍事組織體系。"比"——"閭"——"族"——"黨"——"州"——"鄉"的行政組織體系,正符合"伍"——"兩"——"卒"——"旅"——"師"——"軍"的軍事組織系統,從中可見其"寓兵於農"的特徵⑥。雖然《周禮》是晚出的文獻,而且一家出一人是較爲理想的徵兵制度,未必完全

---

① 《尚書正義》卷一八,第 240 頁。
② 《春秋左傳正義》卷一六,第 1825 頁。
③ 陳漢平先生曾説:"所謂'册命',簡而言之,即指封官授職,是爲封建社會中之隆重典禮。無論天子任命百官,封建諸侯,諸侯之封卿大夫,卿大夫之封臣宰,均須舉行此種禮儀。"他又説:"册命於古代又稱錫命。錫者,賜也。謂授官任職同時有所賞賜。"參陳漢平:《西周册命制度研究》,上海:學林出版社,1986 年,第 2—3 頁。
④ 《周禮正義》卷一〇,第 707 頁。
⑤ 《周禮正義》卷一一,第 711 頁。
⑥ 參見本書第四章第二節"二"。

符合西周時的情況,但是這裏所反映的"寓兵於農"、"兵農合一"思想,應該是符合西周時期的情況的。

如此的一個或者多個底層組織,形成一個"邑"。有的學者認爲"邑"不但包含居住地,還包括耕作地、山林水澤等地域性領域①。在該情況下,"田"應係"邑"的下層概念。不過在文獻中"田"往往替代"邑",如"新田"與"許田"。"新田",晉景公曾與衆貴族討論遷都問題的時候,韓獻子對新田說:"土厚水深,居之不疾,有汾、澮以流其惡,且民從教,十世之利也。"②據韓獻子之言,新田不只是個田地,也有居民,帶有"邑"的特徵。"許田",《春秋》桓公元年:"三月,公會鄭伯于垂。鄭伯以璧假許田。"《公羊傳》曰:"許田者何? 魯朝宿之邑也。……此邑也,其稱田何? 田多邑少稱田,邑多田少稱邑。"③由此可以確認,"地名+田"有時指代"邑"。"邑"可指"田"之原因,也許《公羊傳》的認識無誤,但尚難證實。就當時以農業爲主的社會生產而言,"田"是與聚落區不可分離的很重要的部分,似因如此,當時的"地名+田"可以代表"邑"。

"邑",根據隸屬關係,可分爲公邑與私邑。公邑係直轄於周王之邑,與後來封建王朝時期的邑差別不大④。私邑爲貴族所有之邑,周王不能隨便介入私邑之事。就兵士而言,所謂"王師"的六師、八師,應該由公邑壯丁構成;貴族的私屬武裝,應該由私邑的壯丁而構成。如上所論⑤,六師和八師,應該參與了很多戰役,立了不少戰功。但是到了西周晚期,六師、八師的戰鬥力量似乎不如以前那麼強大。比如,像禹鼎銘文所言,鄂侯馭方反叛的時候,六師、八師"彌宩(怵)匋匪(恛)"(《集成》2833),即他們士氣低落,對敵人有所恐懼,無法戰勝⑥。但是武公的私屬武裝能夠平定叛亂而獲擒鄂侯,而且武公只憑自己的私屬武裝也可以却退玁狁的入侵(多友鼎銘文,《集成》2835),可見其非同

① [日]河村原:《西周時代の邑と里について(關於西周時期的邑和里)》,《史叢》第30輯,1983年;彭邦炯:《卜辭"作邑"蠡測》,收入胡厚宣主編:《甲骨探史録》,北京:生活·讀書·新知三聯書店,1982年。
② 《春秋左傳正義》卷二六,成公六年,第1902頁。
③ 《春秋公羊傳注疏》卷四,桓公元年,第2212頁。
④ 參見陳絜:《周代農村基層聚落初探》,朱鳳瀚主編:《新出金文與西周歷史》,第158頁。
⑤ 詳論見本書第二章第一節。
⑥ 王輝先生說:"宩讀爲怵,《說文》:'恐也。'匋,《說文》:'匋也。'即重疊、周遍。匪讀爲恛,《說文》:'怑也。'"見王輝:《商周金文》,北京:文物出版社,2006年,第219頁。

一般的軍事力量。由此可見，即使王師的力量衰頹，周王仍可以利用貴族的私屬武裝，從而擁有强大的軍事力量。因此周王需要具有控制貴族的有效機制。

二、以册命控制畿内貴族之功效

西周時期，對周王來説，控制貴族並調動其軍事力量的最爲有效的手段是什麽？筆者認爲册命是最重要的手段。我們看一下當時周王朝貴族的出身與身份。首先，看姬姓貴族，《左傳》僖公二十四年曰：“管、蔡、郕、霍、魯、衛、毛、聃、郜、雍、曹、滕、畢、原、酆、郇，文之昭也。邘、晉、應、韓，武之穆也。凡、蒋、邢、茅、胙、祭，周公之胤也。”①其中，除了封侯的蔡、魯、晉、應等外，毛、畢、祭等留在王室附近，有時擔任王朝大臣，輔弼周王。其次，有貴族功臣。如蘇忿生，《左傳》成公十一年曰：“昔周克商，使諸侯撫封，蘇忿生以溫爲司寇。”②當時有没有司寇之官，在學界意見不一③，但至少可以肯定蘇忿生接受册命之事。再次，是殷遺民出身的貴族。在西周銅器銘文中，多見帶有族徽、日名的銘文④，其代表性的例子，可舉史墻盤銘文（《集成》10175）。這篇銘文主要記述歷代周王及史墻祖先的業績，其中有如下記載：

> 青幽高且（祖）才（在）斁（微）霝（靈）處，雩（粵）武王既殳殷，斁（微）史剌（烈）且（祖）廼（乃）來見武王，武王刪（則）令周公舍（捨）圖（宇）于周，卑（俾）處𩫖……

---

① 《春秋左傳正義》卷一五，第 1817 頁。
② 《春秋左傳正義》卷二七，第 1909 頁。
③ “司寇”，見於揚簋（《集成》4295）、南季鼎銘文（《集成》2781）等。揚簋銘文“于乎（呼）内史史𤔲（敖）册令（命）𤔲（揚），王若曰：𤔲（揚），乍（作）𤔲（司）工，官𤔲（司）量（量）田佃、……眔𤔲（司）寇眔𤔲（司）工史（事）。”南季鼎銘文：“隹（唯）五月既生霸庚午，白（伯）俗父右南季，……曰：用又（左）右俗父𤔲（司）寇（寇），……”郭沫若、張亞初等先生認爲，西周時期有過“司寇”職官，但是其地位並不十分顯要。但是陳絜先生指出“司寇”之“司”爲動詞，即“司寇”係動賓結構之例，不能看作職官名，因此認爲西周時期尚無“司寇”之官。參見郭沫若：《金文叢考》（1952 年改編版），北京：人民出版社，1954 年出版，第 66 頁；《官制》，第 25 頁；陳絜、李晶：《夆季鼎、揚簋與西周法制、官制研究中的相關問題》，《南開學報》2007 年第 2 期。
④ 張懋鎔先生綜合以往的研究成果，提出了“周人不用日名説”和“周人不用族徽説”。雖然在個别例子上存在例外，但是這兩種説法，已經成爲周人與非周人區分的標準。參張懋鎔：《周人不用日名説》，《歷史研究》1993 年第 5 期；《再論“周人不用日名説”》，《文博》2009 年第 3 期；《周人不用族徽説》，《考古》1995 年第 9 期。

　　史墻的高祖原在於斿（微）①，武王克商後，他拜見武王，武王命周公安排
他的居處，周公讓他居住於宗周一帶②。由此得知，微氏家族將𡥘地作爲封
邑，以史官的身份供職於周王朝。

　　西周早期的册封，是王朝奠定國家基礎的有效政策。通過這個政策，周王
把諸貴族納入周王朝的控制。西周早期周王朝對貴族的賞賜，也是通過册命
的形式進行的。受册命的家族，便由王朝政府來控制，這從《國語》所記春秋時
期輔果的例子可見：

> 智宣子將以瑤爲後，智果曰："不如宵也。"宣子曰："宵也很。"對曰："宵之很在面，
> 瑤之很在心。心很敗國，面很不害。瑤之賢於人者五，其不逮者一也。美鬢長大則
> 賢，射禦足力則賢，伎藝畢給則賢，巧文辯惠則賢，毅果敢則賢。如是而甚不仁。以其
> 五賢陵人，而以不仁行之，其誰能待？若果立瑤也，智宗必滅。"弗聽。智果別族于
> 太史爲輔氏。及智氏之亡也，唯輔果在。③

　　"輔果"，原來是智氏家族的一員。智宣子欲將智瑤作爲後嗣，智果對此有
所不滿，進言而無果，遂向晉太史請求分族爲輔氏。由此得知兩條史實：
一、太史爲史官之長，智果之所以請求他分族，應該是因爲他掌握跟貴族有關
的檔案性質的資料；二、貴族的分族，不能隨意而成，而是需要政府的批準。
換句話説，西周政府已經具有運作與控制貴族的機制④。在史官之處，應該保

---

① "微"在學界主要有三説："西微説"、"東微説"、"微伯説"。"西微"，即《牧誓》八國之一，跟隨武王
伐周的微；"東微"，微子啓的微子國；"微伯"，殷商甲骨卜辭中有"微伯"，西周晚期叔�父簋銘文
（《集成》4068）有"微姚"，認爲"微伯"爲姚姓，即舜之後。筆者按：據銘文，武王克商後，微史烈祖
拜見武王，武王讓周公在周安排其烈祖的居住地，因此可以排除"西微説"，但是"東微説"和"微伯
説"，難以分曉，因此暫擱在於此。參見唐蘭：《略論西周微史家族窖藏銅器群的重要意義——陝
西扶風新出牆盤銘文解釋》，《文物》1978年第3期；李仲操：《再論牆盤年代、微族國別》，《社會科
學戰線》1981年第1期；徐中舒：《西周牆盤銘文箋釋》，《考古學報》1978年第2期；黃盛璋：《西
周微家族窖藏銅器群的初步研究》，《社會科學戰線》1978年第3期；《夷輯》，第163頁。
② "卑（俾）處𡥘"，"𡥘"學者一般釋爲"甬"，不過，其解釋方面有所歧義。裘錫圭先生將"甬"讀爲
"頌"，認爲是"容"的本字。"容"爲掌容之官。陳世輝先生則認爲是地名。他認爲宜子鼎銘文
（《集成》2694）曰："王賞成𡥘、貝二朋"的"𡥘"，就是牆盤的"𡥘"，本文暫從陳先生説。不過或認爲
職官名，或認爲地名，筆者傾向於後者，暫從之。參見裘錫圭：《史牆盤銘解釋》，《文物》1978年第
3期，第29頁；陳世輝：《牆盤銘文解説》，《考古》1980年第5期，第435頁。
③ 徐元誥撰，王樹民、沈長雲點校：《國語集解》（修訂本），第454頁。
④ 雖然這是春秋時期的例子，但是輔果分族的請求，却代表當時族單位社會的特徵。西周時期，也
帶有族單位社會的特徵。因此可以類推，西周時期王朝政府管理貴族的情況，也應該如此。

存着每個家族的相關文書。周王册命、賞賜貴族的時候,往往提到其祖先的功勞,這些信息應該是從這些文書而來的。

這些王朝史官處所存的文書應該包括貴族的土地情況。西周銅器銘文中不乏對貴族賞賜土地記載,其中最具有代表性的就是吳虎鼎銘文(《近出》364,圖5-1):

> 隹(唯)十又八年十又三月既生霸丙戌,王才(在)周康宮徲(夷)宮,衛(導)入右吳虎,王令(命)善夫豐生、嗣(司)工雍毅,龗(申)刺(厲)王令(命)付吳蒦舊彊(疆),付吳虎:厥(厥)北彊(疆)涵人眔彊(疆),厥(厥)東彊(疆)官人眔彊(疆),厥(厥)南彊(疆)畢人眔彊(疆),厥(厥)西彊(疆)荅姜眔彊(疆)。厥(厥)盟(具)履弄(封):豐生、雍毅、白(伯)衛(導)、内嗣(司)土寺奉。吳虎拜(拜)頴(稽)首,天子休,賓善夫豐生章(璋)、馬匹,賓嗣(司)工雍毅章(璋)、馬匹,賓内嗣(司)土寺奉璧。爰書尹友守史,廼賓史奉韋兩。虎拜(拜)手頴(稽)首,叙(敢)對訊(揚)天子不(丕)顯魯休,用乍(作)朕皇且(祖)考庚孟隒(尊)鼎,曰(其)子子孫孫永寶。

圖5-1　吳虎鼎紋飾(左上)、器(左下)、銘文

　　此器在 1992 年陝西西安市長安區申店鄉徐家寨進行黑河引水工程時所出土[1]，現藏於西安市長安博物館。其體呈半球形，平折沿，口沿上一對立耳，三條蹄足。口沿下飾變形獸體紋，內壁有 164 字銘文，其中重文二字（參圖 5-1）。銘文中有"剌（厲）王"，其年代顯然晚於厲王，而且其紀年爲十八年，則應該歸於宣王時期。

　　宣王十八年十三月既生霸丙戌，宣王在周康宮夷宮，"衛（導）"爲右者帶領吳虎入朝。周王命"善夫豐生、嗣（司）工雘（雍）毅"處理轉交土地事宜，即厲王時交給吳龘的土地，再交給吳虎，其土地範圍如下：其北界與涵人之地接壤；其東界與官人之地接壤；其南界與畢人之地接壤；其西界與莽姜之地接壤。負責這次土地勘察的人是豐生、雍毅、伯導、內司土寺奉等人，然後，給善夫豐生、司工雍毅、內司土寺奉贈送禮物。這些內容由尹友守史來記錄，尹友守史給吳虎"書"，吳虎給史奉贈送禮物，史奉應該是尹友守史的名字。

　　"龘（申）剌（厲）王令（命）：付吳龘舊彊（疆），付吳虎"，筆者認爲，這是厲王交給吳龘的土地，照樣交給吳虎。宣王十八年加共和十四年，共三十二年。至少三十二年前，厲王交給吳龘的這塊地，到宣王十八年，照樣交給吳虎，應該跟土地繼承有關。如此，貴族的土地繼承也需要周王的允許，周王還要派官員勘察土地，至少做兩份文書，一份在史官處保管，一份交給吳虎。這份文書從史官交給吳虎，意味着吳虎可以行使對這塊土地的權利。吳虎接受文書之後，單獨舉行對史官的答謝，也許意味着當時對文書行政程序的重視和強調[2]。

　　除此之外，土地交易、土地訴訟之時，周王也會派大臣處理。這意味着貴族的土地交易、訴訟看待是王朝的事務。因此政府派大臣處理交易，並作文書保存在史官處，貴族亦常作銅器銘文紀念此事[3]。

　　周王在控制貴族的土地之外，還會介入並掌控貴族家族的繼嗣問題。通過分析史料，這種介入方式可歸納爲直接介入、間接介入兩類。

---

① 穆曉軍：《陝西長安縣出土西周吳虎鼎》，《考古與文物》1998 年第 3 期，第 69—71 頁。

② Li Feng, "Literacy and the Social Contexts of Writing in the Western Zhou: studies from the Columbia early China seminar", Edited by Li Feng and David Prager Branner, *Writing & Literacy in Early China*, Seattle & London: University of Washington Press, 2011, p.281.

③ 西周時期土地交易、訴訟相關之事，請參見張經：《西周土地關係研究》，北京：中國大百科全書出版社，2006 年。

　　直接介入，有周孝王介入犬丘大駱之族的後嗣問題的實例。據《史記·秦本紀》，周孝王青睞大駱之子非子，不過非子並非嫡子，大駱的嫡子是申侯的外孫，所以周王受到申侯的牽制，最後與他妥協，新封非子於秦，申侯之外孫繼承大駱之業①。

　　間接介入，可舉屬於"襲命"之册命銘文。屬於此類的命辭中有"更乃祖考"、"更祖考"之語，其意思是替代你的祖父或父親，繼承他所擔任的職務。這些銘文只記載王朝職務上的繼承關係，而並未提到家族上的繼承關係。雖然如此，我們仍可以通過史墻盤（《集成》10175）、逨盤（《近二》939）等銘文推測，家族上的大宗世系往往跟王朝上的職務世系相對應。因此筆者認爲從"襲命"之例，可以管窺當時家族上的世襲關係。這種周王間接介入貴族繼嗣的實際上的有效性，目前難以肯定。但是至少可以肯定的是，采取這種機制的目的在於牽制貴族。換句話說，即使貴族家族自有選擇繼嗣的權利，但仍需通過册命來決定繼承者。這是一種炫耀周王自己權力的形式性機制。

　　間接性介入除了"襲命"之外，從"重命"中也可以看出。雖然先王已經進行册命並認可貴族在家族上、王朝上的地位，不過新王繼位後，周王應該進行對貴族的重新册命，這就是陳漢平先生所謂的"重命"。對周王來說，雖然新王的權力、領導力微弱，但是一旦經過格式化的儀禮之後，兩者之間的上下關係存留在文書上，其後周王控制貴族方面，在法權上、名分上可以占據主導的地位。因此這些"重命"也是周王控制貴族的一種有效機制。

　　以上討論了周王在册命中所見的貴族控制機制。首先，周王册封貴族之時，賜給他土地、賞賜的同時，還派王朝大臣勘察土地，編撰文書，並由史官保管。這意味着周王要掌握貴族家族的基本情況。其次，周王通過"襲命"，直接或間接地介入貴族家族的繼承問題，這是一種炫耀自己權力的形式性機制。再次，新王繼位後進行對貴族的"重命"，這也是一種格式化的儀禮活動。無論"襲命"還是"重命"，雖然在舉行形式上是一種格式化的典禮，但通過這套儀禮活動，周王與這些貴族之間的上下關係存留在文書上，所以，周王在與貴族的關係上能夠占據名分上、法權上的主導地位。因此筆者

①　參見《史記》卷五《秦本紀》，第177頁。

認爲,這些“襲命”、“重命”等不僅是格式化的儀禮活動,在這種意義上還具有很重要的價值。

周王用册命來控制貴族的手段,還具有軍事性意義。如上所述,周王與貴族之間形成上下關係,即名分上、法權上,周王有命令貴族的權利,貴族有聽從周王的義務。周王下軍事命令,貴族受命而出征,就是以册命爲媒介的。因此可以説,册命貴族的機制,就是周王控制和調動貴族所擁有的私屬武裝的重要機制。

第二節　周王對貴族私屬武裝的調動

如上所論,西周戰爭銅器銘文中,多見畿内貴族的參戰。後來的封建王朝,具備系統性的文職和武職,也存在文官與武官之分。就上一章的討論所見,可以説西周王朝具備一些武職。那麼,西周時期是否已經存在專職武官? 本節的意義,就在討論這個問題。爲此,本節先要考察西周戰爭銅器銘文中所見的貴族將領的活動。其次,再看他們在平時的活動如何,如果他們是專職武官,則他們平時所擔任的職務也應該是武職。最後,進一步討論周王如何調動貴族,但因資料所限,只能通過舉例分析的方法來討論這些問題。

一、西周戰爭銅器銘文所見畿内貴族的軍事活動

我們先梳理一下畿内貴族參與戰爭的情況。首先來看西周早期的情況(參表 5-1)。

西周早期,戰爭銅器銘文中涉及的參戰者如上。其中標“●”的是畿内貴族將領。由此可見,西周早期,有不少貴族參戰的情況。雖然,西周戰爭銅器銘文帶有個人特徵,對王師的活動過於低估,但是至少可以肯定在王朝體制尚未鞏固的西周早期,整個王朝軍隊中,畿内貴族的比例不可忽視。

其中,有疑爲武職的參戰,也有疑爲掌管八師的伯戀父的參戰。應該承認他是個周王最爲信任的將領之一,因而尚未能排除他的職務爲統轄八師的可能性。此外,貴族將領是否擔任武職的武官,還需要具體的討論。銘文中有

表 5-1　西周早期,戰爭銅器銘文所見的參戰者

時期	作器者	著錄	銘文	參戰者	作器者	著錄	銘文	參戰者
成王東征	濂司土逆	《集成》4059	濂司土逆簋	★王、◎康侯 ◇濂司土逆(？)	禽	《集成》4041	禽簋	★王、●禽、●周公
	小臣單	《集成》6512	小臣單觶	★王、●周公、◎小臣單	惆刧	《集成》5977	惆刧尊	◇惆刧
	大保	《集成》4140	大保簋	★王、●大保	䀉	《集成》2739	䀉方鼎	●周公、●䀉
	魯侯？	《集成》4029	魯侯尊	●明公、◎魯侯	保員	《近出》484	保員簋	★王、●龔公
康王東征	嘗	《集成》2740	嘗鼎	★王、◎祭公、嘗 ？史旗？師氏？有司	小臣謎	《集成》4238	小臣謎簋	★殷八師、●伯懋父 ●小臣謎
	虞	《集成》2731	虞鼎	★王、●遣、●虞	旅	《集成》2728	旅鼎	●公大保、●旅
征伐鬼方	盂	《集成》2839	小盂鼎	●盂、◎侯、◎甸、◎男 ？费伯、？明伯 ？繼伯、？嗌伯				
康王北征	師旂	《集成》2809	師旂鼎	★王、●伯懋父 ●師旂、◎引	吕	《集成》9689	吕罍	●伯懋父、●吕
	臣諫	《集成》4237	臣諫鼎	◎井侯、◎臣諫、◎亞旅				
昭王南征	員	《集成》5387	員卣	●史廥、●員	中	《集成》2751	中方鼎	●南宮
	馭	《近二》126	馭瓿	●南宮	中	《集成》949	中瓶	◎中、◇小大邦 ◇伯買父

續表

	銘文	著錄	作器者	參戰者
昭王南征	靜方鼎	《近出》357	靜	靜、●師中、◎噩
	誤鼎	《集成》2615	誤	●鳴叔、●誤
	誤簋	《集成》3950	誤	●鳴叔、●誤
	折尊	《集成》6002	作冊折	★王、●作冊折、◎相侯
	遟尊	《集成》5992	遟	★王、●遟
	中方鼎	《集成》2785	中	★王、●大史、●中
	作冊睘卣	《集成》5407	作冊睘	★王、●作冊睘

銘文	著錄	作器者	參戰者
京師畯尊	《銘圖》11784	王	★王、京師畯
中觶	《集成》6514	中	★王、●中、●南宮
啟尊	《集成》5983	啟	●啟
過伯簋	《集成》3907	過伯	◇過伯
麤簋	《集成》3732	麤	●麤
卦馭簋	《集成》3976	卦馭	●卦馭
小子生尊	《集成》6001	小子生	★王

* ★：王，●：畿內貴族，◎：諸侯，◇：邦君，？：存疑

"師旂"、"師中"、"京師畯"等,有學者認爲"師＋某"的"師"是軍職官名①,不過,筆者對此有所懷疑,下文詳論。至於"京師畯",周王在"京師"的活動不少,如果"京師"係王邑,那麼"京師畯"可以看作"京師"的將領。

其次,西周中期也有多件畿內貴族的軍事活動(參表5-2)。如身爲執政大臣的"毛公"參與戰爭;史官"史密"的受命參戰;"師雍父"受命而到古師戍守淮夷等。

表5-2　西周中期,戰爭銅器銘文所見的參戰者

	銘　文	著　錄	作器者	參　戰　者
彧却退淮夷	彧方鼎	《集成》2824	彧	★虎臣、●彧
	彧簋	《集成》4322	彧	●彧、？師氏
戍守古師	彔卣	《集成》5420	彔	●彧(伯雍父)、？成周師氏、●彔
	穬卣	《集成》5411	穬	●穬、●師淮父
	臤尊	《集成》6008	臤	●臤、●師雍父
	遇甗	《集成》948	遇	●遇、●師雍父、◎馱侯
	霰鼎	《集成》2721	霰	●師雍父、●霰
	彔簋	《集成》4122	彔	●伯雍父、●彔
戍南夷	競卣	《集成》5425	競	●白犀父、？成自、●競
	競簋	《集成》4134	競	●競、●白犀父
毛公東征	班簋	《集成》4341	班	●毛公(？土馭、？或人)、▲吳伯、▲呂伯、◇邦冢君
毛公征伐無需	盂簋	《集成》4163	盂	●盂的文考、●趞仲、●毛公
王征南夷	無異簋蓋	《集成》4227	無異	★王、●無異
師俗却退南夷	史密簋	《近出》489	史密	●師俗、●史密、◎齊(齊師、族土、遂人)、◎曩(紀)、◇萊伯、◇夆

---

① 《官制》,第4—7頁。

續　表

	銘　文	著　録	作器者	參　戰　者
昌追于倗	昌鼎	《近出》352	昌	◎昌
霸伯却退戎	霸伯盤	《2010 中國重要考古發現》第 71 頁。	霸伯	◇霸伯
菁却退戎	菁簋	《近二》424	菁	◎菁

★：王，●：畿内貴族，▲：畿外封君；◎：諸侯，◇邦君，?：存疑

其中，還可見屬於王師的虎臣的活動。虎臣爲周王的禁衛軍，應該是專業軍人。那麼，率領他的"戜"是否也是專職軍人，尚需討論。我們可以設想，他原來的職務就是掌管虎臣的。但是他的其他戰爭銅器銘文中，找不到相關的信息，而且他在外地長期戍守[1]，不像是專門掌管禁衛軍的人。因此，他應是畿内貴族，在却退淮戎(淮夷)的戰爭中，臨時率領虎臣進行作戰，而不應認爲他是專業武官。

最後，看下西周晚期畿内貴族參與戰爭的情況(參表 5-3)。

表 5-3　西周晚期，戰爭銅器銘文所見的參戰者

	銘　文	著　録	作器者	參　戰　者
師旂追齊	五年師旂簋	《集成》4216	師旂	●師旂
應侯伐毛	應侯視工鼎	《近二》323	應侯視工	◎應侯視工
	應侯視工簋	《銘圖》5311	應侯視工	◎應侯視工
征伐南國艮孳	翏生盨	《集成》4459	翏生	★王、●翏生
	馭鐘	《集成》260	馭	★王
	伯筊父簋	《銘圖》5276	伯筊父	★王、●伯筊父
	鄂侯馭方鼎	《集成》2810	噩侯馭方	★王
平定噩侯反叛	禹鼎	《集成》2833	禹	★西六師、★殷八師、●禹

---

① 李學勤：《從新出青銅器看長江下游文化的發展》，收入《新出青銅器研究》，北京：文物出版社，1990 年(原載《文物》1980 年第 8 期)；劉源：《讀金短札：伯雍父是殷人還是周人》，《出土文獻》第四輯，上海：中西書局，2013 年，第 133—134 頁。

續　表

銘　文	著　録	作器者	參　戰　者
却退南淮夷	敔簋	《集成》4323	敔	◎敔

注：此處將「卻退南淮夷」列于首欄。

	銘　文	著　録	作器者	參　戰　者
却退南淮夷	敔簋	《集成》4323	敔	◎敔
晉侯搏戎	晉侯銅人	《近二》968	晉侯	◎晉侯
征伐南淮夷	仲催父鼎	《集成》2734	噂伯邊	●仲催父、◇噂伯邊
征伐南淮夷	虢仲盨蓋	《集成》4435	虢仲	★王、●虢仲
虢仲征伐昏邑	柞伯鼎	《近二》327	柞伯	●虢仲、▲柞伯、◎蔡侯
東宮伐巢	肇賈簋	《集成》4047	肇賈	★六師、●東宮
周王東巡	晉侯穌鐘	《近出》35—50	晉侯穌	★王、★大室小臣、★車僕、◎晉侯穌（◎亞旅、◎小子、◎戕人）
征伐淮夷	師寰簋	《集成》4313	師寰	★左右虎臣、●師寰、◎齊帀、◎曩、◇鼕（萊）、◇棘
師同搏戎	師同鼎	《集成》2779	師同	●師同
却退玁狁	多友鼎	《集成》2835	多友	●多友
	不嬰簋蓋	《集成》4329	不嬰	●不嬰、●伯氏
	兮甲盤	《集成》10174	兮甲	●兮甲
	虢季子白盤	《集成》10173	虢季子白	●虢季子白
	卌二年逨鼎	《近二》328	逨	●逨、◎楊侯（長父）

★：王，●：畿內貴族，▲：畿外封君；◎：諸侯，◇：邦君，?：存疑

　　畿內貴族的軍事活動，在西周晚期依然多見。如執政大臣"虢仲"的參戰；兮甲、虢季子白等的參戰；私屬於武公的禹、多友等。此外，還可以見到"師旋"、"師同"、"師寰"的將兵出征。尤其"師寰"率領"左右虎臣"，也許他是身在宗周的貴族將領，也許掌管"左右虎臣"之職。

　　至此，我們梳理了西周時期畿內貴族參與戰爭之例。其中，專業軍人的參與，可見虎臣等的活動。率領他們的將領，個別情況下可以看作是掌管虎臣的

將領。至於"師某"之"師",或看作職官,《官制》認爲商代就出現"自某"型人名,主要從事軍事方面,西周時期其活動非常廣泛,不止於軍事方面,因此《官制》認爲"師官在西周有了相當大的變化和發展"[1]。在如此情況下,李峰先生的研究成果給我們提供了新的認識。他認爲"師"並非一個固定的職官名,而應是"ex-military officers"[2],即對打過仗的人的稱呼。他將"師"從職官系統中分離出來考慮問題,頗有啓發。在此基礎上,我們可以進一步討論,"師某"之"師"是否爲職官名。

如果"師"爲職官名,則稱作"師某"的人之間應該不存在地位之差。不過,從相關資料中不難發現,他們之間存在地位高下之分(參表5-4)。

表5-4 地位不同的"師某",見於同一篇銘文之例(1)

時期	銘文	時間、地點	授命	受命	右者	史官	册命職責	册命類型
中期	虎簋蓋《近出》491	卅年三(四)月初吉甲戌,王在周新宮,格于太室	王	虎	密叔	内史	更厥祖考,胥師戲司走馬馭人罴(暨)五邑走馬馭人	襲命
	師晨鼎《集成》2817	三年三月初吉甲戌,王在周師彔宮,旦,王格太室	王	師晨	司馬共	作册尹	胥師俗司邑人,唯小臣、膳夫、守□、官犬,罴奠(甸)人、膳夫、官守友	始命
晚期	元年師兌簋《集成》4274	元年五月初吉甲寅,王在周,格康廟	王	師兌	同仲	内史尹	胥師龢父司左右走馬、五邑走馬	始命

這是見於册命銘文之例。虎簋蓋銘文的"虎"與師虎簋銘文(《集成》4316)的"師虎"同人。這裏"師虎"擔任輔佐師戲的職務,師晨輔佐師俗掌管邑人,師兌輔佐師龢父掌管左右走馬、五邑走馬。除此之外,在"師某"活動中也可以看到"師某"之間的上下關係(參表5-5)。

---

① 《官制》,第4—7頁。

② Li Feng, "Success and Promotion: Elite Mobility During the Western Zhou", *Monumenta Serica* 52(2004). pp.1-35.

表 5-5 地位不同的"師某",見於同一篇銘文之例(2)

時期	銘 文	師某	活 動	相 關 内 容
中期	永盂《集成》10322	師俗父師同	土地勘察	……㪬(厥)眔(暨)公出㪬(厥)命丼伯、榮伯、尹氏、師俗父、遣仲,公廼命酉司徒函父,周人司工眉、嗷史、師氏、邑人奎父、畢人師同,付永㪬(厥)田……
	師遽簋《集成》4214	師朕師遽	王命出納(賞賜典禮中)	王征(誕)正師氏,王乎(呼)師朕(朕)易(賜)師遽貝十朋……

　　永盂銘文所載的内容爲周王命益公進行對師永的土地賜予,並進行土地勘察。此篇銘文中除"師永"外,還可以見到"師俗父"與"畢人師同"。師永與師俗父,師永與畢人師同之間的上下關係,難以判斷,但至少可以判斷師俗父與畢人師同之間存在上下關係。在這次典禮中,益公爲土地勘察召集了一些貴族,他先召集"丼伯、榮伯、尹氏、師俗父、遣仲",然後再召集"司徒函父,周人司工眉、嗷史、師氏、邑人奎父、畢人師同"。師俗父能夠與"丼伯、榮伯"等在銅器銘文中常見的貴族大臣並稱,可見其地位之高。畢人師同與"司徒函父,周人司工眉、嗷史"並稱,應擁有一定的地位,但是其地位與師俗父相比,還是略低一些。由此可知,"師某"之間有地位上的上下關係。

　　如果"師"是一個職官名,則應該有其固定的地位和任務。但是通過這些銘文可見,"師某"除了軍事以外,還參與其他活動,也接受非軍事職務的册命。

　　此外,"師某"在西周銅器銘文中常見,如果"師"爲職官名,則應該要常見册命"師"的記載。在銅器銘文中,不乏對"師某"的册命之例,但是尚未發現對貴族册命"師"的例子。如果"師"爲職官名,則不會没有出現這些例子。雖然這不能作爲直接性證據,但是可以作爲關鍵性的旁證。因此筆者認爲"師"不可能是職官名。

　　如此看來,西周時期的參戰貴族中,很少見專業軍人。那麼這些非專業軍人的參戰貴族在王朝上處於什麼地位,擔任什麼職務,將在下文繼續討論這個問題。

二、參戰貴族在王朝中的地位

上文梳理了有關西周時期畿內貴族參與戰爭之文例,且簡要指出其中很少見專職軍人。那麼這些非專業軍人的貴族將領,在王朝中的活動如何,下文將探討這些問題。

這些貴族參與戰爭的形式,本文歸爲如下幾類:

第一,執政大臣的參戰。康王時期,可見周公子明公與濼公(祭公)的軍事活動。陳夢家先生曾考證,明公即"君陳",繼周公旦爲周公的人[1],在西周銅器銘文中也稱爲"明保"(《集成》5400、6016)、"明公尹"(《集成》6016)等[2],筆者從之。稱他爲"明保",可見他擔任過"保"職。《官制》認爲保的地位顯赫,既是周王的輔弼重臣,又是最高的執政官,而不是專業軍事職官[3]。魯侯尊、矢令尊銘文中的"明公"係生稱公之例[4],是對執政大臣的稱法[5],也不是專職軍官。濼公(祭公)也是一樣,他身爲王朝的執政大臣,曾繼周王之命,命䚄將兵出征(䚄鼎,《集成》2740);昭王南征之時,也許祭公就在陣營中[6]。此外,在西周早期可見儵公的軍事活動(保員簋,《近出》484),西周中期有毛公的東方征伐(班簋,《集成》4341;孟簋,《集成》4163),西周晚期屬王時期有虢公(虢仲)的對淮夷經略(虢仲盨蓋,《集成》4335)[7],宣王時期有召公(又稱爲召伯虎)率領軍隊

---

① 《斷代》,第37—38頁。
② 小臣傳簋銘文中有"師田父",吳鎮烽先生謹慎提出師田父即周公子明保的看法。《説文》:"田,陳也。"《詩經·東山》釋文"古田、陳音同"。作册䚄卣(《集成》5400)"唯明保殷成周年",小臣傳簋銘文(《集成》4206)"師田父殷成周年",這兩篇銘文所述都是去成周殷見東都三事大夫與內外諸侯。在成王時只有明保代父周公爲東方的公尹,宣布王命與東都百官和諸侯,故師田父可能就是明保、明公、明公尹,也就是周公的次子君臣。參吳鎮烽:《金文人名彙編》(修訂本),北京:中華書局,2006年,第260頁。
③ 《官制》,第1頁。
④ 魏芃先生把"公"的用例分爲三類:生稱之公、死稱之公、器主自稱之公。參魏芃:《西周春秋時期"五等爵稱"研究》,南開大學歷史學院博士學位論文,2012年,第17—76頁。
⑤ [韓]閔厚基:《西周五等爵制의起源과性格(西周五等爵制的起源與性格)》,(韓)《中國學報》第51輯,2005年,第205—215頁;王治國:《金文所見周王朝官制研究》,北京大學博士學位論文,2013年,第91—110頁。
⑥ 《吕氏春秋·季夏紀·音初》:"周昭王親將征荊蠻,辛餘靡長且多力,爲王右。還反涉漢,梁敗,王及祭公抎於漢中。辛餘靡振王北濟,又反振祭公,周公乃侯之于西翟,實爲長公。"(許維遹撰:《吕氏春秋集釋》卷六,北京:中華書局,2009年,第140頁)"祭公",原作"蔡公",許維遹按:"《左》僖四年《傳》孔疏引作'祭公'."筆者從而改之。
⑦ 《後漢書》卷八五《東夷傳》,第2808頁:"厲王無道,淮夷入寇,王命虢仲征之,不克。"

卻退江漢流域的淮夷,以此安撫西周的南國地區①。總之,據此可以確認當時執政大臣有軍事義務②。

第二,史官(含祝官)的參戰。在師旅中需要掌管文書、占卜等人,這種職務由史官來擔當。如成王東征時的"禽"(禽簋,《集成》4041)和昭王南征時的"作册折"(折尊,《集成》6002 等)。禽簋銘文曰:"王伐楚(奄)厌(侯),周公某(謀),禽祝,禽又(有)敃(振)祝,王易(賜)金百孚(鋝),禽用乍(作)寶彝。"此"禽"應該是大祝禽鼎(《集成》1938)③的"大祝禽"④。禽在師旅中主持祭祀活動。折尊銘文曰:"佳(唯)五月,王才(在)庠,戊夐(子),令(命)乍(作)册折兄(貺)望(望)土于相厌(侯),……"在昭王南征中,作册折參與賞賜典禮,這説明史官在師旅中還是擔任史官本身的職務。

史官的活動不僅如此。如昭王時期的員卣銘文(《集成》5024)所見的"史旟"和西周中期史密簋銘文(《近出》489)的作器者"史密"。首先,員卣銘文:"員從史旟伐會(鄶),員先内(入)邑,員孚(俘)金,用乍(作)旅彝。"員從史旟參與這次戰役。史旟爲史官,並非這次戰役的統帥,這次戰役的統帥應該另有其人。其次,史密簋銘文:"佳(唯)十又一月,王令(命)師俗、史密曰:'東征。'……師俗率齊自(師)、遂人左,□伐長必,史密右,率族人、釐(萊)伯、棘眉,周伐長必,獲百人……"史密同師俗接受周王之命而"東征",史密雖然是個史官,不過這次戰役中親自率領"族人、釐(萊)伯、棘眉"進行軍事活動。總之,史官(含祝官)在戰爭中擔任占卜、主持祭祀、掌管文書等的職務外,個別情況下還親自帶兵參與戰鬥。

第三,有些將領,在王朝擔任與軍事無關的職務。如西周中期的師俗、西周晚期的兮甲。師俗見於史密簋銘文,接受周王之命,與史密率領齊師等進行軍事

① 《毛詩正義》卷一八之四,《大雅·江漢》毛序,第 573 頁:"江漢,尹吉甫美宣王也。能興衰撥亂,命召公平淮夷。"
② 這在《周禮》中所反映,《周禮·夏官司馬》曰:"凡制軍,萬有二千五百人爲軍。王六軍,大國三軍,次國二軍,小國一軍。軍將皆命卿。"卿率領軍隊而出征的現象,告訴我們當時行政首長,兼任軍事首長的情況(《周禮注疏》卷二八,第 830 頁)。
③ 大祝禽鼎銘文有兩篇:《集成》1937,只傳摹本;《集成》1938 的器,今藏於德國科隆東亞藝術博物館。
④ 過去學者多認爲他就是周公子伯禽。不過筆者對此有不同意見。首先,"大祝"以"大"冠於"祝"前,可能是祝官之長,當時周公子伯禽與成王同輩,其年齡不會很大。其次,祝官與史官,應該是沒有區别的,《左傳》中往往混用,從傳世文獻看,當時有名叫"史佚"的史官,論輩分,史佚高於伯禽,因此,伯禽擔任祝官之長,還是存在年紀尚輕之嫌,因此,筆者不從"禽"爲伯禽之説。

活動。據學者的研究,師俗又稱爲"師俗父"、"伯俗父"①。在此簡單看一下他的
活動。首先,他擔任掌管邑人的職務,此見於師晨鼎銘文(《集成》2817,圖5-2):

> 佳(唯)三年三月初吉甲戌,王才(在)周師彔宮,旦,王各(格)大(太)室,即立(位),嗣
> (司)馬共右師晨,入門立中廷,王乎(呼)乍(作)册尹册命師晨:疋(胥)師俗嗣(司)邑人,佳
> (唯)小臣、譱(膳)夫守[友]官犬罘奠(甸)人、譱(膳)夫官守友。易(賜)赤舄。……

圖5-2　師晨鼎銘文

周王册命師晨,輔佐"師俗",掌管"邑人","佳(唯)小臣、譱(膳)夫守[友]
官,犬;罘奠(甸)人、譱(膳)夫官守友"的職務②。由此可知,師俗的職務也是
掌管"邑人"的。不過,他在王朝的活動不止於此。我們看一下五祀衛鼎銘文

---

① "師俗"見於史密簋、伯晨鼎銘文,"師俗父"見於永盂銘文,"伯俗父"見於五祀衛鼎、南季鼎銘文(《集
成》2781)。
② "邑人"後的"佳(唯)小臣、譱(膳)夫守[友]官犬罘奠(甸)人、譱(膳)夫官守友"的斷句、解釋方面,
在學界没有統一的説法。筆者初步認爲,"唯小臣……膳夫官守友",就是"邑人"身份之人。師晨
所擔任的職務,就是輔佐師俗管理邑人中的一部分人。如本文所論,師俗所擔任的職責範圍很廣
泛,應該不止於掌管"邑人",且其屬下官員也應該很多,師晨應該是其中一個。

（《集成》2832，圖 5-3）：

佳（唯）正月初吉庚戌，衛吕（以）邦君厲告于丼（邢）白（伯）、白（伯）邑父、定白（伯）、琼白（伯）、白（伯）俗父，曰厲曰：“余執龏（恭）王卹（恤）工（功），于卲（昭）大（太）室東逆災（营）二川。”曰：“余舍（捨）女（汝）田五田。”正廼（乃）嗾（訊）厲曰：“女（汝）寅（賈）田不（否）？”厲廼（乃）許，曰：“余嗇（審）寅（賈）田五田。”丼（邢）白（伯）、白（伯）邑父、定白（伯）、琼白（伯）、白（伯）俗父廼（乃）顜（講）。吏（使）厲誓。廼（乃）令參（三）有嗣（司）：嗣（司）土邑人趄、嗣（司）馬頸人邦、嗣（司）工隆（附）矩、內史友寺芻，帥履（履）裘衛厲田三（四）田。……

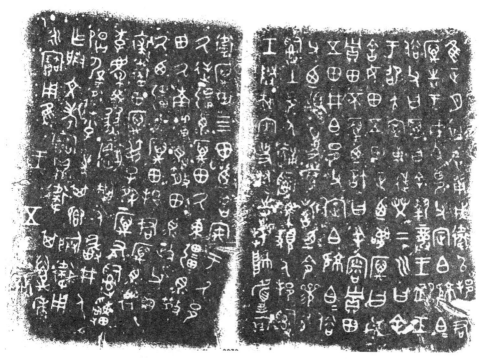

圖 5-3　五祀衛鼎銘文

“邦君”原指它邦之君，後來在王朝畿内受封的封君也往往自稱爲“邦”，如禹鼎銘文（《集成》2833）所見的“丼邦”[1]。因此，這裏的“邦君”也許是畿内封君。如

① 禹鼎銘文曰：“禹曰：不（丕）顯趄趄（桓桓）皇且（祖）穆公，克夾矞（紹）先王，奠（奠）三（四）方，繇（肆）武公亦弗叚（遐）望（忘）朕（朕）聖且（祖）考幽大弔（叔）、懋（懿）弔（叔），命禹仦（肖）朕（朕）聖且（祖）考，政于丼（邢）邦。繇（肆）禹亦弗叙（敢）态（恙），賜（錫）共朕（朕）辟之命。”

上所論,西周王朝掌握了貴族的種種信息,土地信息也在内。貴族之間有土地交易的時候,周王派王朝大臣監督交易、勘察土地,做份文書,也是爲了掌握貴族的一環。這篇銘文所見的交易中,周王派"井伯、伯邑父、定伯、㾊伯、伯俗父"等到場監督交易並進行土地勘察,其中可見伯俗父。此外,伯俗父還見於永盂銘文(《集成》10322),周王進行對師永的土地賜予,伯俗父等受命而參與土地勘察活動①。

其次,可舉兮甲之例。兮甲在銅器銘文中,又稱爲兮伯吉父、兮吉父、善夫吉父、伯吉父等,疑爲傳世文獻中的"尹吉甫"。

伯吉父鼎,1972 年 12 月陝西扶風縣法門鎮北橋村西周銅器窖藏出土,現藏扶風縣博物館;吉父鼎與善夫吉父鬲,皆在 1940 年 2 月今陝西扶風縣法門鎮任家村西周銅器窖藏出土,分別藏於上海博物館和陝西歷史博物館。需要注意的是伯吉父匜與善夫吉父鬲,皆爲"京姬"而作,極可能是同一個人。伯吉父匜,也可能出土於陝西扶風任家村,不過目前只見著録而下落不明(參表 5 - 6)②。

表 5 - 6　與"兮伯吉父"相關銅器登記表

名　稱	銅　器	著　録	作器目的	出　土　地　點	所　藏
伯吉父	伯吉父鼎	《集成》2656	作毅尊鼎	1972 年 12 月陝西扶風縣法門鎮北橋村西周銅器窖藏	扶風縣博物館
	伯吉父簋	《集成》4035	作毅尊簋		
	伯吉父匜	《集成》10226	作京姬匜		
兮吉父	兮吉父簋	《集成》4008	作仲姜寶尊簋		北京故宫博物院
兮伯吉父	兮伯吉父盨	《集成》4426	作旅尊盨	《陝西通志金石志》:道光戊戌年間陝西寶雞縣出土	
兮伯吉父兮甲	兮甲盤	《集成》10174	作盤	宋代出土,見於《紹興内府古器評》	陳介祺藏

---

① 永盂銘文曰:"隹(唯)十又二年初吉丁卯,益公内(入)即命于天子,公迺出氒(厥)命,易(賜)畀(畀)師永氒(厥)田:淯(陰)易(陽)洛,彊(疆)眔(遝)師俗父田,氒(厥)眔(曁)公出氒(厥)命井白(伯)、焚(榮)白(伯)、尹氏、師俗父、衛(遣)中(仲)。……"
② 吳鎮烽、李娟:《扶風任家村西周遺寶離合記》,《文博》2010年第1期,第24頁。兩位先生疑善夫吉父與梁其是同一個人,梁其爲名,吉父爲字。具備一說(同文,第28頁)。

續　表

名　稱	銅　器	著　錄	作器目的	出　土　地　點	所　藏
吉父	吉父鼎	《集成》2512	作旅鼎		上海博物館
善夫吉父	善夫吉父鼎	《近出》322	作鼎	1940 年 2 月今陝西扶風縣法門鎮任家村西周銅器窖藏	西安博物院
	善吉父鬲	《集成》700	作京姬尊鬲		河南博物院
	善夫吉父鬲	《集成》701	作京姬尊鬲		陝西歷史博物館
		《集成》702	作京姬尊鬲		陝西歷史博物館
		《銘圖》2966	作京姬尊鬲		陝西歷史博物館
		《銘圖》2970	作京姬尊鬲		中國文字博物館
		《銘圖》2971	作京姬尊鬲		中國文字博物館
		《銘圖》2972	作京姬尊鬲		中國文字博物館
		《集成》703	作京姬尊鬲		北京首都博物館
		《集成》704	作京姬尊鬲		商承祚先生藏拓本
	善夫吉父簠	《集成》4530	作旅匠（簠）		
	善夫吉父盂	《集成》10315	作盂		陝西歷史博物館
	善夫吉父鑐	《集成》9962	作旅鑐		中國文字博物館
	善夫吉父鑐	《銘圖》13995	作旅鑐		

　　兮甲稱爲"兮伯吉父"、"兮吉父"，可知"兮"既是他的領地，又是他的族氏，他曾擔任"善夫"之官，那麼尹吉甫的"尹"，也許是他所擔任過的職官[1]，也許是"兮"字之誤。雖然兮伯吉父的戰功也見於傳世文獻，如《詩經·小雅·六月》："薄伐玁狁，至于大原，文武吉甫，萬邦爲憲。"[2]但是從這些銅器銘文得

---

[1]　郭沫若先生説："兮伯吉父即《小雅·六月》之'文武吉甫'，伯吉父其字，甲其名，兮其氏，舊亦稱尹吉甫，則尹其官也。"（《大繫》，第 144 頁）
[2]　《毛詩正義》卷一○之二，第 425 頁。

知,他並不是專門武官。此外,據《毛詩序》,尹吉甫所作的詩篇不少[①],他的活動範圍很廣泛,應該是當時很著名的人物。

到此爲止,本小節簡單闡述了參戰貴族在王朝中的其他活動。據此可以發現,參戰貴族並非都是專業軍人,且往往擔任與軍事無關之官。可見,貴族在平時從事不同的職務,在戰時將兵出征,這應該是當時貴族爲王朝服事的一種任務。

三、周王調動貴族私屬武裝的手段舉例

通過以上的研究,本節梳理了西周時期畿内貴族的參戰情況,並考察了他們在王朝的職務,由此得知,大部分的貴族將領並非職業武官。秦漢以後的歷代王朝,文官和武官的區別是很明確的,文職由文官所任,武職由武官所司。與此相比,西周時期雖然已經存在文職和武職的區別,但是文官和武官之間的差別不是很明顯的。

筆者認爲,對西周時期的貴族來説,軍事能力是必備的素質。《周禮·地官·保氏》的記載給我們提供了很重要的線索:“養國子以道,乃教之六藝:一曰五禮,二曰六樂,三曰五射,四曰五馭,五曰六書,六曰九數。”[②]“禮樂射馭書數”這六種技藝是“國子”所必需的素養。這六藝中,“射”和“馭”與軍事密切相關。因此筆者認爲,軍事技能是當時貴族的必備素養。

周王與貴族的關係,最關鍵的是册命。周王册命貴族的時候,賦予貴族一些身份地位,並賜給他們與此相應的命服、土地等。命服指古代官員按其官銜等級所穿着的禮服[③],這些可以説是當時的奢侈品。他們可以享有這些奢侈品而顯擺自己的身份地位,也可以享受與此相符的權利。與此同時,他們還必須履行爲王朝服務的一些義務。貴族接受周王之命而帶領自己的私兵出征,這是貴族對周王的軍事義務。通過册命儀式,周王在賦予貴族一些權利的同時,並要求他們承擔爲王朝服務的義務。這在貴族奉周王之命出征的一些記載中有所反映。

如上所述,通過册命典禮,周王與貴族的關係中,在名分和法權上佔據主

---

① 毛詩序認爲《詩經·大雅》中的《崧高》、《烝民》、《韓奕》、《江漢》諸篇爲尹吉甫所作。參見《毛詩正義》,第565、568、570、573頁。
② 《周禮注疏》卷一四,第731頁。
③ 參見王治國:《金文所見西周王朝官制研究》,北京大學歷史學系博士學位論文,2013年。

導地位。而且，與貴族相關的種種文書藏在王朝史官處，周王可以參考這些文書而掌握貴族的情況。因此，如果周王充分利用這些信息，可以實現軍事力量的極大化。與此相關，可以舉如下兩個例子。

其一，是柞伯鼎銘文（《近二》327）：

> 隹（唯）三（四）月既死霸，虢中（仲）令柞白（伯）曰：“才（在）乃聖且（祖）周公繇又（有）共于周邦，用昏無及，廣伐南或（國）。今女（汝）㲆（其）�（率）帀（蔡）厌（侯）左至于昏邑。”……

銘文記載虢仲命令柞伯出征的內容①。虢仲說：“才（在）乃聖且（祖）周公繇又（有）共于周邦。”柞伯係周公之後，“凡、蔣、邢、茅、胙、祭，周公之胤也”②的“胙”就是“柞”③。此句的意思是，你（柞伯）的聖祖周公對周邦有貢獻。然後命他說“今女（汝）㲆（其）䢦（率）帀（蔡）厌（侯）左至于昏邑”，率領蔡侯到昏邑。筆者認爲虢仲提及周公對周邦的貢獻，是爲了提高柞伯的自豪感的同時，也給他的出征賦予了正當性，以此激勵柞伯爲周王朝積極作戰④。

與此相反，周王還利用家族的恩怨關係而策劃出征。代表性的有宣王時期秦仲與秦莊公的軍事活動。我們看一下《後漢書·西羌傳》、《史記·秦本紀》的記載：

> 《後漢書·西羌傳》：厲王無道，戎狄寇掠，乃入犬丘，殺秦仲之族，王命伐戎，不克。及宣王立四年，使秦仲伐戎，爲戎所殺，王乃召秦仲子莊公，與兵七千人，伐戎破之，由是少却。⑤

> 《史記·秦本紀》：秦仲立三年，周厲王無道，諸侯或叛之。西戎反王室，滅犬丘

---

① 柞伯雖然屬於畿外封君之例，不過，這是周王舉祖先之功勞而調動其族兵的最好之例。筆者認爲周王調動貴族族兵之時，也應該與此相類，因此認爲以柞伯爲例也無妨。
② 《春秋左傳正義》卷一五，僖公二四年，第1817頁。
③ 朱鳳瀚：《柞伯鼎與周公南征》，《文物》2006年第5期，第69頁。
④ 2002年甘肅省文物考古研究所和禮縣博物館曾對西漢水上游地區做過初步的考古調查，發現了不少周代文化遺址。周代這一地區，主要由所謂“周秦文化”和“寺洼文化”構成，這次調查的結果所示，這兩種文化遺址的分佈有明顯的規律性。以縣城南側石溝坪、雷神廟遺址爲界，包括這兩個遺址在內的北部地區，最主要的是周秦文化遺址，較少見有寺洼文化遺址的分佈。而在其南，却是寺洼文化分佈的密集地，基本不見周秦文化遺址（早期秦文化聯合考古隊：《西漢水上游遺址考古調查簡報》，《考古與文物》2004年第6期，第13頁）。因此筆者認爲，其西戎應該指所謂“寺洼文化”的主體人員。
⑤ 《後漢書》卷八七《西羌傳》，北京：中華書局，1965年，第2871頁。

大駱之族。周宣王即位,乃以秦仲爲大夫,誅西戎。西戎殺秦仲。秦仲立二十三年,死於戎。有子五人,其長者曰莊公。周宣王乃召莊公昆弟五人,與兵七千人,使伐西戎,破之。於是復予秦仲後,及其先大駱地犬丘并有之,爲西垂大夫。①

犬丘大駱之族爲秦族的母族②。厲王時期,犬丘大駱之族被西戎所滅③,宣王即位後命秦仲爲大夫,使他與西戎作戰,宣王四年(秦仲二十三年),秦仲被西戎所殺。然後宣王就命其子莊公却退西戎,莊公成功地完成任務。最後,宣王命他爲秦仲之後,並把犬丘給他管,封爲西垂大夫。

秦仲和莊公與西戎作戰的原因,可以從幾個方面考慮。在地理上,秦族與西戎鄰近;在身份上,秦族是養馬的附庸,與軍事密切相關。除此之外,還有一個很重要的出征動機,就是秦族對西戎的報仇之心。宣王册命秦仲爲大夫,命他對抗西戎,應該與其本族的犬丘大駱之族被西戎所滅有關;秦仲死後,宣王命莊公却退西戎,就是利用他的報仇心態。

綜上所論,西周時期具備文職和武職,不過文官與武官尚未分得很清楚。這種情況下,對貴族來説軍事技能是必備的素養。所以,周王要有效地調動這些潛在性軍事力量,命令貴族參戰,必須采取一些手段。筆者認爲其關鍵在於周王掌握貴族的情況。如將册命、土地交易等信息,留存在王朝史官處,周王可以隨時閲覽把握貴族的情況。周王通過册命貴族,使貴族在享有一些權利的同時,也擔負着爲王朝服務的軍事義務。此外,個別情況下,周王以其貴族先祖的軍功,激勵他出征;還利用貴族家族的恩怨,誘導其爲周邦出征,這都是周王在把握貴族的情況下可以實現的。因此,也可以推論,周王有效地利用這種手段,可以實現王朝支配的軍事力量的極大發揮。

第三節　周王對畿内貴族私屬將領的領導權

本章所論的主體是周王對畿内貴族的軍事領導機制。先討論了貴族軍事

---

① 《史記》卷五《秦本紀》,北京:中華書局,1959年,第178頁。
② 《史記》卷五《秦本紀》,第175—177頁:"女防生旁皋,旁皋生太几,太几生大駱,大駱生非子。……非子居犬丘,好馬及畜,善養息之。……孝王欲以爲大駱適嗣。……邑之秦,使復續嬴氏祀,號曰秦嬴。"
③ 《西羌傳》曰"戎狄寇掠,乃入犬丘,殺秦仲之族",此"秦仲之族"應爲"大駱之族"之誤。

力量的重要性,再提出了册命制度對控制貴族的有效性。在此,我們需要考慮一個問題,就是周王能不能直接介入畿內封君家族內部的軍事事務。本節先梳理一下西周時期貴族私屬武裝的參戰,然後通過相關銘文所見的如軍事命令、把握戰況、戰功賞賜等信息,討論周王對貴族私屬武將的軍事領導關係如何。

一、西周戰事器銘所見畿內貴族私屬的軍事活動

西周銅器銘文所見貴族私屬武裝的活動,列作表 5 - 7。

表 5 - 7　西周戰爭銅器銘文所見貴族私屬將領的軍事活動

時期	銘文	著　錄	作器者	主　要　內　容	私屬將領	畿內封君	其他參戰者
西周早期	小臣單觶	《集成》6512	小臣單	王後叔克商,在成𠂤,周公易(賜)小臣單貝十朋。……	小臣單	周公	王
	塱方鼎	《集成》2739	塱	周公征于伐東夷,豐伯、專古咸弌,……公賞塱貝百朋。……	塱	周公	
	𩵋鼎	《集成》2740	𩵋	唯王伐東夷,澧(祭)公令𩵋眔史旟曰:以師氏眔有司、後或(國)叜伐腺,𩵋孚(俘)貝,𩵋用乍(作)饗公寶隩(尊)鼎。	𩵋	祭公	王、史旟師氏、有司
	小臣謎簋	《集成》4238	小臣謎	叡東夷大反,伯懋父以殷八𠂤征東夷,……小臣謎蔑曆(曆),眔易(賜)貝。……	小臣謎	伯懋父	殷八師
	旅鼎	《集成》2728	旅	唯公太保來伐反夷年,……公在盩𠂤,公易(賜)旅貝十朋。……	旅	公太保	
	師旅鼎	《集成》2809	師旅	唯三月丁卯,師旅眾僕不從王征于方雷。吏(使)厥友引以告于伯懋父。……	引	(師旅)	王、伯懋父

時期	銘文	著　錄	作器者	主　要　內　容	私屬將領	畿內封君	其他參戰者
西周早期	呂壺	《集成》9689	呂	唯四月伯懋父北征。唯還,呂行捷。……	呂	伯懋父	
	諆鼎	《集成》2615	諆	隹叔從王南征,唯歸,唯八月在䣄厽,諆作寶鬲鼎。	諆	隹叔	
	諆簋	《集成》3950	諆	唯九月,隹叔從王員征楚荊,在成周,諆作寶簋。	諆	隹叔	
	員卣	《集成》5387	員	員從史旟伐會,員先內(入)邑。……	員	史旟	
西周中期	臤尊	《集成》6008	臤	臤從師雍父戍于𦰼師之年,臤蔑曆,仲競父易(賜)赤金。……	臤	(仲競父)	師雍父
	競卣	《集成》5425	競	佳(唯)白(伯)屖父㠯(以)成自(師)即東,命戍南尸(夷),正月既生霸辛丑,才(在)䢉(坯),白(伯)屖父皇競(競)各(格)于宮,䢐(競)蔑厤(曆),賞䢐(競)章(璋),……	競	伯屖父	
	競簋	《集成》4134	競	佳(唯)六月既死霸壬申,白(伯)屖父蔑钌(御)史競曆,賞金,……	競	伯屖父	
	孟簋	《集成》4163	孟	孟曰:朕文考眔毛公、遣仲征無需。……	孟的文考	毛公	趞仲
西周晚期	禹鼎	《集成》2833	禹	亦唯噩侯馭方,率南淮夷、東夷廣伐南或(國)、東或(國),至于歷內。……肆武公迺遣禹率公戎車百乘、厮馭二百、徒千,……零禹以武公徒馭至于噩,敦伐噩,休,獲厥君馭方。肆禹有成。……	禹	(武公)	西六師殷八師

續　表

時期	銘文	著　錄	作器者	主　要　內　容	私屬將領	畿內封君	其他參戰者
西周晚期	多友鼎	《集成》2835	多友	唯十月,用玁狁方興,廣伐京自,告追于王,命武公:"遣乃元士,羞追于京自。"武公命多友率公車,羞追于京自。……公親曰多友曰:"余肇使女,休,不逆,有成事,多擒,女靜京自,……"	多友	(武公)	

*（）:未參戰。陰影:存疑(可看作私屬,也可看作職務上的上下關係)

從上表可知,貴族私屬武裝大體出現在自己所作的器物上。雖然存在師旅鼎的例外,不過,該銘文所記的是作器者師旅的手下違背軍令之事,因此留存私屬武裝的名字了。

此外,值得一提的是西周中期的"御事競"之例。"御事"均指職名,可看作王朝之職,也可看作家族之職。上表所舉的競卣、競簋銘文中,作器者競接受伯屖父的蔑曆和賞賜。因而筆者認爲競爲伯屖父的家臣,其所擔任的職司"御事"也並非王朝的職責,而是伯屖父家的職務。

上表所示,西周早期多見貴族私屬武裝的活動:如疑爲私屬於周公的小臣單、塱,伯懋父的私屬小臣謎、呂(存疑),疑爲"公太保"的私屬旅,從史嘼參戰的員等。其中史嘼和員的關係值得思考。在此類銅器銘文中,所"從"貴族,不是統帥,就是家族之長。如上所論,"史嘼"爲史官,迄今爲止,尚未見史官擔任統帥之例,因此筆者可以認爲"史嘼"不是統帥,這次戰役的統帥理應另有其人,"員"應該是史嘼的私屬。

西周中晚期,少見私屬武裝的活動①。但是,這並不能說明西周晚期貴族的軍事活動沒有以前那麼重要。比如,西周晚期,武公私屬武裝的活動。屬王時期,鄂侯馭方反叛,六師、八師未能平叛之時,武公命禹將自己的兵車出征,

---

① 應該注意的是,雖然如此,但這不能代表西周中晚期,貴族私屬武裝的力量衰頹,也不能代表私屬將領的活動沒那麼活躍。

立了獲擒鄂侯之功(禹鼎銘文);玁狁入侵之時,武公命多友將自己的兵車出征,成功地却退他們(多友鼎銘文)。從這兩個例子可見王師的微弱,也可見貴族武裝的重要性。

此外,大部分情況下,私屬將領從貴族出征。不過,在銅器銘文中也可以發現例外。如上所舉的禹和多友之例,即屬於例外。此外,叡簋銘文中可見特殊的例子。叡從師雍父在古師戍守淮夷的時候,仲競父賜給他"赤金"。那麼如何解釋作器者叡與師雍父、叡與仲競父這兩種關係? 仔細看叡尊銘文,叡參戰的記載,以大事紀年的形式來表述,此銘文的重點放在從仲競父受賜的事情。因此,筆者認爲叡從師雍父參戰,是當年所發生的一次性活動。即叡與師雍父之間的關係,可以説是職務上的上下關係,實際上叡私屬於仲競父。也許,叡率領仲競父的私兵,從師雍父參戰而立功,仲競父表揚他的功勞,舉行這次賞賜典禮。

以上内容梳理了西周時期貴族私屬將領的活動,並以此討論了相關問題。私屬武裝的活動,少見於西周中晚期,不過,這並非意味着西周中晚期貴族的軍事力量没有以前那麼重要。反而,在西周晚期,尤其是厲王時期,身爲畿内封君貴族的武公的私兵,爲王朝做出了重大的貢獻。周王在王室疲乏的情況下,有效地控制貴族的力量,能夠抵禦外敵的内侵、諸侯的反叛。那麼周王對貴族私兵的控制,擁有什麼樣的權限,是否隨時可以隨便調動貴族的私兵,還是需要什麼樣的途徑,下文將要討論這個問題。

二、私屬將領的效忠對象——周王對畿内貴族私屬將領領導權的局限

西周時期,周王對貴族的私屬將領是否直接行使領導權利,換句話説,私屬於貴族的將領,有没有直接聽從周王之命的義務? 對此我們從逆鐘銘文(《集成》60—63,圖 5-4)談起:

> 佳(唯)王元年三月既生霸庚申,弔(叔)氏才(在)大(太)濘(廟),弔(叔)氏令(命)史鬘(歔)召逆,弔(叔)氏若曰:"逆,乃且(祖)考許政于公室,今余易(賜)女(汝)毌五、鍚戈彤墨(綏),用娒于公室僕庸臣妾、小子室家,母(毋)又(有)不齭(昏)暜(智),敬乃夙(夙)夜用哷(屏)躰(朕)身,勿灋(廢)躰(朕)命,母豖(墜)乃政。"逆訊(敢)撵(拜)手頴(稽)……

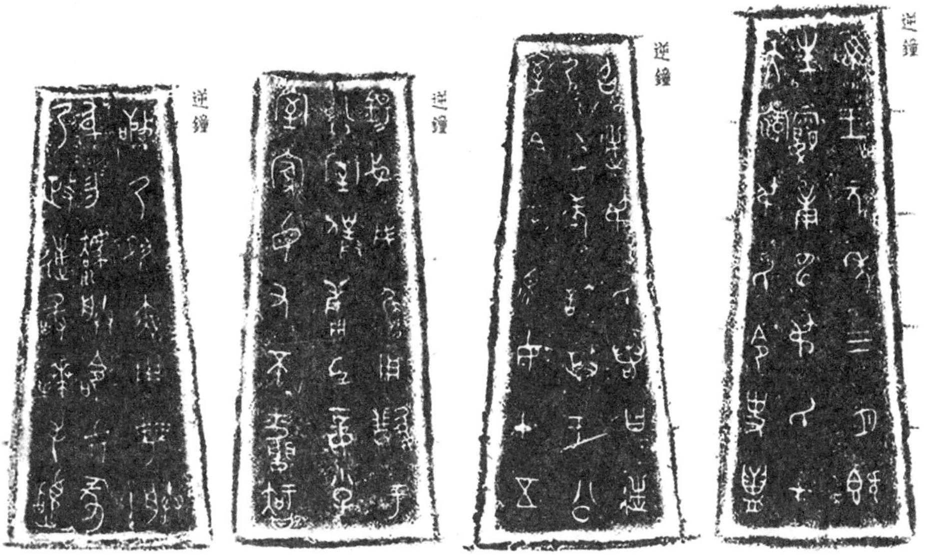

圖 5－4　逆鐘銘文(自右至左)

逆鐘傳陝西永壽縣西南店頭公社(今店頭鎮)好畤河村出土，1974 年咸陽市文物管理委員會徵集。當時徵集了四枚鐘①，但銘文未完，疑另有幾枚小鐘。這篇銘文的内容爲叔氏對逆的册命。逆爲叔氏家的家臣，從其册命辭中得知，逆的祖考也服事於叔氏家，賜給他“毌五、錫戈彤𢑱(緌)”，用作總管宫室的僕庸、臣妾、小子室家等，不要不知道家裏所有的事情。然後跟他説“敬乃夙(夙)夜用甹(屏)朕(朕)身，勿灋(廢)朕(朕)命，母(墜)豢(墜)乃政”，恭敬地服事在叔氏的身邊，不要廢棄命戒，不要玩忽職守。其中“勿廢朕命”一句，在家族内的主臣關係上，是相當重要的一句。這是家長對家臣的最基本的要求。那麽家臣對家長有什麽樣的態度？可以從春秋時期的例子來了解：

> 甲興，公登臺而請，弗許；請盟，弗許；請自刃於廟，勿許。皆曰：“君之臣杼疾病，不能聽命。近於公宫，陪臣干掫有淫者，不知二命。”②

齊莊公與崔杼之夫人棠姜私通，崔杼下令緝拿姦淫者。無法逃遁的齊莊

---

① 曹發展、陳國英：《咸陽地區出土西周青銅器》，《考古與文物》1981 年第 1 期，第 8—11 頁。
② 《春秋左傳正義》卷三六，襄公二十五年，第 1983 頁。

公,向崔杼的家臣求情,並請盟約、在宗廟自盡等,但都遭拒絕。此時,崔杼的家臣對齊莊公説"君之臣杼疾病,不能聽命。近于公宫,陪臣幹摭有淫者,不知二命"。崔杼因疾病不能來聽命,我們(陪臣)只接受緝拿姦淫者之命,不知道其他命令。據此,崔杼的家臣知道齊莊公的身份,但是,他不聽齊侯之命,而只要執行崔杼之命。這裏所見的"不知二命",告知我們,家臣對貴族家長的忠心。這從《國語·晉語》的例子中也可以得到佐證:

> 欒懷子之出,執政使欒氏之臣勿從,從欒氏者爲大戮施。欒氏之臣辛俞行,吏執之,獻諸公。公曰:"國有大令,何故犯之?"對曰:"臣順之也,豈敢犯之? 執政曰'無從欒氏而從君',是明令必從君也。臣聞之曰:'三世事家,君之;再世以下,主之。'事君以死,事主以勤,君之明令也。自臣之祖,以無大援於晉國,世隸於欒氏,於今三世矣,臣故不敢不君。今執政曰'不從君者大戮',臣敢忘其死而叛其君,以煩司寇。"①

春秋時期,晉國的欒氏失勢後,逃到楚國,晉國通告欒氏之家臣,不要從欒氏,如果不從命令,就將他們處死。此時,欒氏之臣"辛俞"欲從欒氏,而被官吏所執。晉平公審問他不從君命之理由,辛俞據"三世事家,君之;再世一下,主之"的話辯解而説,"自臣之祖,以無大援于晉國,世隸于欒氏,於今三世矣,臣故不敢不君",辛俞之家,私屬於欒氏,如今三代了,因此辛俞不敢不把欒氏當作"君",執政通告而説"不從君者大戮",因此他從欒氏的事,並非違犯執政之命,而是順從執政之命。辛俞之邏輯,有所牽强,且《國語》之記載是否屬實,也需要考慮。即使如此,這裏所見的思想,即家臣"三世事家,君之;再世一下,主之"之語,無疑是當時普遍的思想。這與"不知二命"有所相通。

春秋時期之例所見"不知二命"與逆鐘銘文之"勿廢朕命"②,是説明家臣與主君之間關係的最好的詞語。主君對家臣要求"勿廢朕命",家臣對主君的表現就是"不知二命"③。春秋時期"諸侯國——貴族家——家臣"之例,相當

---

① 徐元誥撰,王樹民、沈長雲點校:《國語集解》(修訂本),第 421—422 頁。
② 西周金文中可見周王對貴族要求"勿廢朕命"的態度之例:如,大盂鼎銘文(《集成》2837),"王曰:盂,若敬乃正,勿廢朕命";伯晨鼎銘文(《集成》2816),"用夙夜事,勿廢朕命";師西簋銘文(《集成》4288),"敬夙夜勿廢朕命"等。傳世文獻中也不乏其例,如《詩經·大雅·韓奕》:"韓侯受命,王親命之,纘戎祖考,無廢朕命。"(《毛詩正義》,第 570 頁)。
③ 西周金文中也可見類似的内容:如克鐘銘文(《集成》204—205):"克不敢墜,專奠王命。"逨鐘銘文(《近出》106):"逨御于厥辟,不敢墜,虔夙夕敬厥死事天子。"反應作爲臣的貴族對周王的"不知二命"的態度。

於西周時期的"周王——畿內貴族——家臣"之重層性私屬關係。這類關係在戰爭銅器銘文中很明顯,尤其在戰爭命令、把握戰況、戰功賞賜、蔑曆關係,以及在嘏辭中的"對揚"關係中很突出。其相關銘文中所見的這些關係,列表於下(表5-8)。

表5-8　西周戰爭銘文所見,戰爭命令、把握戰況、戰功賞賜、蔑曆、對揚關係

時期	銘文	著錄	作器者	戰爭命令	把握戰況	戰功賞賜	蔑曆	對揚
早期	塱方鼎	《集成》2739	塱			(周)公→塱		
	小臣單觶	《集成》6512	小臣單			周公→小臣單		
	小臣謎簋	《集成》4238	小臣謎			王→伯懋父→小臣謎等	(伯懋父)→小臣謎	
	旅鼎	《集成》2728	旅			公太保→旅		
	保員簋	《近出》484	保員			儵公→員		
中期	競卣	《集成》5425	競	(王)→伯屖父(競從伯屖父)		伯屖父→競	伯屖父→競	伯(屖父)
晚期	多友鼎	《集成》2835	多友	王→武公武公→多友	多友→武公武公→王	王→武公武公→多友		(武)公
	禹鼎	《集成》2833	禹	王→六師、八師武公→禹				武公

這五種關係,通過互相比較,可以發現,把握戰況的時候,報告於下令之人,下令之人接受把握戰況後,按其功勞,將蔑曆和賞賜給把握戰況者,接受蔑曆和賞賜之人,將顯揚給蔑曆和賞賜之人的內容,載於銘文中。目前尚未發現周王與私屬於貴族的將領之間,即陪臣關係的兩個人之間的命令、報告、賞賜、蔑曆、對揚關係。相關銅器銘文中最爲典型的例子,就是多友鼎銘文:

唯十月,用嚴(玁)狁(狁)放(方)瓖(興),廣(廣)伐京自(師),告追于王,命武公:"遣乃元士,羞追于京自(師)。"武公命多友衛(率)公車,羞追于京自(師)。

玁狁廣伐京師,周王命武公說"遣乃元士,羞追于京自(師)",承王命的武公,再命多友率領公車出征而却退玁狁。

> 癸未,戎伐笥(筍),衣(卒)孚(俘),多友西追。甲申之屚(辰),搏(搏)于郟,多友右(有)折首執噝(訊):凡吕(以)公車折首二百又□又五人,執噝(訊)廿又三人,孚(俘)戎車百乘一十又七乘,衣(卒)匐(復)笥(筍)人孚(俘)。

戎(玁狁)征伐笥而虜獲笥民,多友追玁狁。第二天,多友在郟却退他們,殺了兩百餘人,生俘了 23 人,並奪回被戎所俘的笥民。

> 或(又)搏(搏)于龏(龏),折首卅又六人,執噝(訊)二人,孚(俘)車十乘,從至。追搏(搏)于世,多友或(又)右(有)折首執噝(訊),乃轊追,至于楊冢,公車折首百又十又五人,執噝(訊)三人,唯孚(俘)車不克,吕(以)衣(卒)焚,唯馬歐盡(盡)。匐(復)襄(奪)京自(師)之孚(俘)。

多友又在龏地作戰,殺了 36 人,生俘了 2 人,俘獲戰車 10 乘。然後繼續追擊他們,在世地跟他們交戰,再追擊到楊冢,殺了 115 人,生俘了 3 人,並奪回了被戎所俘的京師之民。

> 多友乃獻(獻)孚(俘)戝(馘)噝(訊)于公,武公廼獻(獻)于王。

多友却退玁狁而凱旋後,向武公報告戰功,武公再向周王匯報。

> 多友叔(敢)羪(對)顯(揚)公休,用乍(作)隣(尊)鼎,用匍(朋)用畬(友),其子子孫孫永寶用。

接受賞賜的多友,鑄與朋友分享之鼎,在其銘文中留下顯揚武公之語:"多友敢對揚公休。"

實際上,在這次戰役中,立了戰功的是多友。武公可以向周王引薦他,讓他直接向周王報告,讓他直接接受周王之賞。不過,武公並沒有這樣做,而是自己接受多友的報告之後,親自向周王報告,接受周王之賞賜,然後再賞賜給多友。

這應該是與"册命"有關。雖然尚未發現,周王册命武公,武公册命多友的銘文,但是綜合如上所論之內容,不難發現周王與武公之間有册命關係,武公與多友之間也有册命關係。再者,對周王來說,自己命令的是武公,向自己報告的也是武公,因此自然地將這些戰功歸於武公,給武公舉行賞賜典禮。從如上所説的"勿廢朕命"、"不知二命"的角度來看,對周王來説要求"勿廢朕命"的對象是武公,對武公來説是多友;反過來説,多友爲武公"不知二命",對武公來説是周王。但是周王與多友之間,没有以"册命"爲媒介的關係,因此多友不用"不知二命"地服事周王,周王也不能隨便使唤多友。

與此相關,可以舉春秋時期南蒯之例。季孫之邑"費"的邑宰"南蒯",與季孫不和,亡命於齊國的同時,試圖將費邑交給齊國。他日,南蒯陪齊景公喝酒之時:"(齊景)公曰:'叛夫!'(南蒯)對曰:'臣欲張公室也。'子韓皙曰:'家臣而欲張公室,罪莫大焉。'""臣欲張公室也。"南蒯説自己背叛季氏是爲了公室的發展,可知其内心欲介入國政之意圖。子韓皙説的話給了我們重要的提示。他認爲身爲家臣應該爲主君"不知二命",但是他要參與國政而背叛主君,辜負了季氏對他的"勿廢朕命"之期待,所以子韓皙説南蒯"罪莫大焉"。

從迄今所見相關銅器銘文看,西周時期也是如此。家臣要效忠於貴族主君,貴族要效忠於周王。如此的重層性私屬關係下,周王會采取一些措施控制畿内貴族,但没有權利控制其家臣(私屬將領),没有權利介入貴族的内政問題。

綜上,本節主要梳理了西周時期貴族私屬將領的軍事活動,討論了周王對他們的領導力如何。西周時期,畿内貴族擁有自己的軍隊,因此周王要掌握貴族家族的種種情況,利用册命等有效手段,引導貴族參戰,貴族受周王之命,或親自參戰,或派私屬將領,協助周王。周王可以直接命令貴族參戰,但對貴族私屬將領則不能直接行使領導力,一定要通過貴族主君,才可以下達命令。貴族主君對私屬將領要求"勿廢朕命",私屬將領爲主君堅持"不知二命"。由此可見,重層性私屬關係下,周王對貴族領導權力的局限。

小　結

本章主要討論了周王對畿内貴族的軍事領導機制。首先,提出了西周時期處於"寓兵於農"、"兵農合一"的社會條件下,且尚未具備像郡縣制那樣的系統性行政體制,周王不能直接控制隸屬於貴族的土地和人民。因此,周王要控制貴族,最爲有效的手段應該是"册命"。這些册命記録都形成文件,由史官保管。除了册命外，還有土地所有權、貴族家族的繼承方面的記録等，也形成文書，便於周王能夠把握貴族的種種信息並利用這些信息來控制貴族。在軍事上，周王也可以利用這些信息，或給貴族提醒其祖先對王朝的功勞，以此調動他們，或利用貴族家族的恩怨關係，策勵他們出征。這些手段在正常運作下，周王可以極大地發揮王朝支配的軍事力量。

　　不過，周王對控制貴族方面仍有一定局限。即周王可以直接控制與他有册命關係的貴族，但其權限只限於貴族身上，不能隨便控制私屬於他的家臣。貴族接受周王之册命，成爲周王之臣，貴族家臣以“策名委質”與貴族結成主從關係，周王對貴族，貴族對家臣要求“勿廢朕命”之態度，貴族爲周王，家臣爲貴族堅持“不知二命”的態度。不過，周王與貴族的家臣之間没有册命關係，因此，周王對貴族家臣不能要求“勿廢朕命”的態度，貴族家臣也不必爲周王“不知二命”。這種重層性私屬關係，可以從西周戰爭銅器銘文所見的戰爭命令、把握戰況、戰功賞賜、蔑曆和對揚等關係中得到驗證。

第六章　西周王朝對畿外諸侯、
封君的軍事領導機制

——兼談周王朝與其他邦國之間的軍事關係

　　西周時期,周王往往直接率領軍隊,陣前指揮。周王不在戰場的時候,也通過軍事命令、把握戰況、戰功賞賜等,行使了最高軍事統帥的權利。那麽平時周王通過什麽樣的手段來行使對畿外諸侯、封君的軍事領導權? 此外,在西周戰爭銅器銘文中,往往見到畿外"它邦"爲周王朝助陣的情況,那麽如何理解這種關係? 本章將討論這些問題。

第一節　周王對畿外諸侯的控制

　　西周時期的"侯",原來是由王封的防禦邊域地區的軍事長官[①]。他們在邊域的封地扎根,其職位代代世襲,原來的職官性質慢慢轉變爲"封建君主"的性質。與此同時,周王的權威越來越微弱。在周王與諸侯之間的關係上,因王權變弱而"侯"變强,還是因"侯"變强而王權變弱,難以判斷其因果關係。但可以肯定的是,這兩種變化不是單獨發生的,而是像咬合着的齒輪一樣,有着聯動的關係。

　　西周時期的記載中尚未見到由"侯"主動發動的對外征伐戰,一般情況下都是"侯"配合周王進行軍事行動。這是很有趣的現象,也可證明在西周時期,周王對諸侯的控制還是很有效的。在如此有效的控制中,有周王對諸侯的牽

---

①　朱鳳瀚:《關於西周封國君主稱謂的幾點認識》,收入陝西省考古研究所、上海博物館編:《兩周封國論衡——陝西韓城出土芮國文物暨周代封國考古學研究國際學術研討會論文集》,上海古籍出版社,2014 年。

制手段的運用。春秋時期的王權那麼微弱,是因爲失去了對他們的控制機制。當時的混亂局面,連諸侯也管不好自己的卿大夫。《論語・八佾》曰:"孔子謂季氏,八佾舞于庭,是可忍,孰不可忍也。"①八佾舞是天子的禮數,季氏敢在庭用八佾奏樂舞蹈,因此孔子批評他。這個時期是所謂"禮崩樂壞"的時期,禮樂與戰爭的主管者——周天子的權威已經有名無實了。《北堂書鈔》引《紀年》曰:"晉侯築宮而美,康王使讓之。"②晉侯新築的宮殿過於壯觀,所以康王派人譴責他。《竹書紀年》是戰國時期魏國的史書,魏國出於晉國,也許這裏有爲晉國的隱諱之語,但此條史料顯示西周早期周王對諸侯的確有所牽制。此外,西周史料中與此類似的記載不少,所以本節要討論西周時期周王對諸侯的控制手段,這有助於研究周王如何實行有效的運作軍事領導機制。

一、周王對諸侯立儲的介入

西周時期的諸侯具有在周王朝的邊域藩屏王朝的軍事長官的性質③。與此同時,他們還具有代代世襲的封建領主的性質。數代過後,諸侯與周王的關係會逐漸疏遠。因此周王爲了固持諸侯的屏藩作用,會在諸侯繼承之事上進行干涉。《國語》有一個代表性的例子:

> 魯武公以括與戲見王,王立戲,樊仲山父諫曰:"不可立也!不順必犯,犯王命必誅,故出令不可不順也。令之不行,政之不立。行而不順,民將棄上。夫下事上,少事長,所以爲順也。今天子立諸侯而建其少,是教逆也。若魯從之,而諸侯效之,王命將有所壅。若不從而誅之,是自誅王命也。是事也,誅亦失,不誅亦失。天子其圖之。"王卒立之。魯侯歸而卒。及魯人殺懿公而立伯御。④

魯武公帶自己的兒子"括"和"戲"朝見宣王。其中"括"應該是長子,依周朝的禮制,長子繼承父業是理所當然的。但是宣王青睞"戲",要立"戲"爲魯國之儲君,樊仲山父勸諫阻止他,然而宣王不聽,仍立"戲"爲魯國的繼承者。應

---

① 《論語注疏》卷三,《十三經注疏》附校勘記,上海古籍出版社影印阮元《十三經注疏》本,1997年,第2465頁。
② 方詩銘、王修齡撰:《古本竹書紀年輯證》(修訂本),上海古籍出版社,2005年,第44頁。
③ 朱鳳瀚:《關於西周封國君主稱謂的幾點認識》,《兩周封國論衡》。
④ 徐元誥撰,王樹民、沈長雲點校:《國語集解》(修訂本),第22—23頁。

該注意的是,樊仲山父的勸諫理由是立"戲"爲儲君是違背禮法的,將會導致其
國的混亂,而並非不讓周王干預諸侯之事。樊仲山父的這段話是否屬實未能
確定,但這段故事整理而成的時候,整理者也許對周王干預諸侯之事並没有反
對意見。恰恰相反,諸侯國之間的矛盾却要由周王親自解决,如《公羊傳》認爲
齊哀公因紀侯之讒言而受死,如果當時有"明天子",則紀侯肯定已經被處
死了①。

周王介入諸侯繼承大體可分爲兩種方式:一是積極性介入;二是消極性
介入。如上所舉係第一種情況。此外,與齊哀公相關的問題也值得一提。《齊
太公世家》曰:

> 哀公時,紀侯譖之周,周烹哀公而立其弟静,是爲胡公。②

周夷王烹殺齊哀公之後,立哀公之弟"静"爲齊侯。不過,齊國在此後數十
年,不斷出現侯位繼承問題③。夷王藉此機會威懾諸侯而增强自己的領導力,
但邊域的軍事重鎮却進入混亂狀態。推定爲夷王時器的五年師旋簋銘文(《集
成》4216)有"王曰:師旋令(命)女(汝)羞追于亦(齊)",在如此背景下,可以理
解爲周王派兵救援在内亂或被異族所侵的齊國。夷王立齊胡公是殺諸侯後新
立諸侯之例,大體上也可稱爲積極性介入,表明夷王絶無滅齊之意。

在文獻中還可以找到類似的例子,如《史記·管蔡世家》:

> 管叔、蔡叔疑周公之爲不利於成王,乃挾武庚以作亂。周公旦承成王命伐誅武
> 庚,殺管叔,而放蔡叔,遷之,與車十乘,徒七十人從。……蔡叔度既遷而死。其子曰
> 胡,胡乃改行,率德馴善。周公聞之,而舉胡以爲魯卿士,魯國治。於是周公言於成
> 王,復封胡於蔡,以奉蔡叔之祀,是爲蔡仲。④

---

① 《春秋》莊公四年:"紀侯大去其國。"其《傳》曰:"大去者何? 滅也。孰滅之? 齊滅之。曷爲不言齊
滅之? 爲襄公諱也。《春秋》爲賢者諱。何賢乎襄公? 復讎也。何讎爾? 遠祖也。哀公亨乎周,紀
侯譖之。以襄公之爲於此焉爾者,事祖禰之心盡矣。盡奈何? ……今紀無罪,此非怒與? 曰: 非
也。古者有明天子,則紀侯必誅,必無紀者。紀侯之不誅,至今有紀者,猶無明天子也。……有明
天子,則襄公得爲若行乎? 曰: 不得也。不得則襄公曷爲爲之? 上無天子,下無方伯,緣恩疾者
可也。"(《春秋公羊傳注疏》卷六,第2226頁)
② 《史記》卷三二《齊太公世家》,第1481頁。
③ 《史記》卷三二《齊太公世家》,第1481—1483頁。
④ 《史記》卷三五《管蔡世家》,第1565頁。

　　周公平定三監之亂後,殺管叔,流放蔡叔。蔡叔死後,其子胡"率德馴善",能夠遵循祖德修善,周公提拔他爲魯國的卿士。因他治理魯國很好,故周公向成王推薦他,恢復蔡國,續蔡叔之祀。這可看作對諸侯的册封,使他得到祭祀蔡叔的權利,也帶有繼承蔡叔之業的性質。類似的情況,在西周銅器銘文中還有鄂侯的例子。

　　先看禹鼎銘文(《集成》2833)的相關内容。因鄂侯馭方的反叛,周王發怒而命西六師、殷八師説:"劌(撲)伐噩(鄂)侯馭方,勿遺壽幼。"不過他們"弗克伐噩(鄂)",未能徹底剿滅噩侯。"雩(雩)禹吕(以)武公徒駿(馭)至于噩(鄂),辜(敦)伐噩(鄂)",所以武公的私屬"禹"率領武公的私兵出征,最後禹"隻(獲)氒(厥)君駿(馭)方",獲擒噩侯而立了大功。

　　周王的"無遺壽幼"這句話,有將噩侯家族全部屠滅之意。噩侯反叛失敗告終,宣王將申遷到謝地(今河南南陽一帶)而掌控南國[1]。這很容易使人認爲噩國已經被滅亡了。

　　最近河南省南陽市夏響鋪所發現的西周晚期至春秋早期的噩國墓地,給我們提供了很重要的信息[2]。此墓群中的 M1 出土了銘有"噩侯夫人"銘的銅鼎、銅簋、銅鬲等;初步認定爲夫妻異穴合葬的 M5、M6 分别出土了有"鄂姜"、"噩侯"銘的銅器;被認定爲夫妻異穴合葬的 M19、M20 也分别出土了具"噩侯"、"噩姜"字的銅器。經初步判斷,墓葬群的時代應爲西周晚期偏晚到春秋早期[3],屬於被禹所擒的噩侯馭方之後的噩國墓地。從此得知,雖然噩侯馭方反叛失敗而被擒,噩國還是繼續存在的[4]。噩侯馭方之後的噩侯族氏尚未確定,只能鑑於齊胡公、蔡仲之例可以推測,應該是周王親自任命的諸侯。

---

① 《毛詩正義》卷一八之三《大雅·崧高》,第 566 頁:"王命申伯,式是南邦。"
② 從 2012 年 4 月來的第一期工作當中已經清理了 20 座墓葬。參河南省南陽市文物考古研究所:《南水北調中線工程南陽夏響鋪鄂國貴族墓地發掘成果》,《中國文物報》2013 年 1 月 4 日第 8 版。
③ 河南省南陽市文物考古研究所:《南水北調中線工程南陽夏響鋪鄂國貴族墓地發掘成果》,《中國文物報》2013 年 1 月 4 日第 8 版。
④ 目前尚未發表正式考古報告,但筆者初步推測,噩國的勢力應該不如以前噩侯馭方那麼强大。宣王把申侯遷封爲謝地,試圖南國安寧的同時,應該還有控制南土諸侯的目的。噩國也應該受到申侯的牽制。

　　我們接着看一下周王對諸侯繼承問題的消極性介入。這並非周王直接任命諸侯後嗣，而主要是諸侯即位在先，周王承認在後的"嗣封"的例子①。在《春秋》中即可找到其例：

　　　　《春秋》文公元年："天王使毛伯來錫公命。"
　　　　《春秋》成公八年："秋，七月，天子使召伯來錫公命。"

　　文公元年之例，杜預注："諸侯即位，天子賜以命圭合瑞爲信。"②成公八年之例，杜預曰："諸侯即位，天子賜以命圭，與之合瑞。八年乃來，緩也。"杜氏認爲諸侯即位，天子以命圭賜給他。孔穎達的解釋更加詳細，曰："諸侯即位，禮必朝王，明當即位即賜之命。令八年乃來，是緩也。"③孔氏認爲諸侯即位後，必須朝見周王，接受周王之賜命，筆者認爲這就是"嗣封"。但是已經找不到春秋時期新即位的諸侯朝見天子之例，只能見到天子派朝廷大臣賜命之例。與此相反，西周時期的銅器銘文中，可以找到新即位的諸侯朝見周王受命之例：

　　　　匽（燕）侯旨初見（視）事于宗周。王賞旨貝廿朋，用作又姒寶尊彝。（燕侯旨鼎，《集成》2628，圖6-1）

圖6-1　燕侯旨鼎銘文

　　　　佳（唯）王八月，辰才（在）丙午，王命䢼厌（侯）白（伯）晨曰：曰（嗣）乃且（祖）考厌（侯）于䢼，易（錫）女（汝）秬鬯一卣，幺（玄）袞衣、幽夫（黻）、赤舄、駒車、畫呻（紳）、䡇（幬）爻（較）、虎韔（幃）、冟（冪）秞里幽、攸（鋚）勒、旂（旂）五旂（旂）、弓（彤弓）、弣（彤矢）、旂（旂）弓、旂（旂）矢、𢦏戈、緟（㫚）胄，用夙（凤）夜事，勿灋（廢）朕（朕）令（命），晨（振）搱（拜）頴（稽）首，敢（敢）羍（對）䙊（揚）王休，用乍（作）朕（朕）文考瀨公䵼（尊）鼎，子孫㘇（其）萬年永寶用。

（伯晨鼎，《集成》2816，圖6-2）

①　劉雨先生把諸侯的册封分爲"封建"、"嗣封"、"遷封"三類。張秀華分爲"初封"、"嗣封"、"改封"，與劉先生相類。參見劉雨：《西周金文中的"周禮"》，侯仁之、周一良主編：《燕京學報》新三期，北京大學出版社，1997年，第72—78頁；張秀華：《西周金文六種禮制研究》，吉林大學博士學位論文，2010年，第125—144頁。
②　《春秋左傳正義》卷一八，第1836頁。
③　《春秋左傳正義》卷一八，第1904頁。

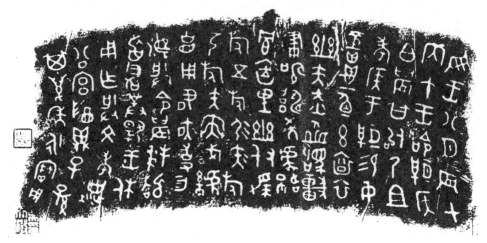

圖 6-2 伯晨鼎銘文

先看西周早期,疑爲康王時期的燕侯旨鼎銘文。燕侯旨是西周早期的一代燕侯①,學界已經確認燕國的始封君是燕侯克,燕侯旨很可能是他的繼承人②。這篇銘文中關鍵的是"見(視)事于宗周","見",《爾雅·釋詁下》:"覲,見也。"《周禮·春官·大宗伯》"秋見曰覲",賈公彦疏:"覲之言勤也,欲其勤王之事。"③這與"見事"應該無異。即這篇銘文講的是燕侯旨嗣封之後,第一次入朝覲見周王之事。但銘文賞賜很簡略,只記載"貝廿朋"而已。

西周晚期伯晨鼎銘文所載的情況與此相類。但不同的是其所講的内容很詳細,賞賜的數量也很多。這篇銘文是周王册封伯晨"嗣乃祖考侯于𩫖",繼承父祖擔任𩫖侯的内容。"𩫖",或釋爲"韓"。對此郭沫若先生曾説:"蓋因誤認右旁爲亘,故以形聲相近之字爲比附,毫無根據。"④可從。不過,目前爲止尚未清楚其地望,暫擱於此待考。對這些繫於"嗣封"之例的銅器銘文,劉雨先生曾説:"此時諸侯的嗣封仍須得到周王的承認,並舉行過大封典禮。這種嗣封

---

① 參見唐蘭:《西周青銅器銘文分代史徵》(簡稱爲"史徵"),北京:中華書局,1988 年,第 148—149 頁。
② 1986 年北京房山區琉璃河鎮燕侯墓地所出的克罍(《近出》987)、克盉銘文(《近出》942)曰:"王曰,大(太)保(保),隹(唯)乃明乃心,亯(享)匽(于)乃辟。余大對乃亯(享),令克矦(侯)匽(于)匽(燕)⋯⋯"
③ 《爾雅注疏》卷二,第 2575 頁;《周禮注疏》卷一八,第 759 頁。
④ 《大繫》,第 116 頁。

在受到王的禮器、兵器及車馬命服的頒賞之後才算正式確認。"①這樣看來，"嗣封"帶有較強的形式性。但是，換個角度考慮這個問題，雖然帶有形式性，如果周王有對該諸侯的不滿，或想要牽制他，可以行使拒絕册封而公開剥奪其諸侯的權力②。即"嗣封"也可被周王利用而對諸侯進行牽制。

二、從引簋銘文看周王對諸侯的軍事控制

在 2010 年今山東陳莊高青發現的所謂"引簋"銘文（圖 6 - 3）③，給我們提供了很重要的史實：

> 隹（唯）正月壬申，王各（格）于龏（龔）大（太）室。王若曰："引，余既命女（汝）更乃且（祖）飆嗣（司）齊自（師），余唯醽（申）命女（汝）。易（賜）女（汝）弓（彤弓）一、矢（彤矢）百、馬三（四）匹，□乃御母（毋）敗（敗）□。"……　　　　　（《銘圖》5299）

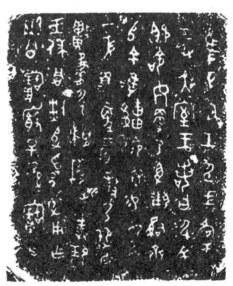

圖 6 - 3　引簋器（左）、銘文（右）

---

① 劉雨：《西周金文中的"周禮"》，《燕京學報》新三期，第 21 頁。
② 周夷王的烹殺齊哀公，也許與此有關。
③ 作器者"𢎘"，朱鳳瀚先生指出此字似不從"弓"，讀爲"引"有所不妥。但學術界廣泛釋爲"引"，本文暫從之。參見李學勤等：《山東高青縣陳莊西周遺址筆談》（朱鳳瀚文），《考古》2011 年第 2 期，第 25 頁。

"引，余既命女（汝）更乃旲（祖）覭嗣（司）齊𠂤（師）"，周王册命他繼承祖父掌管齊師，並賜給他"彤弓一、彤矢百、馬四匹"。其中令人關注的是彤弓和彤矢。銅器銘文中少見彤弓和彤矢的賞賜，其例子可歸納成兩種：對戰功的賞賜，封侯賞賜。

比如，虢季子白帶兵却退玁狁而有功，周王賜給他"乘馬"、"弓、彤矢"（虢季子白盤銘文，《集成》10173）。"乘馬"就是"四匹馬"，"弓彤矢"應該是彤弓、彤矢，但未記數量。賜彤弓、彤矢，在典籍中亦有記載，如晉文侯在周王東遷時護駕有功，接受周王之賜："王曰：'父義和！其歸視爾師，寧爾邦。用賚爾秬鬯一卣；彤弓一，彤矢百；盧弓一，盧矢百；馬四匹。'"①這就是賜給護駕有功者彤弓、彤矢的例子。封建諸侯之事，也可見賞賜彤弓、彤矢的情況。如虞侯夨受周王之命遷封於宜，並受賜於周王，其中有"弝（彤）弓一、夅（彤）矢百、旅弓十、旅矢千"（宜侯夨簋銘文，《集成》4320）。伯晨繼承祖考受命爲諸侯，並受到不少賞賜，其中也有"弝（彤弓）、夅（彤矢）、扲（旅）弓、扲（旅）矢"（伯晨鼎銘文，《集成》2816）。此外，應侯視工不知什麼原因也受賜於周王彤弓、彤矢②："王各（格）于康宮，癸（榮）白（伯）内（入）右雁（應）侯見（視）工，易（賜）弝（彤弓）一、夅（彤矢）百、馬三（四）匹。"（應侯視工鐘銘文，《集成》107—108）

由此可知，作爲賞賜的"彤弓"、"彤矢"的級別相當高③，尤其是册封諸侯之時賜予"彤弓"和"彤矢"。與此相比，對"引"的册命賞賜的規模也毫不遜色。該銘文中只記載"彤弓、彤矢、四匹馬"，也不能排除還有接受其他賞賜的可能性④。那麼"引"是否可看作一代齊侯？筆者認爲不能輕易斷定。如果引是諸侯，則應該屬於"嗣封"之例，一般情況下，"嗣封"之時用"侯于'某'"的術語，尚未見到"司'某'師"語。除此之外，"始封"、"遷封"也是如此⑤。所以暫不能認

---

① 《尚書正義》卷二〇《文侯之命》，第254頁。
② 應侯視工鼎（《近二》323）、應侯視工簋銘文（《首陽》114頁）中記載應侯承周王之命征伐"南夷毛"的戰役，何景成認爲應侯視工鐘銘文所見的賞賜典禮是針對這次戰功的。參見何景成：《應侯視工青銅器研究》，《新出金文與西周歷史》，第228頁。
③ 此外，小盂鼎銘文（《集成》2839）所見的"王令（命）賞盂，□□□□□，弓一、矢百"，方濬益疑爲彤弓、彤矢。轉引自周寶宏《西周青銅重器銘文集釋》，天津古籍出版社，2007年，第414頁。
④ 青銅器銘文帶有很強的紀念性，不過按載體的大小、工匠的能力，可鑄造的字數有限。考慮到這一點，不難而知，目前所見的銅器銘文中，不少內容已經被省略了。
⑤ 封建之例：克罍（《近出》987）、規公簋銘文（《銘圖》4954）等；遷封之例：宜侯夨簋、麥方尊（《集成》6015）等。

可"引"爲"齊侯"的可能性。那麼如何去理解引所掌管的"齊師"？

首先看一下西周銅器銘文所見的"地名＋師"（或"地名＋𠂤"）結構的名詞。這結構的名詞指的是軍事組織或者地名，將有關銘文資料列作表6-1，從此表可以發現有趣的問題。

第一，一個名詞既用作軍事組織之稱，也用作地名之例："成𠂤"，在小臣單觶銘文中"王後阪（反）克商，在成𠂤"，用作地名，不過在競卣銘文中"隹（唯）白（伯）犀父𠂤（以）成𠂤（師）即東"，用作軍事組織。"齊𠂤"的例子更加複雜。其在史密簋、師寰簋銘文中用作軍事組織之稱，不過在引簋銘文中引所掌管的對象，既可認爲是軍事組織，也可認爲是地名。引掌管齊師，是爲了率領齊師進行軍事活動，不過他的職責不僅限於軍事活動，也應該包括與齊師相關的種種業務。這種情況還見於妊小簋銘文中，"白（伯）荐（芳）父事（使）䚕韋（犢）尹人于齊𠂤（師），妊小從䚕"，䚕所擔任的"韋（犢）尹人"之職，也不限於師旅之內的業務，還包括在其駐扎地所需要的諸項業務。

第二，看"燹𠂤（燹師）"。根據以往的研究成果，"燹（燹）"即"豳"，今陝西彬縣一帶[①]。靜簋銘文曰："雩（零）八月初吉庚寅，王呂（以）吳㝬、呂犅（犅）卿（伶）燹（豳）、蒞𠂤（師）、邦君射于大池。"是説在某王八月，王率領吳㝬、呂犅（犅）卿（伶）燹（豳）、蒞𠂤（師）、邦君等在大池舉行射禮。對於"燹𠂤"，孫作雲先生指出了"某＋𠂤"型地名的軍事作用，並認爲即"豳師"，這個地區在軍事上十分重要，既適於農耕，也適於放牧，乃遊牧部族和農耕部族的必爭之地，所以周王以重兵駐防該地區[②]。正如陳夢家先生所云，"卜辭金文某𠂤之𠂤乃是師戎所在"[③]，學界普遍接受他的觀點。于凱先生在此基礎上，進一步論證了"某＋𠂤"型地區的"軍事功能區"性質[④]。其中最引人注意的是，他提出的"軍事功能區"屬於"周王直轄區"的看法。這些軍事功能區，主要分佈在王朝的東

---

① 劉雨：《豳公考》，《第四屆國際中國古文字學研討會論文集》，香港中文大學中國文化研究所、中國語言及文學系，2003年，第97—106頁。此外，李學勤先生將"燹"釋爲"遂"，可備一説。參見李學勤：《論燹公盨及其重要意義》，《中國歷史文物》2002年第6期。

② 孫作雲遺作：《説豳在西周時代爲北方軍事重鎮——兼論軍監》，《河南師大學報》1983年第1期，第35頁。

③ 陳夢家：《西周銅器斷代》，北京：中華書局，2004年，第10頁。

④ 于凱：《西周金文中的"𠂤"和西周的軍事功能區》，《史學集刊》2004年第3期。

表 6-1　西周金文所見"某師"型名詞的用例

時期	名稱	地點	師旅	銘文及著錄	名稱	地點	師旅	銘文及著錄	名稱	地點	師旅	銘文及著錄
早期	衛師	○		利簋《集成》4131	成師	○		小臣單觶《集成》6512	呂師		○	呂師戈《集成》10955
	朽師	○		冊瞏鼎《集成》2504	盞師	○		旅鼎《集成》2728	皿師		○	皿師寢戈《集成》11012
	衛師		○	衛師𠭯盾飾《集成》11838 衛師𠭯泡《集成》11858	鄂師		○	中甗《集成》949 靜方鼎《集成》357	鄣師	○		小臣謎簋《集成》238
	炎師	○		召卣《集成》5416	曾師		○	靜方鼎《集成》357	牧師	○		小臣謎簋《集成》238
	豐師		○	豐師當盧《近二》981	鄂師汝	○		中甗《集成》949	棄師	○		中方鼎《集成》2785
中期	夒師	○		善鼎《集成》2820	蓮師	○		靜簋《集成》4273 敌方鼎《集成》2789	周師	○		免簋《集成》4240 瘝盤《近二》836
	數師	○		趩簋《集成》4266	古師	○		彔卣《集成》5420 稿卣《集成》5411 遹甗《集成》948 叒尊《集成》6008	周師 彔宮	○		師旟簋蓋《集成》4277 諫簋《集成》4285 癲盨甲《集成》4462 宰獸簋《近出》490 師晨鼎《集成》2817
	蓋師	○		靜簋《集成》4273								
	成師		○	競卣《集成》5425								
	商師	○		穆公簋蓋《集成》4191								
晚期	齊師		○	史密簋《近出》489	周師 司馬宮	○		師嫠簋蓋《集成》4283	周師	○		師袁簋《集成》4251
	齊師	○		引簋《銘圖》5299	京師	○○		多友鼎《集成》2835 克鐘《集成》204-205	楊師①	○		卌二年逨鼎《近二》328
	齊師	○		妊小簋《集成》4123								
	齊市	○		師衰簋《集成》4313								
	永師 天室	○		辪比盨《集成》4466								

① "楊師"在銘文中不見其詞，不過按商艷濤先生的研究，這篇銘文中的"獸師"很可能指的是"楊師"，本文從之。參見商艷濤：《西周軍事銘文研究》，第43-44頁。

部和西部①，在以宗周和成周爲中心的軍事防禦體系上，這是很重要的佈局②。

　　有學者曾論證，静簋銘文所見之"<ruby>數<rt></rt></ruby>自"是六師的駐屯地之一③，也有認爲小臣謎簋銘文中的"<ruby>鎣<rt></rt></ruby>自"、"牧自"，與殷八師的駐屯地有關④。不過，在"某＋自"型地區中，除了這些六師、八師的駐屯地之外，還有其他性質的地區。如于凱先生所説的"軍事功能區"。諸侯向來被認爲是帶有高度獨立性的封君。對此朱鳳瀚先生強調了其在邊域地區作爲斥候、防禦外敵的軍事職官性質⑤。諸"侯"受封的地區是當時的交通孔道和軍事重鎮。他們再次履行藩屏周王朝的軍事性任務。如此看來，諸侯轄區跟作爲軍事功能區的"某＋自"有相通之處。

　　至於持有同一地名的"侯"和"自"的並存，是很有趣的史實。比如，"齊侯"和"齊自"等。此外，在個別研究成果上，四十二年逨鼎銘文中的"（楊）自"也跟"楊侯"聯繫起來⑥。其關鍵在於如何解釋"自"和"侯"的關係。

　　再回頭考察一下，如上所舉的引簋銘文的情況。從引所擔任職官的世襲性、其賞賜的高級性來看，可見其地位很高，但他不一定會是一代齊侯。如果他不是齊侯，只掌管"齊自"的長官，則其"齊師"指的是"軍隊"還是周王直接控制的"軍事功能區"？筆者認爲後者的可能性不是很大。王朝已經設置了"侯"，没有再設置軍事功能區的必要。在西周中晚期之際，發生了齊哀公被周夷王烹殺的特殊情況⑦，所以不能完全排除再設置軍事功能區"齊自"的可能性⑧。引簋在學界公認爲西周中期偏晚之器，引是繼祖父之業而擔任齊自的職務，則他的家族開始擔任此職應早於齊哀公烹殺之前，因此可以排除後者的可能性。如此，"齊自"視爲齊國軍隊是最爲合理的。

　　周王既册封諸侯，又册命王臣作爲侯所在地之軍事長官的原因，應該是爲

① 商艷濤對"某師"型地名進行詳細的梳理，提出這種地名主要分佈於王朝的東部和西部。參見商艷濤：《西周軍事銘文研究》，第35—45頁。
② 羅琨、張永山：《中國軍事通史》第一卷《夏商西周軍事史》，北京：軍事科學出版社，1998年，第285—313頁。
③ 《史徵》，第360頁。
④ 《史徵》，第240頁。
⑤ 朱鳳瀚：《關於西周封國君主稱謂的幾點認識》，《兩周封國論衡》。
⑥ 商艷濤：《西周軍事銘文研究》，第35—45頁。
⑦ 《史記》卷三二《齊太公世家》，第1481頁："哀公時，紀侯譖之周，周烹哀公而立其弟静，是爲胡公。"
⑧ 田齊國動亂，周王有必要直接控制齊國。參見李學勤等：《山東高青縣陳莊西周遺址筆談》（李學勤文），《考古》2011年第2期，第22—23頁。

了有效地牽制諸侯。這樣的例子在傳世文獻中也可見。春秋時期,輔佐齊桓公稱霸的管仲,朝見周王之時,周王將要賞賜給他,此時管仲對周王説:"管仲辭曰:'臣賤有司也,有天子之二守國、高在。'"杜預注:"國子、高子,天子所命,爲齊守臣,皆上卿也。"①齊國的高氏、國氏是當時受命於天子的齊國卿士,《周禮》稱爲"命卿"。命卿的主要任務也在軍事方面,《周禮·夏官·司馬》:"軍將皆命卿。"②命卿制度在西周時期是否已經存在,還不能完全肯定,但可以謹慎地説,西周時期已經出現類似"命卿"的牽制諸侯的手段。

引簋所出土的陳莊遺址,應該是齊國軍隊的駐扎地③。所以此地也可以叫作"齊𠂤",引所擔任的職責,就是跟"齊𠂤"有關的種種業務。"齊𠂤"是齊國的軍隊,地理上駐扎於齊侯所管的地區,兵員上是由齊侯所管人民而組成的軍事組織。不過其長官竟然從天子直接受册命。對此,朱鳳瀚先生認爲這件器物是對認識西周時期周王與諸侯之間關係的很關鍵的銅器,從"更乃祖翻司齊𠂤"之語看,西周王朝在穆王時期至少已經開始即對異姓齊國進行强制性控制④。

西周早期昭王時期的中甗、静方鼎銘文中也可見到"某𠂤"和"某侯"相對應的例子。這兩篇銘文所載的是昭王在南征之前,命中、静巡視南征路線及安排行宫的内容。據此可以推測昭王的南征路線,具有很重要的史料價值⑤。其南征的過程中經過"曾噩𠂤"、"噩𠂤次"等地。"噩𠂤次"的結構是"噩𠂤+次","噩𠂤"有兩種含義:一是噩國的軍隊,二是其師旅的駐屯地;"次"指的是

---

① 《春秋左傳正義》卷一三,僖公十二年,第1802頁。
② 《周禮注疏》卷二八,第830頁;《禮記正義》卷一一《王制》,第1325頁;"大國三卿皆命於天子……次國三卿,二卿命於天子,一卿命於其君……小國二卿,命於其君。"
③ 陳莊遺址的性質方面,學界意見紛紜,可歸納成以下三類:一是都邑説,二是齊國的封邑説,三是軍事城堡説。先看都邑説,陳莊城址東西、南北只有180米長,如果是都城,跟其他遺址比起來,其規模過小,不像齊國的都城。再看齊國封邑説,在這裏又出土了"豐啓"的器物,所以或認爲這是"豐啓"的封邑,但是這也缺乏直接根據,而且如果是封邑,則引簋何非受命於齊侯而受命於周王的問題也不能説明。所以筆者比較傾向於軍事城堡説。均參見李學勤等:《山東高青縣陳莊西周遺址筆談》,《考古》2011年第2期;許宏:《先秦城市考古學研究》,北京燕山出版社,2000年,第61—70頁;王樹明:《山東省高青縣陳莊西周城址周人設防薄姑説——也談齊都營丘的地望與姜姓豐國》,《管子學刊》2010年第4期;魏成敏:《陳莊西周城址與齊國早期都城》,《管子學刊》2010年第3期;[韓]沈載勳:《西周史의새로운發見——山東省高青縣西周城址와引簋銘文(西周史的新發現——山東省高青縣西周城址與引簋銘文)》,(韓)《史學志》第43卷,2012年。
④ 李學勤等:《山東高青縣陳莊西周遺址筆談》(朱鳳瀚文),《考古》2011年第2期,第24—25頁。
⑤ 李裕杓:《新出銅器銘文所見昭王南征》,《新出金文與西周歷史》,第278—282頁。

軍事駐屯地①,則"噩自"應該指的是噩國的軍隊。"噩自次"即噩國軍隊的駐屯地。那麼噩軍駐屯在何處? 筆者認爲從靜方鼎銘文中可以找到線索。靜方鼎銘文中的"曾噩自",近年湖北隨州安居鎮羊子山的噩國銅器群②、與此相近的隨州西河鎮葉家山曾侯墓地的陸續發現③,告知我們西周早期的噩國和曾國位於今隨州一帶,是中原到江漢流域的必經之地,即所謂"隨棗走廊"的南段,可見其戰略意義上的重要性。靜方鼎銘文曰:"王才(在)成周大(太)室,令(命)靜曰:卑(俾)女(汝)闒(司)才(在)𢀴(曾)噩(鄂)自(師)。"周王命靜掌管"在曾噩師","在曾噩師"應指在曾地駐扎的"噩師"。中甗銘文中的"噩自次"也應該指曾地。有趣的是,周王派臣掌管諸侯的軍隊,與引簋銘文的"齊自"的情況相通。而且"齊"、"噩"皆爲異姓的侯國,據此我們可以推測,周王向各諸侯國派駐軍事長官的政策,也許是對異姓諸侯普遍實施的政策。就其施行時間而言,中甗、靜方鼎係昭王時期,所以其製定應該不晚於昭王時期。

　　總而言之,殷周交替之際,周邦受到其他異姓族群的軍事支持。特別在婚姻方面采取族外婚政策,有效地得到嬀姓、姜姓、姞姓等族群的軍事支持。周王朝建立後進行封建的時候,異姓邦國也受到册封,其中一些異姓族群受封爲"侯",在地方的軍事重鎮履行防禦外敵的藩屏義務。他們剛受封之時,應該與周王室有很密切的關係,不過久而久之,"侯"的勢力越來越強大,與周王室的關係越來越疏遠,如此,讓異姓諸侯爲周王朝藩屏的政策終究會失敗。所以對周王朝來説,需要建立長期控制異姓諸侯的方案。諸侯國的軍事長官由周王親自册命,也許是爲了牽制諸侯防止其勢力膨脹。

三、西周時期的聯姻政策及其影響

(一) 周族的同姓不婚政策

《論語·述而》有以下情節:

---

① 《春秋公羊傳注疏》卷六,莊公三年,第 2226 頁"公次于郎",何休注:"次者,兵舍止之名。"
② 張昌平:《論隨州羊子山新出噩國青銅器》,《文物》2011 年第 11 期。
③ 黃鳳春、陳樹祥、凡國棟:《湖北隨州葉家山新出西周曾國銅器及相關問題》,《文物》2011 年第 11 期。

　　陳司敗問："昭公知禮乎?"孔子曰："知禮。"孔子退,揖巫馬期而進之,曰："吾聞君子不黨,君子亦黨乎? 君取於吳爲同姓,謂之吳孟子。君而知禮,孰不知禮?"巫馬期以告。子曰："丘也幸,苟有過,人必知之。"①

　　魯昭公娶了吳國之女爲夫人,而吳國與魯國是同姓國,同姓通婚是違背禮法的,所以稱吳夫人爲"吳孟子"。在此情況下陳司敗問孔子,昭公是否知道禮法,孔子回答爲"知禮"。孔子不可能不知道昭公娶吳孟子是違背禮法的事,但是爲了隱諱昭公知醜,恐怕是有意如此回答。

　　據《魏書・高祖紀》："夏殷不嫌一姓之婚,周制始絕同姓之娶。"②記載這條史料的時代認爲夏商可以同姓通婚,但周人堅持同姓不婚原則。《禮記・大傳》也有相關的句子:"雖百世而婚姻不通者,周道然也。"③周人采取同姓不婚原則,有種種原因,其中值得注意的是《左傳》的記載"男女同姓,其生不蕃"④,《國語・晉語》作"同姓不婚,惡不殖也"⑤,即同姓男女結婚的話,其子孫"不蕃"、"不殖"。這句話,既關注宗族的優生,也強調族集團的繁殖和昌盛。

　　就宗族優生而言,值得注意的是《左傳》昭公元年的一句話,"内官不及同姓,其生不殖,美先盡矣,則相生疾"⑥,意思是說同姓結婚而生的孩子,在優生學的角度看體質衰弱,容易得病。高兵先生曾據民族調查統計資料,得出通婚範圍越小畸形人佔比例會越高的結論⑦。他據此推測而說:"周人在氏族社會就形成的同姓不婚規則,也應是周族實施近親婚配時,在與異族長期的交往、鬥爭中經歷了許多慘敗、死亡後所總結製定的婚姻法則。"⑧筆者認爲他的觀點有所道理。

　　就宗族的繁殖和昌盛而言,值得注意的是"男女同姓,其生不蕃"的孔疏,曰:"禮娶妻不取同姓,辟諱禮而取。故其生子不能蕃息昌盛也。"⑨即當時認

---

① 《論語注疏》卷七,第 2483 頁。
② 《魏書》卷七上《高祖紀》,北京:中華書局,1974 年,第 153 頁。
③ 《禮記正義》卷三四,第 1507 頁。
④ 《春秋左傳正義》卷一五,僖公二三年,第 1815 頁。
⑤ 徐元誥撰:《國語集解》(修訂本),第 330 頁。
⑥ 《春秋左傳正義》卷一四,第 2024 頁。
⑦ 高兵:《周代婚姻制度研究》,吉林大學博士學位論文,2004 年,第 27—29 頁。
⑧ 高兵:《周代婚姻制度研究》,第 28—29 頁。
⑨ 《春秋左傳正義》卷一五,僖公二三年,第 1815 頁。

爲族外婚有助於宗族的繁殖與昌盛。從優生學的觀點看,族外婚的推行,可以減少嬰兒畸形死亡率,更多的孩子會長大成人,族集團的人口也會增長。然後通過與其他族集團的聯姻,會減少族集團之間的武力衝突,反而可以共同協力而形成武裝聯盟。發源於西北地區的周族當初並未擁有那麼強大的武裝力量[1],往往受到周圍族群的逼迫而不斷遷徙[2]。爲了對抗這種威脅,很自然地爲尋找幫手而跟異姓族聯姻,通過此種軍事聯盟,一步一步發展起來。那麼周人跟哪些姓族聯盟? 我們繼續討論一下這個問題。

(二) 周王室與異姓諸侯之間的通婚

《左傳》宣公三年:"姬、姞耦,其子孫必蕃。姞,吉人也,后稷元妃。"杜預注:"姞姓之女爲后稷妃,周是以興,故曰'吉人'。"[3]由此發現周人早就跟異姓族聯姻的線索。到了殷周之際,周人還是堅持族外婚原則。首先,古公亶父跟姜姓女聯姻[4],其子季歷跟任姓女結婚[5],其子文王娶了姒姓女[6]。周人的婚姻

---

[1] 《毛詩正義》卷十七之二《大雅·生民》,第 530 頁:"即有邰家室。"毛傳:"邰,姜嫄之國也。堯見天因邰而生后稷于邰。"《史記》卷四《周本紀》,第 112 頁:"封棄于邰,號曰后稷,別姓姬氏。后稷之興,在陶唐虞夏之際。"即周族起源於邰地。對於邰地的地望,學術界爭論不休。錢穆先生在《周初地理考》中的考證把與周族起源有關的地名都定在山西境內,據此主張周族起源於山西説,後來王克林、王玉哲等贊同錢氏之説;徐錫臺、尹盛平等主張邰地應在今陝西境內,他們具體認爲先周文化可能是以客省莊二期文化爲基礎接受一些齊家文化的因素;此外,胡謙盈根據先周文化的分佈狀況並加以考察,認爲目前已知的周人最早的居住和活動地區,是在涇河上游流域,主張周族興起於涇河上游説(參見錢穆:《周初地理考》,《燕京學報》第 10 期,1931 年;王克林:《試論齊家文化與晉南龍山文化的關係——兼論先周文化的淵源》,《史前研究》1983 年第 2 期;王玉哲:《先周族最早來源於山西》,《中華文史論叢》1982 年第 3 期;徐錫臺:《早周文化的特點及其淵源的探索》,《文物》1979 年第 10 期;尹盛平:《先周文化與周族起源》,《華夏文明》2,北京大學出版社,1990 年;胡謙盈:《淺談先周文化分佈與傳説中的周都》,《華夏文明》2,北京大學出版社,1990 年)。

[2] 《史記》卷四《周本紀》,第 113—114 頁:"公叔祖類卒,子古公亶父立。古公亶父復脩后稷、公劉之業,積德行義,國人皆戴之。薰育戎狄攻之,欲得財物,予之。已復攻,欲得地與民。……乃與私屬遂去豳,度漆、沮,逾梁山,止於岐下。豳人舉國扶老攜弱,盡復歸古公於岐下。及他旁國聞古公仁,亦多歸之。於是古公乃貶戎狄之俗,而營築城郭室屋,而邑別居之。"

[3] 《春秋左傳正義》卷二一,第 1869 頁。

[4] 《毛詩正義》卷一六之二《大雅·緜》,第 510 頁:"古公亶父,來朝走馬,率西水滸,至于岐下。爰及美女,聿來胥宇。"

[5] 《毛詩正義》卷一六之三《大雅·思齊》,第 516 頁:"思齊大任,文王之母。";同書卷《大雅·大明》,第 507 頁:"摯仲氏任,自彼殷商,來嫁于周,曰嬪于京。乃及王季,維德之行。太任有身,生此文王。"

[6] 《史記》卷三五《管蔡世家》,第 1563 頁:"武王同母兄弟十人,母曰太姒,文王正妃也。"

外交,即作爲其核心的姬姓族同相鄰的姜姓、姞姓和東方的任姓、妘姓等形成通婚聯盟,對周族逐鹿中原無疑起了不容忽視的作用①。朱鳳瀚先生對此説:"周族自形成之時即與其他姓族組成民族共同體,以姬姓爲核心所建立起來的西周王朝統治下的社會,更可以説是一個典型的多民族雜居共處的社會。"②因此,周王朝建立後册封同姓的同時,還册封了姜姓之齊、妘姓之杞、媯姓之陳等諸侯,這些異姓封國在與姬姓通婚中繼續發展下去。

異姓封國中值得注意的是與周王室通婚的勢力。西周王朝也始終堅持"同姓不婚"政策,不斷迎娶異姓封國之女。據劉啓益、謝乃和先生的研究③,繼武王即位的成王之后妃爲"王妘";康王的后妃爲"王姜";昭王的后妃爲"王祁"④穆王的后妃爲"王俎姜";共王的后妃,劉先生當初認爲是"王爲(媯)",後來否定了自己的觀點⑤;懿王的后妃爲"王伯姜";孝王的后妃,劉先生疑爲"王京";夷王的后妃爲"王姞";厲王娶於申國爲"申姜";宣王疑娶於齊國爲"齊姜";幽王先娶於申國爲"申姜",後來再娶"褒妘"。

其中,也可見先周時期已經與周人通婚的妘姓、任姓、姞姓所出的王后。這可旁證,這些友邦姓族,除了個別的例子外,大體上在周王朝建立後,也在與周王朝聯姻的背景下繼續發展下來了。其中凸顯出來的是"姜姓"族。古公亶父的"太姜",武王的"邑姜",顯示出姬姜隔代通婚的情況,其間有祁姓、姞姓后妃。按照這樣的規律來看,宣王妃應該娶於非姜姓族中,但是仍然從姜姓中娶后妃,疑爲齊國之女"齊姜",幽王也先娶了申國的姜姓女。可見西周時期姬姓與姜姓間强固的紐帶關係,在這種條件下,姜姓的勢力亦日益膨脹⑥。相反,其他異姓封國,在發展的過程中,因種種原因,遇到一些挫折,不能維持與姬姓的紐帶關係。比如,"妘姓"的杞,據史料他們丢棄了周朝的禮法而接受夷族之

① 段連勤:《先周的婚姻外交與周民族的崛起》,《西北大學學報》1989年第4期,第47頁。
② 朱鳳瀚:《商周家族形態研究》(增訂本),天津古籍出版社,2004年,第227頁。
③ 劉啓益:《西周金文中所見的周王后妃》,《考古與文物》1980年第4期;謝乃和:《金文中所見西周王后事跡考》,《華夏考古》2008年第3期。
④ 謝乃和先生認爲隹叔簋銘文(《集成》3950)所見的"王員"、王妊作簋銘文(《集成》3344)中的"王妊"也是昭王之后妃,具備一説。見謝乃和:《金文中所見西周王后事跡考》,《華夏考古》2008年第3期,第146—147頁。
⑤ 劉啓益:《西周紀年》,廣州:廣東教育出版社,2002年,第268—270頁。
⑥ 雖然夷王烹殺了姜姓齊國的諸侯,不過他還是爲了兒子娶了姜姓申國之女。

禮,被稱爲"杞夷"①,其與周王朝的紐帶關係徹底崩潰了;"太任"、"王任"的任姓國,在當時未能形成強大的勢力;"王姞"的姞姓噩國,在西周晚期夷屬時期,擁有很強大的勢力,不過在噩侯馭方反叛失敗後,再不能振作起來了。也許這些是姜姓得以獨自發展的原因之一。

至於幽王的后妃,宣王爲幽王娶了申國的姜姓女,不過幽王即位後,自作主張娶了"褎姒",也許是爲了牽制姜姓申國的舉動,但是終不能克服姜姓的勢力而導致國破身亡。換個角度來看,這也可以證明當時與異姓族聯姻(尤其是姬姜聯姻)的重要性。幽王的失敗應是廢棄姬姜聯姻的緣故。從此可以看到聯姻就是個一把雙刃劍,可爲國家發揮積極作用,也可引起負面的效果。下文將接着討論這個問題。

(三) 聯姻的正、負作用

周王的后妃中,可以確知其出身的,武王后"邑姜"爲齊太公之女②,夷王后"王姞"爲噩侯之女③,厲王后"申姜"爲申伯之女④,幽王后的"申姜"爲申侯之女。此外,據《列女傳》宣王的后妃是齊侯之女"齊姜"⑤。申侯、齊侯、噩侯,皆是西周歷史上舉足輕重的諸侯:衆所周知,姜姓齊國因齊太公輔佐文王、武王之功,受到周王的倚重,被封於東方,多次配合周王進行軍事活動;姞姓噩國,在西周晚期夷屬時期,是南方很顯赫的強國;姜姓申國在西方扮演着周王朝與西戎之間的調解者的角色,其分族在宣王時期遷封於南方的謝,把南土、南國穩固起來,可證明其在當時擁有很強的勢力。周王通過聯姻可以利用他們,擴張而穩定自己的版圖。

---

① 見於史密簋銘文(《近出》489);《春秋》僖公二二年"冬,十有　月,杞子卒.《左傳》曰."十一月,杞成公卒。書曰'子',杞夷也。"《春秋》僖公二七年"春,杞子來朝",《左傳》曰:"二十七年,春,杞桓公來朝。用夷禮,故曰'子'."《春秋左傳正義》卷一五,第 1814—1815 頁;同書卷一六,第 1823 頁)

② 《史記》卷三九《晉世家》,第 1635 頁,集解引服虔曰:"邑姜,武王后,齊太公女也。"

③ 噩侯簋銘文(《集成》3928—3930)曰:"噩侯乍(作)王姞媵簋,王姞其萬年子子孫永寶。"

④ 《毛詩正義》卷一八之三《大雅·崧高》,第 567 頁:"往近王舅,南土是保。"毛傳:"申伯,宣王之舅也。"此外,1974 年山西省周至縣出土一件銅簋"王作姜氏尊簋",陝西眉縣出土"王作仲姜鼎","姜氏"、"仲姜",應該指屬王妃申姜。參見王世民:《王作姜氏簋》,《文物》1999 年第 9 期;劉懷君:《眉縣出土"王作仲姜"寶鼎》,《考古與文物》1982 年第 2 期。

⑤ 劉向:《列女傳》卷二"周宣姜"條,遼寧教育出版社,1998 年,第 14 頁。

　　不過，現實並非那麼理想。厲王時期噩侯馭方率領東夷、南淮夷而反叛，讓周王朝陷入混亂狀態；幽王廢申姜而娶褒姒，廢太子宜臼奔於申，申國與犬戎聯手起兵①，對西周的滅亡起了決定性作用。即對周王來說，這些“外戚”一方面可以當周王朝的幫手，另一方面也是能夠顛覆王朝的潛在的敵人。

　　先討論一下聯姻的積極作用。

　　第一，周王朝通過聯姻，可以培養家族認同意識。周王稱異姓諸侯爲“伯舅”、“叔舅”等的習慣由此而生。《左傳》僖公九年，齊桓公在葵丘主持會盟之時：“(周襄王)使宰孔賜齊侯胙，曰：‘天子有事於文武，使孔賜伯舅胙。’”②《儀禮·覲禮》記載天子稱：“同姓大國，則曰伯父，其異姓，則曰伯舅。同姓小邦，則曰叔父，其異姓小邦，則曰叔舅。”③

　　第二，通過軍事交流，達成雙贏。西周金文中可見齊國配合周王進行作戰之例，如史密簋銘文(《近出》489)：“師俗率齊遰(率)齊自(師)、述(遂)人左，□伐長必。”周王朝也曾爲齊國助陣，如五年師旋簋銘文(《集成》4216)：“王曰：師旋，令(命)女(汝)羞追于乔(齊)。”齊國在夷王時期，因爲紀國的讒言而齊哀公被殺，此後齊國陷入混亂狀態，一時振作不起，因而周王派兵救援齊國。經過共和到宣王時期，齊國才逐漸穩定下來，宣王娶了齊侯之女，派仲山父幫助齊國築城④。齊侯也配合周王出兵征伐淮夷，如師袁簋銘文(《集成》4313)“王若曰：師袁！……今余肇令(命)女(汝)遰(率)齊帀(師)、曩、贅(萊)、棘尿，左右虎臣，正(征)淮尸(夷)。”如此的交流當中，周王和齊侯取得了雙贏的結果，齊國得到國內外的穩定，周王獲得了東土、東國的平靜。

　　第三，周王不能直接控制的邊域地區，往往由外戚來掌控。對此可以舉姜

①　清華大學出土文獻研究與保護中心編、李學勤主編：《清華大學藏戰國竹簡》(貳)《繫年》，上海：中西書局，2011年，第138頁：“王與伯盤逐平王，平王走西申。幽王起師，回(圍)平王于西申，申人弗界。曾(繒)人乃降西戎，以攻幽王，幽王及伯盤乃滅，周乃亡。”《左傳》昭公二六年正義引《汲冢書紀年》云：“平王奔西申，而立伯盤以爲大子。”參方詩銘、王修齡撰：《古本竹書紀年輯證》(修訂本)，第62頁；《史記》卷四《周本紀》，第149頁：“申侯怒，與繒、西夷犬戎攻幽王。……遂殺幽王驪山下，虜褒姒，盡取周賂而去。”
②　《春秋左傳正義》卷一三，第1800頁。
③　《儀禮注疏》卷二七《覲禮》，第1092頁。
④　《毛詩正義》卷一八之三《大雅·烝民》，第569頁：“王命仲山甫，城彼東方”毛傳：“東方，齊也。”

姓齊侯、姞姓噩侯、姜姓申侯之例。

（1）姜姓齊國。《左傳》僖公四年載管仲對楚國宣戰而說："昔召康公，命我先君大公，曰'五侯九伯，女實征之，以夾輔周室。'賜我先君履，東至於海，西至於河，南至於穆陵，北至於無棣。"[1]這應該是成王封齊侯之時的誥命命辭[2]。"五侯九伯"，杜注："五等諸侯，九州之伯，皆得征討其罪。"但應該注意的是，西周早期尚未具備系統性的五等爵制[3]，因此杜說不能成立。"五侯九伯"，也許是五個諸侯和九個邦伯，也許泛指東方諸侯、諸邦君之語[4]。無論如何，我們從此可以得知，周王朝册封齊侯的目的，在於使齊國替周王掌控周王難以直接控制的東方邊域地區，起到周王朝藩屏的作用。他所掌管的地理範圍，應該是"東至於海，西至於河，南至於穆陵，北至於無棣"，"海"應爲黃海，"河"應指黃河，"穆陵"也許跟今山東濰坊市臨朐縣大關鎮和臨沂市沂水縣馬站鎮交界處的穆陵關有關，"無棣"很可能是今山東濱州市的無棣縣。這個地區包括今山東省的東部沿海地區，其中部泰山以北，大體上與後來築造齊長城以北地區相吻合。

（2）姞姓噩侯。如上所述，夷王后爲姞姓噩侯之女。夷厲時期前段，噩侯的勢力範圍很廣泛。先看默鐘銘文（《集成》260）：

> 王肇遹省（省）文武堇（勤）彊（疆）土，南或（國）𢓊孿（孳）敢肅（陷）處我土，王𩁩（敦）伐𠀤（其）至，戮（撲）伐乒（厥）都，𢓊孿（孳）廼遣閒来逆卲（昭）王，南尸（夷）東尸（夷）𦥯（俱）見，廿又六邦。……

周王親自巡狩南國而征伐𢓊孿后，接受東夷、南夷二十六邦的朝見。據噩侯馭方鼎銘文（《集成》2810）"王南征，伐角、遹，唯還自征，才（在）坯（坯）……"

---

① 《春秋左傳正義》卷一二，第 1792 頁。

② 晁福林：《試論西周分封制的若干問題》，收入陝西歷史博物館編：《西周史論文集》（下），西安：陝西人民教育出版社，1993 年，第 748 頁。

③ 朱鳳瀚：《關於西周封國君主稱謂的幾點認識》，《兩周封國論衡》。

④ 對此可提黃盛璋先生的看法。黃盛璋先生曾對"五侯九伯"進行詳細地研究，並指出"五侯"爲薄姑、徐、奄、熊、盈五國，"九伯"爲淮夷諸國。即黃先生認爲"五侯"是五個諸侯國，認爲"九伯"是無數的夷族邦國（黃盛璋：《保卣銘的時代與史實》，《考古學報》1957 年第 3 期，第 56—57 頁）。筆者認爲，其對"九伯"的看法是卓見，但是將"五侯"看成"薄姑"等五個邦國，筆者則認爲可商。因爲這五個邦國（或集團），都是成王東征之後，有的被滅亡，有的向南遷徙，用不着讓齊國來掌管，更何況魯國册封於"奄"的故地。

的記載可知,在敔鐘所記的一次征戰結束後①,周王班師的路上,會見噩侯馭方,可見當時周王與噩侯之間的友好關係。不過,他們之間的關係不能長久,禹鼎銘文(《集成》2833)曰:"烏(嗚)虖(呼)哀哉! 用天降大喪于下或(國),亦唯噩(鄂)厌(侯)馭方,衒(率)南淮尸(夷)、東尸(夷)廣伐南或(國)、東或(國),至于歷内。"從此可知,噩侯馭方率領東夷、南淮夷向王朝揭起了反旗。我們應該要注意這三篇銘文之間的連接環節:

敔鐘:周王、南國反孳、東夷、南夷

噩侯馭方鼎:周王、噩侯馭方、角、遹、坏

禹鼎:周王、噩侯馭方、南淮夷、東夷

敔鐘與禹鼎銘文之間有"南淮夷"、"東夷"的共同因素。"南夷"與"南淮夷"是對同一集團的兩個不同稱法,這兩者之間存在時代性特徵,"南夷"主要用於西周中期到晚期夷屬時期,"南淮夷"主要用於西周晚期②。這三篇銘文的内容,有什麽樣的相互關係? 周王得到南夷、東夷的服從之後,跟噩侯馭方會見;而噩侯馭方即率領南淮夷、東夷反叛,這是否純屬偶然? 筆者覺得其間一定有關聯。周王雖然得到南夷、東夷的服從,但是並不能直接控制他們,一定要找可以信賴的幫手來監管他們。如果可以作一推斷,則筆者認爲其能夠信賴的幫手就是噩侯馭方③。

這種看法可從如下幾條史事所推斷出來:1. 噩侯係周王的外戚,而且他是南方的强者,封地的交通也很方便,所以其監管南夷、東夷,並非難事;2. 後來噩侯反叛的時候,能夠率領南淮夷、東夷,應該是與其監管他們的職責有關;3. 通過《詩經・大雅・江漢》等詩篇可知當時淮夷已出没在江漢一帶④,他們能夠在這個地區出現,也許跟噩侯關係密切相關。噩侯反叛失敗後,他們仍在這一帶出没,到了宣王早期的遠征之後,這一帶才平靜下來了。

---

① 敔鐘與噩侯馭方鼎的關係,請參見李裕杓:《西周時期淮夷名稱考論》,《中國歷史地理論叢》2015年第3期。

② 請參見李裕杓:《西周時期淮夷名稱考論》,《中國歷史地理論叢》2015年第3期。

③ 金正烈先生也曾提出噩侯掌管南淮夷、東夷的可能性。參見[韓]金正烈:《西周의 異姓諸侯封建에 對하여(對於西周異姓諸侯的封建)》,(韓)《東洋史學研究》第77輯,2002年,第30頁。

④ 張昌平對南淮夷的地望謹慎地提出今湖北羊子山一帶的説法,可備一説。參見張昌平:《論隨州羊子山新出噩國青銅器》,《文物》2011年第11期,第89—90頁。

　　(3) 姜姓申國。申原位於王朝的西土。孝王時期，申侯與犬丘大駱通
婚①，其女生了大駱之嫡子"成"。大駱另有一個庶子稱"非子"，他是"好馬及
蓄，善養息之"之人，以此得到孝王的青睞，孝王將立非子爲大駱之儲君。申侯
對此有所不滿，因此對孝王説，"申駱重婚，西戎皆服，所以爲王"，因爲申侯與
大駱通婚，西戎才會服從周王朝，周王有能夠稱王②。由此得知，當時的申侯
扮演着周王朝與西戎之間的調解者。然後到了厲王時期，申侯與厲王通婚。
不過，因"厲王無道"，西戎竟然入侵王朝，滅了與申侯關係密切的犬丘大駱之
族③。由此可見，申侯暫時喪失了調解者的地位。經過國人暴動、共和行政，
到了宣王即位後，經過一場挫折的申侯，才慢慢抬起頭來。

　　由兮甲盤銘文(《集成》10174)、《後漢書・西羌傳》可知，宣王早期，經兮
甲、秦莊公等的努力，把玁狁、西戎給却退了。宣王四年秦莊公却退西戎，五年
兮甲却退玁狁④，西土基本上穩定下來。在此情況下，宣王開始冀圖東方和南
方的穩定⑤。噩侯馭方反叛失敗後，淮夷繼續在江漢流域出没，宣王派召伯、
方叔等大臣却退他們。但是周王朝的實力，已經不能完全控制這些東夷和南
淮夷，需要替周王安撫南方地區的既有實力又值得信賴的幫手。此時宣王也
找外戚承擔這個任務。《詩經・大雅・崧高》"不顯申伯，王之元舅"，可知宣王
的母親是申伯之女。"亹亹申伯，王纘之事。于邑于謝，南國是式"，宣王將申
伯遷封到"謝"地，其地望爲今河南省南陽市宛城區一帶⑥。"維申及甫，維周
之翰"⑦，申、甫是周朝的骨幹力量。能夠將西土的強國遷封到南方邊域，只有
在西土穩定的情形下才可以實行。

　　周王可以信賴他們，允許他們有較大的權限，但是這些權限，在周王的領

---

① 　申侯，在《史記・秦本紀》中稱"侯"，不過《詩經・大雅・崧高》"不顯申伯，王之元舅"中稱"申伯"。
　　西周時期，在西土的"申"是否稱侯？需要再考。在此暫從《秦本紀》稱"申侯"。
② 　或認爲姜姓申國就是西戎之一支，此可備一説。
③ 　《史記》卷五《秦本紀》，第178頁："西戎反王室，滅犬丘大駱之族。"
④ 　參見《後漢書》卷八七《西羌傳》，第1871頁；兮甲盤銘文(《集成》10174)。
⑤ 　從兮甲盤銘文可知，宣王却退玁狁後，才開始關注淮夷問題，征伐荊楚的方叔是曾經却退過玁狁
　　的身經百戰的老將，這些資料提示周王征伐淮夷、荊楚是征伐玁狁之後的事。
⑥ 　王應麟撰，張保見校注：《詩地理考校注》，成都：四川大學出版社，2009年，第163—164頁。
⑦ 　"翰"，《詩經・大雅・江漢》"文武受命，召公維翰"，毛傳："翰，榦也。"鄭玄箋："昔文王、武王受命，
　　召康公爲之楨榦之臣。"可知，"翰"與"榦"的通假關係(《毛詩正義》卷一八之三，《大雅・崧高》，第
　　565頁；《毛詩正義》卷一八之四《大雅・江漢》，第573頁)。

導力變弱的情況下，像飛鏢一樣導致反效應效果。尤其到了西周晚期，不斷發生內憂外患，周王的領導力逐漸微弱，這些反效應效果也凸顯出來了。比如説，周夷王烹殺齊哀公的事件，對此東漢人宋忠曰："哀公荒淫田遊，國史作《還詩》以刺之也。"①如果此説可賴的話，當時齊哀公玩忽職守，而且夷王的權勢也很微弱，爲了扭轉如此的形勢，周王才采取殺"侯"的決策。周王與異姓諸侯有矛盾的時候，這是屬於周王先動手之例。不過，厲王時期的噩侯，幽王時期的申侯，在與周王有矛盾的情況下，先發制人，給周王朝帶來很大的打擊。

當時噩國的崛起，有如下幾種原因。第一，噩國位於交通要道，具備了經濟發展的條件。第二，噩國與周王室通婚，自然而然地得到周王的支持。第三，噩國以經濟條件與王室的支持爲後盾，其軍事實力迅速强大起來。周王征伐南國及孳後，將南夷、東夷托給他管，頗爲可能。

《史記·秦本紀》有一句"厲王無道，諸侯或叛之"，但傳世文獻中找不到其例，只有禹鼎銘文（《集成》2833）可證實其史實。據禹鼎銘文，當時周王室的王師戰鬥力已弱，不能平定噩侯，但是周王還可以運用調動貴族的私屬武裝的權力，借武公的軍隊，才平定了噩侯之亂。但是這也不能完全平定其殘餘勢力。當時作爲噩侯幫手的南淮夷、東夷，繼續在江漢流域出没，西周的南國地區一直不得安寧。到了宣王時期，先却退玁狁，再把目光轉向了南方，"方叔涖止，其車三千"，大興兵車，命方叔征伐荊楚②，命召公却退淮夷③。征伐、却退成功後，周王爲南土、南國的穩定，決定了將申伯遷封到南方的"謝"地。"謝"就位於今河南省南陽一帶，既有交通的便利，也有經濟上的利益，對周王朝來説是在戰略上不可忽略的地區。因此宣王將可以信賴的申伯遷封到此地，申伯則受命就封到謝地。

值得注意的是相關資料中有"西申"、"南申"的稱謂④，可知申伯就封的時候只帶了部分力量，在西土仍留有申氏族人。申國是姜姓國，而且據史料宣王跟姜姓齊國聯姻，可知當時姜姓在西周王朝有舉足輕重的地位。換句話説，宣王對姜姓的依賴程度很高。如上所述申伯原作爲周王朝與西戎之間調解者的

---

① 《史記》卷三二《齊太公世家》，第 1481 頁。
② 《毛詩正義》卷一〇之二《小雅·采芑》，第 425—426 頁。
③ 《毛詩正義》卷一八之四《大雅·江漢》，第 573—574 頁。
④ "南申"見於仲再父簋銘文（《集成》4188、4189）："中（仲）再父大（太）宰南㽙（申）乎（厥）齵（辭），乍（作）㝬（其）皇且（祖）考遟王、監白（伯）隓（尊）殷（簋），……"

角色,而且南申要掌管南土、南國,因此對周王來説,如果能夠有效地控制姜申的勢力,周王朝的西土、南國則會穩定有序。其最好的方法就是聯姻,也許宣王給太子娶了西申之女,宣王期待太子能夠與姜申維持友好關係。

不過繼宣王即位的幽王,竟然辜負了先王的期待。幽王與申姜之間有一個兒子宜臼,將他命爲太子。不久,幽王開始寵愛"褒姒",生了伯服(伯盤)①。到了幽王八年,"立褒姒之子曰伯服,爲太子",廢了太子宜臼,把伯服作爲儲君,所以宜臼"奔西申"②。幽王的如此抉擇惹起了姜姓申國之怒,導致了姜姓申國聯合吕國、犬戎等進擊宗周,最後幽王被犬戎殺於驪山之下。

到此爲止,討論了周王朝與異姓諸侯之間的聯姻政策的正面效應和反面效應。首先,跟異姓諸侯通婚,結成姻親關係,加強了相互之間的紐帶;其次,通過軍事交流,加厚相互之間的友好關係;再次,以可信賴的外戚,替周王前去控制邊域的一些邦國,這是聯姻的正面效應。不過,勢力强大的外戚在跟周王室發生矛盾的情況下,往往帶來出乎意料的結果,如姞噩的反叛、姜申的内侵等。外戚勢力正像雙刃劍,其關鍵在於周王的領導力。如果周王失去了領導機制,外戚是對周王而言最可怕的敵人。從這個角度來看,西周晚期的周王當中,夷王、宣王建立了比較有效的軍事運作領導機制。相反,厲王、幽王則未能確實掌控軍事領導的機制,因而導致了國家的大變亂。

諸侯雖然在邊域地區享有較高的自治權,但是他們畢竟是周王朝的臣屬,因此周王可以直接、間接介入其後嗣問題,有時直接任命諸侯的軍事長官。如靜方鼎銘文所見,周王命靜掌管"在曾噩自",即在曾地的噩國軍隊。是否周王對所有諸侯都采取這樣的控制手段? 目前因資料有限,不能輕易下結論。不過,有需要考慮的一點,即噩、齊皆屬於異姓諸侯。周王任命諸侯的軍事長官,是否爲對異姓諸侯的統治機制? 對周王來説,異姓諸侯像是一把雙刃劍。周王的領導力較强的時候,這些異姓諸侯可作爲周王最信賴的幫手,如周王命齊

---

① 《史記》卷四《周本紀》,第 147 頁:"三年,幽王嬖愛褒姒。褒姒生子伯服。"《清華簡》(貳)《繫年》,第 138 頁:"周幽王取妻于西申,生平王,王或(又)取褒人之女,是褒姒,生伯盤。"
② 方詩銘、王修齡撰:《古本竹書紀年輯證》(修訂本),第 62 頁;《繫年》,第 138 頁:"王與伯盤逐平王,平王走西申。"

太公望掌管"五侯九伯",爲了東國的穩定,付出了努力;再如申伯一方面扮演着王朝與西戎(犬戎)之間的調解者角色,另一方面爲了王朝南土、南國的穩定,被遷徙到今南陽地區。至於噩侯,本文提出了其擔任管理"南夷"、"東夷"的可能性。但周王的領導力變弱之時,在周王不能控制諸侯的局面下,他們轉變爲對王朝最具威脅的勢力,如姞噩率領"南淮夷"、"東夷"反叛,姜申率領犬戎攻打宗周,殺害幽王,結果導致了西周王朝的滅亡。在這種意義上,可見當時周王對諸侯的領導力,以及其領導機制能否順利運作是很重要的。

第二節　周王朝控制畿外封君的軍事力量

畿外封君,在地理上主要位於王畿與邊域之間的交通要道,具有很大的重要性。雖然如此,他們畢竟在邊域之内,其軍事活動與諸侯相比,不是很活躍。筆者認爲,這也許是周王朝不允許他們擁有那麽强的軍事力量導致的。這個問題從柞伯鼎銘文(《近二》327,圖6-4)談起。

圖6-4　柞伯鼎銘文

　　隹(唯)三(四)月既死霸,虢中(仲)令柞白(伯)曰:"才(在)乃聖且(祖)周公繇又(有)共于周邦,用昏無及,廣伐南或(國)。今女(汝)觳(其)帅(率)希(蔡)厌(侯)左至于昏邑。"既圍𩍑(城),令希(蔡)厌(侯)告逪(徵)虢中(仲),穡(遣)氏曰:"既圍昏。"虢中(仲)至。辛酉,尃(搏)戎。柞白(伯)毂(執)嚚(訊)二夫,隻(獲)聝(馘)十人。誅弗敢(敢)志(昧)朕(朕)皇且(祖),用乍(作)朕(朕)剌(烈)且(祖)幽弔(叔)寶隮(尊)鼎,誅用追言(享)孝,用旂(祈)釁(眉)壽(壽)萬(萬)人(年),子子孫孫,其永寶用。

　　"柞白",應爲文獻中的"胙",屬於"周公之胤"[①],其故城在今河南省新鄉市延津縣胙城鄉,應該在王畿之外[②],但其地望達不到邊域地區。"虢仲"以周公之業績而鼓勵柞伯出征,與"蔡侯"合作圍攻"昏"[③],獲得了生擒 2 人、殺敵 10 人之戰功。

　　圍攻昏邑之戰,屬於"對外征伐戰",其規模應該不小,不過柞伯的戰功只有殺敵 10 人、生擒 2 人。從此可以推測,柞伯率領的軍隊應該不是很多。如此看來,周王朝册封柞伯的目的並不在軍事方面。

　　春秋時期,"侯"國的崛起,與他們的軍事性有關。周王朝册封"侯"的目的,就是在邊域地區防禦外敵的同時,控制邊域及其外小邦國。因此,諸侯自然而然擁有強大的軍事力量。畿外封君則不同,他們不在邊域地區,周王册封他們的目的,應該與諸侯不同(參圖 6-5)。筆者認爲周王朝對他們的册封,與當時王室與諸侯之間的交通路線有關。這與吕伯的册封有着密切關係,我們看一下班簋銘文(《集成》4341):

　　　　……王令毛公吕(以)邦冢君、土(徒)馭、或人伐東或(國)瘄戎,咸,王令吴白(伯)曰:吕(以)乃自(師)右(左)比毛父,王令吕白(伯)曰:吕(以)乃自(師)右比毛父,趞(遣)令曰:吕(以)乃族從父征。……

周王命令毛公率領邦冢君、徒馭、或人征伐東國瘄戎,然後再命令吴伯率領其

────────────────

① 《春秋左傳正義》卷一五,僖公二四年,第 1817 頁:"凡、蔣、邢、茅、胙、祭周公之胤也。"

② 《續漢書‧郡國志》東郡條曰:"燕,本南燕國。有雍卿。有胙城,古胙國。"《後漢書集解》云:"惠棟曰:'杜預云(古胙國)在(燕)縣西南。'……《一統志》:'(燕縣)故城,今衛輝府延津縣北故胙城東。'"則故城位於延津縣,今河南省新鄉市延津縣胙城鄉。參見《後漢書》志卷二一,第 3450 頁;(清)王先謙撰:《後漢書集解》,北京:中華書局,1984 年影印版,第 1229 頁。

③ "虢仲"、"柞伯"、"蔡侯"之間的命令關系,已在第一章第二節討論,在此不再贅述。

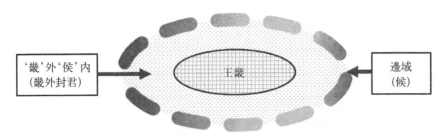

圖 6–5　西周時期畿外封君與侯的政治地理位置

"師"在毛父軍之左翼策應他，又命令吕伯率領其"師"在毛父軍之右翼策應他。其"師"，應該指吴伯、吕伯的軍隊。

　　"吕伯"，楊樹達先生曾提出即《尚書·吕刑》的"吕侯"[①]的看法，其地望在今河南省南陽市一帶。"吴伯"，李學勤先生認爲是《史記·吴太伯世家》之"吴"，其地望爲今蘇南一帶，但筆者認爲其説尚有商榷的餘地。首先，在屬於穆王時期的靜簋銘文（《集成》4273）中有"吴圷"，他應該與"吴伯"有關。其次，當時的蘇南地區，離宗周、成周很遠。因此，他們不大可能來當王官。筆者認爲，此"吴伯"可能與今陝西隴縣一帶的"矢"有關。陳絜先生已經指出"口"字旁的裝飾性[②]，即"吴"與"矢"是同字異體的關係。

　　西周時期，"柞伯"所在地位於今河南新鄉、"吕伯"所在地位於今河南南陽地區，是個很重要的交通要衝。伊藤道治等先生格外重視"點"與"點"之間的"線"[③]，即當時的交通路線。周王朝的封建，就是在這些交通路線上所設置的。就今南陽地區而言，不僅是連接"成周"與長江中游的一條"線"上的"點"，而且是連接"宗周"與長江中游的一條"線"上的"點"，即這兩條線的交叉之地。從此可知其地在交通上的重要性。考慮到這一點，周王朝册封畿外封君的目的，不在軍事方面，而應該是爲保持交通路線的暢通。因此，畿外封君不需要那麼强的軍事力量。而且，有時候他們會入朝當王官（如吕伯），這表明畿外封

①　《金文説》（增訂本）卷四《毛伯班簋》（1946 年 10 月 17 日），第 104 頁。"吕侯"，王治國已證明《吕刑》中的"吕侯"應爲"吕伯"之誤。參見王治國：《西周諸侯入爲王官有無考》，《史學月刊》2014 年第 5 期。

②　陳絜：《説"敢"》，收入《史海偵跡》，香港新世紀出版公司，2006 年，第 16—28 頁。

③　［日］伊藤道治：《中國古代王朝的形成》，東京：創文社，1978 年，第 247—284 頁；王玉哲：《殷商疆域史中的壹個重要問題——"點"和"面"的概念》，《鄭州大學學報》1982 年第 2 期。

君也在周王的掌控之中。

第三節　周邦與畿外邦國之間的軍事關係

　　周王朝是在西土崛起的國家,在殷商時期只不過是西方的一個邦國而已。雖然武王克商之後,即天子之位,但在西土地區還存在一些不隸屬於周王朝的邦國,甚至有"稱王"的邦國。比如,乖伯簋銘文(《集成》4331)所見的"乖幾王",散氏盤銘文(《集成》10176)所見的"矢王",《秦本紀》所見的"豊王"等①。這些邦國,一直到西周晚期,還跟周王朝共存。再看其他地區的情況,周王朝經過東征、北征、南征,開拓交通路線,册封諸侯,擴張勢力。諸侯國周圍的邊域地區,也存在不屬於周邦的邦國,他們或被周邦所征服,或配合周王編入以周邦爲中心的天下秩序。本節要討論的就是後者與周邦在軍事上的關係。

一、從尚盂銘文看周王與邦國君主之間的關係

　　於 2010 年在山西省翼城縣隆化鎮大河口西周墓地 M1017 出土的尚盂(《銘圖》6229,圖 6-6 左),目前藏於山西省考古所。其形制爲敞口,方唇,深直腹,三外卷象鼻足,雙附耳,上腹飾三組獸面紋,底三足間有"Y"形陽線紋。口徑 39.5、高 34 釐米②。其内壁鑄銘 10 行 117 字,其中重文 2 字。此器出土之後,其銘文内容受到學界廣泛關注,已經有不少研究成果③。其銘文如下(圖 6-6 右):

---

① 《史記》卷五《秦本紀》,第 179 頁。
② 謝堯亭等:《山西翼城縣大河口西周墓地》,《考古》2011 年第 7 期。
③ 所引的研究成果如下:黄錦前、張新俊:《霸伯盂銘文考釋》,武漢大學簡帛研究中心網站,2011 年 6 月 15 日發表,http://www.bsm.org.cn/show_article.php?id=1494;曹建敦:《霸伯盂銘文與西周時期的賓禮》,復旦大學出土文獻與古文字研究中心網站論文,2011 年 6 月 22 日發表,http://www.gwz.fudan.edu.cn/SrcShow.asp?Src_ID=1560;張亮:《論霸伯盂銘文所反映的西周賓禮》,武漢大學簡帛研究中心網站,2011 年 7 月 19 日發表,http://www.bsm.org.cn/show_article.php?id=1514;李學勤:《翼城大河口尚盂銘文試釋》,《文物》2011 年第 9 期;孫慶偉:《尚盂銘文與周代的聘禮》,北京大學考古文博學院、北京大學中國考古學研究中心編:《考古學研究》(十),北京:科學出版社,2012 年,第 506—516 頁;丁進:《新出霸伯盂銘文所見王國聘禮》,《文藝評論》2012 年第 2 期。引用以上研究成果時,一般情況下不再一一出注。這些研究成果對尚盂銘文的斷句和理解,請參"表 6-2"。

圖 6-6　尚盂器(左)、銘文(右)

　　隹(唯)三月,王史(使)白(伯)考蔑尚(曆),歸(饋)柔(茅)、朸(鬱)旁(芳)卣、臧(漿)。尚捧(拜)頶(稽)首。既頶(稽)首,征(延)賓(賓),嘼(贊),賓(賓)用虎皮再(稱)毁(饋),用章(璋),奉。翌日,命賓(賓)曰:"捧(拜)頶(稽)首天子蔑,늈(其)亡(無)(曆),叙(敢)敏。"用章(璋)。遣賓(賓),嘼(贊),用魚皮兩側(側)毁(饋),用章(璋)先馬。遼(原)毁(饋),用玉。賓(賓)出。吕(以)(俎)或(又)征(延),白(伯)或(又)遼(原)毁(饋),用玉先車。賓(賓)出。白(伯)遣賓(賓)于蒡(郊),或(又)舍賓(賓)馬。霸白(伯)捧(拜)頶(稽)首,對戰(揚)王休,用乍(作)寶盂,孫孫子子늈(其)邁(萬)年永寶。

　　"隹(唯)三月,王史(使)白(伯)考蔑尚(曆),歸(饋)柔(茅)、朸(鬱)旁(芳)卣、臧(漿)"。"蔑曆",已經有不少人討論過這個問題,此不贅述,大概的意思是誇耀其人的功績[1],"王使伯考蔑尚曆"即王使伯考誇耀尚的功績。"歸",《廣雅·釋詁三》"遺也",意思是饋贈。"柔",讀爲"包茅"之"茅",祭祀時

_____

① 《史徵》,第66—67頁。

用以濾酒。"臧",或讀爲"戚",或讀爲"漿"。讀爲"戚"的話,表示禮節的完成[1]。不過,整篇銘文中有不少禮節,只有一次出現這種用法,筆者認爲不妥,因此從後者。《説文》"漿,酢漿也",就是《周禮·酒正》"四飲"之一,李學勤先生認爲鬯酒、酢漿等大概都是尚所處地區缺少的,而爲遵行傳統禮制所必備。總之,此段的大意是在某年三月,周王使伯考來到霸國,在某地誇耀尚的功績,餽贈他"茅、鬱鬯酒、酢漿"等物品。

"既頜(稽)首,征(延)賓(賓),罵(贊),賓(賓)用虎皮爯(稱)毁(餽),用章(璋),奉"。"延賓"之"延",《禮記·曲禮上》"主人延客祭",鄭注:"延,道也。""罵",李學勤先生讀爲"贊",釋爲引導,如《國語·周語上》"右史贊王"。"稱",《儀禮·士相見禮》注:"舉也。""毁",李先生認爲是動詞,古音爲曉母微部,在銘文中讀作羣母微部的"餽",如《周禮·善夫》注"進物於尊者曰餽"、"稱餽璋奉",《周禮·小行人》云"圭以馬,璋以皮",銘文餽璋配以虎皮,與經文相合,即"稱餽"是舉皮而獻。總之,此段的大意是接着納賓於某處,賓舉着配以虎皮的璋向尚奉獻[2]。

"翌日,命賓(賓)曰:'捧(拜)頜(稽)首天子蔑,丮(其)亡(無)⿰夫心(曆),敢(敢)敏。'用章(璋)"。"敏",黄、張釋爲"敬也",李學勤先生據《禮記·中庸》注"敏猶勉也"而説"這乃是尚自謙的話,説實際没有什麼功勳,只有以之自勉而已"。"用璋",李先生認爲將伯考上日奉獻的璋還回,在《聘禮》稱作"還玉",本文暫從之[3]。此句的大意是霸伯用璋表示感謝天子的蔑曆。

"遣賓(賓),罵(贊),用魚皮兩倗(側)毁(餽),用章(璋)先馬。邍(原)毁(餽),用玉。賓(賓)出"。"用魚皮兩",張亮先生認爲,這是行禮時用兩張魚皮爲庭實的記載。魚皮在先秦中原地區也是具有實用價值的皮類,但是文獻中未見以整張魚皮贈人者,本銘文中以兩張魚皮爲禮幣尚屬首見。"側",《儀禮·聘禮》鄭注"猶獨也"。"用璋先馬",曹建敦先生指出從《儀禮》記載的聘禮、覲禮看,獻馬的次序多在獻幣帛玉器之後,在此也不例外。"邍",即"原",

---

[1]　陳劍先生討論曹文之時提出"應爲'戚'字之誤"的看法,表示禮節完成之意,
[2]　孫慶偉先生認爲"虎皮玉璋"是伯考的私覿之物。具備一説。
[3]　孫慶偉先生對此提出意見,是因爲上日伯考奉獻的璋是私覿之禮物,不用還了,霸伯用璋也可看作是覿禮的一種禮節,於霸伯而言,伯考的身份是代王宣命的王使,所以霸伯見伯考就如見周王本人,獻以玉璋合乎當時的禮儀,可爲一説。

《爾雅·釋言》"再也"、"原毀"就是再饋、再獻。總之,此段的大意是送賓(伯考)之時,尚贈送於賓兩張魚皮,贈送玉璋後贈獻馬,然後用玉再次進行饋贈,賓接受饋贈後出門。

"邑(以)𤉲(俎)或(又)征(延),白(伯)或(又)邍(原)毀(饋),用玉先車。賓(賓)出。白(伯)遺賓(賓)于葊(郊),或(又)舍賓(賓)馬"。"𤉲",學界一般讀爲"俎",《儀禮·鄉射禮》注:"俎者,肴之貴者也。"李先生説,霸伯送賓之時舉行饗宴,儘管賓已經離席辭出,又接引回來,進行第三次饋贈,所饋不僅玉瑞,還有車,可與"用璋先馬"相配,筆者從之。"舍",黃、張釋爲"余",讀作"予",賜予。"又舍賓馬"是再次賜予賓馬的意思。總之,送賓之時擺設饗宴,再接引回來,霸伯又饋贈賓,先用玉瑞後用車。禮節結束後,賓出門,霸伯送賓到郊區,又賜予賓馬。

對這篇銘文所見的禮節,學界已有討論。學者們都指出這篇銘文所見的禮節與《儀禮·聘禮》類似。不過這兩種禮節並不完全符合。或認爲《儀禮·聘禮》是諸侯與諸侯之間的禮節,而這篇銘文所見的禮節是天子與諸侯之間的禮節,稱爲"王國聘諸侯禮",因此兩者之間存在一些差異①。這種説法具有一定的説服力,但仍存在討論的餘地。筆者認爲,爲了解決這個問題,先搞清楚所謂"諸侯"的性質問題。據《史記》等文獻,"諸侯"以册封方式,可分爲三類:第一,册封先王之後,如祝、薊、杞、宋等屬於此類;第二,"授土授民"的册封,對王族或功績顯赫的功臣的"自上而下"的册封,如大部分的姬姓諸侯及齊、陳等的異姓封國屬於此類;第三,周王對既有邦君的册封,則周王認可他們既有的權利,無需"授土授民"。

任偉先生對這三種册封類型,以"授土授民"爲基準,分爲諸侯與邦君兩類:"諸侯"而言,"由第二類分封造就的邦國(多爲姬姓封國),因其封國的爵稱封號多爲'侯'故漸以諸侯稱之",就"邦君"而言,"由第一類和第三類分封造就的邦國,其封君爵號較爲複雜,推測他們仍被泛稱爲'邦君',以體現'邦君'之本義"②。任先生討論"諸侯"和"邦君"的差異,筆者認爲是極爲妥當的分析。

---

① 丁進:《新出霸伯盂銘文所見王國聘禮》,《文藝評論》2012年第2期,第6—8頁。
② 任偉:《西周金文與文獻中的"邦君"及相關問題》,《中原文物》1999年第4期,第56頁。

表6－2　各位學者對"尚盂"銘文的短句與理解

銘　文	黃錦前 張新俊	曹建敦	張亮	李學勤	孫慶偉	丁進
唯三月， 王使伯考蔑尚曆，歸（饋）柔（茅）、□（鬱）旁（勞）、邑（藏）（獎），	王使伯考至霸，慰勞尚，并饋以包茅、鬱酒。	主人以幣勞賓，即所謂"償"。	蔑曆之禮	記"蔑曆"賞賜之禮。	伯考代王蔑曆，歸伯、霸伯王所賜的酒醴。	蔑曆
尚拜稽首。 既稽首，延賓，鄙（賓）， 賓用虎皮再稱（稱），毀（饋）， 用章（璋）、拳。	在伯考代王慰問尚之後，尚迎賓，勞賓於朝。（禮賓）		儐禮	伯考對尚的聘問禮節。	伯考私觀，饋霸伯虎皮，伯虎皮，玉璋。	初饗賓
翌日，命曰："拜頴稽首天子蔑，其亡（無）曆，敢敏。" 用章（璋）。	尚又迎賓於廟，向伯考之使者伯考正式行禮，并以璋為禮幣，答謝王之慰勞。	跟聘禮、觀禮的"致贈"相類。	賄禮	尚"命賓"之後，使"用章"，即將伯考上日奉獻的璋還贈回，在《聘禮》稱作"還玉"禮（第一次饋贈）。	霸伯革璋於伯考，由其轉交於王。	王還
遣賓、鄙（賓），用魚皮兩側（側）毀（饋）。 用章（璋）先馬。 遑（原）毀（饋），用玉。	聘儀結束之後，賓受禮而出廟。			第二次饋贈，"遣賓"，先奉璋後，獻馬。"原毀（饋）"，再饋，再獻。	霸伯先用魚皮、璋，再用玉，作為霸伯的酬幣以及對其私觀的回饋。	遣賓 再饗

續表

銘文	黃錫前 張新俊	曹建敦	張亮	李學勤	孫慶偉	丁進
賓出。以俎，或（又）延 伯或（又）遱（原）毀（饋），用王先車。	聘儀結束之後，賓受禮而出廟。賓迎霸伯，返還之前所受之圭、璋等禮幣。	霸伯爲使者餞行。	饗禮或食禮	第三次饋贈。所饋不僅玉瑞，還有車，可與第二次所饋的馬相配。	在伯考離開前，霸伯送俎，館舍，并贈伯考王和車。	遣賓再饗 食禮
賓出。伯遺賓子菓（郊），或（又）舍賓馬。	賓將返國，霸伯親自送賓至於郊，並饋之以馬，以勞賓。	禮書所謂的"郊送"之禮。	郊贈之禮	贈馬於賓，作爲這次盛禮的結束。	霸伯送伯考於郊、再贈伯考馬。	郊送
霸伯拜稽首，對揚王休，用作寶盂，孫孫子子其邁年永寶。	叙作器之緣由。		金文習見套語			

　　基於如此的分類,霸伯應該屬於第三類,即邦君。他們是早就居住於這個地區的土著勢力,武王克商後,認可周王的天子地位,稱爲服屬於王朝的所謂"友邦君"。

　　山西絳縣(橫北村西周墓地 M1∶212)出土的倗伯諸器也可證明這一點,首先看一下倗伯鼎銘(圖 6-7)[①]:

　　　　倗伯作畢姬寶旅鼎。

圖 6-7　橫北村西周墓地 M1∶212 倗伯鼎

　　山西絳縣橫水西周墓地所出的帶銘銅器中,有倗伯爲畢姬做的銅器,一共5件:M1 出土有一鼎、一簋、一甗、一盤;M2 出土有一鼎。這可證明倗邦與畢氏之間的通婚關係,這裏所見的"畢姬"應該是來自畢氏的倗伯夫人。相反,傳世銅器銘文中有嫁給畢氏的倗邦女人《集成》2462,圖 6-8):

　　　　倗中(仲)乍(作)畢媿媵(媵)鼎,弌(其)萬年寶用。

畢媿應該是倗仲之女。從這兩件銅器銘文中可知當時倗邦與畢氏之間的通婚關係。此外,橫水墓地也發現益公蔑曆倗伯的銘文(橫北村西周墓地 M1∶205,圖 6-9):

　　　　唯廿又三年初吉戊戌,益公蔑倗伯再曆,右告令金車旅……

―――――――

① 山西省考古研究所等:《山西絳縣橫水西周墓發掘簡報》,《文物》2006 年第 8 期。

圖 6-8　《集成》2462

圖 6-9　"M1：205"銘文

　　據此推測,當時佣邦與畿內封君之間的關係相當密切。有學者認爲佣屬於"懷姓九宗"①,是隸屬於晉國的土著族群者。但如果隸屬於諸侯,其身份應該相當於附庸,據文獻附庸恐怕不能與王朝中央結交②。但是,從這些銅器銘文可知,佣氏可以不經晉侯便與王朝貴族互相往來,甚至與他們聯姻,因此筆者認爲佣邦應該不是隸屬於晉侯的邦國。如果格伯簋銘文(《集成》4264,又稱佣生簋)銘文所見的"佣生"與佣邦有關③,則也可以作爲佣邦與王朝中央之間關係密切的旁證。

　　邦君與周王室之間的地位關係,可以從傳世文獻中尋找。《左傳》昭公二十五年有如此的例子:

---

① 韓巍:《關於絳縣佣伯夫婦墓的幾個問題》,收入《西周金文世族研究》,北京大學博士學位論文,2007 年,附錄四,第 348—354 頁;張海:《懷姓九宗研究》,河北師範大學碩士學位論文,2008 年;田偉:《試論絳縣橫水翼城大河口墓地的性質》,《中國國家博物館館刊》2012 年第 5 期。
② 《禮記正義》卷一一《王制》,第 1322 頁:"公侯田方百里,伯七十里,子男五十里;不能五十里者,不合于天子,附于諸侯曰附庸。"鄭玄注:"附庸者,以國事附於大國,未能以其名通也。"
③ 格伯簋(佣生簋)銘文(《集成》4264)中講格伯與佣生之間的土地交易,在成周周王出席下進行。

夏,會于黄父,謀王室也。趙簡子令諸侯之大夫輸王粟、具戍人,曰:"明年將納王。"……宋樂大心曰:"我不輸粟,我於周爲客,若之何使客?"[①]

這是春秋時期,樂大心對宋國與周邦的關係所吐露的一段話。他的意思是宋國對周王室説是賓客,不是臣下。宋國是殷商之後,屬於第一類册封之例。周王朝尊重殷商之後,對之實行"客而不臣"[②]的待遇。換句話説,作爲"客"的"宋"指的是宋邦的邦君,作爲"主"的"周"指的是周邦的邦君。即這兩者之間的關係,並非君臣關係,而是邦君與邦君的對等關係。

尚盂銘文所見的霸伯係第三類型的邦君。那麼這類邦君是否也像宋國那樣跟周邦維持對等的關係? 尚盂銘文中找不出什麼有力的證據,但是從乖伯簋銘文(《集成》4331)中可以尋找其蛛絲馬跡(圖6-10):

王若曰:乖白(伯),朕(朕)不(丕)顯(顯)且(祖)玫(文王)、珷(武王),雁(膺)受大命,乃且(祖)克奪(弼)先王,異(翼)自它邦,又(有)帝于大命,我亦弗宋(深)亯(享)邦,……

圖6-10　乖伯簋器(左)、銘文(右)

① 《春秋左傳正義》卷五一,第2107—2109頁。
② 《春秋公羊傳注疏》卷二,隱公三年,第2204頁:"宋公和卒。"何休注曰:"宋稱公者,殷後也。王者封二王後,地方百里,爵稱公,客待之而不臣也。"

　　周王對乖伯説,我的祖先文王、武王受大命之時,你的祖先能夠輔佐先王,當時你的祖先來自它邦而配合大命,我怎麼能不款待你的邦國! 由此可知,乖伯的祖先是"武王克商"之前便跟文王、武王聯合的邦君之一。乖伯的祖先爲周先王出兵助陣,周王厚待乖伯。這篇銘文中可以發現有趣的地方,即周王將乖伯之國稱爲"它邦"。這與周王將自國稱爲"我邦"或"周邦"的用例比起來,"它邦"的稱法具有特别之處。此外,這篇銘文的嘏辭中有此語:"歸(歸)夗敃(敢)對訊(揚)天子不(丕)杯魯休,用乍(作)朕(朕)皇考武乖幾王隩(尊)段(簋)。""歸夗",應該是乖伯之名。這篇銘文的"所對揚者"是周王,此器的所獻對象是"皇考武乖幾王",可見乖國稱王之例。此外,在西周銅器銘文中有夨王、吕王(吕王壺,《集成》9630)、皇考釐王(彔伯戜簋,《集成》4302)等例子。由此可知,當時除了周王以外,其他邦國的邦君中或有稱王之例。這可證明當時這些邦君與周王在形式上處於對等關係。這些邦國在册封方面,大概都屬於第三類。那麼同樣屬於第三類的霸伯或許也是與周王在形式上持有對等關係的邦君。

　　在此基礎上再看尚盂銘文。學界已經大體認同尚盂銘文所見的禮節與《儀禮·聘禮》之間有一脈相承之處。雖然在儀禮的細節和贈予品之間存在一些差異,但在整個典禮的脈絡上,如賓國的訪問與贈予,主國的接待與贈予,餞行之時對賓客的贈予等,大體上符合聘禮。

　　日本的高木智見曾經提出了舉行聘禮的雙方之間有對等關係的意見。即兩者之間在禮節中的表現,禮物贈予中所見的"互酬性",賓國與主國之間的交叉相互訪問等,根據這些特徵提出過這兩者之間的關係並非"君臣"關係而是互相派臣聘問的"對等"關係①。黎虎先生也提出"聘禮"的雙方之間相互聘問的"交聘禮"中所見的對等性原則。如交聘主體之間的對等性、接待人員的對等性、接待儀節的對等性等。他還强調舉行聘禮之時,使者東面、主君西面、賓主相向的細節,是因爲使者是奉本國軍命而向主君聘問,以視"敵體"關係的。這是既强調雙方之間對等的地位,也强調典禮細節中的對等性原則②。那麼

---

① 〔日〕高木智見:《春秋時代の聘禮について(關於春秋時代的聘禮)》,(日)《東洋史研究》47-4,1989年,第109—138頁;〔韓〕金正烈:《橫北村과大河口(橫北村與大河口)》,(韓)《東洋史學研究》第120輯,2012年,第44頁。
② 黎虎:《周代交聘禮中的對等性原則》,《史學集刊》2010年第2期。

尚盂銘文中所見的周邦與霸邦之間，並不存在很明顯的君臣關係，而可能會存在至少在形式上的互相尊重的對等關係。

二、畿外邦國對周王朝的軍事支持

周王與邦君之間，在儀禮上有對等關係，不過應該要注意這一點：雖然邦君中有稱王的，但是目前爲止没有發現邦君中有稱"天子"者，即周天子的地位是獨一無二的。在這種意義上，邦君的地位低於天子的地位。在相關銅器銘文中，可以看到邦君認可周天子之例：如乖伯簋銘文（《集成》4331）中的乖伯，感謝周王的贈予而說："乖白（伯）捧（拜）手頴（稽）首，天子休弗朢（忘）小裔（裔）邦，歸（歸）夗叡（敢）對揚（揚）天子不（丕）杯魯休。"在尚盂銘文中也可見，霸伯對周王的蔑曆表示謝意而說："捧（拜）頴（稽）首天子蔑，叴（其）亡（無）🔲（曆），叡（敢）敏。"

這使我們思考周王的雙重地位：一、周邦之王，即"周王"的地位；二、天之子，即從"天"受到"天命"而主管"天下"之"天子"的地位。周王在周邦之内，是周邦的邦君，周邦之王。乖伯、霸伯與周王之間，在邦君對邦君的情況下，可以平起平坐，不過在天下範圍而言，他們的地位處於周天子之下，所以應該要認可周天子的權威。

跟這種認識相合的是"友邦君"和"友邦冢君"的稱號。《尚書・牧誓》曰："王曰：'嗟！我友邦冢君，御事：司徒、司馬、司空，亞旅、師氏，千夫長、百夫長，及庸，蜀、羌、髳、微、盧、彭、濮人。稱爾戈，比爾干，立爾矛，予其誓。'"[①]"我友邦冢君"與"御事"，"御事"應該是"司徒……百夫長"等的屬於周邦的官員、長官；此外的"庸、蜀、羌、髳、微、盧、彭、濮人"應該繫於"我友邦冢君"。《竹書紀年》所記的"周武王率西夷諸侯伐殷，敗之于坶野"[②]的"西夷諸侯"，也應該屬於"友邦冢君"之例。如果"文土受命"之故事屬實的話，當時這些友邦冢君之爲周王助陣，不能看作對周邦的軍事支持，而是可看作對天子的軍事支持。即使没有"文王受命"之史實，周邦爲"西伯"之邦，即西土邦君之長，因此也可以"天子"或"西伯"的地位率領這些邦君。

---

① 《尚書正義》卷一一，第 183 頁。
② 《水經注・清水注》所引。參方詩銘、王修齡撰：《古本竹書紀年輯證》（修訂本），第 42 頁。

　　在屬於西周中期穆王時期的班簋銘文(《集成》4341)中也可見到周王朝得到邦冢君的軍事支持之例:"王令毛公昌(以)邦冢君、土(徒)馭、或人伐東或(國)痟戎。"這裏的"邦冢君"可看作與周邦對等的邦君。不過,周王在軍事上可以統率這些邦冢君,是因爲周王是受天命的天子,這些邦君是没有受天命的一般邦國之長。周王作爲天子的權威,也被這些邦君認可,因此四國的邦君是可以配合周天子而出兵的。在其他西周軍事銅器銘文中,也可以見到這些"友邦冢君"的活動。

　　首先,看一下有關"成王東征"時期的濬嗣土遉簋銘文(《集成》4059,圖6-11):

　　　　王束(來)伐商邑,征(誕)令康庆(侯)鄙玕(于)衛,濬(沫)嗣(司)土遉眾鄙,乍(作)氒(厥)考隩(尊)彝,晭。

　　此器傳爲1931年出土於河南濬縣辛村,現藏英國倫敦大英博物館。這篇銘文講的是成王征討所謂"三監之亂"後,將康侯遷封於衛地的史事。作器者"濬(沫)嗣(司)土遉",即"沫"地的"司土",名爲"遉"。

圖6-11　濬嗣土遉簋銘文　　　　圖6-12　濬伯遉卣銘文

　　現藏於日本東京出光美術館的濬(沫)伯遉卣(《集成》5363),也傳爲1931年出土於河南濬縣辛村,其銘文如下(圖6-12):

　　　　晭。濬(沫)白(伯)遉乍(作)氒(厥)考寶蹲(旅)隩(尊)彝。

　　這是該器的器銘,蓋也有銘文,與此大體相同,只缺最後一個"彝"字。上

舉銘文的作器者是"渚司土逄",此器的作器者稱爲"渚伯邐",應該是同一個
人。由此可知,他是以渚氏宗子之身份擔任司土之職,參與征討所謂"三監"之
戰,後來成爲妹邦之君。

此外,還有牭刢的軍事活動:

> 亞:王征竷(蓋),易(賜)岡刢貝朋,用乍(作)朕(朕)韑(高)且(祖)缶(寶)隡(尊)
> 彝。
> (岡刢卣銘文,《集成》5383,圖 6-13)

圖 6-13　岡刢卣銘文　　　　　　圖 6-14　墨伯誃卣器、銘文

岡劫卣現藏於美國舊金山亞洲藝術博物館,蓋、器同銘,17 字。岡刢從成
王征伐奄國而受賜後,爲高祖作此器。與此相配的尊(《集成》5977),銘文相
同,但没有"亞"框,"岡"作爲"墨(牭)"。岡氏應該是在武王克商之前就存在的
族氏。現藏於保利藝術博物館的牭伯誃卣(《銘圖》13280,圖 6-14)爲西周初
期器,其銘文有"牭伯"之稱:

> 亞:庚寅,墨(牭)白(伯)誃乍(作)又丰寶彝,才(在)二月,。

"牭"這個地名已見於殷墟卜辭,其地望爲今陝西東南到鄰近河南西部一帶①。

---

① 參見李學勤《牭伯卣考釋》,收入《中國古代文明研究》,上海:華東師範大學出版社,2005 年,第
107—108 頁[原載《保利藏金》(續),嶺南美術出版社,2001 年]。

這裏所見的"犅伯"應該是"犅邦之伯"的意思，那麼岡刦則是犅邦之公族的人，但也不能排除他身爲一代犅伯之可能性。

其次，昭王南征時期，過伯跟從昭王出征而立了戰功，其相關資料如下：

> 過白(伯)從王伐反刜(荆)，孚(俘)金，用乍(作)宗室寶障(尊)彝。(《集成》3907)

"過"邦也見於傳世文獻。《左傳》哀公元年中有以伍員的口述記載過澆滅夏后，少康再起滅過的故事，曰："昔有過澆殺斟灌以伐斟鄩，滅夏后相，……(少康)使女艾諜澆，使季杼誘豷。遂滅過、戈，復禹之績，祀夏配天，不失舊物。"①襄公四年也有"處澆於過"，對此杜預説："東萊掖梁北有過鄉。"②即他認爲過國是今山東地區的故國。此外《括地志》、《風俗通》等也載有相關的記錄③，此地在今山東省萊州市境内。

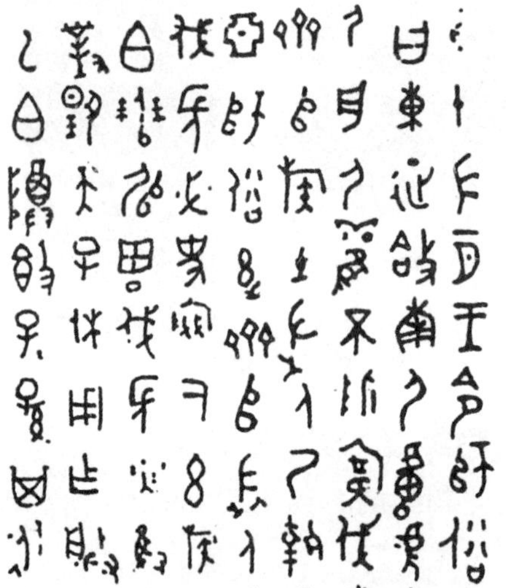

圖 6-15　史密簋摹本

其次，西周中期時，萊邦曾爲周王助陣，可看史密簋銘文(《近出》489，圖6-15)：

> 隹(唯)十又一月，王令(命)師俗、史密曰："東征。"敆南尸(夷)脐虎會杞尸(夷)、舟尸(夷)蕚不圻，廣伐東或(國)，齊自(師)、族土、述(遂)人，乃執鄙(鄙)寬亞。師俗遶(率)齊自(師)、述(遂)人左，□伐長必，史密右，遶(率)族人、釐(萊)白(伯)、僰眉，周伐長必，隻(獲)百人……

南夷占據長必，"廣伐"周王朝的東方邊域地區，周王命師俗、史密征伐南夷。在今山東地區的齊師、萊伯、僰等配合周王派來的師俗、史密，却退了

---

① 《春秋左傳正義》卷五七，第 2154 頁。
② 《春秋左傳正義》卷二九，第 1933 頁。
③ 《括地志》："過，猗姓國，今萊之掖西有過鄉、過亭、過城。"《風俗通》："過國夏諸侯，後因爲氏。"

南夷。萊邦,今山東省龍口市(舊黃縣)的古國①。萊在西周早期擁有較强的
勢力,史書記載齊國始封之時,因營丘跟齊國有過矛盾②。但在這篇銘文中,
萊國却跟齊國一起配合師俗、史密進行軍事活動,可見周王朝與東國諸邦之友
好關係。"棘"是在銅器銘文中少見的小國③。他們在西周晚期,還跟着王臣進
行過軍事活動,又見於師袁簋銘文(《集成》4313,圖6-16):

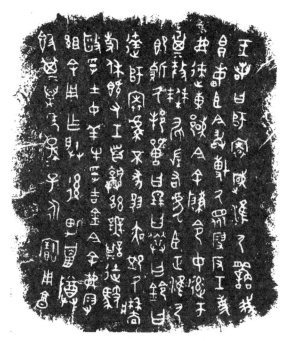

圖6-16　師袁簋銘文

① 參見陳槃《春秋大事表列國爵姓及存滅表譔異》,臺北:中研院歷史語言研究所,1969年,第391
上葉。此外,王輝先生説:《戰國策·魏策四》:"齊伐釐莒。"吳師道《戰國策校注補正》:《齊策》:
'昔者萊苔好謀……'此釐字即萊。《左傳》:'公會鄭伯于郲。'杜注:'釐城。'劉向引'來牟'作'釐
牟'。古字通。《通志·氏族略三》:"萊,子爵,其俗夷,亦謂之萊夷。今登州黃縣東南二十五裏有
黃城,是萊子國。襄公六年齊滅之。"今山東黃縣東南灰城曾出土釐伯鼎,李學勤先生以爲即萊國
古城。參見王輝:《商周金文》,北京:文物出版社,2006年,第202頁。
② 《史記》卷三二《齊太公世家》,第1480頁:"萊侯來伐,與之爭營丘。"
③ "棘",其地望方面,在學界有所分歧:《夷輯》認爲即冀國;李學勤先生讀爲逼,即妘姓逼陽,在今棗
莊舊嶧山縣南;王輝先生認爲"棘"應讀爲"棘。春秋時山東地區有兩個棘,一爲魯邑,見《春秋》成公
三年;一爲齊邑,見《左傳》昭公十年説,在今淄博市東。二地均因棘國得名,一爲初居,一爲後遷,本
銘殆指齊地之棘。"本文暫從王輝先生。參見《夷輯》,第215頁;李學勤:《史密簋銘文所記西周重
要史實考》,《中國社會科學院研究生學報》1991年第2期;王輝:《商周金文》,第197—202頁。

王若曰：師寰，叕淮尸（夷），繇我貟（帛）晦臣，今叚（敢）博（薄）氒（厥）衆旅，反（返）氒（厥）工事（吏），弗速（蹟）我東諴（國），今余肇令女（汝）遃（率）齊帀（師）、曇、鳌（萊）、僰尿，左右虎臣，正（征）淮尸（夷），即質氒（厥）邦嘼（酋），曰丹、曰鯵（褱）、曰铃、曰達，師寰虔不豕（墜），……

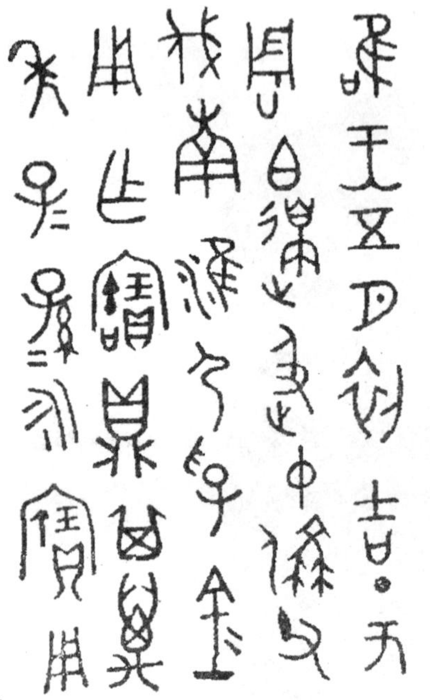

圖 6 - 17　所謂“仲催父鼎”銘文

就周王室的立場而言，淮夷是將貢品呈獻給周王的臣屬，但是當時的淮夷，既不呈獻貢品，又驅逐王臣。因此周王室派師寰征伐淮夷，師寰率領齊師、萊、曇、僰等出征，成功地完成任務。

其次，山東古國“噂邦”也曾配合周王室進行軍事活動（仲催父鼎，《集成》2734，圖 6 - 17）：

唯王五月初吉丁亥，噂白（伯）邊奎（及）中（仲）催父伐南淮尸（夷），孚（俘）金，用乍（作）寶鼎，叾（其）萬年子子孫孫永寶用。

此器已經失傳，只傳摹本與拓本，據銘文字體與文體，其斷代應該是西周晚期[①]。噂伯邊跟從仲催父征伐南淮夷俘獲了銅料資源。仲催父應該是王朝派來的大臣。至於噂邦的地望，據陳絜先生的考證，大致在山東濟南或濟陽附近[②]。

總而言之，作爲周邦之友邦的這些勢力，在西周王朝的防禦體系上，是處於最外邊的勢力。周邦內部有周王室與王師、貴族的族軍，其邊域地區有諸侯和周王直轄的軍事功能區“某師”。其再外邊，有與周王形式上平起平坐地舉行聘禮的邦君。不過，他們中有的認可周王的天子地位，與周邦結成聯盟，往往配合周王進行軍事活動。這些邦君處於東夷、南淮夷、獫狁、北狄等對周天子反覆無常的異族地區。因此對周天子來說，如何維持與他們之間的友好關

①　陳絜：《“中催父鼎”補釋及其相關歷史問題》，《古文字研究》第 28 輯，北京：中華書局，2010 年。
②　陳絜：《鄅氏諸器銘文及其相關歷史問題》，《故宮博物院院刊》2009 年第 2 期，第 21 頁。

係,是穩定國際秩序的關鍵問題。西周戰爭銅器銘文中常見的淮夷等"廣伐南國",即這些異族來征伐南國區域內與周王朝持友好關係的邦國①。

小　結

本章討論了周王對畿外諸侯、封君的領導機制及考察了周王與其他邦國之間的軍事關係。

畿外諸侯,雖然在邊域地區享有較高的自治權,但是他們畢竟是周王的臣屬,因此周王可以直接、間接介入其後嗣問題,有時直接任命諸侯的軍事長官。然後通過與異姓諸侯的通婚,一方面鞏固其紐帶關係,一方面利用他們有效地控制一些邊域地區。

畿外封君,周王册封他們的目的,並不在於軍事方面,他們雖然擁有自己的軍隊,但是其軍事力量不是很强,他們的軍事活動少見於銅器銘文,即使他們出征,但他們的戰果不是很顯赫,可能因爲如此。

其他邦國的邦君,嚴格來講,並不完全隸屬於周王。所以周王如何牽制他們,如何統率他們,目前尚未能展開全面的討論。但從軍事方面的資料可以發現蛛絲馬跡。這些邦君,即所謂"友邦君""友邦冢君",往往爲周王出兵助陣,可見其在軍事方面,周王擁有對他們的軍事調動權力。

本章所論的內容中,再次要强調的是如下幾項內容:

第一,西周銅器銘文中可見周王直接任命諸侯軍事長官之例:靜方鼎銘文所見,周王命靜長官"曾鄂師",即在曾地的鄂侯軍隊;引簋銘文所示,周王命引繼承其祖父長官齊侯軍隊。是否周王對所有諸侯都采取如此的控制手段,目前因資料有限,不能輕易下結論。不過,有需要考慮的一點,即鄂、齊皆屬於異姓諸侯。周王任命諸侯的軍事長官,是否爲針對異姓諸侯的控制機制,筆者認爲不能排除這種可能性。

第二,指出了異姓諸侯的兩面性。與周王聯姻的外戚中,筆者舉申、鄂、齊侯之例,討論這個問題。他們可爲周王最信賴的幫手,如周王命齊太公望掌管"五侯九伯",爲了東國的穩定,付出了努力,再如申伯一方面扮演着王朝與西

---

① 朱鳳瀚:《論西周時期的"南國"》,《歷史研究》2013 年第 4 期,第 12 頁。

戎(犬戎)之間的調解者角色,另一方面爲王朝南土、南國的穩定,被遷徙到今南陽地區,至於噩侯,筆者提出了其擔任管理"南夷"、"東夷"的可能性。但周王的領導力變弱之時,在周王不能控制諸侯的局面下,他們轉變成對王朝最具威脅的勢力,如噩侯率領"南淮夷"、"東夷"反叛,申侯率領西戎攻打宗周,殺害幽王,結果導致了西周王朝的崩潰。在這種意義上,可見當時周王對諸侯的領導力,以及其領導機制的順利運作是很重要的。

第三,周王與邦君之間的關係上,本文着眼於周王的雙重地位,即周王一方面爲"周邦"之邦君,另一方面爲從"天"接受"天命"而掌管"天下"的"天子"。作爲"周邦"之長的周王,與"它邦"邦君之間,有形式上的對等關係,這在互相之間舉行的"賓禮"(類似於後來的聘禮)中可尋。不過,另一方面,這些邦君尊崇周王爲"天子",承認其"天下共主"之地位,在軍事上邦君配合周王或周王派來的將領進行軍事活動,就可證明這一點。

第七章　軍事領導機制與周王軍事領導權力之關係

前文已討論本書所用銅器銘文的特徵、西周王朝軍的聯合性構成、戰爭類型及戰時的領導機制，繼而探討了周王對王師、畿内貴族、畿外的封君和諸侯以及其他邦君的軍事領導機制。軍事領導機制的順利運作與周王的領導權力關係密切，因此本章將綜合討論西周時期軍事領導機制與周王軍事領導權力演變的關係①。

第一節　西周早中期（武王——孝王）

西周王朝興起於殷商王朝的西方，所以"克商"後，面對的問題是怎樣有效地掌控新征服的地區，在將王族、功臣冊封於軍事要地而監管被征服民的同時，也對殷商的友邦采取軍事征服活動。這樣發展下去的西周王朝，據司馬氏的《史記》來看，從周昭王時就已開始走向衰落，經穆王、共王後，王位繼承方面出現了異常，導致了孝王以後"諸侯"擁立周王的局面。不過，從周王的軍事領導權力的角度來分析，我們可以看出與此不同的局面。本節要討論一下，西周早中期，周王的軍事領導權力的演變，以及周王朝在這個時間段的興衰。

---

① 關於西周時期的斷代，本書以武王到昭王爲西周早期，穆王到孝王爲西周中期，夷王到幽王爲西周晚期。本節討論周王的軍事領導力，基本是在這種框架下進行的。不過本節把西周晚期又分爲"夷王、厲王時期"和"宣王、幽王"時期，因爲其間的十四年"共和行政"時期，可看作是周王失去領導力和領導機制的時期。

一、西周王朝的興起與昭王南征

武王克商以後,周王朝遭遇所謂"三監之亂"①。憑成王、周公的領導,平定了叛亂。成王、周公接着率領軍隊征伐蓋(奄)、薄姑等東方强國後,把微子啓封於宋,續殷商之祀,把衞康叔封於殷的故地,把周公子伯禽封於奄的故地,把太公封於薄姑的故地,以圖東土的安寧②。所謂的"成康之治"就是基於這樣的安定狀態下發展起來的。《周本紀》曰:"成康之際,天下安寧,刑錯四十餘年不用。"③實際上,此時成王、康王東征東夷,北征鬼方,擴張王朝的勢力(參表7-1)。成王、康王通過東征和北征,把衞、邢、燕的交通路線穩定下來了④。

表7-1　西周金文所見成王、康王時期的戰爭記録

戰 爭	銘 文	著 録	主 要 内 容
成王時期 東征	潘司土遬簋	《集成》4059	王束伐商邑,征(誕)令康庆(侯)啚(鄙)㼈(于)衞,……
	小臣單觶	《集成》6512	王後取克商,才(在)成𠂤(師),……
	太保簋	《集成》4140	王伐彔子耶(聖),叡乒(厥)反(叛),……
	禽簋	《集成》4041	王伐埜(蓋)庆(侯),周公某(謀),禽祝,……
	犅刧尊	《集成》5977	王征埜(蓋),易(錫)𤯎(犅)刧貝朋,……
	墨方鼎	《集成》2739	唯周公征伐東尸(夷),豐白(伯)、尃(薄)古(姑)咸弋,公歸(歸)禀于周廟,戊辰,酓(飲)秦(秦)酓(飲)……

① 《史記》卷三五《管蔡世家》,第1565頁:"武王既崩,成王少,周公旦專王室。管叔、蔡叔疑周公之爲不利於成王,乃挾武庚以作亂。周公旦承成王命伐誅武庚,殺管叔,而放蔡叔,遷之,與車十乘,徒七十人從。"

② 《史記》卷三五《管蔡世家》,第1565頁:"分殷餘民爲二:其一封微子啓於宋,以續殷祀。其一封康叔爲衞君,是爲衞康叔。"《春秋左傳正義》卷五四,定公四年,第2134頁:"因商奄之民,命以伯禽,而封於少皞之虚。"《漢書》卷二八下,第1659頁:"至周成王時,薄姑氏與四國共作亂,成王滅之,以封師尚父,是爲太公。"

③ 《史記》卷四《周本紀》,第134頁。

④ 潘司土遬簋銘文(《集成》4059)記載對"衞"的册封,麥方尊銘文(《集成》6015)記載對"邢"國的册封;克盉(《近出》942)、克罍(《近出》987)等銘文記載對"燕"的册封。

續　表

戰　　爭	銘　文	著　録	主　要　内　容
康王時期 東征	魯侯尊	《集成》4029	唯王令(命)明公遣(遣)三族伐東或(國),才(在)遘,魯庆(侯)又(有)囚(繇)工(功),用乍(作)蘿(旅)彝。
	嗇鼎	《集成》2740	唯王伐東尸(夷),瀗(祭)公令嗇界史旟曰:呂(以)舫(師)乓(氏)界有闥(司)、後或(國)聖伐胈,……
	寰鼎	《集成》2731	王令趞(遣)葳(捷)東反尸(夷),寰肈从趞(遣)征,攻閈(衞)無音(敵),……
	保員簋	《近出》484	唯王既袤(燎),乓(厥)伐東尸(夷)。
	小臣謎簋	《集成》4238	戲東尸(夷)大反,白(伯)懋父呂(以)殷八自(師)征東尸(夷),唯十又二月,遣(遣)自𡵂自(師),述東阹,伐海眉(湄),雩(雩)乓(厥)復(復)歸(歸)才(在)牧白(師),……
	旅鼎	《集成》2728	唯公大(太)係(保)來伐反尸(夷)年,……
康王時期 北征	小盂鼎	《集成》2839	唯八月既望,辰才(在)甲申,昧喪(爽),……告曰:王令盂呂(以)□□伐戬(鬼)方,……盂或(又)告曰:□□□□,乎蔑我征,……唯王廿又五祀。
	臣諫鼎	《集成》4237	唯戎大出于軝,井(邢)庆(侯)厚(搏)戎,徃(誕)令臣諫□□亞旅處于軝,仙王□□,……
	師旂鼎	《集成》2809	唯三月丁卯,師旂眔僕(僕)不從王征于方䨊(雷)。……
	吕壺	《集成》9689	唯三(四)月白(伯)懋父北征。……

　　昭王南征,是在北土和東國的局勢穩定之後進行的。迄今爲止,與昭王南征有關的銅器銘文大約有 20 篇,可見其數量之多。昭王在戰爭前,先派"師中"和"靜"安排行宫(庠)後[1],親臨而長時間停留於此,指揮南征[2],可知

①　見中甗(《集成》949)、靜方鼎(《近出》357)等銘文。參見李學勤:《靜方鼎補釋》,收入《夏商周年代學札記》,第 78 頁。
②　見中方鼎(《集成》2785)、作册睘卣(《集成》5407)、趞尊(《集成》5992)、折尊(《集成》6002)等銘文。

昭王爲南征付出了很長時間。除此之外，昭王還投入了大規模的軍隊，啓用了大批貴族。然而昭王在南征中不幸身亡，未能回到宗周。《竹書紀年》有如下記載：

> 《紀年》曰：周昭王十六年，伐楚荆，涉漢，遇大兕。　　　　(《初學記》卷七地部下)
>
> 《紀年》曰：周昭王十九年，天大曀，雉兔皆震，喪六師于漢。
>
> (《初學記》卷七地部下)
>
> 《書紀年》曰：周昭王末年，夜有五色光貫紫微。其年，王南巡不返。
>
> (《太平御覽》卷九〇七獸部)①

《周本紀》正義引《帝王世紀》所載的昭王死亡之事如下：

> 昭王德衰，南征，濟于漢，船人惡之，以膠船進王，王御船至中流，膠液船解，王及祭公俱没于水中而崩。其右辛游靡長臂且多力，游振得王，周人諱之。②

昭王德衰，遭船人動亂，與祭公皆溺水而亡，其車右辛游靡，入水撈回其屍體。目前尚不能確定這個故事的真實性，但與《紀年》一起考慮，至少能肯定昭王溺水而亡的史實。《周本紀》載：“昭王之時，王道微缺。昭王南巡狩不返，卒於江上。其卒不赴告，諱之也。”③昭王在戰爭中死亡，爲了隱諱，没有訃告，因此將領從戰場上回來後，應該没有人爲紀念南征而鑄銅器。昭王亡於戰爭，若再做銅器銘文恐怕是對周王的大不敬。儘管如此，目前仍然有不少與南征有關的銅器銘文(參表7-2)，可見這次南征對周王朝來説非常重要，投入了不少物資、人力和時間，如戰爭中周王舉行多次的賞賜和册封貴族的典禮④，疑在南征中所鑄的銅器銘文不少⑤，可以旁證這一點。昭王能夠調動大規模的軍隊，都投入龐大的物資、足夠的時間來籌備戰爭，可見昭王的領導權力，在整個西周時期來説都是最強大的時期之一。

---

① 皆引自方詩銘、王修齡撰：《古本竹書紀年輯證》(修訂本)，第45—46頁。
② 《史記》卷四《周本紀》，第135頁。
③ 《史記》卷四《周本紀》，第134頁。
④ 見靜方鼎(《近出》357)、中方鼎(《集成》2785)、趙尊(《集成》5992)、折尊(《集成》6002)等銘文。參見李裕杓：《新出銅器銘文所見昭王南征》，《新出金文與西周歷史》，第281—282頁。
⑤ 中方鼎(《集成》2785)、趙尊、折尊、启尊(《集成》5983)等。

表 7－2　昭王南征相關銅器銘文

事　情	銘文	著　録	主　要　内　容
征伐會(鄶)	員卣	《集成》5387	鼏(員)從史旟伐會(鄶),鼏(員)先内(入)邑,鼏(員)孚(俘)金,用乍(作)旅彝。
征伐虎方	𢾊甗	《近二》126	唯十又一月王令南宫伐虎方之年……
	中方鼎	《集成》2751	唯王令南宫伐反虎方之年,……
南征前,在南國安排周王的行宫	中甗	《集成》949	王令(命)中先省南或(國)貫行,埶(藝)应。……
	静方鼎	《近》357	唯七月甲子王在宗周,令師中眔(暨)静省南或(國)相,埶应,……
貴族從昭王參與南征	誃鼎	《集成》2615	隹(鴻)弔(叔)從王南征,唯歸(歸)……
	誃簋	《集成》3950	唯九月,隹(鴻)弔(叔)從王鼏(員)征楚刜(荊),……
	小子生尊	《集成》6001	唯王南征才(在)□,王令生辦事于公宗,……
	啓尊	《集成》5983	啓從王南征,逰(跚)山谷,在洀水上,啓乍(作)且(祖)丁旅寶彝,(戉)葡(箙)。
獲得勝利	過伯簋	《集成》3907	過白(伯)從王伐反刜(荊),孚(俘)金,用乍(作)宗室寶隮(尊)彝。
	𤼈簋	《集成》3732	𤼈從王戍刜(荊),孚(俘),用乍(作)餴(饙)段(簋)。
	犾駿簋	《集成》3976	犾駿(馭)從王南征,伐楚刜(荊),又(有)得,用乍(作)父戊寶隮(尊)彝,(吴)。
	京師畯尊	《通鑑》11784	王涉漢伐楚,王又(有)功,京自(師)畍(畯)克斤,……
南征中進行賞賜、册封	中觶	《集成》6514	王大省公族于庚,畀(振)旅,王易(錫)中馬,自隮厌(侯)亖(四)鴉,南宫兄(貺),王曰:用先,……
	折尊	《集成》6002	唯五月,王才(在)庠(斥),戊覺(子),令(命)乍(作)册折兄(貺)望(望)土于相厌(侯),……唯王十又九祀,……

續　表

事　情	銘文	著　錄	主　要　內　容
南征中進行 賞賜、册封	趙尊	《集成》5992	唯十又三月辛卯,王才(在)序(斥),易(錫)趙(遣)采曰趙,易(錫)貝五朋,……
	中方鼎	《集成》2785	唯十又三月庚寅,王才(在)寒瘵(次),王令大(太)史兄(貺)禧土,王曰:中,茲禧人入事,易(錫)于珷(武)王乍(作)臣,今兄(貺)畀(畀)女(汝)禧土,乍(作)乃采,……
其他	作册䍃卣	《集成》5407	唯十又九年,王才(在)序(斥)……

　　首先,昭王雖然在南征中身亡,但是通過對一些資料的分析,可以認爲昭王在南征中獲取了一定的成果。從"表7-2"可知,過伯、霝、狀馭、京師畯(圖7-1)隨昭王參與南征,征伐荆楚,取得戰功,又獲取了銅料資源等戰利品。其中有趣的是霝簋銘文的"霝從王戍荆","戍荆"即西周的軍隊在荆楚戍守過一段時間,此可旁證昭王南征的成果不小①。

圖7-1　過伯簋、霝簋、狀馭簋、京師畯尊銘文(自左至右)

　　其次,雖然在這次戰爭中昭王"喪六師于漢",但從文獻來看,周王朝在穆王時期仍擁有雄厚的軍事力量,並以此進行西征、東征等一系列軍事行動(詳見下文)。如果在投入大量的人員、物資、時間的戰爭中慘敗,其給王朝帶來的

---

① 羅琨、張永山:《中國軍事通史》第一卷《夏商西周軍事史》,第383頁;李裕杓:《新出銅器銘文所見昭王南征》,《新出金文與西周歷史》,第284—285頁。

打擊是不可設想的。然而在昭王之子穆王時期,王朝仍然不斷興兵向西方、東方遠征,説明昭王在南征中身亡對王朝帶來的打擊不是很大,反而在對荆楚經略方面,可能取得了可觀的戰果。其外,尚未發現反映西周中期周楚之間衝突的銅器銘文,傳世文獻《詩經·小雅·采芑》中記載宣王伐楚之事,已與昭王時相距一百年以上,此間不見周楚之間的衝突①。不但如此,從《後漢書·東夷傳》所載周穆王調動楚國軍隊征伐徐國之事中也可見當時荆楚服屬於周王②。

以上,討論了西周早期的周王軍事領導權。在武王克商後,經過成王、周公的東征,以及康王征伐東夷、鬼方等,周王朝基本上完成了對東方、北方的經略。其後即位的昭王,在東方、北方穩定的基礎上,進行大規模南征。《史記》載昭王時"王道微缺。昭王南巡狩不返",但是就目前所見相關銅器銘文的數量衆多,以及其後一段時間内(約一百年)周王朝與荆楚和平相處,以此推測,雖然昭王在南征中身亡,但還是獲得了一定的成果。

二、穆王時期對外戰爭——兼談"荒服不至"的實際

周昭王所握有的强有力的領導力,延續到穆王時期。僅據《竹書紀年》的記載,穆王時期堪稱整個西周王朝最鼎盛的時期。其相關記載如下:

《竹書》曰:穆王北征,行流沙千里,積羽行千里。　（《文獻·江賦》注）

《紀年》曰:取其五王以東。　（《穆天子傳》"天子北征于犬戎"注）

《紀年》曰:穆王十三年,西征,至于青鳥之所憩。　（《藝文類聚》卷九一鳥部）

《紀年》曰:穆王十七年,西征崑崙丘,見西王母。其年來見,賓于昭宫。

（《穆天子傳》注）

《紀年》曰:周穆王四十七年,伐紆,大起九師,東至于九江,比黿以爲梁。

（《太平御覽》卷三〇五兵部）

---

① 《藝文類聚》引《紀年》曰:"周穆王三十七年,伐楚,大起九師,至於九江,比黿鼉爲梁。"這裏的"楚",多有異文,或曰"紆",或曰"大越",朱鳳瀚先生指出當時"九江"在今安徽壽縣一帶,楚在西周晚期勢力似還未達到能在淮水流域威脅周王朝的地步,因此筆者認爲"伐楚"有誤。參見方詩銘、王修齡:《古本竹書紀年輯證》(修訂本),第52—53頁;朱鳳瀚:《論西周時期的"南國"》,《歷史研究》2013年第4期,第6頁。
② 參見《後漢書》卷八五《東夷傳》,第2808頁:"徐夷僭號,乃率九夷以伐宗周,西至河上。穆王畏其方熾,乃分東方諸侯,命徐偃王主之。偃王處潢池東,地方五百里,行仁義,陸地而朝者三十有六國。穆王後得驥騄之乘,乃使造父御以告楚,令伐徐,一日而至。"

《紀年》曰：穆王南征，君子爲鶴，小人爲飛鴞。　　　　　（唐寫本《修文殿御覽》）

《紀年》曰：穆王東征天下二億二千五百里，西征億有九萬里，南征億有七百三里，北征二億七里。　　　　　　　　　　　　　　　　　（开元占經》卷四）①

不過，在迄今所見的青銅器銘文中並未發現有關周穆王親征的資料。如上所舉的成王東征、昭王南征，除了文獻史料之外，皆可從銅器銘文中找到相關的資料。那麽該怎麽理解這一矛盾？筆者認爲這個矛盾涉及對穆王的神話性認識。後世對穆王的認識帶有些神秘感，如穆王百壽、與西王母相見、穆王八駿馬、平定徐偃王的反叛等故事，如戰國時期所撰的《穆天子傳》，可稱爲這些有關穆王的神話故事的集大成作品。甚至作爲史書的《竹書紀年》中亦略帶有神話性，如"比竃以爲梁"、"穆王南征，君子爲鶴，小人爲飛鴞"等②。司馬氏撰《周本紀》時，也采取穆王百壽傳說曰："穆王即位，春秋已五十矣……穆王立五十五年，崩。"③此外，在《趙世家》、《秦本紀》中有造父爲穆王駕馭八駿馬，一日馳千里的故事④。

但在這些神話性故事裏面，也可以找到歷史性因素。首先，就人物方面而言，見於《穆天子傳》的"井利"、"毛班"等人，都在西周金文中可尋，如"井利"即穆公簋蓋（《集成》4191）和師遽方彝（《集成》9897）中的宰利，"毛班"即班簋（《集成》4341）中的毛班，亦見於清華簡《祭公之顧命》⑤。其次，穆王與西王母相見的故事，可以與《國語》中的穆王征伐犬戎的史實聯繫⑥。再次，徐偃王的反叛，可以跟班簋銘文中的毛公東征、戍守古師的伯雍父組銅器銘文相聯繫⑦，可以看出周穆王時王朝跟東南淮夷集團的確有過軍事衝突。這些帶有神話性的故事，都是基於歷史事實而編出來的。

穆王的征伐犬戎和淮夷，都是與異族的戰爭。這可以說明穆王注重對外征伐，換個角度來看，這些事實反證周王朝與異族之間的關係不是很好。從

① 皆引自方詩銘、王修齡：《古本竹書紀年輯證》（修訂本），第48—55頁。
② 但不能排除現在所見《紀年》的記載很可能有在流傳的過程中被潤色的可能性。
③ 《史記》卷四《周本紀》，第134—140頁。
④ 《史記》卷五《秦本紀》，第170頁；《史記》卷四三《趙世家》，第1779頁。
⑤ 李學勤：《清華簡九篇綜述》，《文物》2010年第5期，第55頁。
⑥ 徐元誥撰，王樹民、沈長雲點校：《國語集解》（修訂本），第1—9頁。
⑦ 與此相關者有如下銘文：彧方鼎（《集成》2824）、彧簋（《集成》4322）、彔卣（《集成》5420）、稱卣（《集成》5411）、臤尊（《集成》6008）、遹廄（《集成》948）、緐鼎（《集成》2721）、彔簋（《集成》4122）。

《國語》的立場來看，穆王征伐犬戎後，"得四白狼四白鹿以歸"①，但是導致了
"荒服不至"，即這些異族再不來朝見的負面影響②。如此的記載應該不是穆
王當時的言論，而是後來史家的觀點。雖然如此，"荒服不至"這個結果，還給
我們留下了換個角度思考的餘地，即這句話是否提示我們當時西周的對外擴
張已經達到極限。

　　不僅在西方，在東方也是如此。通過相關資料可見，淮夷對周王朝時而服
從時而反叛。如成王時期的"三監之亂"，淮夷就站在武庚祿父那邊③，在穆王
時期入侵掠奪，之後在夷厲、宣王時期也繼續騷擾周王朝。宣王時期的兮甲盤
銘文（《集成》10174）有言，"淮尸（夷）舊我貟（帛）晦人"，在周王朝的立場上，淮
夷原來曾是向周王朝奉獻貢品的異族。對此，淮夷抱着什麼樣的心態，目前難
以確知，但可以肯定其在心理上並不完全屈服於周王朝。即使一時屈服於周
王，在内心也仍有伺機反抗的念頭④。西周中晚期銅器銘文中淮夷多次與周
王朝對抗，可以證明這一點，這也可説明周王朝並没能夠完全地、有效地控制
他們。换句話説，周王朝的擴張已經達到極限，西周早期時周王强大的軍事領
導力，因而也受到了影響。

三、穆王以後王朝内部矛盾之浮現

　　對外擴張達到了極度之後，西周的内部矛盾慢慢浮現出來。這可以從三
個方面看出來：一是周邦與其"友邦"之間的矛盾；二是周王朝與其貴族之間
的矛盾；三是周王朝王室内部的矛盾。

　　第一，周王與"友邦"之間的矛盾。乖伯簋銘文（《集成》4331）曰："隹（唯）

---

① 韋昭注："白狼白鹿，犬戎所貢。"不過，最近的研究成果給我們提供了新的看法。《蒙古秘史》所見
的"蒼狼白鹿"代表蒙古先民中以狼、鹿爲圖騰的部族，有學者據此認爲"四白狼、四白鹿"者，就是
以白狼、白鹿爲圖騰的蒙古族先民。那木吉拉先生認爲，目前不能搞清楚犬戎與蒙古族先民之間
的關係，不過，至少可以肯定古代北方阿勒泰語系諸民族中以白狼、白鹿爲圖騰者是有的。參見
佟德福等：《薩滿教在蒙古文化深層結構中的積澱》，收入《中央民族學院建校四十周年學術論文
集》，北京：中央民族學院出版社，1991 年；那木吉拉：《犬戎北狄古族犬狼崇拜及神話傳説考
辨》，《民族文學研究》2008 年第 2 期。
② 徐元誥撰，王樹民、沈長雲點校：《國語集解》（修訂本），第 1—9 頁。
③ 《史記》卷三三《魯周公世家》，第 1518 頁："管、蔡、武庚等率淮夷而反。"
④ 儒家認爲天子有德才可以得到異族的服從，所以在西周歷史上異族内侵的時候，往往稱"德衰"、
"無道"，即天子不修德，異族才會反叛天子。這可説明，儒家注意到異族對周朝心裏不服的傾向。

九年九月甲寅，王命益公征眉敖，益公至告。"對"征"字的考釋尚有爭議，一般釋爲"征伐"之"征"①，如果從之，此句可解釋爲周王命益公征伐眉敖，益公班師向周王報告。

  王若曰："乖白(伯)，朕(朕)不(丕)顯(顯)且(祖)玟(文王)、斌(武王)，雁(膺)受大命，乃且(祖)克奔(弼)先王，異(翼)自它邦，又(有)芇于大命。"②

由此可知，眉敖與周王朝的關係原來非同一般，即眉敖的祖先曾輔佐文王、武王而有功。此外，眉敖在周王朝與戎的交易方面也很活躍，眉敖簋銘文（《集成》4213）記載："戎獻(獻)金于子牙父百車，而易(賜)盠(魯)眔(眉)敖金十鈞，易(賜)不諻。"戎獻給子牙父裝滿銅料的車一百乘，賜給眉敖十鈞重的銅料。給他如此隆重的賞賜，是因爲他"不諻"。"不諻"，李峰先生認爲，是眉敖幫他們交易，沒有發生任何問題，所以賜給眉敖上述物品③。以此推測，當時眉敖很可能曾幫助周人在某些邊境事務中處理同戎人的關係④。

此外，眉敖在九年衛鼎（《集成》2831）中也可見到："佳(唯)九年正月既死霸庚辰，王才(在)周駒宮，各(格)廟，眚(眉)歔(敖)者肤卓吏(事)見于王。"共王九年正月，王在周駒宮的時候，曾經接見過眉敖派來的使者"者肤卓"。有趣的是九年正月共王接見了眉敖的使者，同年九月就有征伐眉敖之舉。周王朝認爲眉敖是"它邦"之君，周邦與它邦之間的交流帶有賓禮的性質⑤，高木智見先生認爲主持賓禮的主邦與訪問的賓邦之間有"對等"的關係⑥，則周邦與眉

---

① 對此也有不同意見，如楊樹達先生把"征"訓爲"往"，即周王命益公前往眉敖之處的意思。楊樹達：《關涉周代史實之彝銘五篇》，《歷史研究》1954年第2期，第116頁。

② 楊樹達先生認爲眉敖與《牧誓》所見的"微"有關係，眉敖即微國之君。參楊樹達：《關涉周代史實之彝銘五篇》，《歷史研究》1954年第2期，第116頁。

③ "易(錫)不諻"，李峰先生以英文翻譯爲"rewarding it without trouble"。Li Feng, "Literacy Crossing Cultural Borders: Evidence from the Bronze Inscriptions of the Western Zhou Period (1045–771 B.C.)", *The Museum of Far Eastern Antiquities*, Stockholm, Bulletin No.74, 2002, pp.212–218.

④ 參見李峰著，徐峰譯：《西周的滅亡》，上海古籍出版社，2007年，第211—213頁。

⑤ 此外，新出的尚盂銘文所見的周邦與霸國之間的交流，也可看作賓禮之例。參見孫慶偉：《尚盂銘文與周代的聘禮》，《考古學研究》（十），第506—516頁；曹建敦：《霸伯盂銘與西周時期的賓禮》，復旦大學出土文獻與古文字研究中心網站論文，2011年6月22日，http://www.gwz.fudan.edu.cn/SrcShow.asp? Src_ID=1560；張亮：《考霸伯盂銘文釋西周賓禮》，《求索》2013年第2期。

⑥ ［日］高木智見：《春秋時代の聘禮について（關於春秋時代的聘禮）》，（日）《東洋史研究》第47卷第4號，1989年，第109—138頁。

敖的關係並非中央與地方、主國與封國之間的關係，而是邦與邦的對等關係。但應該注意到，雖然在形式上存在對等關係，但是眉敖承認周王的天子地位。換句話說，眉敖既是不屬於周邦的它邦，又是認同周王天子地位的"友邦"。這些"友邦"在文獻中稱作"友邦冢君"或"邦冢君"，參與周王朝的軍事活動①，則周王朝征伐眉敖的舉動是對友邦采取軍事進攻②。

其二，周王與畿內封君之間的矛盾。其代表性事例是"共王滅密"。《國語·周語》曰："恭王游于涇上，密康公從，有三女奔之。其母曰：'致之于王。……'康公不獻。一年，王滅密。"韋昭注："康公，密國之君，姬姓也。"又曰："密，今安定陰密縣是也。近涇。"③不過，《周本紀》記文王"明年，伐密須"，集解引應劭曰："密須氏，姞姓之國。"引瓚曰："安定陰密縣是。"④即密康公之密爲姬姓國，密須爲姞姓國。對此兩"密"說，清代學者吳卓信曰："其地相近，蓋周滅密，即以其地封同姓，兩姓本同一國也。"⑤陳槃先生認爲吳說可信⑥，本文從之。目前不能考知共王滅同姓"密"的原因，但應該不會如《周語》所云，是因密康公不肯獻女於周王。能肯定的一點是：共王采取滅密的行動，意味着周王朝內部存在很大的矛盾，爲了解決這個矛盾，才會如此抉擇。

第三，周王室內部的矛盾。主要表現在王位繼承方面。自西周建立以來一直維持着"父死子繼"的王位繼承制度。不過，到了懿王、孝王交替之際，出現了"懿王崩，共王弟辟方立，是爲孝王"⑦的現象。孝王死後也是如此，其繼承者並非孝王之子，而竟然是懿王之子夷王。夏商周斷代工程的研究成果顯

---

① 如《牧誓》中的"友邦冢君"，班簋銘文（《集成》4341）中的"邦冢君"，皆爲周朝帶兵進行軍事活動（《尚書正義》卷——《牧誓》，第 183 頁）。對此沈長雲先生有別的看法。沈先生認爲"友邦冢君"或"友邦君"指周族同姓邦君或周王"兄弟之邦"的邦君。具備一說。參沈長雲：《〈書·牧誓〉"友邦冢君"釋義——兼說西周宗法社會中的善兄弟原則》，《人文雜誌》1986 年第 3 期，第 75—78 頁。
② 周邦與它邦之間的關係，詳論於第五章第二節。
③ 徐元誥撰：《國語集解》（修訂本），第 9—10 頁。
④ 《史記》卷四《周本紀》，第 118 頁。
⑤ （清）吳卓信：《〈漢書·地理志〉補注》，收入《二十五史補編》第一冊"《漢書》部分"，上海：開明書店，1936 年，第 400 頁。
⑥ 陳槃：《春秋大事表列國爵姓及存滅表譔異》，臺北：中研院歷史語言研究所，1969 年，第 316 上頁。
⑦ 《史記》卷四《周本紀》，第 141 頁。

示懿王、孝王的年代,一共有十四年(公元前899—前886)①。在這很短暫的時期內,到底發生了什麼,目前未能考知。不過,這些非同一般的王位繼承情況,表明當時周王的領導權力已衰弱。孝王死後,"諸侯復立太子燮,是爲夷王"②,諸侯擁戴夷王的史實,提示我們當時孝王在王位繼承方面未能貫徹自己的主張,而王朝貴族、諸侯擁戴了夷王。

　　此外,據《漢書·匈奴傳》記載,這個時期王朝在對外方面處於被動狀態:"至穆王之孫懿王時,王室遂衰,戎狄交侵,暴虐中國。中國被其苦,詩人始作,疾而歌之,曰:'靡室靡家,玁允之故。''豈不日戒,玁允孔棘。'"③戎狄乘周王朝內部混亂之際,伺機騷擾,亦暗示當時周王朝的軍事領導機制已經不正常了,這可能是周王對內外的領導力都已顯薄弱的緣故。比如,孝王在犬丘大駱的後嗣問題上要看西戎的臉色④。至於王朝的東南方,南夷的內侵頻繁,未能平穩。周王有時親征南夷(無㠱簋銘文,《集成》4225)⑤,有時派官員却退南夷的內侵(史密簋銘文,《近出》489)。從史密簋銘文中可見周王派師俗、史密率領齊師、萊等今山東封國進行作戰而有成,表明以周王爲中心的軍事領導機制在某些情況下尚能順利運作。但銅器銘文具有個人特徵,失敗的戰爭一般都

---

① 夏商周斷代工程專家組編:《夏商周斷代工程1996—2000年階段成果報告》(簡本),北京:世界圖書出版公司北京公司,2000年,第29—37、88頁。

② 《史記》卷四《周本紀》,第141頁。

③ 《漢書》卷九四《匈奴傳》,第3744頁:"師古曰:'《小雅·采薇》之詩也。孔,甚也。棘,急也。言徵役時,靡有室家夫婦之道者,以有獫允之難故也。豈不日日相警戒乎? 獫允之難甚急。'"

④ 《史記》卷五《秦本紀》,第177頁:"非子居犬丘,好馬及畜,善養息之。犬丘人言之周孝王,孝王召使主馬于汧渭之間,馬大蕃息。孝王欲以爲大駱適嗣。申侯之女爲大駱妻,生子成爲適。申侯乃言孝王曰:'昔我先酈山之女,爲戎胥軒妻,生中潏,以親故歸周,保西垂、西垂以其故和睦。今我與大駱妻,生適子成。申駱重婚,西戎皆服,所以爲王。王其圖之。'於是孝王曰:'昔伯翳爲舜主畜,畜多息,故有土,賜姓嬴。今其後世亦爲朕息馬,朕其分土爲附庸。'邑之秦,使復續嬴氏祀,號曰秦嬴。亦不廢申侯之女子爲駱適者,以和西戎。"大駱之子非子,原居犬丘,是"好馬及畜,善養息之"之人,後來孝王召他在汧渭之間主管養馬,結果"馬大蕃息"。因此孝王倚重他,使他成爲大駱的繼承人。可是,申侯要使自己的外孫"成"作大駱的後嗣,向周王説,王能與戎和平相處,是因爲申與大駱之間有通婚關係,如果要維持和平狀態,請王斟酌。於是孝王把土地分給非子而册命非子爲附庸,使他在秦地作邑,使他延續嬴姓的祭祀,稱作"秦嬴"。同時不廢申侯之外孫成,使他主管犬丘大駱之族,以此圖謀與西戎和平相處。

⑤ 無㠱簋的斷代在學界意見紛紜,如《銘文選》歸於孝王,劉啓益先生認爲懿王器,黄盛璋先生主張屬王説。本文暫從劉啓益先生説,歸於西周中期偏晚。參見《銘文選》第三册,第211頁;劉啓益:《再談西周金文中的月相與西周銅器斷代》,《古文字研究》第13輯,北京:中華書局,1986年,第422頁;黄盛璋:《淮夷新考》,《文物研究》第5期,合肥:黄山書社,1989年,第29頁。

不會被記載下來,因此不能據此輕易斷定西周中期周王的軍事領導力和軍事領導機制是正常運作的。

總之,對外擴張到達極限之後的共王時期,王朝內部的種種矛盾浮現出來了。共王死後,懿王、孝王、夷王之間在王位繼承上,未能維持"父死子繼"的原則,這也許反映了當時王師內部的矛盾。孝王死後,諸侯擁戴夷王,可以證實這一點。除此"內憂"之外,對外方面還存在獫狁、淮夷的"外患"。在這個"內憂外患"不斷的時期,周王的軍事領導權力不會像以往那樣強大。

第二節　西周晚期前葉(夷厲時期)

西周時期,周王的領導權力明顯微弱的時間點,筆者認為是孝王、夷王交替之時與共和行政時期。處於這兩個時間點之間的西周晚期前葉,從相關史料中可知,周王朝還經歷了興盛與衰落。本節要討論在這個時間段內的周王軍事領導權力之演變,並探討夷厲時期的盛衰。

一、周夷王時期,軍事領導力之強化

周孝王去世後,諸侯擁戴懿王之子夷王,從相關史料中不難看出夷王對諸侯應該有虧欠之心。《禮記·郊特牲》曰:"覲禮,天子不下堂而見諸侯。下堂而見諸侯,天子之失禮也,由夷王以下。"鄭玄注:"夷王,周康王之玄孫之子也。時微弱,不敢自尊于諸侯。"[1]"覲禮"是諸侯朝見天子的典禮,天子之禮應該在堂上接見諸侯。但是夷王微弱,而且他被諸侯擁戴,不敢對諸侯擺架勢,因此下堂接見諸侯。經過懿王、孝王時期的混亂而即位的夷王,幾乎沒有什麼領導力。所以對夷王來說,最要緊的是把混亂狀態轉為穩定狀態,恢復領導機制的正常運作,以圖恢復強大的領導力。

《史記·周本紀》正義引《紀年》曰:"(夷王)三年,致諸侯,烹齊哀公於鼎。"[2]對此《齊太公世家》曰:"哀公時,紀侯譖之周,周烹哀公。"集解引徐廣曰

---

① 《禮記正義》卷二五,第1447頁。
② 《史記》卷四《周本紀》,第141頁。

"周夷王"①。即舉行覲禮之時，周王接受紀侯的讒言，烹殺了齊哀公②。紀侯向周王進讒言的具體內容，目前無法得知。對夷王來説，烹殺一個諸侯是非常困難的事，而且齊國是東方的軍事重鎮，其後果也會很嚴重③。但是，換個角度來看，夷王敢烹殺齊侯，如此殘忍、果斷，給其他貴族、諸侯的印象應該是非常深刻的，在這個意義上，夷王的這一舉動是非常有效的。

《周本紀》對夷王事跡没有什麽記載。幸而古本《竹書紀年》保留了對夷王的幾條史料，通過這些信息，可以進行略論。其中與此時周王領導力相關的記載列舉於下：

> 《紀年》曰：夷王二年，蜀人、呂人來獻瓊玉，賓於河，用介珪。④

（《太平御覽》卷八五皇王部）

"賓"，雷學淇認爲是"沈祭"，《左傳》昭公二十四年曰："冬十月癸酉，王子朝用成周之寶珪沈於河。"⑤以珪璧沈於河以祭河神，爲古代宗教迷信表現之一⑥，筆者從之。"介"，《爾雅·釋詁上》"介，大也"，《釋器》"圭大尺二寸，謂之

---

① 《史記》卷三二《齊太公世家》，第 1481 頁。
② 《春秋》莊公四年，"紀侯大去其國"，《公羊傳》曰："大去者何？滅也。孰滅之？齊滅之。曷爲不言齊滅之？爲襄公諱也。《春秋》爲賢者諱。何賢乎襄公？復讎也。何讎爾？遠祖也。哀公亨乎周，紀侯譖之。以襄公之爲於此焉者，事祖禰之心盡矣。盡者何？襄公將復讎乎紀，卜之曰：'師喪分焉。寡人死之，不爲不吉也。'遠祖者，幾世乎？九世矣。九世猶可以復讎乎？雖百世可也。……今紀無罪，此非怒與？曰：非也。古者有明天子，則紀侯必誅，必無紀者。紀侯之不誅，至今有紀者，猶無明天子也。"《公羊傳》認爲"烹殺齊哀公"是周夷王的失政（《春秋公羊傳注疏》卷六，第 2226 頁）。
③ 《史記》卷三二《齊太公世家》，第 1481—1482 頁："哀公時，紀侯譖之周，周烹哀公而立其弟靜，是爲胡公。……哀公之同母少弟山怨胡公，乃與其黨率營丘人襲攻殺胡公而自立，是爲獻公。獻公元年，盡逐胡公子，……九年，獻公卒，子武公壽立……二十六年，武公卒，子厲公無忌立。厲公暴虐，故胡公子複入齊，齊人欲立之，乃與攻殺厲公。胡公子亦戰死。齊人乃立厲公子赤爲君，是爲文公，而誅殺厲公者七十人。"齊哀公被烹殺之後，其後淪爲混亂狀態。夷王立哀公弟胡公靜，哀公同母少弟山（獻公）殺胡公，胡公子殺獻公孫厲公等。厲公子文公赤即位後，誅殺殺厲公的 70 人，才穩定下來了。夷王五年的"五年師旋簋（《集成》4216）"有"王曰：師旋令（命）女（汝）羞追于齊"，也許與齊國的混亂狀態有關。
④ 此外《北堂書鈔》卷三一："《紀年》云：夷王二年，蜀人、呂人來獻瓊玉。"引自方詩銘、王修齡撰：《古本竹書紀年輯證》（修訂本），第 55 頁。
⑤ 阮元本闕"沈"字，《史記·周本紀》正義引《左傳》云"子朝用成周之寶圭沈於河"，《漢書·五行志》引《左傳》曰："王子晁以成周之寶圭湛於河。"據此補"沈"字（《周本紀》卷四，第 156 頁；《漢書》卷二七中之上，第 1399 頁）。
⑥ 轉引自方詩銘、王修齡撰：《古本竹書紀年輯證》（修訂本），第 55 頁。

玠”①。“賓於河,用介珪”是在河邊用大珪舉行沈祭的記載。

先秦時期,“蜀”有兩處,一是今四川之“蜀”,一是《春秋》成公二年所見的魯國的“蜀”,“十有一月,公會楚公子嬰齊於蜀。丙申,公及楚人……曹人、邾人、薛人、鄫人,盟於蜀”②。魯國之蜀,見於班簋銘文(《集成》4341),曾爲虢成公與毛公所管轄的地區,與繁、巢同爲防禦淮夷的軍事重鎮和交通要地③。如此看來,後“蜀”已在周王朝的掌控之中,其來朝見周王呈獻瓊玉,並無特別,不值得載於史書。因此,筆者認爲《紀年》中的“蜀”爲魯國之蜀的可能性不大,指四川之蜀的可能性較大。

“吕人”,班簋銘文中不僅有“蜀”又有“吕”,周王命吕伯輔佐毛公出兵。此外,吕伯還作卿士,也許是製定《吕刑》的人或者其祖先或後代。西周晚期有稱“王”的吕,見於吕王鬲銘文(《集成》635):

　　　　吕王乍(作)隣(尊)鬲,子子孫孫永用鬺(享)。

徐少華先生認爲此吕王鬲的文字風格與歸於夷王時期的王伯姜鬲相似,在時間上這件銅器應距夷王時期不遠④。這樣看來,夷王時期入朝的“吕人”很可能是這“吕王”之吕。該“吕王”之“吕”和穆王時期的“吕伯”之“吕”的關係,難以考證。筆者認爲吕伯之“吕”雖然擁有自己的軍隊,但畢竟不過是王朝的封君,不見得有稱王的勢力,因此筆者認爲吕王的“吕”與吕伯的“吕”不同,應是在周邦之周邊存在的另一個邦國。總之,夷王二年,身爲邦君的蜀人與吕人的入朝,對提高夷王的權威有所幫助。

翌年,夷王烹殺齊哀公,此後不久,夷王派虢公征伐犬戎。《後漢書·西羌傳》:“夷王衰弱,荒服不朝,乃命虢公率六師伐太原之戎,至于俞泉,獲馬千匹。”其注曰:“見《竹書紀年》。”⑤

---

① 《爾雅注疏》卷一,第 2568 頁;同書卷五,第 2601 頁。
② 《春秋左傳正義》卷二五,第 1893 頁。
③ 李學勤先生認爲今四川的“蜀”,具備一說。李學勤:《論䚄甗銘及周昭王南征》,《仰止集——王玉哲先生紀念文集》,天津人民出版社,2007 年,第 80 頁。
④ 徐少華:《吕國銅器及其歷史地理探疑》,《中原文物》1996 年第 4 期,第 67 頁。據劉啓益先生的研究,“王伯姜”是懿王的王后。參見劉啓益:《西周金文中所見的周王後妃》,《考古與文物》1980 年第 4 期,第 87—88 頁。
⑤ 《後漢書》卷八七《西羌傳》,第 2871 頁。

穆王征伐犬戎後"獲其五王,又得四白鹿,四白狼",然後"遷戎于太原"①,不過導致了"荒服不至"的後果。懿王以後,"王室遂衰,戎狄交侵,暴虐中國",所以"中國被其苦"②。在王朝面對如此被動的局面下,夷王征伐犬戎,並最終獲得勝利,獲取千匹馬而歸,扭轉了兩者之間的形勢。通過這次戰爭,夷王得以恢復其軍事領導力。

如上所舉,《竹書紀年》所載的這三條記載,"蜀人、吕人來獻瓊玉"、"烹齊哀公"、"伐太原之戎",暗示周夷王打算通過這些抉擇,向貴族與諸侯表明自己權利的存在,以此恢復周王的軍事領導力和王朝的軍事領導機制,把內外的混亂局面逐漸扭轉過來。

二、征伐"南國艮孳"

夷厲時期③,在王朝擁有主動權的局面下,對"南國艮孳"采取了軍事行動。這在傳世文獻中没有記載,只能在西周金文中尋找,首先,看一下㝬鐘銘文(《集成》260,圖7-2):

> 王肇遹眚(省)文武,堇(勤)彊(疆)土,南或(國)艮孳(孳)敢臽(陷)處我土,王臺(敦)伐圓(其)至,戡(撲)伐氒(厥)都,艮孳(孳)迺遣閒來逆卲(昭)王,南尸(夷)東尸(夷)昪(俱)見,廿又六邦,……

周王第一次巡省文王、武王所開拓的疆土,此時,南國艮孳侵入至周王朝的疆土,周王乃興兵却退他們,一直追到了他們的都城。艮孳於是派遣屬下迎接周王,並帶領了南夷、東夷的二十六邦的邦酋。

再看與此相關的伯㤅父簋銘文(《銘圖》5276,圖7-3):

> 佳(唯)王九月初吉庚午,王出自成周,南征伐艮孳(孳)、✻(角)、桐、遹(遹)。白(伯)㤅父從王伐,窺(親)執嘰(訊)十夫、戜(聝)廿、得孚(俘)金五十匀(鈞),用乍(作)寶殷(簋),剔(揚)。……

---

① 《後漢書》卷八七《西羌傳》,第2871頁。
② 《漢書》卷九四《匈奴傳》,第3744頁。
③ 這次戰役,學術界普遍認為是厲王時期的,但郭沫若、白川靜、劉啓益等先生把噩侯馭方鼎歸於夷王時期,尚不能完全排除這次戰爭在夷王時期發生的可能性。參見《大繫》,第107—108頁;《通釋》,第260—267頁;劉啓益《西周紀年》,第363—364頁。

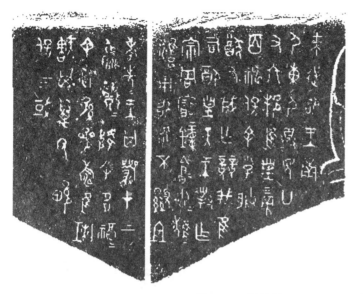

圖 7－2　猷鐘銘文

圖 7－3　伯戔父簋器、銘文①

①　引自首陽齋、上海博物館、香港中文大學文物館：《首陽吉金：胡盈瑩、范季融藏中國古代青銅器》，上海古籍出版社，2008 年，第 107 頁。

伯𢦏父從周王南征，征伐𠬪孳，以及、桐、遹等地區，伯𢦏父親自獲擒了
10人，殺了50人，俘獲了銅料50鈞，建立了軍功。對""的釋讀，學界意見
不一①，李家浩先生認爲釋爲"菁"，讀作"角"，上古音"菁"屬見母侯部，"角"屬
見母屋部，二字聲母相同，韻部陰入對轉，可見"菁"、"角"二字古音十分相近，
可以通用②，筆者從之。

在這篇銘文中所見的"（角）"、"桐"、"遹"的地名，還見於如下銘文：

王征南尸（夷），伐角、溝（津），伐桐、遹，翏生從，執噝（訊）折首，孚（俘）戎器，孚
（俘）金，……　　　　　　　　　　　　　　　　　（翏生盨，《集成》4459，圖7－4）

王南征，伐角、僑（遹），唯還自征。　　　　　（鄂侯馭方鼎，《集成》2810，圖7－5）

圖7－4　翏生盨

圖7－5　鄂侯馭方鼎銘文

---

① 李學勤先生認爲從"央"聲，釋爲"英"，或稱"英氏"，漢石經《公羊傳》作"央"，在今安徽六安西。何
景成先生則認爲""字可能是"薦"字，讀爲"津"，戰國楚簡《容成氏》"涉於孟鴻"，"孟鴻"即"孟
津"，認爲""就是翏生盨所見的"溝"，可備一說。參見李學勤：《談西周屬王時器伯𢦏父簋》，
《文物中的古文明》，商務印書館，2008年，第300頁；何景成：《應侯視工青銅器研究》，《新出金文
與西周歷史》，第250頁。
② 李家浩：《讀金文札記兩則》，《古文字研究》第28輯，北京：中華書局，2010年，第246頁。

翏生也跟着周王參與南征,征伐了"角、溝(津),伐桐、遹"等地區,有殺死、抓獲敵人之功,又有俘獲兵器、銅料之功。至於鄂侯馭方鼎銘文,主要記載周王在征伐反攀後班師的路上接見鄂侯馭方的内容。這些銘文所見的地區:"角",今江蘇淮陰市西南古淮河與泗水交匯處①;津,據《銘文選》,在今寶應縣南六十里②。桐及遹,其位置當在今洪澤湖附近之淮水近域③。周王能夠征伐到淮水流域,可見周王朝爲這次南征做了充分的準備,投入了不少物資、人力資源。通過這次戰役,周王朝得到了"南尸(夷)、東尸(夷)昪(俱)見,廿又六邦"的成果。夷王即位後,周王的軍事領導力達到最爲鼎盛的程度,也可以説夷厲時期是周王的軍事領導力最爲強盛的時期。

三、"厲王無道"——内外矛盾的爆發

周王朝通過征伐南國反攀之後,得到東夷、南夷的服屬。在此情況下,厲王似乎過於逞強,據《國語·周語》的記載,采取比較極端的政策,如"厲王虐,國人謗王,……,王怒,得衛巫,使監謗者,以告,則殺之,……,於是國人莫敢出言","厲王説榮夷公,……榮夷公好專利而不知大難,……榮夷公爲卿士"④,最後失去了諸侯的支持。《史記·周本紀》采用了《周語》的記載⑤。史家對厲王最常見的評價就是"無道"。如《史記》、《後漢書》中可見"厲王無道"四次,《後漢書·東夷傳》曰"厲王無道,淮夷入寇"⑥;《西羌傳》曰"厲王無道,戎狄寇掠"⑦;《史記·秦本紀》曰"周厲王無道,諸侯或叛之"⑧;《魯周公世家》"周厲王無道,出奔彘,共和行政"⑨。有趣的是這四個"厲王無道",

---

① 《水經注》:"淮泗之會,即角城也。"《出土夷族》:"角,古國名……其地望疑在角城。西周早期的犅于甗、敔子鼎,當是角國器。"參見(清)楊守敬等疏:《水經注疏》,南京:江蘇古籍出版社,1989年,第2552頁;《出土夷族》,第203頁。
② 《銘文選》第3册,第290頁:"津或即津湖旁的小國。《水經注·淮水》:'穿樊梁湖北口,下注津湖逕渡。'故地在今寶應縣南六十里。角津兩地在淮夷東側。"
③ 朱鳳瀚:《由伯戔父簋銘再論周厲王征淮夷》,《古文字研究》第27輯,第195頁。
④ 徐元誥撰:《國語集解》(修訂本),第10—15頁。
⑤ 《史記》卷四《周本紀》,第141—142頁。
⑥ 《後漢書》卷八五《東夷傳》,第2808頁。
⑦ 《後漢書》卷八七《西羌傳》,第2871頁。
⑧ 《史記》卷五《秦本紀》,第178頁。
⑨ 《史記》卷三三《魯周公世家》,第1526頁。

跟當時周朝的對内、對外政局有相當密切的關係，並直接牽涉到周王的軍事領導力。

《後漢書·西羌傳》言"厲王無道，戎狄寇掠"，曾被夷王所征伐的犬戎，此時再次騷擾西周，多友鼎銘文(《集成》2835)記載了相關的戰役。《後漢書·東夷傳》的"厲王無道，淮夷入寇"，征伐"南國艮孳"以後，穩定下來的西周南國地區，於厲王中晚期再次動蕩，此在敔簋(《集成》4323)、晉侯銅人銘文(《近二》968)等也有記載。《史記·秦本紀》的"周厲王無道，諸侯或叛之"，傳世文獻中並未具體提出哪個諸侯反叛了，不過在西周戰爭銅器銘文中有一條記載，即鄂侯馭方的反叛。鄂侯是與周王室通婚的諸侯，據劉啓益先生的研究，夷王的王后就是鄂侯之女，也許厲王的母親就是鄂國之女①。鄂侯身爲外戚竟然反叛，這對西周王朝帶來的打擊是不可設想的，因此禹鼎銘文(《集成》2833)中説"嗚呼哀哉！用天降大喪于下國"。厲王命六師、八師征討鄂侯時説"勿遺壽幼"，無論老幼都格殺勿論。不過王師不能完成任務，反而拖延了時間。在此情況下，禹承武公之命率領武公的私屬武裝，終於擊敗並獲擒了鄂侯。這反映了當時王師力量之微弱，證實了《史記·秦本紀》的記載。

繼夷王的厲王早期，周王的軍事領導力再次到達高峰，但經過一些政策上的挫折，其領導力開始走下坡路，遭遇到獫狁、淮夷的内侵，鄂侯的反叛等，内憂外患不斷發生。尤其是王師不能平定鄂侯的反叛，反倒是武公的私屬武裝出兵後才能平定，可見不僅王的領導力弱化，王師的軍事力量也大爲退步。雖然如此，周王利用武公等貴族力量，應侯、晉侯等諸侯力量，能夠却退獫狁、淮夷的内侵，平定鄂侯的反叛。這可證明以周王爲中心的軍事領導機制，在某些情況下還可以有效地運作。

這三條"厲王無道"有一個共同點：都是從王朝外部向内部的挑戰，然而最後一條"厲王無道"則不同。

《魯周公世家》説"周厲王無道，出奔彘，共和行政"，這是在王朝内部發生的矛盾。從外部向王朝内部的軍事挑戰，有籌備軍事去應戰的時間，但是對王朝内部發生的暴動，則猝不及防，周厲王不得不選擇離開。這證明當時在王朝

---

① 劉啓益：《西周金文中所見的周王后妃》，《考古與文物》1980年第4期，第88頁。

內部周王已失去了領導力，而且軍事領導機制也不能正常運作。失去了領導力的厲王，最後離開宗周，到了彘地，度過餘生①。通過西周戰爭銅器銘文得知，晉侯曾經受周王之命立過戰功②。在王朝內部無所依歸的厲王，最後選擇投靠曾經陪同過自己的晉侯。

第三節　西周晚期後葉（宣幽時期）

周厲王離開宗周後，經共伯和的十四年干政，厲王之子宣王即位了。目前不能考證"共伯和干政"時期的樣子，只能通過宣王早期的穩定局面，推測在共伯和時期已經基本上克服了厲王晚期的混亂局面。

傳世文獻對周宣王的評價有歧義，如《毛詩序》，對《小雅・彤弓之什》、《大雅・蕩之什》中諸詩篇的認識爲"美宣王"，對《小雅・祈父之什》中《祈父》、《白駒》、《黃鳥》、《我行其野》詩篇的認識爲"刺宣王"。在傳統意義上，文獻對西周諸王的評價是很分明的，如對武王、成王、康王來説全爲讚揚，對厲王、幽王則全爲諷刺。那麼具有兩面形象的宣王，在歷史上是如何表現的？本節要從"美宣王"入手，來討論西周晚期後葉的周王軍事領導力的演變。

一、"美宣王"——宣王早期的中興

宣王經共和十四年而即位，當務之急是恢復領導機制的正常運作。宣王爲此一方面注重修政，一方面進行對外軍事活動。就修政而言，《周本紀》曰："宣王即位，二相輔之，修政，法文、武、成、康之遺風，諸侯復宗周。"③就軍事行動而言，對西方、東方異族進行征伐。首先，宣王四年，秦仲爲西戎所殺，宣王給其子五人七千兵力命他却退西戎④。宣王五年，玁狁內侵，宣王親

---

① 《史記》卷四《周本紀》，第142頁"厲王出奔於彘"，《集解》引韋昭曰："彘，晉地，漢爲縣，屬河東，今曰永安。"
② 見於晉侯穌鐘（《近》35—50）、晉侯銅人（《近二》968）等銘文。
③ 《史記》卷四《周本紀》，第144頁。
④ 《史記》卷五《秦本紀》，第178頁："周宣王即位，乃以秦仲爲大夫，誅西戎。西戎殺秦仲。秦仲立二十三年，死於戎。有子五人，其長者曰莊公。周宣王乃召莊公昆弟五人，與兵七千人，使伐西戎，破之。於是復予秦仲後，及其先大駱地犬丘並有之，爲西垂大夫。"

自率領軍隊却退他們①。此外,通過《詩經·小雅·出車》、《六月》、《采芑》等戰爭詩,可以得知宣王時期征伐玁狁的軍事戰果②。與此同時,周王朝對淮夷也采取了軍事行動。從兮甲盤銘文"淮夷舊我貟(帛)晦(賄)人"可知,周王朝認爲淮夷本來是獻給自己"帛賄人"的臣民,但當時的淮夷,好像已經不向周王朝進獻帛、委積、勞動力了,甚至把周王朝派來的官員也赶出去了③。這意味着周王對淮夷的控制不如以前那麼强有力。因此宣王派師袁率領齊師、曩、贅(萊)等諸侯、邦國征伐淮夷,殺死其邦酋,取得了顯赫的戰功。師袁所率領的齊師、曩、贅(萊)皆爲今山東的邦國,也許當時淮夷在山東地區出没④。對南淮夷,即盤踞於淮水流域的淮夷,王朝則派使臣爲暢通地通商跟淮夷進行談判⑤。此外,《詩經·大雅·江漢》中記載了召虎率領王師出兵江漢地區却退淮夷的戰事⑥。淮夷除了在山東地區出没,還出没於江漢地區,由此可知,當時淮夷有很廣泛的活動範圍。但是這時候周王的軍事領導

① 兮甲盤銘文(《集成》10174):"隹(唯)五年三月既死霸庚寅,王初各(格)伐厰(玁)軏(狁)于畐盧,兮田(甲)從王。"
② 均見於《毛詩正義》卷九之四《出車》,第 416 頁;《毛詩正義》卷一〇之二《六月》,第 424—425 頁;《毛詩正義》卷一〇之二《采芑》,第 425 頁。
③ 師袁簋銘文(《集成》4313):"今叔(敢)博(薄)氒(厥)衆叚(暇),反(返)氒(厥)工事(吏),弗速(蹟)我東蟈(國)。"
④ 顧頡剛先生認爲在今山東濰水流域的是淮夷,在淮水流域的是南夷、南淮夷(顧頡剛遺著:《徐和淮夷的遷、留——周公東征史事考證四之五》,《文史》第 32 輯,第 2 頁)。兮甲盤銘文所見的南淮夷,應該從顧先生説,認爲是當時盤踞於淮水流域的淮夷。不過淮夷與南淮夷之間的區别,不像顧先生的主張那麼明顯,據兮甲盤銘文"至於南淮﹦夷﹦(南淮夷。淮夷)"可知南淮夷也可以叫做淮夷。總之,淮夷不僅在淮水流域存在,而且在今山東地區也存在,其中盤踞於淮水流域的淮夷,也可以叫作南淮夷。
⑤ 據兮甲盤銘文,周王派兮甲前往南淮夷説:"淮尸(夷)舊我貟(帛)晦人,母(毋)叔(敢)不出貟(帛)、其賣(積)、其進人,其賈,母(毋)叔(敢)不即師(次)即芌(市),叔(敢)不用令(命),鄪(則)即井(刑)屢(撲)伐。"派他前往到南淮夷警告他們,不要敢不向周王朝進獻帛、委積、勞動力、紵布,不要敢不經過我們的師次而直接到市場買賣。如果敢違命令,按規定處罰。與此同時,還向他們表示以後在交易上周王會采取的態度:"其隹(唯)我者(諸)厌(侯)、百生(姓),氒(厥)賈,母(毋)不即芌(市),母(毋)叔(敢)或入緣(蠻)宎(宄)買,鄪(則)亦井(刑)。"周朝的諸侯百姓的貨物也不能不到市場,如果有人敢闖入盜竊貨物,按規定處罰。可見他們在交易上的對等關係。
⑥ 《毛詩正義》卷一八之四,第 573 頁:"江漢浮浮,武夫滔滔,匪安匪遊,淮夷來求。既出我車,既設我旟,匪安匪舒,淮夷來鋪。江漢湯湯,武夫洸洸,經營四方,告成於王。……江漢之滸,王命召虎,式辟四方,徹我疆土。……"《毛詩序》曰:"尹吉甫美宣王也。能興衰拔亂,命召公平淮夷。"對此方玉潤《詩經原始》曰:"召穆公平淮錫器也。"筆者從方氏説。參(清)方玉潤撰,李先耕點校:《詩經原始》,北京:中華書局,1986 年,第 562 頁。

力似乎已經恢復,並且實現了軍事領導機制的正常運作,能夠却退實力强大的淮夷,實現南土的穩定。

西周王朝經過對淮夷的征伐、談判的兩手政策,最後似乎得到了淮夷的服從。學界公認爲宣王十八年器的駒父盨蓋(《集成》4464),其銘文中有宣王派駒父前往南淮夷視察的内容:"率高父見(視)南淮夷,厥取厥服。董(謹)夷俗,彖(遂)不敢不敬畏王命逆見(視)我,厥獻厥服。"駒父率領高父視察南淮夷的時候,接受他們物品的同時,尊重他們的風俗。南淮夷迎接他們而進獻自己的物品。通過這次使行,駒父得到了"小大邦亡(無)敢不□具(巽)逆王命"①,即大小淮夷邦國,都不敢違背周王之命的成果。這雖然帶着很强的周王朝的語氣,但迄今爲止,有關宣王時期淮夷内侵的記録,只見於《江漢》一篇,可旁證當時淮夷與周王朝大致處於和平相處之狀態。

新出的文盨銘文(《近二》457,圖 7-6)也可反映這一面:

> 唯王廿又三年八月,王命士忽父殷南邦君者(諸)侯,乃易(賜)馬。王命文曰:率道于小南。唯五月初吉,還至于成周,作旅盨,用對王休。

此"殷"是"殷見"、"殷同"之"殷"②。"殷南邦君諸侯"的意思是周王派使臣去慰問南方的邦君、諸侯③,事由士忽父(張光裕先生隸定爲"士百父")負責。這與上文所舉的駒父盨蓋銘文有相通之處。這也許可以旁證當時宣王與南方的邦君、諸侯的關係很不錯。

周宣王之强勢,對荆楚也有所影響。如前所論,周昭王南征以後到宣王時期,尚未見王朝與荆楚軍事衝突的記載。據《楚世家》記載,周夷王時期,楚邦的影響力到了江漢地區,舍去周朝的封號而自稱王。周厲王時期,楚邦

---

① 夏含夷先生對這篇銘文的解釋曾提出過不同的看法,他說:"動詞'見'和直接賓語'取'和'獻'、'服'之間,還置有'南淮夷'和'我',應該是西周金文文法最常見的間接賓語構造……從此可見,'駒父……見南淮夷厥取厥服'的意思是周王的代表駒父要呈獻給南淮夷他們的兩種貢物。發這個命令的南仲還預訂,南淮夷受了周王的貢物以後,會交換地呈獻給我們他們的兩種貢物……這樣解釋駒父盨蓋銘文,不但文義最爲通順,字字都含有當時的普通意義。"可備一說。參夏含夷:《從駒父盨蓋銘文談周王朝與南淮夷的關系》,《古史異觀》,上海古籍出版社,2005 年,第 218 頁。
② 《周禮》卷三七《秋官·大行人》,第 890 頁:"時會以發四方之禁,殷同以施天下之政。"鄭玄注:"殷同,即殷見也。王十二歲一巡守,若不巡守,則殷同。殷同者,六服盡朝。既朝,王亦命爲壇於國外,合諸侯而命其政。政謂邦國之九法。殷同,四方四時分來,歲終則徧矣。"
③ 朱鳳瀚:《論西周時期的"南國"》,《歷史研究》2013 年第 4 期,第 8—9 頁。

圖 7 - 6　文盨器形（左上）、紋飾（左下）、銘文（右）①

感到厲王的威脅，去掉王號，到了周宣王時期，楚邦經歷一些內亂，其實力也隨之變弱了②。此時周宣王命方叔威脅荊楚，荊楚不得不服從於周王朝。對此《後漢書·南蠻傳》曰："宣王中興，乃命方叔南伐蠻方，詩人所謂'蠻荊來威'者也。又曰：'蠢爾蠻荊，大邦爲讎。'"③"宣王中興"，不僅針對荊楚的攻略而言，如前所論，宣王"修政"履行文武成康的政治，却退玁狁，征伐淮夷、荊楚，實現了對外的穩定。此時，宣王的領導力達到頂點，國家也穩定下來了。

　　如前所述，西周晚期夷厲之際周王的領導力達到了頂點，但其後的厲王因爲失政，不能維持其強大的領導力，最後遭遇國人暴動，離開宗周，到了彘地，

① 引自張光裕：《西周士百父盨銘所見史事試釋》，收入陳昭容主編：《古文字與古代史》第一輯，臺北：中研院歷史語言研究所出版品編輯委員會，2007年，第220—221頁。
② 《史記》卷四〇《楚世家》，第1692頁："熊渠生子三人。當周夷王之時，王室微，諸侯或不朝，相伐。熊渠甚得江漢間民和，乃興兵伐庸、楊粵，至於鄂。熊渠曰：'我蠻夷也，不與中國之號謚。'乃立其長子康爲句亶王，中子紅爲鄂王，少子執疵爲越章王，皆在江上楚蠻之地。及周厲王之時，暴虐，熊渠畏其伐楚，亦去其王。"
③ 《後漢書》卷八六《南蠻傳》，第2830頁。

度過餘生。"宣王中興"以後的宣王,也走了類似的路線。在傳統觀念上,對宣王有兩種評價:一是走文武成康之路線而實現"中興"的君主;一是失政而將國家淪陷敗亡的君主。

二、"刺宣王"——宣王的失政及幽王的敗亡

《國語·周語》的編者似乎站在強調宣王衰弱的立場而整理史料,是因爲《周語》中不見"宣王中興"相關的記載,而只收錄了與宣王衰弱相關的篇章,即宣王"不籍千畝"和"料民於太原"。"不籍千畝",周王不耕"籍田",意味着周王輕視作爲國家重點產業的農業;"料民於太原",周王朝"喪南國之師"後,進行"料民於太原"①,這意味着當時周王朝的軍事力量已經殆盡了。

失政的這兩條記載,到底引起了什麼樣的後果,其記載的内涵是什麼?筆者認爲,研究一定要從宣王晚期對戎的戰爭方面入手,《後漢書·西羌傳》載周宣王三十年後進行對戎的軍事行動:

> 及宣王立四年,使秦仲伐戎,爲戎所殺,王乃召秦仲子莊公,與兵七千人,伐戎破之,由是少却。後二十七年(宣王三十一年),王遣兵伐太原戎,不克。後五年(宣王三十六年),王伐條戎、奔戎,王師敗績。後二年(宣王三十八年),晉人敗北戎于汾隰,戎人滅姜侯之邑。明年(宣王三十九年),王征申戎,破之②。

由此可知,宣王三十一年至三十九年之間,周王朝與戎發生的軍事沖突未斷。宣王三十九年,雖然説"王征申戎,破之",但是《國語·周語》説"三十九年,戰於千畝,王師敗績於姜氏之戎"③,新出清華簡《繫年》也有相關記載:"宣王是始棄帝籍田,立卅又九年,戎乃大敗周師於千畝。"④"姜氏之戎"、"戎"就是"申戎"⑤,兩者所指的戰爭應該是同一場戰役,但其結果迥然不同。《晉世家》中也可尋得相關資料:"(穆侯)七年,伐條。……十年,伐千畝,有功。"⑥這

---

① 徐元誥撰:《國語集解》(修訂本),第 23—26 頁。
② 《後漢書》卷八七《西羌傳》,第 2871—2872 頁。
③ 徐元誥撰:《國語集解》(修訂本),第 21 頁。
④ 《清華簡》(貳)《繫年》,第 136 頁。
⑤ 裘錫圭先生認爲,申爲姜姓,申戎與姜氏之戎必有關,也許二者是同一戎族的異稱。參氏著《關於晉侯銅器銘文的幾個問題》,《傳統文化與現代化》1994 年第 2 期,第 37 頁。
⑥ 《史記》卷三九《晉世家》,第 1637 頁。

裏所説的"伐條"、"伐千畝"之戰,應該是指晉侯跟隨周王征戰。由此可見,宣王三十九年的戰爭中晉侯有功,則該戰役中周王朝應該獲得了勝利。

綜合這三條不同的史料,互相整合,則可以得出如下結論:這次戰役的統帥應該是周王,《周語》"戰於千畝,王師敗績於姜氏之戎"的"王師",《繫年》"戎乃大敗周師于千畝"中的"周師",皆爲周王親自率領的軍隊①;《晉世家》"伐千畝,有功",得知晉侯也参加了這場戰役並獲得戰功;《西羌傳》"王征申戎,破之",就整個西周王朝軍而言,雖然"王師"遭慘敗,但晉侯打敗了姜氏之戎,才能夠却退姜氏之戎(申戎),《西羌傳》的這條記載,肯定站在這種立場上所撰的。

在這樣的情況下,周王強制進行"料民於太原"。《周語》"喪南國之師",韋昭注:"敗於姜戎時所亡也。"②宣王三十一年,曾派兵征伐太原之戎,但是沒有成果,而這次却進行"料民",這其中幾年雖然沒有明確的記載,還是可以推測當時的太原已在周王的掌控之中。

筆者認爲,這條記載中關鍵的是"南國"和"太原"。據朱鳳瀚先生的研究,"南國"主要指西周勢力范圍内的"南土"以外的地區,即今江蘇北部、安徽北部、河南信陽、南陽以南,已無西周封國,這些區域對應於西周的"南國"范圍内③。這裏的"南國之師"應該是戍邊於"南國"地區的西周武裝④。西周要調用"南國之師"的話可能有兩種情形:第一,周王對南國地區的控制穩當。"南國之師"原來是防禦盤踞於南國地區的異族之内侵,不過,周王能夠調用他們,可以説明南國地區的穩定性。目前尚未見宣王中晚期周邦與淮夷之間的衝突,也可以旁證這一點。第二,周王欲調動"南國之師",説明王朝中央的軍事力量恐怕已經殆盡了。

"太原",原爲普通名詞,並非指山西省太原市。《尚書·禹貢》:"既修太

---

① 《國語·周語》、清華簡《繫年》的展開脈絡是相通的,都是强調周宣王抛棄籍田而導致的後果。周宣王不籍千畝是一件事,宣王三十九年在千畝跟姜氏之戎戰鬥也是一件事,這兩者之間找不出因果關係。不過《國語》、《繫年》中的邏輯脈絡,周宣王在千畝被打敗的原因,可在"不籍千畝"的事情中尋找。其編者的意圖很明顯,以此要警惕後世的君王一定要舉行籍田。因此自然地强調周王被打敗的這一面。

② (清)徐元誥:《國語集解》(修訂本),第 23 頁。

③ 朱鳳瀚:《論西周時期的"南國"》,《歷史研究》2013 年第 4 期,第 9 頁。

④ 朱鳳瀚:《論西周時期的"南國"》,《歷史研究》2013 年第 4 期,第 9 頁。

原,至于岳陽。"孔傳:"高平曰太原。"孔穎達疏:"太原,原之大者……孔以太原地高,故言高平,其地高而廣也。"①對太原的地望,清代有過平涼説、鎮原説、固原説等,最近李峰先生證明了"固原説"較爲符合事實②,即今寧夏固原市一帶,筆者從之。穆王曾征伐犬戎後將他們遷徙於此,其後夷王時曾征伐過太原地區,但是好像一直没有完全服屬於周王朝。

　　到了宣王晚期,雖然失去了王師、南國之師,但已經控制了太原,説明其間的軍事成果匪淺。不過,問題就在於此。《國語·周語》把"料民於太原"緊承於"喪南國之師",其意圖較爲明顯,即爲了彌補"南國之師"之闕,在太原進行人口普查而挖掘新的兵源。周宣王在太原能夠進行人口普查,恰恰説明周王朝已經在太原設置了官署,派了王官直接控制。

　　穆王、夷王征伐過太原地區的犬戎,不過尚未達到直接掌控的地步。宣王能夠在這個地區料民,是爲了加強控制他們,以此確保兵源的同時剪除西北地區的憂患。這是在行政史上是非常重要的政策。離王畿頗遠的地區,周王開始掌控不久的地區,派官員進行"料民",這在當時來説是個劃時代的政策。與此同時,周王在西北地區還設置了楊侯,這也是爲了加強對西北邊域地區的控制③。

　　但這一事實也同時表明周王朝的軍事力量幾乎已經消耗殆盡。宣王三十一年到三十九年,西周經歷了不少戰爭。包括不見於文獻的大小戰事,其軍旅的疲乏不言而喻。在這個背景下推行的這一劃時代的料民政策,很可能是失敗了。從四十二年逨鼎可知,至宣王晚期玁狁還是繼續騷擾周王朝④。

---

① 《尚書正義》卷六,第146頁。
② 李峰著,徐峰譯:《西周的滅亡》,第192—197頁。
③ 四十二年逨鼎(《近二》328)曰:"余肇建長父,厎(侯)于楊。"對"楊"的地望在學術界意見紛紜。《新唐書》卷七一下《世系表》,北京:中華書局,1975年,第2346頁:"楊氏出自姬姓,周宣王子尚父封爲楊侯。"《漢書》卷二八上《地理志上》:"楊,莽曰有年亭。"應劭曰:"楊侯國。"其地望爲今山西洪洞縣東南范村。不過彭裕商、田率等先生提出了意見,楊侯與玁狁戰爭,其地應該屬於周朝的西北地區,據此認爲其地望在今陝西,逨鼎所出土的眉縣楊家村也許是其故地。筆者從戰爭地理的角度看,後者爲勝。參見孫亞冰:《眉縣楊家村卌二、卌三年逨鼎考釋》,《中國史研究》2003年第4期;彭裕商:《周伐玁狁及相關問題》,《歷史研究》2004年第3期;田率:《四十二年逨鼎與周伐玁狁問題》,《中原文物》2010年第1期。
④ 如四十二年逨鼎所見的楊侯擊退玁狁的戰役。參見田率:《四十二年逨鼎與周伐玁狁問題》,《中原文物》2010年第1期,第39—42頁。

總之,據相關史料,周宣王即位注重於"修政",與此同時,在軍事上却退、征伐異族,似乎恢復了西周的鼎盛時期,後來史家稱爲"宣王中興"。不過,宣王一方面輕視農業,一方面戰火不斷,不僅失去了王師,還失去了南國之師,因此進行"料民於太原"。雖然如此,宣王自己在位之時,還可以維持王朝。不過,到了幽王時期,王朝的軍事力量已經落到無可挽回的地步。我們接下來繼續談一下周幽王時期的情況。

三、幽王時期的分裂

討論周幽王之前,先談一下申國,即幽王王后的"申姜"之本國。姜姓申國,在周孝王之時,從拿戎來威脅周王之事可見其實力相當强①。換個角度看,當時申國扮演着周王朝與西戎之間的調解者。姬周與姜申之間的通婚,迄今可追溯到周厲王。他們之間所出的宣王也娶了姜姓女,但他不是姜申出身,而是齊國出身②。西周早期以來,可見姜姓女在隔代當周王后妃的規律,不過從周厲王起,周王的后妃都是姜姓女。從此可見,西周晚期,在周王朝內部,姜姓的影響力是很强大的。

當時齊國是東方之强國,據傳世文獻記載,宣王娶了姜姓齊國之女,派仲山父幫助齊國築城③,齊國也配合周王出兵征伐淮夷,如師袁簋銘文(《集成》4313)"王若曰:師袁!……今余肇令女(汝)遂(率)齊帀(師)、曩、贅(萊)、僰尿,左右虎臣,正(征)淮尸(夷)",周宣王派師袁率領齊國的軍隊等征伐淮夷。如此交流之中,周王和齊侯取得了雙贏的結果,齊國得到國內外的穩定,周王獲得了東土、東國的平靜。

周厲王時期,鄂侯馭方率領東夷、南淮夷反叛。雖然反叛失敗,但是淮夷仍然在江漢流域出没,宣王派召伯、方叔等大臣却退他們。但是周王朝的實力已經不能完全控制東夷和南淮夷,因此需要替周王安撫南方地區的既有實力又值得信賴的幫手。此時宣王的選擇就是外舅申伯,"亹亹申伯,王纘之事。

---

① 《史記》卷五《秦本紀》,第 177 頁。
② 劉啓益:《西周金文中所見的周王后妃》,《考古與文物》1980 年第 4 期,第 88—89 頁;謝乃和:《金文中所見西周王后事迹考》,《華夏考古》2008 年第 3 期,第 150 頁。
③ 《毛詩正義》卷一八之三《大雅·烝民》,第 569 頁"王命仲山甫,城彼東方",毛傳:"東方,齊也。"

于邑于謝,南國是式"①,宣王將申伯遷封爲"謝"地,其地望蓋爲今河南省南陽市宛城區一帶。

我們從中可以謹慎地推測,宣王爲幽王安排"申姜"的目的。筆者認爲,其目的在於利用申國維持王朝。如上所述,申國曾扮演着周與戎之間的調解者角色,如果申國能夠保護幽王,可以保證西土、南土,以及西戎的穩定。如此,周王朝可以"休養生息",能夠慢慢恢復起來。

不過,周幽王竟然辜負了宣王的期待。幽王與申姜有一個兒子"宜臼",幽王即位後,將他命爲太子。不久,幽王開始寵愛"褒姒",生了伯服(伯盤)。到了幽王八年,"立褒姒之子曰伯服爲太子"②,廢了太子宜臼,所以他"奔西申,而立伯盤爲太子"。幽王把伯服作爲儲君③。

幽王如此的決策,是否依賴於軍事力量? 但是,據《後漢書‧西羌傳》"幽王命伯士伐六濟之戎,軍敗,伯士死焉"④,可見幽王的軍事力量不是很強的。而且,據《史記‧秦本紀》秦襄公"七年春,周幽王用褒姒廢太子,立褒姒子爲適,數欺諸侯,諸侯叛之",⑤可見幽王已喪失了其軍事領導權力。如此的情況下,"平王走西申。幽王起師,回(圍)平王于西申"⑥,幽王起兵圍攻西申,最後西申率領繒人、犬戎反擊幽王,最後幽王被犬戎所殺⑦,西周王朝270餘年的歷史終於畫上句號。

綜上,本節探討了西周晚期宣幽時期,周王的軍事領導力的演變過程。宣王即位後就注重"修政",與此同時,在軍事上征伐玁狁、淮夷等,似乎恢復了西周的鼎盛時期,後來史家把它稱爲"宣王中興"。不過,據傳世文獻,宣王一方面輕視農業,一方面戰火不斷,不僅失去了王師,還失去了南國之師,因此進行"料民於太原"。宣王時期,雖然殆盡了王師,但是還可以維持國家。到了幽王

---

① 《毛詩正義》卷一八之三《大雅‧崧高》,第567頁。
② 《史記》卷四《周本紀》,第147頁:"三年,幽王嬖愛褒姒。褒姒生子伯服。"《繫年》,第138頁:"周幽王取妻於西申,生平王,王或(又)取褒人之女,是褒姒,生伯盤。"
③ 方詩銘、王修齡撰:《古本竹書紀年輯證》(修訂本),第62頁;《繫年》,第138頁:"王與伯盤逐平王,平王走西申。"
④ 《後漢書‧西羌傳》注曰:"並見《竹書紀年》。"
⑤ 《史記》卷五《秦本紀》,第179頁。
⑥ 《繫年》,第138頁。
⑦ 《繫年》,第138頁:"曾(繒)人乃降西戎,以攻幽王,幽王及伯盤乃滅,周乃亡。"

時期,再也挽不回軍事劣勢,而且因太子册封問題發生内訌。經歷這些内憂與外患的幽王,已經失去了軍事領導勸力,得不到諸侯的支持,最後申侯率領犬戎征伐宗周,幽王在驪山被犬戎所殺,西周國家的命運踏上了不歸之路。

小 結

本章考察了西周時期周王的軍事領導權力及其演變過程,兼談論了西周的興旺盛衰。上文已經提到,應該關注西周中晚期的兩件重要史實,即孝王死後"諸侯"擁立夷王和共和行政十四年。因此,本章以這兩個時間點爲準,把西周時期分爲三段:一段爲從武王到孝王的西周早中期;二段爲夷王、厲王的西周晚期前葉;三段爲宣王、幽王的西周晚期後葉。每個時間段中都有周王朝的軍事領導權力强盛的時間點,如西周早中期時段有昭王的南征;西周晚期前段有周王征伐"南國艮孳";西周晚期後段有所謂的"宣王中興"時期。如此,以這五個時間段,即昭王南征、"諸侯"擁立夷王、周王征伐南國艮孳、共和十四年、宣王中興,爲周王領導權力强弱的節點,即可據此勾勒出當時周王的軍事領導權力的演變,從中可以發現這正符合西周時期的興衰波動。

在考察的過程中,本章提出了對周昭王、周夷王的新看法。《史記》對昭王説"王道微缺",對夷王説"王室微"。不過,通過這番研究,在軍事領導力方面,尚存在對他們再認識的餘地。昭王維持强大的軍事領導力,着手對南方的擴張,穆王在此基礎下,繼續采取對外的擴張政策。穆王死後,周王的軍事領導力慢慢走下坡路,至孝王逝去後,諸侯擁戴夷王,這表明當時周王幾乎失去了領導權力。夷王雖然烹殺了齊哀公,後來受到非"明天子"的諷刺。不過,換個角度來看,夷王的存在感深深地印在貴族、諸侯的腦海中。周夷王在對外方面接見蜀人、吕人的同時,還采取積極的軍事行動征伐犬戎,加强軍事領導力,恢復了軍事領導機制的正常運作,以此奠定了周王征伐"南國艮孳"而獲得勝利戰果的基礎。

結　語

　　本書全面考察了西周王朝的軍事領導機制。第一章,分析本書所用戰爭銅器銘文之文本特徵,説明筆者對各種不同形式史料的認識。第二章,分析與歸納了西周銅器銘文中所見王朝軍事力量之類型。第三章,在前兩章的基礎上進一步總結了西周戰爭器銘所見戰爭類型,探討了戰時周王的軍事領導機制。第四章至第六章,分別討論了周王對構成西周王朝軍的各種軍事力量的領導機制。第七章則根據上述研究成果綜合討論了西周時期周王的軍事領導力之演變過程。

一、本書主要觀點的歸納

　　(一) 與西周王朝軍事領導機制有關之史料散見於西周銅器銘文、《尚書》、《詩經》、《竹書紀年》、《國語》等文獻。其編撰目的、敍述框架皆不相同。特別需要指出的是,雖然西周銅器銘文、《尚書》、《詩經》等與戰爭有關的篇章,是同時代的文獻史料,但具有片面性、微觀性的特徵,僅看這些資料,不能恢復歷史的原貌,因此要參照其他史料,尤其要重視對同一史事的不同記載,才能進一步接近歷史的真相。

　　(二) 西周戰爭銅器銘文具有個人特徵,因此本書將主要站在作器者的立場分析内容。與戰爭有關的銅器銘文中有的直接講述戰爭且作器者也表明自己參戰,這一類爲直接性戰爭銅器銘文,具有很高的參考價值。有的銘文記載戰爭,不過作器者却没有參戰;有的銘文未記戰爭,但與其他銘文聯繫起來分析,可得知其與戰爭有關,這兩類銘文對本書研究也具有相當高的價值,因此將這些銘文皆歸於間接性戰爭銅器銘文。

　　(三) 西周的戰爭,按其性質可分爲如下四類: 對外征伐戰、對内征討戰、戍守戰、却退戰。不同性質的戰爭中，周王朝軍事力量的構成、統帥的身份、戰國的規模等應存在一些差異。

對外征伐戰，指周王朝在非周地區征伐非周或反周勢力的戰爭。主要由周王或執政大臣擔任統帥，其征伐軍往往以王師、畿內貴族、諸侯、邦國軍聯合構成。周王室通過戰爭獲取不少戰果，而且獲得家畜、資源的例子只見這種性質的戰爭。

對內征討戰，指周王朝在原控制地懲治反周或者反王勢力發動的戰爭，具有突發性特徵。這類反叛在銅器銘文、傳世文獻中例子雖不多，但是如果不能及時鎮壓，會對周王的存在造成很大的威脅，如申侯率領犬戎征伐宗周，就是因周王未能及時鎮壓而帶來的後果。

戍守戰，指周王朝派軍駐守在邊域的軍事重鎮，抵禦敵方的戰爭。戍守軍隊與周圍的軍事重鎮聯合形成防禦線共同抵抗敵方，其軍事行動的性質與諸侯之軍事職責有相合之處。

却退戰，指對非周人的異族方國軍事力量的內侵、掠奪及時起兵反擊阻止的戰爭。其目的主要在於將人民、物資的損失降到最低。却退敵軍需要機動性，因此這類戰爭往往規模較小，地位較低的將領也可以擔任統帥。

（四）西周王朝的軍事力量主要由王師、畿內貴族的族軍、邊域的諸侯與其他邦國軍組成。實際作戰時，王朝軍隊則由這些軍事組織聯合構成。因此，當周王的軍事領導機制順利運作時，這種構成複雜的王朝軍才能更好地發揮力量。

周王往往親自出馬擔任王朝軍的統帥，對前陣指揮行使其最高軍事領導權。而且，即便在未親征的情況下，周王也可以行使其權力。戰爭由周王下命令開始（戰爭命令），在作戰中參戰將領隨時向周王報告戰況（把握戰況），周王對將領的戰功進行賞賜典禮（戰功賞賜）則象徵戰爭的結束。戰爭的始末，皆出自周王，正與"禮樂征伐自天子出"的思想相合。

在發生於戰爭前後的"戰爭命令"、"把握戰況"、"戰功賞賜"等活動中可見"重層性私屬關係"，這是韓國的沈在勳先生提出的，即"周王——王朝貴族、諸侯"之間有私屬關係，"王朝貴族——私屬將領"、"諸侯——諸侯國貴族"之間有私屬關係，但未必有"周王——貴族私屬、諸侯國貴族"之間的私屬關係。如多友鼎銘文（《集成》2835），獫狁入侵，周王命武公派將領却退他們，武公再命多友出征。多友成功地却退了獫狁後，向武公報告，武公以此向周王報告。這次戰爭的統帥是多友，但是周王竟然給武公賞賜，武公再對多友進行賞賜。這就是典型的"重層性私屬關係"之表現。

但是，在具體作戰的過程中，則可以見到軍事領導權的靈活性運作，如晉侯穌率領屬於王朝之大室小臣、車僕作戰（晉侯穌鐘《近出》35—50）；私屬於仲競父的"𢆶"可以從師雍父戍守古師（𢆶尊《集成》6008）等。不過，晉侯穌在報告戰況之時，將大室小臣、車僕的戰功與自己的戰功分開進行報告，由此可見"重層性私屬關係"還是很嚴格的。

（五）六師和八師、虎臣和走馬均可歸納爲王師。在西周銅器銘文中，多見與這些王師有關的册命銘文。以往學者對六師、八師的性質問題意見紛紜，有些學者認爲六師、八師是西周的常備軍。而于省吾先生曾主張屯田説，楊寬先生則主張鄉遂制度説，兩位先生的主張雖然尖鋭對立，但是基本上認同其"兵農合一"的特徵。據相關銅器銘文所示，當時六師、八師中有掌管牧場、山林水澤、田地之官，這些材料可證六師、八師確有"兵農合一"、"寓兵於農"的特徵，表明當時的六師、八師並非完全脱産於軍事組織，與現代意義上的常備軍還有一定距離。

基於"寓兵於農"的特徵，當地的行政長官兼任當地的軍事長官。不過，從與王師相關的册命銘文可以看出，王師有三有司，組成六師、八師的各師也均有三有司，並都由周王親自任命。不僅如此，掌管牧場、山林水澤、田地之官也由周王親自任命。由此可見，周王通過任命牽制各級行政長官，以此加强自己掌控六師、八師的權力。

（六）西周時期社會既處於"兵農合一"的結構下，又尚未具備像郡縣制那樣的系統性行政體制，周王不能直接控制隸屬於各級貴族的土地和人民。但是，周王仍能通過册命來控制貴族。本書多次强調，周王通過册命貴族在法權與名分上占據主導地位。周王通過册命、土地賜予來控制貴族，還可通過藏於史官處的貴族之間的土地交換與繼承情況文書，掌握貴族的相關信息，並利用這些信息來策劃貴族的軍事活動。如虢仲命柞伯出征之時，提及柞伯祖先周公之功績，勉勵他爲王朝效力（柞伯鼎《近二》327）。周王通過這些機制，可以達到王朝軍事力量的最大化。

但是,周王對貴族的領導力存在一些局限。如上所述,貴族也有自己的領地、私屬武裝等,貴族也通過册命掌握自己的家臣。册命時貴族對家臣要求"勿廢朕命",期待家臣以"不知二命"的態度來服從自己。因此,一般來説,家臣爲貴族服務,不許干預國事,如果家臣欲介入國事,這就是"罪莫大焉"的事①。所以,西周時期,貴族的家臣應該只效忠於貴族。一方面,可以説册命關係十分單純;另一方面,也可以説册命具有很强的效力。

(七) 畿外諸侯與其他封君軍事武裝是周王朝軍事力量的重要組成。他們雖然在其屬地享有較高的自治權,但是他們畢竟是周王朝的臣屬,因此周王可以直接、間接介入其繼嗣問題,更可以在必要時直接任命諸侯軍隊的長官。周王通過與異姓諸侯的通婚,一方面鞏固彼此之間的紐帶關係,一方面利用他們有效地控制邊域地區,形成王朝之屏藩。此外,還有"邦國"爲周王朝助陣之例。在地理結構上,"侯"外的邦國並不完全隸屬於周邦,周王待之如賓客,與他們交聘,表面上是"對等關係"。但軍事方面的資料所示,這些邦國往往爲周王出兵助陣,可見周王擁有對他們的軍事調動權利。

西周銅器銘文中可見周王直接任命諸侯軍事長官之例:如静方鼎銘文(《近出》357)所見,周王命静掌管"在曾鄂師",即在曾地的鄂侯軍隊;引簋銘文(《銘圖》5299)則可見周王命引繼承其祖父掌管齊侯的軍隊。雖不能確定周王是否對所有諸侯都采取這樣的控制手段。不過,需要考慮的一點是:鄂、齊皆屬於異性諸侯,周王直接任命諸侯軍隊的長官,可能主要針對異姓諸侯,是對異姓諸侯軍事力量的控制機制。

周人早就實行同姓不婚政策,與異姓族結成親緣關係,以此得到他們的支持。異姓諸侯,一方面,即在以周王爲中心的領導機制順利運作之時,他們可成爲周王最信賴的幫手。如齊侯,周王命齊太公望掌管"五侯九伯";鄂侯,疑爲周王管理"南夷"、"東夷";申侯,原在王朝西土扮演着周王與西戎之間的調

① 在西周銅器銘文中有所例外:獻簋銘文(《集成》4205)"隹(唯)九月既望庚寅,楷(楷)白(伯)于遘王休,亡尤,朕(朕)辟天子,楷(楷)白(伯)令氒(厥)臣獻(獻)金車,對朕(朕)辟休,乍(作)朕(朕)文考光父乙,十枻(世)不諲(忘),獻(獻)身才(在)畢公家,受天子休。"獻應該是屬於楷(楷)伯的家臣,不過他通過楷伯接受周王之賞賜。獻接受賞賜之原因,目前難以考證。因此筆者認爲這是屬於特殊之例。

解者角色，宣王時爲了王朝南土、南國的穩定，將他遷徙到今河南省南陽地區。但是另一方面，當周王的領導力變弱時，他們就轉變爲王朝最具威脅的勢力。如鄂侯率領"南淮夷"、"東夷"反叛；申侯率領犬戎攻打宗周，殺害幽王，導致了西周王朝的滅亡。在這種意義上，可以看出當時周王對諸侯的領導力，以及其領導機制的順利運作對王室存亡十分重要。

（八）西周早期武王克商之後，經過成王、康王的東征和北征，周王的領導力在這段時期日益增強，到了昭王時期達到了極點。這通過昭王南征時所投入的大規模的人員、物資、時間可以印證。雖然昭王在南征中身亡，但其所得成果匪淺。

西周中期，繼昭王即位的穆王也堅持擴張政策，周王還可以維持很強的領導力。不過，穆王征伐犬戎後，導致了荒服不至的後果，意味着周王朝的對外擴張已經達到極致。此時周王與同姓諸侯、友邦等的矛盾就慢慢浮現出來了。其後，懿王、孝王兩代，不僅發生了王位繼承問題，還遭到戎狄的內侵，使國家陷入混亂狀態。

在如此局面下即位的夷王，雖然烹殺齊侯事件暴露出其與諸侯的矛盾，但他采取積極的軍事行動，將對外原本被動的狀態扭轉爲主動的局面，一舉恢復了周王的軍事領導力及相應軍事領導機制的正常運作。在此背景下，周王朝征伐"南國戎孳"，得到了南夷、東夷的服屬。然而，其後又因文獻所謂"厲王無道"，導致了國人暴動。

經共和十四年即位的宣王注重"修政"。與此同時，在軍事上却退玁狁，使淮夷、荊楚服從於周，似乎使西周回到了鼎盛時期，後來也被稱作"宣王中興"。不過，宣王三十一年以後，戰火不斷，王師疲乏，內政方面亦出現失責。至幽王之時，周王已經失去了軍事領導力，得不到許多諸侯的支持，最後申侯跟犬戎入侵，幽王被殺，西周滅亡。

總而言之，西周王朝的軍事領導機制與周王的軍事領導權力有着密切的關係。軍事領導機制順利運作下，周王可以加強軍事領導權力，如成王東征、夷厲時期征伐"南國戎孳"。不過，如果周王過於行使其軍事領導權力，會導致領導機制的不正常運作，如穆王征伐犬戎、所謂的"厲王無道"等。軍事領導機制的正常運作會迎來國家的興盛，與此相反，不正常運作則會導致國家的疲弊。

二、本書對一些具體學術問題的新認識

（一）作器者在師旅中的地位、戰爭類型與戰利品數量的相關關係

根據作器者的地位、銅器銘文的敘述觀點不同，其所記戰利品數量亦不同。一般將領所鑄的銅器銘文，其戰利品數量很少。與此相反，軍隊統帥所鑄的銅器銘文則記錄整個軍隊所獲的戰利品，以彰顯自己的功績，故其數量龐大。但是，對王室所撰銘文而言，戰利品數量則是次要的。一般軍事統帥需通過大量戰利品炫耀自己的武功，突顯家族的榮譽，而對周王室來說，最重要的是讓異族知道周王室的厲害，將他們納入周天下的秩序，因此銘文強調通過這次戰爭，獲得了哪些集團的服從，而不拘於戰利品數量。如䩼鐘銘文所見的"畟繁（蠻）廼遣閒來逆卲（昭）王，南尸（夷）、東尸（夷）昪（俱）見"，就是炫耀自己威武的實錄。

這種對戰利品記述上的差異，在不同戰爭類型中也可以找到。比如，小盂鼎銘文的"盂"，多友鼎銘文的"多友"皆爲統帥。但是其戰利品數量上，存在天壤之別。筆者認爲，盂所記的是在對外征伐戰上他所率領的整個王朝軍的戰績，多友所記的是在却退戰中的所獲，其戰爭類型不同，其戰利品的數量也產生了差異。

（二）關於六師、八師的軍事活動爲何少見於器銘的問題

六師、八師爲王師的主要組成部分是毋庸置疑的。但是在銅器銘文中，他們的軍事活動並不多，因此讓人對當時六師、八師的軍事力量產生懷疑。筆者認爲考慮到銅器銘文的個人特徵，可以換個角度探討這一問題。銅器銘文是爲了炫耀自己或家族而作，並非爲了留下事情的始末而作。因此，銅器銘文的重點在於留下自己或家族的功勞，王師、其他將領或集團的功績自然就被遺漏了。如《竹書紀年》上記載昭王率六師南征，但在有關銅器銘文中找不到六師的記載。此外，獲擒鄂侯的禹，在銘文中留下了六師、八師的軍事活動，但是其留存的意圖無疑是爲了貶低他們的實力而將自己的武功凸顯出來。這也證明

銅器銘文的個人特徵。

(三)"五邑"、"六鄉"、"六師"的關係

西周時期,有與"五邑"相關的册命銘文。或曰"五邑"可以看作"數字＋邑"之例,指任意五個邑,然而其他册命銘文中未見"四邑"、"六邑"等。因此,筆者認爲"五邑"應該指特定的五個邑。在此基礎上,筆者進一步提出虎簋蓋(《近出》491)、元年師兑簋銘文(《集成》4272)等所見"(左右)走馬"和"五邑走馬"相加恰好是"六"組走馬,這也許與傳世文獻所見的"六鄉"有關,即"左右"指宗周,"五邑"指其周圍周王所管的五個邑。雖然存在邏輯上的跳躍,但對"五邑"問題提出了新的可能性。如此,"五邑"也跟"六師"有密切的關係。

"六師"的兵員就取諸"六鄉",每"鄉"出一"師",在兵農合一的局面下,該邑的長官也有權統帥各"師"。不過,分散於六鄉的"走馬"之長,則由周王直接任命。在西周時期,馬是很重要的軍需物資,周王直接任命走馬之長,欲直接控制各邑之戰馬,一方面加强自己的軍事領導力,一方面防止軍事權力集中於各邑之長。照此類推,周王直接任命六師和八師的三有司,任命掌管牧場、山林水澤、田地之官等意圖,也是如此。

(四)傳世文獻與西周銅器銘文對周王親征的不同認識

關於西周時期周王的親征方面,將傳世文獻和銅器銘文進行比較,可以看到相互補充之處。成王與周公的東征、昭王的南征,兩者都有記載,不過康王的東征和北征,則缺乏傳世文獻的支持,與此相反,穆王的四方親征却只見於傳世文獻。產生這種出入的原因,筆者認爲與後世史家的歷史認識有關系。就成康而言,後來史家認爲周公製定《周禮》奠定了周王朝的基石,成王、康王則遵守周公的教誨,在位時期應爲少事之秋,所以成康時期的對外戰爭就被史家忽略了。就穆王而言,從《穆天子傳》所示,其被描繪成很神秘的人物,那麼神秘的天子應該擁有很强大的力量,應該開拓很廣泛的領土,這在其與西王母相會、平定徐偃王的反叛故事中得以體現。但應該注意的是穆王時期這些神秘的故事,應基於史事:與西王母相會,應該跟穆王派軍隊征伐犬戎有關;平

定徐偃王故事,應該與《竹書紀年》、班簋銘文(《集成》4341)等所見的東方遠征有關。

(五) 周王的軍事領導權力與國家興亡的關係

周王的軍事領導權力的演變過程,與西周的興亡盛衰應有密切關係。據《史記・周本紀》記載,西周王朝經過兩次興衰周期:其一,自西周建立至厲王時期國人暴動;其二,自宣王“中興”至幽王滅亡。筆者在撰寫本書稿時,深刻感悟到西周的興衰與軍事有密切的關係。尤其是周王能夠進行大規模的遠征,可以說明當時周王可以得到如軍餉、兵力、戰馬、馬車、武器等全方面的支持。那麼周王進行大規模的遠征之時,可以看作國家比較興旺的時期。因此,筆者重視西周早期的東征、南征,西周晚期夷厲時期的征伐犬戎、征伐“南國反孳”的遠征。《後漢書・西羌傳》認爲“夷王衰弱”,但在軍事上,他能夠征伐犬戎,夷厲時期王室仍能進行對“南國反孳”的大規模遠征,可以證明這個時期不可能是“衰弱”的時期。因此本書把興衰周期調整爲:一、西周早中期(自武王至孝王);二、西周晚期夷厲時期;三、西周晚期宣幽時期。其中夷王的軍事業績,主要源於《竹書紀年》和西周銅器銘文。《竹書紀年》爲編年體史書,留下的記載不全,銅器銘文也有個人性、片段性特徵,以此不足探討當時的整個局面。因此,爲了進一步研究,還需要加強分析其他西周銅器銘文和傳世文獻。

三、對相關問題的進一步思考

(一) 周王與周天子——西周時期之天下結構

周王與某些位於“侯”外的邦君之間,表面上有着對等的關係。西周時期,周王之外還有稱王的邦國,如矢王(散氏盤銘文《集成》10176)、呂王(呂王壺《集成》9630)、豐王(《史記・秦本紀》,第179頁)等。但是實際上,這些邦國仍服從於周天子的權威。稱天子的唯有周王,即周王具有“周邦之王”、“天下之天子”的雙重地位。至於原因,筆者以爲要從兩個方面考慮。一方面,周邦原來是殷商西土的小邦國,與周圍其他小邦國交流的時候,應該有對等關係。後來,周王克商後,君臨天下,但是與其他友邦之間在交流上,疑仍保持着原來的對等關係,如周王以賓客之禮待宋國①,也表示着對等關係。另一方面,周王闡明自己的天子地位的時間,很可能是克商之後,這與"周人受命"的思想在克商之後爲了鞏固政權而出現的説法相通②。總之,位於"侯"外之邦君不屬於周邦,但服屬於周天下的範圍,因此,他們服從於周,並非服從於"周邦之王",而是服從於"天下之天子"的權威。

（二）西周時期的玁狁、淮夷的内侵

西周時期,玁狁在王朝的西北,淮夷在王朝的東南,他們不斷地騷擾西周。他們的目的,不像周王朝一樣,是爲了征服某地或者獲得他們的服從,而是爲了掠奪人民、物資。如多友鼎、敔簋銘文,玁狁内侵京師掠奪百姓,多友受命而追擊他們,最後把百姓救出來了(多友鼎銘文,《集成》2835);南淮夷内侵掠奪百姓,敔受命而追擊他們,把這些百姓成功地奪回來了(敔簋銘文,《集成》4323)。這在周王朝對他們入侵的反應中也可看出。一般戰爭的統帥由周王或王朝大臣擔任,但是在却退戰時,往往進行小規模的軍事運作,有時還由地位較低的將領來統領軍隊,如多友爲武公的私屬,敔疑爲應國的貴族,而且他們爲奪回被掠奪的人員而出兵。據此可見,周王朝對敵方突如其來的内侵,應戰時注重機動性,要及時追擊他們,阻止他們的掠奪,最大限度地防止人員、物資的損失。據此可見,他們的目的在於掠奪人民和物資。雖然玁狁曾征伐了宗周,淮夷出没於江漢流域,但是他們不能把這些地區完全歸於自己的領域。受到周王朝的反擊時,他們迅速離開這些地區而撤回自己的根據地。由此也可見,他們尚未具備系統性行政體制來統治征服地區。

（三）西周時期的文書行政和讀寫能力

本書多次强調周王册命貴族的意義,還提到周王將貴族的種種信息記録於文書,藏之於史官處,周王可以隨時閲覽這些文書,掌握貴族的各種情況。西周時期的文書行政,不只是爲了控制貴族,而且是爲了行政,還可能具有證

---

① 《春秋左傳正義》卷五一,第 2107—2109 頁;"趙簡子令諸侯之大夫輸王粟、具戍人,曰:'明年將納王。'……宋樂大心曰:'我不輸粟。<u>我于周爲客</u>,若之何使客?'"
② 楊博:《由清華簡〈程寤〉看"周人受命"的理解問題》,《出土文獻綜合研究》,待刊。

明關係等用途。從相關銅器銘文看，研究文書行政有所局限。銅器銘文具有
紀念性、個人性，作器者留下來的記録，是否文書上的全部内容，是否有過改
動，我們都無法確認。但是，從貴族留下來的紀念性銅器銘文中，仍可以管窺
當時文書行政的一面。如果要看當時的文書行政，關鍵在於當時官吏、貴族的
讀寫能力。對此，李峰先生認爲，西周時期的讀寫能力，與其説“書記讀寫”，不
如説“貴族讀寫”。就是説，一定程度上可以肯定西周時期文書行政運作之暢
通性。當時的“貴族讀寫”和文書行政，一方面對於研究文書行政與軍事行政
之密切關係方面有重要意義；另一方面對於討論銅器銘文的可靠性也具有很
重要的意義。

參 考 文 獻

一、基本典籍

《十三經注疏》附校勘記,上海古籍出版社影印阮元《十三經注疏》本,1997 年。

《史記》,北京:中華書局點校本,1959 年。

《漢書》,北京:中華書局點校本,1962 年。

《後漢書》,北京:中華書局點校本,1965 年。

《晉書》,北京:中華書局點校本,1974 年。

《新唐書》,北京:中華書局點校本,1975 年。

《世本八種》,北京:中華書局,2008 年。

《逸周書》,黃懷信、張懋鎔、田旭東撰:《逸周書彙校集注》(修訂本),上海古籍出版社,2007 年。

《國語》,徐元誥撰,王樹民、沈長雲點校:《國語集解》(修訂本),北京:中華書局,2002 年。

《管子》,黎翔鳳撰:《管子校注》,北京:中華書局,2004 年。

《呂氏春秋》,許維遹撰:《呂氏春秋集釋》,北京:中華書局,2009 年。

《竹書紀年》,方詩銘、土修齡撰:《古本竹書紀年輯證》(修訂本),上海古籍出版社,2005 年。

(清)朱右曾輯,王國維校補,黃永年點校:《古本竹書紀年輯較》,瀋陽:遼寧教育出版社,1997 年。

范祥雍:《古本竹書紀年輯較訂補》,上海人民出版社,1957 年。

(漢)劉向:《列女傳・高士傳》,瀋陽:遼寧教育出版社,1998 年。

(宋)蔡沈注:《書經集傳》,上海古籍出版社,1987 年。

（宋）王應麟撰,張保見校注:《詩地理考校注》,成都:四川大學出版社,2009 年。

（清）方玉潤撰,李先耕點校:《詩經原始》,北京:中華書局,1986 年。

（清）吳卓信:《〈漢書·地理志〉補注》,載於《二十五史補編》第一册“《漢書》部分”,上海:開明書店,1936 年。

（清）王先謙撰:《後漢書集解》,北京:中華書局,1984 年影印版。

（清）楊守敬等疏:《水經注疏》,南京:江蘇古籍出版社,1989 年。

二、出土文獻及青銅器著録

（清）徐同柏:《從古堂款識學》,收入《續修四庫全書》史部（金石類）第902 册,上海古籍出版社,2007 年影印本。

（清）方濬益遺稿:《綴遺齋彝器款識考釋》,上海:涵芬樓影印,1935 年。

郭沫若:《兩周金文辭大系圖録考釋》,北京:科學出版社,1957 年。

于省吾:《雙劍誃吉金文選》,北京:中華書局,1998 年。

陝西省考古研究所等編:《陝西出土商周青銅器》,北京:文物出版社,1979 年。

郭沫若主編:《甲骨文合集》1—13,北京:中華書局,1978—1983 年。

上海博物館商周青銅器銘文選編寫組:《商周青銅器銘文選》1—4,北京:文物出版社,1986—1990 年。

中國社會科學院考古研究所編:《殷周金文集成》1—18,北京:中華書局,1984—1994 年。

劉　雨、盧　岩編:《近出殷周金文集録》,北京:中華書局,2002 年。

劉　雨、嚴志斌編:《近出殷周金文集録二編》,北京:中華書局,2010 年。

首陽齋、上海博物館、香港中文大學文物館:《首陽吉金:胡盈瑩、范季融藏中國古代青銅器》,上海古籍出版社,2008 年。

吳鎮烽編:《商周青銅器銘文暨圖像集成》,上海古籍出版社,2012 年。

清華大學出土文獻研究與保護中心編、李學勤主編:《清華大學藏戰國竹簡》（壹）—（肆）,上海文藝出版集團、中西書局,2010—2014 年。

三、工具書

（漢）許　慎：《説文解字》，北京：中華書局，1963 年。

（清）段玉裁：《説文解字注》，上海古籍出版社，1988 年。

中國社科院考古研究所編：《甲骨文編》，北京：中華書局，1965 年。

于省吾主編：《甲骨文字詁林》，北京：中華書局，1996 年。

陳初生編纂：《金文常用字典》，西安：陝西人民出版社，2004 年。

容庚編，張振林、馬國權摹補：《金文編》，北京：中華書局，1985 年。

董蓮池編著：《金文編校補》，長春：東北師範大學出版社，1995 年。

董蓮池編著：《新金文編》，北京：作家出版社，2011 年。

《古文字詁林》編撰委員會編：《古文字詁林》，上海世紀出版集團、上海教育出版社，2003 年。

吳鎮烽編撰：《金文人名彙編》（修訂本），北京：中華書局，2006 年。

張亞初編：《殷周金文集成引得》，北京：中華書局，2001 年。

華東師範大學中國文字研究與應用中心編：《金文引得——春秋戰國卷》，南寧：廣西教育出版社，2002 年。

華東師範大學中國文字研究與應用中心編：《金文引得——殷商西周卷》，南寧：廣西教育出版社，2001 年。

宗福邦、陳世鐃、蕭海波主編：《故訓匯纂》，北京：商務印書館，2003 年。

張培瑜：《中國先秦史曆表》，濟南：齊魯書社，1987 年。

漢語大詞典編輯委員會、漢語大詞典編纂處、羅竹風主編：《漢語大詞典》（第二版），上海：漢語大詞典出版社，1986—1994 年。

［英］朱麗(Julie. K)、于海江主編：《牛津·外研社英漢漢英詞典》（縮印本），外語教學與研究出版社、牛津大學出版社，2010 年。

四、中文專著及論文（含學位論文、考古報告）（按音序排列）

C

蔡運章：《胡國史跡初探——兼論胡國與楚國的關係》，河南省考古學會等編:《楚文化覓蹤》,鄭州:中州古籍出版社,1986年。

曹發展、陳國英:《咸陽地區出土西周青銅器》,《考古與文物》1981年第1期。

曹建敦:《霸伯盂銘文與西周時期的賓禮》,復旦大學出土文獻與古文字研究中心網站論文,2011年6月22日,http://www.gwz.fudan.edu.cn/SrcShow.asp? Src_ID=1560。

曹建國:《昭王南征諸事辯考》,《阜陽師範學院學報(社會科學版)》2003年第5期。

常　征:《釋"六師"——兼述西周王朝武裝部隊》,《河北大學學報(哲學社會科學版)》1981年第2期。

晁福林:《試論西周分封制的若干問題》,收入陝西歷史博物館編《西周史論文集》(下),西安:陝西人民教育出版社,1993年。

陳秉新、李立芳:《出土夷族史料輯考》,合肥:安徽大學出版社,2005年。

陳恩林:《試論西周軍事領導體制的一元化》,《人文雜誌》1986年第2期。

陳恩林:《先秦軍事制度研究》,長春:吉林文史出版社,1991年。

陳漢平:《西周册命制度研究》,上海:學林出版社,1986年。

陳　絜:《說"敢"》,收入《史海偵跡》,香港新世紀出版公司,2006年。

陳　絜:《商周姓氏制度研究》,北京:商務印書館,2007年。

陳　絜、李　晶:《夽季鼎、揚簋與西周法制、官制研究中的相關問題》,《南開學報(哲學社會科學版)》2007年第2期。

陳　絜:《鄬氏諸器銘文及其相關歷史問題》,《故宮博物院院刊》2009年第2期。

陳　絜:《"中催父鼎"補釋及其相關歷史問題》,收入《古文字研究》第28輯,北京:中華書局,2010年。

陳　絜:《周代農村基層聚落初探》,收入朱鳳瀚主編:《新出金文與西周歷史》,上海古籍出版社,2011年。

陳連慶:《敔簋銘文淺釋》,收入《古文字研究》第9輯,北京:中華書局,1984年。

陳夢家:《西周銅器斷代》,北京:中華書局,2004年。

陳民鎮：《〈繫年〉"故志"説——清華簡〈繫年〉性質及撰作背景芻議》,《邯鄲學院學報》2012 年第 2 期。

陳　槃：《"侯"與"射侯"》,《中研院歷史語言研究所集刊》第 22 卷,1950 年。

陳　槃：《春秋大事表列國爵姓及存滅表譔異》,臺北：中研院歷史語言研究所,1969 年。

陳佩芬：《釋焌戒鼎》,香港中文大學、中國文化研究所編：《第三屆國際中國古文字學研討會論文集》,香港中文大學中文系,1997 年。

陳　平：《關隴文化與嬴秦文明》,南京：江蘇教育出版社,2005 年。

陳世輝：《牆盤銘文解説》,《考古》1980 年第 5 期。

陳斯鵬、石小力、蘇清芳：《新見金文字編》,福州：福建人民出版社,2012 年。

陳　偉：《不禁想起〈鐸氏微〉——讀清華簡〈繫年〉隨想》,簡帛網,2011 年 12 月 19 日,http：//www.bsm.org.cn/show_article.php? id＝1594。

陳　偉：《清華大學藏竹書〈繫年〉的文獻學考察》,《史林》2013 年第 1 期。

陳英傑：《燹公盨銘文再考》,《語言科學》2008 年第 1 期。

陳英傑：《西周金文作器用途銘辭研究》,北京：線裝書局,2008 年。

D

丁　進：《新出霸伯盂銘文所見王國聘禮》,《文藝評論》2012 年第 2 期。

董　珊：《從出土文獻談曾分爲三》,收入《簡帛文獻考釋論叢》,上海古籍出版社,2014 年。

杜　勇：《清華簡〈祭公〉與西周三公之制》,《歷史研究》2014 年第 4 期。

杜正勝：《編户齊民——傳統政治社會結構之形成》,臺北：聯經出版事業公司,1990 年。

杜正勝：《周代城邦》,臺北：聯經出版事業公司,1979 年。

段連勤：《先周的婚姻外交與周民族的崛起》,《西北大學學報》1989 年第 4 期。

F

馮　時：《〈鄭子家喪〉與〈鐸氏微〉》,《考古》2012 年第 2 期。

G

高　兵：《周代婚姻制度研究》,吉林大學博士學位論文,2004 年。

葛志毅：《周原甲骨與古代祭禮考辨》,《史學集刊》1989 年第 4 期。

龔維英：《周昭王南征史實索隱》,《人文雜誌》1984 年弟 6 期。

顧頡剛遺著：《周公執政稱王——周公東征史事考證之二》,《文史》第 23 輯,北京：中華書局,1984 年。

顧頡剛遺著：《徐和淮夷的遷、留——周公東征史事考證四之五》,《文史》第 32 輯,北京：中華書局,1990 年。

郭沫若：《金文叢考》(1952 年改編版),北京：人民出版社,1954 年。

郭沫若：《保卣銘釋文》,《考古學報》1958 年第 1 期。

郭沫若：《弭叔簋及訇簋考釋》,《文物》1960 年第 2 期。

H

韓　巍：《𪫁簋年代及相關問題》,北京大學中國考古學研究中心編：《古代文明》第 6 卷,北京：文物出版社,2007 年。

韓　巍：《西周金文世族研究》,北京大學博士學位論文,2007 年。

何景成：《應侯視工青銅器研究》,收入朱鳳瀚主編：《新出金文與西周歷史》,上海古籍出版社,2011 年。

何景成：《西周王朝政府的行政組織與運行機制》,北京：光明日報出版社,2013 年。

何兹全：《中國的早期文明和國家的起源》,《中國史研究》1995 年第 2 期。

河南省南陽市文物考古研究所：《南水北調中線工程南陽夏響鋪鄂國貴族墓地發掘成果》,《中國文物報》2013 年 1 月 4 日。

胡謙盈：《淺談先周文化分佈與傳說中的周都》,《華夏文明》第 2 集,北京大學出版社,1990 年。

華覺明、盧本珊：《長江中下游銅礦帶的早期開發和中國青銅文明》，《自然科學史研究》1996 年第 1 期。

黃鳳春、陳樹祥、凡國棟：《湖北隨州葉家山新出西周曾國銅器及相關問題》，《文物》2011 年第 11 期。

黃鳳春、胡　剛：《説西周金文中的"南公"——簡論隨州葉家山西周曾國墓地的族屬》，《江漢考古》2014 年第 2 期。

黃錦前、張新俊：《説西周金文中的"霸"與"格"》，簡帛網"簡帛文庫——古文字"，2011 年 5 月 3 日，http：//www.bsm.org.cn/show_article.php？ id=1471。

黃錦前、張新俊：《霸伯盂銘文考釋》，武漢大學簡帛研究中心網站，2011 年 6 月 15 日，http：//www.bsm.org.cn/show_article.php？ id=1494。

黃盛璋：《保卣銘的時代與史實》，《考古學報》1957 年第 3 期。

黃盛璋：《西周微家族窖藏銅器群的初步研究》，《社會科學戰線》1978 年第 3 期。

黃盛璋：《釋旅彝——銅器中"旅彝"問題的一個全面考察》，收入《歷史地理與考古論叢》，濟南：齊魯書社，1982 年。

黃盛璋：《彔伯戓銅器及其相關問題》，《考古與文物》1983 年第 5 期。

黃盛璋：《淮夷新考》，收入《文物研究》第 5 期，合肥：黃山書社，1989 年。

J

賈海生：《論不其簋銘中的伯氏即南仲》，《北方論叢》2005 年第 2 期。

L

賴秋桂：《以〈周禮〉論青銅"旅"器》，《東海中文學報》第 22 期，臺中：東海大學中文系，2010 年。

黎　虎：《周代交聘禮中的對等性原則》，《史學集刊》2010 年第 2 期。

李峰著，吳敏娜等譯：《西周的政體：中國早期的官僚制度和國家》，北京：生活·讀書·新知三聯書店，2010 年。

李家浩：《讀金文札記兩則》，收入《古文字研究》第 28 輯，北京：中華書局，2010 年。

李建生：《新發現的異姓封國研究》，收入山西省考古研究所編：《有實其積——紀念山西省考古研究所六十華誕文集》，太原：山西人民出版社，2012 年。

李玄伯：《中國古代社會新研》，上海：開明書店，1948 年。

李學勤、唐雲明：《元氏銅器與西周的邢國》，《考古》1979 年第 1 期。

李學勤：《論多友鼎的時代及意義》，《人文雜誌》1981 年第 6 期。

李學勤：《班簋續考》，收入《古文字研究》第 13 輯，北京：中華書局，1986 年。

李學勤：《論西周金文中的六師、八師》，《華夏考古》1987 年第 2 期。

李學勤：《小盂鼎與西周制度》，《歷史研究》1987 年第 5 期。

李學勤：《從新出青銅器看長江下游文化的發展》，收入《新出青銅器研究》，北京：文物出版社，1990 年。

李學勤：《西周中期青銅器的重要標尺》，收入《新出青銅器研究》，北京：文物出版社，1990 年。

李學勤：《盤龍城與商朝的南土》，收入《新出青銅器研究》，北京：文物出版社，1990 年。

李學勤：《秦國文物的新認識》，收入《新出青銅器研究》，北京：文物出版社，1990 年。

李學勤：《史密簋銘所記西周重要史實考》，《中國社會科學院研究生院學報》1991 年第 2 期。

李學勤：《晉侯蘇編鐘的時、地、人》，收入《夏商周年代學札記》，瀋陽：遼寧大學出版社，1999 年。

李學勤：《靜方鼎補釋》，收入《夏商周年代學札記》，瀋陽：遼寧大學出版社，1999 年。

李學勤：《靜方鼎與周昭王曆日》，收入《夏商周年代學札記》，瀋陽：遼寧大學出版社，1999 年。

李學勤：《論燹公盨及其重要意義》，《中國歷史文物》2002 年第 6 期。

李學勤：《牆伯卣考釋》，收入《中國古代文明研究》，上海：華東師範大學出版社，2005 年。

李學勤：《晉侯銅人考證》，收入《中國古代文明研究》，上海：華東師範大學出版社,2005 年。

　　李學勤:《論親簋的年代》,《中國歷史文物》2006 年第 3 期。

　　李學勤:《論敔甗銘及周昭王南征》,收入朱鳳瀚、趙伯雄主編:《仰止集——王玉哲先生紀念文集》,天津人民出版社,2007 年。

　　李學勤:《初識清華簡》,《光明日報》2008 年 12 月 1 日。

　　李學勤:《補論不其簋的器主和年代》,收入《文物中的古文獻》,北京:商務印書館,2008 年。

　　李學勤:《談西周厲王時器伯戈父簋》,收入《文物中的古文明》,北京:商務印書館,2008 年。

　　李學勤:《文盨與周宣王中興》,《文博》2008 年第 2 期。

　　李學勤等:《山東高青縣陳莊西周遺址筆談》,《考古》2011 年第 2 期。

　　李學勤:《翼城大河口尚盂銘文試釋》,《文物》2011 年第 9 期。

　　李學勤:《由沂水新出盂銘釋金文"總"字》,《出土文獻》第 3 輯,上海:中西書局,2012 年。

　　李嚴冬:《〈周禮〉軍制專題研究》,吉林大學博士學位論文,2010 年。

　　李裕杓:《新出銅器銘文所見昭王南征》,收入朱鳳瀚主編:《新出金文與西周歷史》,上海古籍出版社,2011 年。

　　李裕杓:《西周時期覲見典禮芻議》,收入鄧章應主編:《學行堂語言文字論叢》第 2 輯,成都:四川大學出版社,2012 年。

　　李仲操:《再論牆盤年代、微族國別》,《社會科學戰線》1981 年第 1 期。

　　李仲操:《再論史密簋所記作戰地點——兼與王輝同志商榷》,《人文雜誌》1992 年第 2 期。

　　李仲立、劉得楨:《密須國初探》,《陝西師範大學學報(哲學社會科學版)》1989 年第 4 期。

　　廖名春:《清華簡〈繫年〉管窺》,《深圳大學學報(人文社會科學版)》2012 年第 3 期。

　　劉懷君:《眉縣出土"王作仲姜"寶鼎》,《考古與文物》1982 年第 2 期。

　　劉建民:《〈繫年〉的性質及各章標題試擬——〈繫年〉出版一周年札記》,孔子 2000 網,2012 年 12 月 18 日,http://www.confucius2000.com/admin/

list.asp? id＝5504。

劉啓益：《西周紀年》，廣州：廣東教育出版社，2002 年。

劉啓益：《西周金文中所見的周王后妃》，《考古與文物》1980 年第 4 期。

劉啓益：《再談西周金文中的月相與西周銅器斷代》，收入《古文字研究》第 13 輯，北京：中華書局，1986 年。

劉士莪、尹盛平：《微氏家族青銅器群研究》，尹盛平主編：《西周微氏家族青銅器群研究》，北京：文物出版社，1992 年。

劉　雨：《圅公考》，收入故宮博物院編：《故宮博物院十年論文選 1995—2004》，北京：紫禁城出版社，2005 年。

劉　雨：《西周金文中的"周禮"》，侯仁之、周一良主編：《燕京學報》新三期，北京大學出版社，1997 年。

劉　雨：《西周金文中的軍禮》，廣東炎黃文化研究會等編：《容庚先生百年誕辰紀年文集》，韶關：廣東人民出版社，1998 年。

劉　源：《讀金短札：伯雍父是殷人還是周人》，收入李學勤主編：《出土文獻》第四輯，上海：中西書局，2013 年。

劉　釗：《談史密簋銘文中的"眉"字》，《考古》1995 年第 5 期。

羅西章、吳鎮烽、雒忠如：《陝西扶風出土西周伯威諸器》，《文物》1976 年第 6 期。

M

馬承源：《晉侯穌編鐘》，《上海博物館集刊》第 7 期，上海書畫出版社，1996 年。

穆曉軍：《陝西長安縣出土西周吳虎鼎》，《考古與文物》1998 年第 3 期。

N

那木吉拉：《犬戎北狄古族犬狼崇拜及神話傳説考辨》，《民族文學研究》2008 年第 2 期。

P

彭邦炯：《卜辭"作邑"蠡測》，收入胡厚宣主編：《甲骨探史録》，北京：生活・讀書・新知三聯書店,1982 年。

彭　林:《夏商西周軍事史研究的里程碑之作——評羅琨、張永山著〈夏商西周軍事史〉》,《社會科學戰線》1999 年第 4 期。

彭裕商:《西周青銅器年代綜合研究》,成都:巴蜀書社,2003 年。

彭裕商:《周伐獫狁及相關問題》,《歷史研究》2004 年第 3 期。

Q

錢　穆:《周初地理考》,《燕京學報》第 10 期,1931 年。

錢　穆:《西周戎禍考・下》,《禹貢》半月刊第 2 卷第 12 期,1934 年。

裘錫圭:《史牆盤銘解釋》,《文物》1978 年第 3 期。

裘錫圭:《甲骨卜辭中所見的'田'、'牧'、'衛'等官職的研究》,《文史》第 19 輯,北京:中華書局,1982 年。

裘錫圭:《說裁簋的兩個地名——棫林和胡》,《古文字論集》,北京:中華書局,1992 年。

裘錫圭:《關於晉侯銅器銘文的幾個問題》,《傳統文化與現代化》1994 年第 2 期。

裘錫圭:《燹公盨銘文考釋》,《中國歷史文物》2002 年第 6 期。

裘錫圭:《牆伯卣的形制和銘文》,《裘錫圭學術文集》第三卷《金文及其他古文字卷》,上海:復旦大學出版社,2012 年。

裘錫圭:《釋殷墟甲骨文裏的"遠"、"狀"(邇)及有關諸字》,收入《裘錫圭學術文集》第一卷《甲骨文卷》,上海:復旦大學出版社,2012 年。

屈萬里:《曾伯霥簠考釋》,《中研院歷史語言研究所集刊》第 33 本,1962 年。

R

任　偉:《西周金文與文獻中的"邦君"及相關問題》,《中原文物》1999 年第 4 期。

任相宏、邱　波:《山東沂水天上王城出土羋孟子鼎、鼄君季姤盂銘考略》,《中國文物報》2012 年 8 月 17 日。

S

山西省考古研究所等:《山西絳縣橫水西周墓發掘簡報》,《文物》2006 年第 8 期。

商艷濤:《西周軍事銘文研究》,廣州:華南理工大學出版社,2013 年。

沈建華:《試説清華〈繫年〉楚簡與〈春秋左傳〉成書》,"簡帛·經典·古史"國際論壇論文,2011 年 11 月 30 日。

沈長雲:《〈書·牧誓〉"友邦冢君"釋義——兼説西周宗法社會中的善兄弟原則》,《人文雜誌》1986 年第 3 期。

沈長雲:《酋邦、早期國家與中國古代國家起源及形成問題》,《史學月刊》2006 年第 1 期。

孫慶偉:《從新出軝甗看昭王南征與晉侯燮父》,《文物》2007 年第 1 期。

孫慶偉:《尚盂銘文與周代的聘禮》,北京大學考古文博學院、北京大學中國考古學研究中心編:《考古學研究(十)》,北京:科學出版社,2012 年。

孫曉春:《成周八師爲東方各國軍隊説》,《史學集刊》1986 年第 4 期。

孫亞冰:《眉縣楊家村卌二、卌三年逨鼎考釋》,《中國史研究》2003 年第 4 期。

孫作雲遺作:《説幽在西周時代爲北方軍事重鎮——兼論軍監》,《河南師大學報》1983 年第 1 期。

T

唐　蘭:《略論西周微史家族窖藏銅器群的重要意義——陝西扶風新出牆盤銘文解釋》,《文物》1978 年第 3 期。

唐　蘭:《西周青銅器銘文分代史徵》,北京:中華書局,1986 年。

唐　蘭:《用青銅器銘文來研究西周史》,收入故宮博物院編:《唐蘭先生金文論集》,北京:紫禁城出版社,1995 年。

唐　蘭:《周王𣄨鐘考》,收入故宮博物院編:《唐蘭先生金文論集》,北京:紫禁城出版社,1995 年。

田　率:《四十二年逨鼎與周伐玁狁問題》,《中原文物》2010 年第 1 期。

田　偉：《試論絳縣横水翼城大河口墓地的性質》,《中國國家博物館館刊》2012 年第 5 期。

佟德福等：《薩滿教在蒙古文化深層結構中的積澱》,收入《中央民族學院建校四十周年學術論文集》,北京：中央民族學院出版社,1991 年。

W

王冠英：《親簋考釋》,《中國歷史文物》2006 年第 3 期。

王貴民：《商周制度考信》,臺北：明文書局,1989 年。

王　暉：《晉侯穌鐘銘匔城之戰地理考》,《中國歷史地理論叢》2006 年第 3 期。

王　輝：《秦器銘文叢考》,《文博》1988 年第 2 期。

王　輝：《商周金文》,北京：文物出版社,2006 年。

王　健：《西周政治地理結構研究》,鄭州：中州古籍出版社,2004 年。

王克林：《試論齊家文化與晉南龍山文化的關係——兼論先周文化的淵源》,《史前研究》1983 年第 2 期。

王龍正：《平頂山應國墓地九十五號墓年代、墓主及相關問題》,《華夏考古》1995 年第 4 期。

王人聰：《西周金文的殷八師與成周八師——讀金文札記》,《考古與文物》1993 年第 3 期。

王慎行：《吕服余盤銘考釋及其相關問題》,《文物》1986 年第 4 期。

王世民：《王作姜氏簋》,《文物》1999 年第 9 期。

王樹明：《山東省高青縣陳莊西周城址周人設防薄姑説——也談齊都營丘的地望與姜姓豐國》,《管子學刊》2010 年第 4 期。

王　祥(陳夢家)：《説虎臣與庸》,《考古》1960 年第 5 期。

王玉哲：《先周族最早來源於山西》,《中華文史論叢》1983 年第 3 期。

王玉哲：《殷商疆域史中的一個重要問題——"點"和"面"的概念》,《鄭州大學學報》1982 年第 2 期。

王治國：《詢簋新探》,《華夏考古》2013 年第 1 期。

王治國：《金文所見周王朝官制研究》,北京大學博士學位論文,2013 年。

王治國：《西周諸侯入爲王官有無考》，《史學月刊》2014 年第 5 期。

魏成敏：《陳莊西周城與齊國早期都城》，《管子學刊》2010 年第 3 期。

魏國鋒：《古代青銅器礦料來源與産地研究的新進展》，中國科學技術大學博士學位論文，2007 年。

魏國鋒等：《若干地區出土部分商周青銅器的礦料來源研究》，《地質學報》2011 年第 3 期。

魏　芃：《西周春秋時期"五等爵稱"研究》，南開大學歷史學院博士學位論文，2012 年。

吳榮曾：《有關西周"六師"、"八師"的若干問題》，收入宋鎮豪等主編：《西周文明論集》，北京：朝華出版社，2004 年。

吳鎮烽、李　娟：《扶風任家村西周遺寶離合記》，《文博》2010 年第 1 期。

X

［奧］西格蒙德・弗洛伊德著，趙立瑋譯：《圖騰與禁忌》，上海人民出版社，2005 年。

［美］夏含夷：《從駒父盨蓋銘文談周王朝與南淮夷的關係》，收入《古史異觀》，上海古籍出版社，2005 年。

［美］夏含夷：《西周的衰微》，收入《古史異觀》，上海古籍出版社，2005 年。

［美］夏含夷：《原史：紀年形式與史書之起源》，"簡帛・經典・古史"國際論壇論文，2011 年 11 月 30 日。

［美］夏含夷：《從親簋看周穆王在位年數及年代問題》，《中國歷史文物》2006 年第 3 期。

夏商周斷代工程專家組編：《夏商周斷代工程 1996—2000 年階段成果報告》（簡本），北京：世界圖書出版公司北京公司，2000 年。

肖　楠：《試論卜辭中的師和旅》，收入《古文字研究》第 6 輯，北京：中華書局，1981 年。

謝乃和：《金文中所見西周王后事迹考》，《華夏考古》2008 年第 3 期。

謝堯亭：《簡論橫水與大河口墓地人群的歸屬問題》，收入山西省考古研究所編：《有實其積——紀念山西省考古研究所六十華誕文集》,太原：山西人民出版社,2012 年。

謝堯亭等：《山西翼城縣大河口西周墓地》,《考古》2011 年第 7 期。

辛怡華：《扶風莊白戎墓族屬考》,《考古與文物》2001 年第 4 期。

徐少華：《鄂國銅器及其歷史地理綜考》,《考古與文物》1994 年第 2 期。

徐少華：《呂國銅器及其歷史地理探疑》,《中原文物》1996 年第 4 期。

徐錫臺：《早周文化的特點及其淵源的探索》,《文物》1979 年第 10 期。

徐喜辰：《周代兵制初論》,《中國史研究》,1985 年第 4 期。

徐中舒：《禹鼎的年代及其相關問題》,《考古學報》1959 年第 3 期。

徐中舒：《西周牆盤銘文箋釋》,《考古學報》1978 年第 2 期。

許　宏：《先秦城市考古學研究》,北京燕山出版社,2000 年。

許倬雲：《周禮中的兵制》,收入《求古編》,臺灣：聯經出版事業公司,1982 年。

Y

晏昌貴：《西周胡國地望及其相關問題》,《湖北大學學報（哲學社會科學版）》1990 年第 1 期。

楊　博：《戰國楚竹書史學價值探研》,北京大學博士學位論文,2015 年。

楊　博：《清華簡〈繫年〉編撰考》,2013 年西南大學全國博士生論壇論文（簡帛語言文字研究組）。

楊　寬：《論西周金文中"六自""八自"和鄉遂制度的關係》,《考古》1964 年第 8 期。

楊　寬：《西周史》,上海人民出版社,1999 年。

楊　寬：《再論西周金文中"六自"和"八自"的性質》,《考古》1965 年第 10 期。

楊樹達：《關涉周代史實之彝銘五篇》,《歷史研究》1954 年第 2 期。

楊樹達：《積微居金文說》（增訂本）,北京：中華書局,1997 年。

葉達雄：《西周兵制的探討》,《臺大歷史學報》第六期,1979 年。

尹盛平：《先周文化與周族起源》,《華夏文明》2,北京大學出版社,

1990 年。

　　于　凱：《西周金文中的"𠂤"和西周的軍事功能區》,《史學集刊》2004 年第 3 期。

　　于省吾：《關於〈論西周金文中六𠂤八𠂤和鄉遂制度的關係〉一文的意見》,《考古》1965 年第 3 期。

　　于省吾：《略論西周金文中的"六𠂤"和"八𠂤"及其屯田制》,《考古》1964 年第 3 期。

Z

　　張昌平：《論隨州羊子山新出噩國青銅器》,《文物》2011 年第 11 期。

　　張光裕：《西周士百父盨銘所見史事試釋》,收入陳昭容主編：《古文字與古代史》第一輯,臺北：中央研究院歷史語言研究所出版品編輯委員會,2007 年。

　　張光裕：《新見保員簋銘試釋》,《考古》1991 年第 7 期。

　　張光直：《中國青銅時代》,北京：三聯書店,1999 年。

　　張　海：《懷姓九宗研究》,河北師範大學碩士學位論文,2008 年。

　　張　亮：《論霸伯盂銘文所反映的西周賓禮》,武漢大學簡帛研究中心網站,2011 年 7 月 19 日,http：//www.bsm.org.cn/show_article.php? id=1514。

　　張懋鎔：《周人不用日名説》,《歷史研究》1993 年第 5 期。

　　張懋鎔：《周人不用族徽説》,《考古》1995 年第 9 期。

　　張懋鎔：《史密簋與西周鄉遂制度》,收入《古文字與青銅器論集》,北京：科學出版社,2002 年 6 月。

　　張懋鎔：《再論"周人不用日名説"》,《文博》2009 年第 3 期。

　　張世超：《史密簋"眉"字説》,《考古與文物》1995 年第 4 期。

　　張秀華：《西周金文六種禮制研究》,吉林大學博士學位論文,2010 年。

　　張永山：《從卜辭中的伊尹看"民不祀非族"》,收入《古文字研究》第 22 輯,北京：中華書局,2000 年。

　　張永山：《親簋作器者的年代》,《中國歷史文物》2006 年第 3 期。

　　張長壽：《師酉鼎和師酉盤》,收入中國社會科學院考古研究所編著：《新

世紀的中國考古學：王仲殊先生八十華誕紀念論文集》,北京：科學出版社,
2005 年。

〔韓〕趙容俊：《殷商甲骨卜辭所見之巫術》,北京：中華書局,2011 年。

趙燕姣：《西周時期的"南國"、"南土"範圍芻議》,《南方文物》2013 年第
4 期。

鄭傑祥：《商代地理概論》,鄭州：中州古籍出版社,1994 年。

周寶宏：《西周青銅重器銘文集釋》,天津古籍出版社,2007 年。

周宏偉：《西周都城諸問題試解》,《中國歷史地理論叢》2014 年第 1 期。

朱鳳瀚、徐　勇：《先秦史研究概要》,天津教育出版社,1996 年。

朱鳳瀚：《〈召誥〉、〈洛誥〉、何尊與成周》,《歷史研究》2006 年第 1 期。

朱鳳瀚：《商周家族形態研究》(增訂本),天津古籍出版社,2004 年。

朱鳳瀚：《師西鼎與師西簋》,《中國歷史文物》2004 年第 6 期。

朱鳳瀚：《柞伯鼎與周公南征》,《文物》2006 年第 5 期。

朱鳳瀚：《由伯戔父簋銘再論周厲王征淮夷》,收入《古文字研究》第 27
輯,北京：中華書局,2008 年。

朱鳳瀚：《中國青銅器綜論》,上海古籍出版社,2009 年。

朱鳳瀚：《論西周時期的"南國"》,《歷史研究》2013 年第 4 期。

朱鳳瀚：《清華簡〈繫年〉所記西周史事考》,收入李宗焜主編：《出土材料
與新視野》,臺北：中央研究院,2013 年。

朱鳳瀚：《關於西周封國君主稱謂的幾點認識》,收入陝西省考古研究所、
上海博物館編：《兩周封國論衡——陝西韓城出土芮國文物暨周代封國考古
學研究國際學術研討會論文集》,上海古籍出版社,2014 年。

朱繼平：《宿國地望及相關問題探析》,《中國歷史地理論叢》2012 年第
3 期。

朱歧祥：《周原甲骨文研究》,臺灣：學生書局,1997 年。

朱　岩：《〈尚書〉"六體"爭議考析》,《河南社會科學》2011 年第 6 期。

宗德生：《試論西周金文中的"周"》,《南開學報(哲學社會科學版)》1985
年第 2 期。

〔日〕佐川英治、阿部幸信、安部聰一郎、戶川貫行：《日本魏晉南北朝史研

究的新動向》,載《中國中古史研究：中國中古史青年學者聯誼會會刊》第 1
卷,北京：中華書局,2011 年。

五、其他語言專著及論文

［韓］崔在容：《西周軍制의 特性과 그 性格에 對한一考察（關於西周軍制
之特性及性格的一考察）》,（韓）《慶北史學》第 21 輯,1998 年。

［韓］金正烈：《邦君과 諸侯（邦君與諸侯）》,（韓）《東洋史學研究》第 106
輯,2009 年。

［韓］金正烈：《横北村과 大河口（横北村與大河口）》,（韓）《東洋史學研
究》第 120 輯,2012 年。

［韓］金正烈：《西周의 異姓諸侯 封建에 對하여（對於西周異姓諸侯的封
建）》,（韓）《東洋史學研究》第 77 輯,2002 年。

［韓］李成珪：《司馬遷史記》（修訂本）,（韓）首爾大學出版部,2007 年。

［韓］閔厚基：《西周五等爵制의 起源과 性格（西周五等爵制的起源與性
格）》,（韓）《中國學報》第 51 輯,2005 年。

［韓］沈載勳：《金文에 나타난西周軍事力構成과 王權（金文所見西周軍
事力構成與王權）》,（韓）《中國史研究》第 41 輯,2006 年。

［韓］沈載勳：《西周史의 새로운 發見——山東省高青縣陳莊西周城址와
引簋銘文（西周史的新發現——山東省高青縣陳莊西周遺址和引簋銘文）》,
（韓）《史學志》第 43 卷,2011 年。

［韓］沈載勳：《〈周書〉의 “戎殷”과 西周金文의戎》,（韓）《東洋史學研究》
第 92 輯,2005 年。

［日］白川靜：《金文通釋》,日本：白鶴美術館,1964—1984 年。

［日］高木智見：《春秋時代の聘禮について（關於春秋時代的聘禮）》,
（日）《東洋史研究》第 47 卷第 4 號,1989 年。

［日］河村原：《西周時代の邑と里について（關於西周時期的邑和里）》,
《史叢》第 30 輯,1983 年。

［日］木村秀海：《六師の官構成について——盠方尊銘文を中心にし
て》,（日）《東方學》第 69 輯,1985 年。

〔日〕伊藤道治：《中國古代國家の支配構造——西周封建制度と金文》，東京：中央公論社，1987 年。

〔日〕伊藤道治：《中國古代王朝の形成》，東京：創文社，1978 年。

David Keightley, "Review for Creel's The origins of Statecraft in China", *Journal of Asian Studies* 30.3 (1970).

Edward L. Shaughnessy, "Western Zhou History", ed. By Michael Loewe and Edward L. Shaughnessy, *Cambridge History of Ancient China: From the Origins of Civilization to 221 B. C.*, Cambridge University Press, 1999.

Elman R. Service, *Origins of the State and Civilization: The Process of Cultural Evolution*, New York: W. W. Noton, 1975.

Herrlee G. Creel, *The origins of Statecraft in China: Volume one*, *The Western Chou Empire*, Chicago: University of Chicago Press, 1970.

Hsu. Cho-Yun & Katheryn M. Linduff, *Western Chou Civilization*, New Haven: Yale University Press, 1988.

Li Feng, "Literacy and the Social Contexts of Writing in the Western Zhou: studies from the Columbia early China seminar", Edited by Li Feng and David Prager Branner, *Writing & Literacy in Early China*, Seattle & London: University of Washington Press, 2011.

Li Feng, "Office in Bronze Inscriptions and Western Zhou Government Administration", *Early China* 26 - 27(2001 - 2002).

Li Feng, "Success and Promotion: Elite Mobility During the Western Zhou", *Monumenta Serica* 52(2004).

Li Feng, "Literacy Crossing Cultural Borders: Evidence from the Bronze Inscriptions of the Western Zhou Period(1045 - 771 B.C.)", *The Museum of Far Eastern Antiouities*, Stockholm, Bulletin No.74(2002).